La Grammaire française POUR LES NULS

Marie-Dominique Porée

FIRST
Editions

La Grammaire française pour les Nuls

60, rue Mazarine
75006 Paris – France
Tél. 01 45 49 60 00
Fax 01 45 49 60 01
Courriel : firstinfo@efirst.com
Internet : www.editionsfirst.fr

ISBN : 978-2-7540-2320-7
Dépôt légal : septembre 2011
Imprimé en Italie par «La Tipografica Varese S.p.A.», Varese

Directrice éditoriale Marie-Anne Jost-Kotik
Éditrice junior : Charlène Guinoiseau
Secrétariat d'édition : Raphaël Dupuy
Correction et indexation : Muriel Mekies
Dessins humoristiques : Marc Chalvin
Fabrication : Antoine Paolucci
Production : Emmanuelle Clément

À propos de l'auteure

Marie-Dominique Porée, agrégée de grammaire, enseigne le latin et le grec en classes préparatoires au lycée La Bruyère de Versailles. Elle a déjà adapté dans cette même collection des Nuls, une *Grèce antique,* en collaboration avec son époux Marc Porée. Elle est également l'auteure de « Petits Livres » sur les *Expressions grecques et latines* et sur les *Expressions idiomatiques.* Dans la collection Au Pied de la lettre, elle a écrit un ouvrage de réflexion sur l'orthographe, intitulé *Fauteurs de troubles* ainsi qu'un Abécédaire des figures de style, sous le titre *Bain de soleil.*

Remerciements

Un seul nom à citer, toujours le même : Marc Porée, mon premier lecteur, mon premier critique, mon premier soutien.

Mention toute spéciale aussi pour mon éditrice Marie-Anne Jost-Kotik qui m'accorde toujours sa confiance.

Mention d'honneur pour Érik Orsenna, le chevalier du Verbe.

Dédicace

À tous ceux qui, de 7 à 77 ans… ont envie de mieux comprendre leur langue maternelle et de pousser plus loin le flirt avec Dame Grammaire !

Dans tout grand écrivain, il doit y avoir un grand grammairien.
Victor Hugo

Avant-propos

Avant même de prendre connaissance du jugement de Bernard Pivot : *Sauf à mépriser sa langue, tout citoyen, jeune ou adulte, de l'apprenti en écriture jusqu'au professionnel du verbe, doit connaître les rouages et les mécanismes grâce auxquels les mots s'organisent, se disposent et circulent,* j'étais convaincue d'une chose : nous n'avons pas le droit, en tout cas sciemment, de maltraiter notre langue française. Très vite, après des études en classe préparatoire littéraire où je me destinais à l'histoire, je me suis orientée, suivant en cela les conseils de l'un de mes professeurs, vers une spécialisation en grammaire, découvrant à cette occasion les joies de la phonétique, de la linguistique et de la stylistique, qui n'attiraient alors que peu d'amateurs.

De nos jours, il me semble urgent de revenir à un enseignement simple de la grammaire pour permettre à tous de se retrouver dans la langue que nous avons en partage, l'une des clefs du vivre ensemble. La science de la grammaire qui s'occupe des mouvements de la langue – continent en perpétuelle mutation – a pour fonction de la contrôler tout en la laissant évoluer à son rythme. Défendre la grammaire aujourd'hui, c'est vouloir perpétuer une tradition de bon aloi, sans s'interdire réformes et innovations ni se voiler la face sur les difficultés de notre langue.

Pour ma part, je vous propose de reprendre en toute humilité les bases de notre langue : en nous inspirant du signe B.A. qui désigne dans le langage scout une Bonne Action, tentons un retour aux sources. Je reviendrai sur les commandements de la grammaire, j'essaimerai tout au long du développement des exercices pour vous mettre à contribution, je vous confierai même au terme de l'ouvrage des tableaux vides, pour que vous les remplissiez, afin d'avoir de la grammaire une approche interactive. À l'image de nos sociétés, la grammaire joue collectif par ses règles, individuel par ses exceptions. Cela ne nous la rend-il pas exceptionnelle ?

Sommaire

Introduction

Si nous savons lire et écrire, qu'on le veuille ou non, c'est en partie en raison des cours de grammaire que nous avons suivis (subis ?) à l'école. Or, cette matière, après avoir été beaucoup adulée, est plutôt décriée de nos jours : on l'accuse même de tous les maux. Mauvais jeu de mots… direz-vous ! Et si, avant de la critiquer, on apprenait plutôt à connaître cette science composite, qui, on ne le sait pas assez, englobe bien des domaines d'étude : la phonétique, la morphologie, la syntaxe, la linguistique, jusqu'à la stylistique ?

Je sais, vous allez me dire : la grammaire vous désespère, ses conjugaisons vous laissent bougons, vous n'êtes décidément pas raccord avec les accords ! C'est vrai que son apprentissage est un vrai parcours du combattant !

Pourtant, si vous voulez déjouer pièges et chausse- trap(p)es, orthographier sans peur et sans reproche, ne plus vous laisser surprendre par les espiègleries et autres malices de la langue française, il vous faudra consentir à découvrir ou redécouvrir cette Grand-mère (*dolorosa*), à l'occasion de son entrée dans la série des ouvrages « Pour les Nuls » – mais les « moins Nuls » devraient aussi s'y retrouver !

Elle n'y entre pas sur le mode d'un « Faites entrer l'accusée… ». Cette grande dame mérite bien plus d'égards, elle qui sait nous donner sur la langue française tout à la fois *le savoir faire, l'art et la manière…*, pour citer une chanson à la mode, dont le refrain rime, imparfaitement il est vrai, avec grammaire. Tralala, tralalaire !

À propos de ce livre

Il y a longtemps que la grammairienne que je suis œuvre pour la reconnaissance de cette noble matière. Par goût personnel, mais aussi en raison du bénéfice et de l'avantage que sa maîtrise peut procurer à tous les usagers de la langue française.

Il s'agit de redorer le blason de celle qui dirige, explique et éclaire notre langue. Comment s'y prendre ? Plutôt que de proposer une approche technique de la grammaire, ne cachant aucun de ses mystères et de ses exceptions, et de chercher à entraîner le lecteur, néophyte ou non d'ailleurs, dans les arcanes de ses labyrinthes orthographiques ou syntaxiques, j'ai opté pour une présentation simplifiée des lois et des règles qui la régissent, de façon à la mettre à la portée de toutes les intelligences. Pour être comprise, j'ai voulu me montrer moins savante (quoique!), moins obscure (je l'espère en tout cas), moins complète (sans aucun doute). Je veux qu'entre la grammaire et vous le courant passe enfin.

J'ai aussi et surtout voulu relier le travail d'apprentissage de la grammaire à la littérature dont elle est et demeure l'alliée privilégiée. Les écrivains nous donneront le meilleur d'eux-mêmes dans les exemples qui suivent. Ainsi, connaître – et reconnaître – le passé simple, ce temps qui tombe (hélas) en désuétude, permet de mieux apprécier l'usage qu'en font nos grands auteurs et ainsi de toucher aux subtilités de la langue. De même, pour comprendre la logique d'un argument, d'un discours, est-il important de bien maîtriser la fameuse ritournelle des conjonctions de coordination (mais ou et donc or ni car). La grammaire, et sa cohorte de difficultés plus ou moins insurmontables, nous aide à mieux réfléchir, à acquérir une forme d'indépendance intellectuelle.

Jean-Paul Sartre semble nous donner raison, lui qui a pour ainsi dire dédié l'un de ses ouvrages à ceux qui font vivre la grammaire, les « Mots ». Dans son récit autobiographique éponyme, il relate comment lui sont venus l'amour et le goût des mots : les deux parties qui le composent, « Lire » et « Écrire » découlent du commencement de la vie qui fut le sien, « *au milieu des livres* ».

Il faut un début à tout, y compris pour aimer la grammaire. Je vous propose de découvrir pour certains, ou de redécouvrir pour d'autres, les charmes de la grammaire sur un mode que je souhaite ludique, mais aussi réfléchi. C'est à ce prix qu'on évitera qu'une analyse grammaticale ne se transforme en analyse « dramaticale » – l'anecdote est authentique, et la « perle » véridique. N'en faisons plus un drame et lançons-nous ensemble à la découverte de cette science des mots, qui est aussi un art.

Dans quel sens faut-il lire ce livre ?

Pour vous présenter la grammaire, j'avais le choix :

- soit définir ses constituants, ses outils, bref ses mots puis observer comment, une fois assemblés, ils forment des phrases et comment ces dernières fonctionnent ;
- soit envisager des axes plus thématiques et sémantiques, comme le singulier et le pluriel, le masculin et le féminin, le nom et le verbe, le passé et le présent, etc.

J'ai choisi une approche qui tente de réconcilier les deux : partir de l'étude des mots en eux-mêmes (Qui sont-ils ? D'où viennent-ils ? Comment se prononcent-ils ?), pour arriver à l'étude des rapports que ces mots entretiennent entre eux (fonctions et accords divers) au sein d'une nouvelle entité qu'est la phrase.

Des mots… en phrase, puis des mots… à la phrase, voilà ce que sera mon fil d'Ariane tout au long de cette *Grammaire pour les Nuls*.

Par convention, les tournures incorrectes sont précédées d'un astérisque.

Comment ce livre est organisé

La Grammaire française pour les Nuls est organisée en cinq parties :

Première partie : Grand-mère, qui es-tu ?

Il faut s'entendre : qu'est-ce que la grammaire ? Peut-on en donner une définition exacte ? Et alors, à qui se référer ? Aux grammairiens d'autrefois ? Ou plutôt à ceux qui leur ont succédé ?

Quelle définition donner à ce mot ? L'étymologie apporte des réponses claires, certes. Et pourtant, certains tentent d'en faire l'équivalent d'une science occulte, tant elle présente de prétendues difficultés.

Un historique s'imposera, bien évidemment. Pour voir d'où vient cette manière de classer les mots de la langue selon des catégories, des natures, des fonctions aussi et surtout. Les jugements des anciens, mais aussi des modernes, nous aideront à mieux connaître cette matière de base de l'enseignement, et ainsi nous n'en aurons plus peur.

Car on aura beau faire, se plier ou non à ses règles – et elles sont légion – les connaître ou non, grammaire il y a et grammaire il y aura. Son avenir, qu'on dit menacé, est tout sauf compromis.

La grammaire est autant un art du bien écrire que du bien penser.

Deuxième partie : Exquis mots, demandez nos exquis mots !

Qu'est-ce qu'un mot ? Telle est la première question à se poser. Un amalgame de lettres plus ou moins nombreuses, la simple production d'un son, comme c'est le cas des interjections de notre langue ? Des racines remontant à la nuit des temps qui se sont transformées au gré de dérivations ou de compositions diverses, qu'on peut plus ou moins aisément reconstituer ?

De quelle nature sont donc ces outils constituants de la langue, dont les deux majeurs restent le nom et le verbe ? Sans oublier les satellites qui gravitent autour du premier, et toute la riche sphère qui encadre le second.

Pour l'un, comme pour l'autre, on découvrira ce qu'est l'analyse grammaticale : le nom possède en effet un genre (masculin, féminin, voire ni l'un ni l'autre, c'est-à-dire neutre), un nombre (existe-t-il tout seul ou à plusieurs ?). Le verbe aura à montrer en quoi il se démarque, ou pas, du nom. Son analyse n'est pas plus simple.

On se permettra une courte petite parenthèse (excursus) sur des jeux de mots : jeux d'homo-, de paro-, de syno-, d'anto-nymes ! Mais gare aux mauvaises coupes…

Troisième partie : La phrase dans tous ses états

Des mots, encore des mots, toujours des mots. Que fait-on en effet de tous ces mots ? La langue française les met en relation les uns avec les autres, et, des mots à la phrase il n'y a qu'un pas, celui de la construction d'un sens qu'on appelle *syntaxe*, celle qui commande à la mise en forme des idées, les unes par rapport aux autres.

On peut alors tout dire, tout exprimer. Un même énoncé selon les modalités qu'on veut lui prêter prend des couleurs différentes. Tour à tour, la phrase sera affirmative, négative, interrogative, exclamative. Elle se situera sur un axe chronologique et, surtout, modal (se rapportant aux modes). Le verbe est tout sauf un continent à la dérive. C'est même lui qui donne en quelque sorte des couleurs à la phrase.

Une phrase peut se tourner de mille et une façons : on se souvient du professeur de philosophie enseignant à Monsieur Jourdain comment présenter sa déclaration d'amour : *Belle Marquise, vos beaux yeux, d'amour, me font mourir*, dans laquelle grâce à des effets subtils de changement de ponctuation et surtout d'inversion des termes, la phrase se remodèle, tout en disant sensiblement la même chose…

Je m'intéresserai ensuite à l'analyse logique d'une phrase, qui permet de comprendre comment s'imbriquent des informations indispensables (ou plus accessoires) à l'intitulé d'une phrase. Car une phrase, c'est comme le Lego® de l'écriture !

Quatrième partie : Accord(s) parfait(s)

Nombreuses sont les fonctions que se doivent de remplir les mots entre eux, qu'il s'agisse des noms ou des verbes d'ailleurs. Vous apprendrez ici qui fait quoi. Tour à tour, je me pencherai sur l'expression du temps, du but, de la cause, de la manière, du moyen, veillant à faire à chaque fois le parallèle entre les traitements nominal et verbal. Nous mesurerons à cette occasion les emplois plus spécifiques de l'un par rapport à l'autre.

Bref, nous envisagerons les mots en fonction les uns des autres, dans leurs rapports au genre comme au nombre. Et il y a de quoi faire et dire ! Les masculins, les féminins, ceux qui sont et l'un et l'autre, les singuliers, les pluriels, les réguliers, les irréguliers, les heureux invariables…

Puis, pour accorder définitivement nos violons, je passerai en revue tous les accords : en nombre, en genre, entre sujet et verbe, nom et adjectif, masculin et féminin, etc., sans omettre de pointer du doigt les exceptions qui sont légion et qui font loi.

Très (trop) souvent, les règles ne s'appliquent pas. Il faut en découdre avec cette grammaire imprévisible autant qu'incorrigible. Il y a des accords, mais aussi des non-accords ou plutôt des accords qui ne sont pas toujours respectés à la lettre. C'est de ces désaccords que viennent bon nombre de nos démêlés avec la grammaire, laquelle ne semble pas être une science toujours exacte.

La concordance des temps occupera le dernier volet du doux rêve qui est le mien, de parvenir à nous mettre tous un jour au diapason de notre langue. En ce domaine, on redécouvrira les vertus d'un mode désuet, l'imparfait du subjonctif, dont les emplois ne prêtent pas toujours à rire.

Cinquième partie : La partie des Dix

Vous trouverez tout d'abord ici des pages d'information sur les hommes d'aujourd'hui qui, à leur manière, ont fait l'histoire de la grammaire, ceux dont c'était la profession, grammairiens et linguistes, mais aussi un amoureux des mots.

Vous pourrez ensuite vous-mêmes vous tester et, stylo rouge en main, jouer au professeur et relire des dictées truffées de fautes monumentales. Avant de vous risquer à retrouver les formes verbales de quelques verbes pièges.

Pour mémoire, vous trouverez un récapitulatif, bien sûr non exhaustif, des incorrections les plus fréquentes. Ainsi n'aurez-vous plus d'excuse. Il vous sera proposé de remplir un cahier de doléances où exprimer vos récriminations contre les abus et aberrations de la grammaire.

Puis suivra une dernière page récapitulant les repères essentiels de la classification grammaticale, sous forme d'une fiche d'identité type.

En guise de conclusion, sachez que le lexique (grammatical) nouveau est arrivé!

Annexes

Vous y trouverez des tableaux synoptiques inédits… que vous aurez à renseigner vous-mêmes.

Les icônes utilisées dans ce livre

Voici quelques icônes que vous retrouverez tout au long de votre promenade dans la langue française. Ce sont de petites haltes, le plus souvent didactiques ou tout simplement divertissantes.

À vous de mettre en pratique au fur et à mesure ce que vous aurez appris ou révisé, à l'aide d'exercices précis et ludiques. Ainsi vous assurerez régulièrement vos arrières.

La langue française regorge de pièges. Mais comme le dit le dicton, « à malin, malin et demi ». Cette icône signalera les difficultés qui ne manqueront pas.

De petits tableaux simples vous permettront de fixer les règles dans votre esprit. Vous y trouverez aussi des moyens mnémotechniques pour vous sortir d'un mauvais pas.

En cas de besoin, il nous arrivera de donner une étymologie savante ou une précision d'ordre technique, que vous pourrez « sauter » dans un premier temps, quitte à y revenir par la suite, à tête reposée.

Parfois, mieux vaut en rire qu'en pleurer! Vous trouverez quelques clins d'œil amusés sur le sujet.

Il faut rendre à César ce qui lui revient. Je donnerai parfois la parole aux spécialistes, en cas de besoin.

Je garde pour cette rubrique les exemples purement littéraires. Car qui dit apprentissage de la grammaire, dit surtout passeport pour entrer dans les textes et ainsi mesurer l'usage que les auteurs font de la langue.

Par où commencer votre marathon ?

Il semble logique, pour éviter de s'essouffler, de suivre l'ouvrage dans l'ordre où il a été conçu. La grammaire est en effet un système de pensée à part entière.

Toutefois, vous aurez parfois envie de vous attarder sur un sujet, de revenir en arrière ou de sauter quelques pages, sans pour autant brûler les étapes. Vous pourrez aussi faire le choix de vous attacher aux encadrés ou aux points de références dont est ponctué l'ouvrage.

Si vous nous faites l'honneur de penser que la grammaire est à la langue ce que le solfège est à la musique, alors il sera préférable de suivre la partition le plus fidèlement possible. Vous pourrez toutefois vous accorder quelques pauses, marquer des silences, avant de reprendre « allegro » votre lecture.

Première partie

Grand-mère, qui es-tu ?

Dans cette partie…

Qu'est-ce à dire ? Est-ce ainsi – grand-mère – que s'écrit le mot grammaire ? En se fiant à la prononciation du XVIIe siècle, sans doute. Mais ne serait-il pas dangereux de commencer cette *Grammaire pour les Nuls* sur un malentendu, d'ouvrir cette période d'essai sur une faute de grammaire ? Nous n'en croyons rien. C'est ainsi que nous partirons des fautes en tout genre pour en venir à mieux cerner cette matière complexe qu'est la grammaire, dont le mot même fait peur. En effet, les fautes sont répertoriées, autrement dit contrôlées. Pourquoi alors tant redouter cette science des mots ? Pourquoi ne pas plutôt l'envisager comme un art d'écrire et surtout de penser ? Nous présenterons l'évolution de la grammaire au fil des siècles, de la rhétorique ancienne qui fut son berceau jusqu'à la linguistique contemporaine. Nous montrerons les différents aspects de cette matière composite pour mieux cerner à quoi sert vraiment la grammaire.

Chapitre 1

Grammaire… un mot à faire peur !

Dans ce chapitre :

- D'où vient le mot ?
- Votre première leçon vous attend !
- Prenons quelques avis autorisés

À lui tout seul le mot « grammaire » refroidit ou fait fuir, semble-t-il. Et pourtant, si on examine l'étymologie de ce terme, on voit qu'il n'y a pas de quoi prendre peur.

Le terme *gramma* désigne simplement dans la langue grecque :

- un caractère d'écriture, d'alphabet ;
- un papier, un registre, une inscription, un texte (c'est-à-dire un ensemble de caractères d'imprimerie).

Dans l'Antiquité, le préposé à l'apprentissage de la langue s'appelait du reste un *grammateus.* On donnait en Grèce ce nom aux greffiers publics chargés de rédiger des procès-verbaux, d'enregistrer les documents officiels puis d'en donner lecture dans les assemblées et les tribunaux. Un scribe en quelque sorte. Le *grammatistès*, alias le grammatiste, avait mission d'enseigner à lire et à écrire : il était, pour ainsi dire, l'équivalent d'un maître d'alphabet. L'art de lire l'écriture, qui se dit *grammatikè technè,* est bel et bien l'ancêtre étymologique du mot « grammaire ». La grammaire est avant tout la science de ce qui a trait à l'écriture, et à ses signes.

POUR LES PROS

Le verbe grec *grapho* offre de son côté trois sens : - dessiner, graver / - écrire / - rédiger un décret (dans une acception parlementaire). On retrouve cette racine dans de nombreux mots français comme para-graphe pour « ce qui s'écrit à côté », épi-graphe, « ce qui s'écrit sur ». Quant à nos « programmes » actuels, ils correspondent bien à « ce qui est écrit en avant… première », sur nos affiches.

Au programme, pour les pros, solécismes, barbarismes, et cacophonie...

La plupart des occasions des troubles du monde sont grammairiennes disait en son temps Michel Eyquem de Montaigne dans ses *Essais.* Commencer un ouvrage sur la grammaire par des erreurs, est-ce un bon angle d'approche ? Elles sont de deux ordres : **d'orthographe** pour les mots d'usage et **de construction** dans les rapports entre les mots. Leurs noms mêmes sont repoussants, non ? On parle en effet de *solécisme* ou de *barbarisme.*

- Un **solécisme** est l'une des spécialités (mais tout sauf culinaire) de Soles, ville de Cilicie, dont les colons athéniens parlaient, dit-on, un grec des plus incorrects. D'où le nom qu'on lui donna de *soloikismos*, puis *soloecismus* avant de devenir chez nous *solécisme* pour désigner un emploi syntaxique fautif, de formes existant par ailleurs dans la langue. La forme *j'ai été à..., pourtant répandue, est fautive : il faut dire : je suis allé à...
- Le **barbarisme**, quant à lui, est encore plus monstrueux. C'est une affaire de barbare, non ? Même pas. En tout cas une autre de ces fautes grossières de langage : par exemple, quand on emploie un mot qui n'existe pas – un néologisme : un mot forgé et inventé ou plutôt un mot déformé, par rapport à son emploi ordinaire.

Les grands auteurs seuls peuvent créer de toutes pièces des mots qui n'existent pas. Mais le simple quidam n'a pas ce privilège. Par exemple, dire *aréoport* quand on attend *aéroport* est une faute impardonnable, vous en conviendrez. Confondre un *aéropage* avec l'*Aréopage* (colline d'Arès) est non seulement une faute de grammaire mais, pire encore, une marque d'inculture. Or bien des barbarismes de cette sorte envahissent nos écrits et les impropriétés sont légion.

Autres incorrections contre la pureté du langage : le *néologisme* et l'*archaïsme*, les deux versants d'un même défaut : pour le néologisme, création abusive d'un mot nouveau, pour l'archaïsme, emploi d'un mot qui n'a plus cours, devenu désuet. Le premier est avant-gardiste, le second mène le plus souvent un combat d'arrière-garde.

RÉFÉRENCES

Il est vrai que l'on sue à souffrir ses discours
Elle y met Vaugelas en pièces tous les jours ;
Et les moindres défauts de ce grossier génie
Sont, ou le pléonasme ou la cacophonie.

La *cacophonie*, ou malencontreuse rencontre de deux syllabes, prête souvent au ridicule le plus achevé chez Molière !

POUR RIRE

Ne confondez pas *cacophonie* et « cacaphonie ». L'adjectif grec *kakos,* qui leur est commun, suffit à signifier l'horreur entendue ! Cette figure de style s'appelle d'un nom encore plus savant : *kakemphaton,* soit « quelque chose de mal dit », autrement dit une rencontre de sons qui produit un effet incongru, parfois déplacé dans le contexte. Savez-vous qui a écrit : *Je suis romaine, hélas, puisque mon époux l'est ?* Corneille dans sa première version d'*Horace* en 1639, faisant du Romain un poulet… Il réédite l'exploit dans ce vers de *Polyeucte,* qui a encore l'heur de charmer des générations d'écoliers : *Et le désir s'accroît quand l'effet se recule.*

Allons, avouez-le, vous aviez bien entendu « les fesses reculent » ?

Grammaire ou grimoire ?

On a même été jusqu'à assimiler l'origine du mot *grammaire* à celui d'un mot comme *grimoire.* Info ou intox ? Est-ce par seule parenté homonymique qu'on a souvent relié la grammaire à ce qui n'est autre qu'un livre de magie à l'usage des sorciers, un grimoire ?

Le terme grimoire serait l'altération du mot grammaire, qui désignait la grammaire latine, inintelligible pour le *vulgum pecus*, en tout cas. Pour Diez, le mot viendrait de l'ancien haut allemand, *grîma* : spectre. Mais pourquoi le rapprocher alors de la forme ancienne *gramaire, gramare* ? Un autre spécialiste, Génin, préfère y voir une variété du mot grammaire, entendu comme un livre de science occulte pour invoquer le diable. Scheler a même songé à un autre radical « grimer », signifiant « griffonner ». Le terme grimoire n'apparaît en fait qu'au XVIe siècle, après un passage obligé par le mot *gramoire.* En conséquence, il vaut mieux tirer *gramare* du bas-latin *gramma*, lettre, car du mot *lettre*, on peut passer au sens de grimoire. Ce qui est sûr, c'est que g*ramma* est la forme grecque du verbe écrire et *gramare* représenterait *grammarium* en latin. Mais pourquoi s'interdire un rapprochement, plus agréable, avec l'anglais *glamour* ?

La **grammaire** désigne à la fois :

- **la connaissance scientifique** d'une langue ou d'un ensemble de langues ;
- **l'étude et/ou l'enseignement** des lettres en général :
  - un système de sons, formes et rapports syntaxiques d'une langue,
  - un ensemble des règles présidant à la correction de la langue écrite ou parlée,
- et, par antonomase, **un livre,** une grammaire qui s'appliquera à l'objet même de la langue, qui contient cet enseignement.

D'ores et déjà, vous allez le comprendre, la grammaire est un tout.

Langue ou langage ?

Il y a trois sortes de langage : le langage gestuel, le langage parlé ou parole et le langage écrit ou écriture.

Une **langue** est la manière propre à une nation d'exprimer ses pensées par la parole et l'écriture. Le **langage** définit quant à lui l'ensemble des procédés dont l'homme peut disposer pour s'exprimer. Du latin *parabola*, faculté naturelle de parler, la **parole** « *donnée à l'homme pour exprimer ses pensées* » selon Molière reste un acte individuel et à usage du particulier, quand la langue est un système complet de signes conventionnels utilisés par toute une collectivité.

Le langage gestuel, on le laisse volontiers aux premiers hommes. Au degré de civilisation où nous pensons être, seuls nous intéressent le langage parlé (oral) et écrit. Et la grammaire est bel et bien cette science qui prend le langage pour objet, qui l'encadre et l'ordonnance. Une matière bien plus complète qu'on veut bien le croire.

Vous donnez votre langue au chat ?

On se perd en conjectures sur l'origine de l'expression. Madame de Sévigné parlait au XVIIe de « jeter sa langue aux chiens ». Pourquoi alors les chiens sont-ils devenus des chats ? Parce que George Sand préférait dire « mettre quelque chose dans l'oreille du chat » ? De toute façon, pourquoi leur abandonner son organe de parole, leur confier ce qui devrait rester secret ? À part le Chat Botté, qui pourrait donner la solution ? Ni les chats ni les chiens ne parlent, à notre connaissance…

Voici la famille de mots que nous pouvons décliner sur le mot latin *lingua :* langage, langagier, linguiste, linguistique, bilingue. En empruntant le mot grec *glotta*, on trouve en parallèle, dans des emplois à peine plus savants : glose, glossaire, glossolalie, et polyglotte. De deux langues (bi-lingue), on passe tout d'un coup à plusieurs ! C'est magique !

Gilles Guilleron nous pardonnera de lui emprunter l'exemple suivant. Vous êtes un chef d'entreprise et vous avez à prévenir un membre de votre personnel d'un licenciement brutal. Trois langues s'offrent à vous :

- la langue familière, qui a le mérite de la franchise : « Allez, on t'a assez vu, tu peux dégager ! » ;
- la langue courante, bien plate et piteuse : « Nous sommes obligés de vous licencier » ;

- la langue de bois : « Comme vous le savez, la conjoncture économique est difficile, et nous oblige à inviter certains de nos collaborateurs, dont vous faites partie, à redéployer leur stratégie de carrière vers des secteurs plus porteurs. »

On fait même mine de prendre son interlocuteur à témoin – comble du raffinement mental en pareille circonstance. Vous êtes la victime et, pour un peu, le licenciement vous est présenté comme une opportunité. C'est le monde à l'envers ! Ou comment les mots peuvent se faire les auxiliaires d'une dissimulation !

Tout sauf la langue de bois !

Parler « la langue de bois », c'est parler pour ne rien dire. Certains en savent quelque chose : tous ceux qui usent et abusent de formules stéréotypées, plus impersonnelles les unes que les autres, histoire de noyer le poisson !

La langue de bois permet, en toute légalité, de dissimuler sa pensée. La récente étude de Gilles Guilleron montre comment les hommes politiques, les avocats, les leaders, même les professeurs, à ce qu'il paraît, en sont les maîtres incontestés.

Cela revient à ne pas « avoir la langue dans sa poche », à « tourner autour du pot » et ainsi éviter de répondre. C'est un peu prendre son interlocuteur pour un idiot. Et tous les moyens sont bons : périphrases, euphémismes, litotes, circonlocutions, quand ce n'est pas toute une digression.

Votre première leçon de grammaire à l'école de Molière

Une méprise est à l'origine du renvoi de la servante Martine : elle a compris « grand-mère », quand sa maîtresse Philaminte parlait de « grammaire » :

PHILAMINTE
Elle a, d'une insolence à nulle autre pareille,
Après trente leçons, insulté mon oreille
Par l'impropriété d'un mot sauvage et bas,
Qu'en termes décisifs condamne Vaugelas.

CHRYSALE
Est-ce là… ?

PHILAMINTE
Quoi ? toujours, malgré nos remontrances,
Heurter le fondement de toutes les sciences,
La grammaire, qui sait régenter jusqu'aux rois,
Et les fait, la main haute, obéir à ses lois ?

CHRYSALE
Du plus grand des forfaits je la croyais coupable.

PHILAMINTE
Quoi ? Vous ne trouvez pas ce crime impardonnable ?

CHRYSALE
Si fait.

PHILAMINTE
Je voudrais bien que vous l'excusassiez !

CHRYSALE
Je n'ai garde.

BÉLISE
Il est vrai que ce sont des pitiés :
Toute construction est par elle détruite,
Et des lois du langage on l'a cent fois instruite.

MARTINE
Tout ce que vous prêchez est, je crois, bel et bon ;
Mais je ne saurais, moi, parler votre jargon.

PHILAMINTE
L'impudente ! Appeler un jargon le langage
Fondé sur la raison et sur le bel usage !

MARTINE
Quand on se fait entendre, on parle toujours bien,
Et tous vos beaux dictons ne servent pas de rien.

PHILAMINTE
Hé bien ! Ne voilà pas encore de son style ?
Ne servent pas de rien !

BÉLISE
Ô cervelle indocile !
Faut-il qu'avec les soins qu'on prend incessamment,
On ne te puisse apprendre à parler congrûment ?
De pas mis avec rien tu fais la récidive,
Et c'est, comme on t'a dit, trop d'une négative.

MARTINE
Mon Dieu ! Je n'avons pas étugué comme vous,
Et je parlons tout droit comme on parle cheux nous.

PHILAMINTE
Ah ! Peut-on y tenir ?

BÉLISE
Quel solécisme horrible !

PHILAMINTE
En voilà pour tuer une oreille sensible.

BÉLISE
Ton esprit, je l'avoue, est bien matériel.
Je n'est qu'un singulier, avons est pluriel.
Veux-tu toute ta vie offenser la grammaire ?

MARTINE
Qui parle d'offenser grand'mère ni grand-père ?

PHILAMINTE
Ô Ciel !

BÉLISE
Grammaire est prise à contre-sens par toi,
Et je t'ai dit déjà d'où vient ce mot.

MARTINE
Ma foi !
Qu'il vienne de Chaillot, d'Auteuil, ou de Pontoise,
Cela ne me fait rien.

BÉLISE
Quelle âme villageoise !
La grammaire, du verbe et du nominatif,
Comme de l'adjectif avec le substantif,
Nous enseigne les lois.

MARTINE
J'ai, Madame, à vous dire
Que je ne connais point ces gens-là.

PHILAMINTE
Quel martyre !

BÉLISE
Ce sont les noms des mots, et l'on doit regarder
En quoi c'est qu'il les faut faire ensemble accorder.

MARTINE
Qu'ils s'accordent entr'eux, ou se gourment, qu'importe ?

PHILAMINTE, à sa sœur.
Eh, mon Dieu ! Finissez un discours de la sorte.

Associer la grammaire à une mère-grand n'est pas une totale surprise pour qui sait que la prononciation de l'époque donnait bien à entendre : *granmaire. D'ailleurs, cela n'est pas pour nous déplaire. Ce petit côté suranné est loin de manquer de charme.

À quoi sert la grammaire ? À communiquer ou à parader ? Est-elle une vraie science qui peut s'apprendre ? Il semblerait que Martine y soit particulièrement rétive, voire récalcitrante ! Elle ne voit dans cet effort de langage contrôlé par la grammaire qu'une affectation, une complication sans raison d'être.

Mais, à tout prendre, vaut-il mieux le jargon populaire d'une servante illettrée ou le jargon précieux des Femmes savantes ? On est en droit de se le demander, surtout si on songe à ce portrait de précieux qu'on lit de la même époque sous la plume de La Bruyère.

Le français, au terme d'un long chemin de construction, reste une langue en perpétuelle évolution. Telle est la marche des choses : si depuis le commencement du monde, la langue s'est vue modifiée, pour des raisons de nature, de lieu, de temps, elle campe encore sur quelques positions auxquelles nous aimons à nous raccrocher : un nom reste un nom, un verbe, un verbe, etc. Elle sait surtout rester inflexible sur ses règles et ses emplois.

Acis, vous connaissez ?

Que dites-vous ? Comment ? Je n'y suis pas ; vous plairait-il de recommencer ? J'y suis encore moins. Je devine enfin : vous voulez, Acis, me dire qu'il fait froid : que ne disiez-vous : « Il fait froid » ? Vous voulez m'apprendre qu'il pleut ou qu'il neige ; dites : « Il pleut, il neige. » (...) Mais, répondez-vous, cela est bien uni et bien clair ; et d'ailleurs, qui ne pourrait pas en dire autant ? Qu'importe, Acis ? Est-ce un si grand mal d'être entendu quand on parle et de parler comme tout le monde ?

Derrière cette charge contre ce beau parleur incapable de s'exprimer en toute simplicité se cache l'idéal classique du théoricien Boileau pour qui « *ce que l'on conçoit bien s'énonce clairement.* »

Martine, à l'école de la langue, renâcle, et les mots pour le dire semblent ne pas arriver aisément pour elle. Peut-on lui en faire le reproche ? A-t-elle jamais eu l'occasion d'apprendre la grammaire ? La grammaire a justement pour tâche d'harmoniser toutes les expressions individuelles autour de modèles du genre. Elle consiste précisément à construire des règles de communication dans lesquelles chacun est censé se reconnaître. Celles de Vaugelas, l'un des maîtres en la matière de l'époque, sont-elles pour autant les meilleures qui soient ?

La grammaire se présente sous forme de lois et de règles qu'il convient de respecter si on se veut ou prétend instruit. Elle exige des accords élémentaires, comme ceux entre singulier et pluriel, par exemple : le *Je* de Martine n'est pas conforme au bon usage, il ne saurait aller de pair avec la forme verbale *avons*. Redisons-le en termes (à peine) plus savants : tout mot obéit à des morphèmes constitutifs : ici, en l'occurrence, le pronom de première personne *je* requiert une désinence de singulier, alors que Martine lui affecte celle du pluriel.

Dans cette tirade, on entend le nom de certains outils de langue comme *verbe, adjectif, substantif,* les outils premiers de la phrase. On y emploie même un mode désuet de nos jours sur lequel nous reviendrons, le fameux imparfait du subjonctif qui, de nos jours, fait tant frémir nos oreilles. Vous n'avez pas manqué de repérer la forme verbale un peu désagréable à l'oreille, *excusassiez.* Excusez du peu !

Autrefois dans les écoles, la grammaire était associée à deux autres matières : l'orthographe et la conjugaison. La moyenne de ces deux notes-là permettait alors d'apprécier le niveau général en grammaire française, en langue française, en français tout court. De nos jours, mieux vaut ne pas compter dessus...

Qu'en pensent-ils ?

Se tourner vers les philosophes pourrait s'avérer éclairant. Les deux grands philosophes de l'Antiquité, Platon et Aristote, nous livrent eux aussi leur définition de la grammaire. Platon est le premier à mentionner le mot même de « grammaire », *grammatikè tekhnè,* littéralement l'« art des lettres » (grammata) – entendons bien : celui des lettres de l'alphabet, qu'il faut assembler, comme il est dit dans *Le Sophiste*. Il parle même d'une musique, d'un assemblage de sons dans le *Philèbe*, où il rejoint la conception d'Aristote qui parlait pour sa part d'une *science qui fait la théorie de tous les sons inarticulés.*

Pour ces deux philosophes, l'étymologie met en évidence une caractéristique importante de la grammaire, à ses origines : son objet par excellence est l'**écrit** en tant que **séquence de lettres**. En ce sens, on peut dire, sans crainte de se tromper, que la naissance de la grammaire est contemporaine de l'introduction de l'écriture (il s'agit ici de l'écriture alphabétique, que les Grecs, après avoir perdu l'usage du syllabaire mycénien, ont empruntée aux Phéniciens dans les premiers siècles du Ier millénaire avant notre ère).

L'avis de nos contemporains nous intéresse aussi

De l'avalanche d'ouvrages récents consacrés à la grammaire, on voudra donner une explication optimiste : loin d'être morte, la matière ne demande qu'à renaître de ses cendres.

On a ainsi qualifié la grammaire de :

- ***chanson douce,*** que me chantait ma maman, en suçant son pouce pour m'endormir tendrement… Quel bonheur que de parcourir l'ouvrage éponyme d'Erik Orsenna (*La grammaire est une chanson douce*) ! Je lui emprunterai nombre de ses excellentes feuilles, ramenées de son voyage au pays des mots, des signes, tout sauf imaginaires, qu'il découvre à la manière du Petit Prince de Saint-Exupéry. Une trouvaille des Muses, quasiment, que cet académicien amoureux des mots sait apprivoiser.
- ***jeu,*** selon Patrick Rambaud qui propose de faire de *La grammaire en s'amusant*. Son ouvrage travaille avec la langue française de manière subtile et drolatique. De quoi faire le bonheur des petits comme des grands. Pour lui, *la grammaire n'est qu'un mode d'emploi qui évolue avec l'usage et le temps. Ce n'est pas une punition mais une nécessité, un droit, une chance et un jeu.*
- ***galère,*** à en croire l'une des spécialistes du moment Danielle Leeman-Bouix, maître de conférences en sciences du langage à Paris X. Didactique dans son approche, elle cherche de nouvelles modalités productives d'échanges entre professeurs et élèves.
- ***pas de la tarte,*** comme l'affirment, encore tout récemment, Olivier Houdart et Sylvie Prioul (*La grammaire, c'est pas de la tarte*). Ils ont choisi de mettre l'accent sur les questions les plus pointues que pose la grammaire à ses usagers. Pourtant, leur message est optimiste. Ils cherchent des solutions, des clefs pour être au faîte (au fait aussi…) de ce qui se fait et dit de mieux en matière de grammaire.
- ***calvaire,*** d'après François de Closets, fâché avec l'orthographe depuis sa plus tendre enfance (*Zéro faute, L'orthographe, une passion française*). Faut-il dès lors comprendre son titre comme une provocation, un défi, le désir de parvenir un jour à l'impossible ? Mais qui peut y prétendre ?

Chapitre 2

La grammaire : une science et/ou un art ?

Dans ce chapitre :

- En quoi la grammaire est-elle une science ?
- Peut-on y voir un art ?
- Lire, écrire, réfléchir : tout un programme !

Dans son acception la plus usuelle, le terme « grammaire » désigne toute activité de discours portant sur une langue, qu'on peut appeler « langue-objet ». La nature la plus générale de cette activité peut se résumer ainsi : décrire les propriétés de cette langue-objet. Le but, pour être variable, est surtout pratique : faire connaître les propriétés d'une langue donnée à ceux qui les ignorent. Mais il désigne aussi la connaissance scientifique de ladite langue dont on cherche à retrouver les structures et les règles permettant de produire des énoncés.

Cela revient donc à considérer la grammaire comme l'étude systématique des éléments constitutifs d'une langue (ses mots et surtout leur mise en relation les uns avec les autres), ses deux parties constitutives restant la *morphologie,* étude des formes des mots et la *syntaxe,* étude de leurs fonctions.

Une science composite

À n'en pas douter, la grammaire recouvre à elle toute seule une vaste matière : c'est une science composite, comprenant :

- la **phonétique,** étude des sons,
- la **morphologie,** étude des formes,
- la **syntaxe**, étude de la construction.

Linguistique et stylistique en font à présent partie.

> *La grammaire est l'art de lever les difficultés d'une langue ; mais il ne faut pas que le levier soit plus lourd que le fardeau* disait Rivarol dans son *Discours sur l'universalité de la langue française.*

De quelles difficultés veut-il donc parler ? Et surtout de quel(s) levier(s) ? Le fardeau, on voit ce que c'est. La grammaire doit rester une technique pour maîtriser l'expression et non pas un piège. Le mot *ars, artis* désigne, en latin, la méthode, la recette, la technique, le truc qui permettra, en chaque circonstance, de se tirer d'un mauvais pas et de résoudre les difficultés ou pièges de la langue française.

La phonétique a de l'avenir !

On appelle phonétique, du grec *phonè* : la voix, le son, la branche de la linguistique qui s'occupe de l'étude des sons des langues naturelles. De l'appareil phonateur de l'homme jusqu'à l'étude de ses capacités articulaires, sans omettre les particularités des sons émis/produits, la phonétique explore notre palais et mesure notre capacité d'écoute.

The rain in Spain stays mainly in the plain…

Tous les phonéticiens ne sont pas d'affreux tortionnaires, comme le Professeur Higgins du film *My Fair Lady* (George Cukor, 1964), qui infligeait de longues séances de répétition des sons de la langue anglaise à l'humble marchande de fleurs, Eliza Doolittle. Tout y passe, diphtongues et h aspirés, et elle est bien près de trépasser lorsque survient la fameuse phrase : *But in Hartford, Hereford and Hampshire, hurricanes hardly ever happen.* Le pari sera finalement gagné, et Audrey Hepburn deviendra une vraie *lady* – l'amour aidant, faut-il le rappeler !

De nos jours, apparaît une autre forme d'écriture, une écriture alphabétique permettant de gagner du temps dans les nouveaux modes de communication, tels SMS, textos, etc. Cette écriture-là ne garde des mots que l'apparence sonore. Est-ce pour autant le langage de demain ? En son temps, Alphonse Allais avait déjà tenté d'écrire un roman au beau titre de O.D.S.F.M.R. !, sous-titré *O, déesse éphémère* ! Inversement, Raymond Queneau tint à réécrire en toutes lettres le CRS de base, en *céhéresse*…

Est-ce à dire qu'il existerait un nouvel ABC de la langue française, à utiliser, si on veut être capable de participer aux différents « chats » (Minou n'y est pour rien, il s'agit du verbe anglais, « to chat » [bavarder], qu'on pourrait franciser en « tchatter ») ainsi que dans les forums ou sur les blogs, qui sont légion de nos jours ?

Cette écriture phonétique vise à réduire au maximum la longueur d'un mot, quitte à modifier, orthographiquement, voire syntaxiquement, ledit mot. Un mode alternatif d'écriture en traduction, comme l'était déjà l'alphabet en braille pour les non-voyants.

Ce nouveau langage, où la déviance est sans doute plus graphique qu'orthographique, semble plébiscité par la jeune génération. Les puristes le déplorent, estimant que moins de mots équivaut à moins d'idées. D'autres, moins alarmistes, y voient juste un outil de travail, de reconnaissance entre membres du même âge, un socio-dialecte parallèle, tout aussi élitiste que l'ancienne orthographe, mais ne touchant pas le même public.

Pierre Rézeau (au nom prédestiné ?), directeur de recherche honoraire au CNRS, est confiant. Il voit là « des accélérateurs et des vecteurs de la langue » nouveaux. D'autant que les sigles ont déjà depuis assez longtemps envahi notre vocabulaire : CNRS comme Centre national de recherche scientifique en est l'une des illustrations passées dans la langue de tous les jours. Et voilà pour partie comment des mots nouveaux apparaissent… recréés ou forgés à partir de simples lettres.

Au fait, vous plaît-il de savoir d'où vient le mot SMS ? De « Short Message Service ». Un texto n'est que la forme apocopée de l'adverbe « textuellement ».

C koi 7 drôl 2 lang ? Mé cé ki ? Écrire comme on parle, un doux rêve qui pourrait tout de même devenir dangereux. On en oublierait tous ses repères et les jeux d'homophonie fleuriraient ! De quoi y perdre son texto…

La morphologie ou le look des mots

Du nom grec *morphè* : la forme, la morphologie consiste dans l'étude des formes, de la configuration et de la structure externe des mots. Elle s'intéresse aux jeux de variations à partir d'une racine puis d'un radical, une fois dotés de terminaisons ou désinences, et ce, selon leur genre, leur nombre, leur personne, leur temps, leur mode, etc. Étant donné que la langue est un organisme vivant, on peut lui appliquer ce terme qui rejoint une définition scientifique.

Morphée, dieu grec, fils d'Hypnos, lui-même frère de Thanatos (la mort), aurait-il un quelconque lien avec notre propos ? Morphée signifie étymologiquement « celui qui reproduit les formes ». Il y a donc bien une parenté. Ce dieu du sommeil mais aussi des songes a partie liée avec les différentes apparences changeantes que prennent les mots qui se transforment sans cesse sous nos yeux. Ce jeu de mutation s'appelle dans les langues anciennes la « déclinaison » pour les noms, la « conjugaison » pour les verbes. Espérons que l'effet produit par le présent manuel ne vous fera pas sombrer dans ses bras, sauf si c'est pour y faire de doux rêves…

La syntaxe ou la mise en place des mots

Du grec *sun* et *taxis* : ordre, arrangement, mise en place avec/ensemble, le terme syntaxe consiste dans l'étude des relations entre les formes élémentaires (précédemment évoquées) du discours, incluant mots ou syntagme (ensemble de mots). La syntaxe consiste à étudier les constructions de phrases, l'ordre des mots, les rapports (privilégiés ou non) de certains termes avec d'autres, la mise en place et en ordre des idées selon certaines règles et fonctions qui leur sont attachées.

On appelle *syntagme* un groupe de mots qui se suivent avec une intention de sens. Il en est des verbaux, nominaux, adjectivaux, adverbiaux… conformément aux 10 traditionnelles parties du discours de la grammaire d'autrefois auxquelles Jean-Joseph Julaud a consacré un chapitre dans son *Français correct pour les Nuls.*

Un art et pas n'importe lequel, dame !

Je regarde la grammaire comme la première partie de l'art de penser.
Condillac, *Cours d'étude pour l'instruction du prince de Parme*

Chacun connaît les différents traités qui ont de tout temps fleuri sur des sujets aussi variés que l'éloquence, la poésie, que sais-je encore. Ils ont de tout temps fait recette. Mais sur la grammaire…

Et si j'envisageais ici, à la manière de *L'Art d'aimer* d'Ovide, un *Ars grammatica* ? On y trouverait tous les savoirs techniques requis pour maîtriser ce domaine de la langue où connaissances et savoir-faire font bon ménage. Car il faut aimer la grammaire et il y a fort à faire pour la réhabiliter dans nos écoles, la faire aimer de tous, élèves comme professeurs.
Si je faisais venir la grammaire à la barre, que nous dirait-elle pour sa défense ? Nous livrerait-elle tous ses secrets et tous ses codes ? Notre littérature à ce jour ne nous a pas encore offert de prosopopée de la grammaire.

L'art d'écrire, et correctement, je vous prie !

Avoir ses lettres ou des lettres, c'est être cultivé et surtout savoir s'exprimer et écrire correctement.

Jacqueline de Romilly, éminente figure de la culture française et helléniste d'avant-garde, n'hésitait pas à dire de la grammaire qu'elle est comme « *le passeport des mots* ». Grâce à elle, les mots y gagnent leur transparence, leur relief, leur sens, leur vie.

La dictée de notre enfance (en tout cas celle de notre génération) reste parmi nos souvenirs les plus douloureux, l'heure de vérité en quelque sorte. Un exercice scolaire redoutable, une contrainte hebdomadaire à laquelle nous devions nous plier, une torture même, pour les plus faibles d'entre nous. Bref, une expérience cuisante, traumatisante parfois qui valait son lot de mauvaises notes : 5 fautes d'orthographe, c'était un zéro assuré.

Et tout ça, pour quoi? Pour des accords non respectés, des mots qu'on entendait pour la première fois et auxquels il fallait spontanément savoir donner un habillage, un genre (masculin ou féminin) qu'on ne connaissait pas forcément non plus et dont dépendait alors l'accord de l'adjectif, des mots vaches en quelque sorte, les mots piégés, « piégeux » plutôt, sans oublier les accents, les cédilles par ci, les traits d'union par là, bref toutes ces tracasseries de détail, toutes ces chinoiseries qui finissaient par nous faire détester tout simplement l'exercice.

C'est que Dame Orthographe a ses humeurs comme on le dirait d'une personne qui fait ses caprices et tous nos désagréments, nos hésitations, le plus souvent, ne viennent que de cela. Comme Ambroise Pierce le dit : *L'orthographe est une science qui consiste à écrire les mots d'après l'œil et non d'après l'oreille.*

Nul saint à qui se vouer en dehors de la lecture qui fixe malgré nous les mots dans notre subconscient, de la réflexion aussi. Car même si *L'Orthographe ne fait pas le génie,* à en croire Stendhal, elle reste « le cricket des Français » à en croire Alain Schifres. Redoutable, l'orthographe française!

Au fait, le saviez-vous? Le terme orthographe qui vient des deux racines grecques *ortho* et *graphein,* désignait autrefois « celui qui écrit droit ». La vraie science de l'écriture se nomme l'*orthographie,* à l'instar de la géographie (qui s'occupe du tracé de la terre), de la lexicographie, etc.

L'art d'écrire droit, c'est-à-dire juste et bien : voilà ce qu'est et reste l'orthographe. Oublions le caractère vexatoire de toutes les dictées d'embauche, souvent discriminatoires, dont certains font encore de nos jours les frais! Tentons de réagir face à la morosité ambiante et cherchons à transformer cet exercice d'écriture, qui est tout d'abord une gymnastique physique, en gymnastique mentale, pour ainsi renouer avec la correction... (pas celle qu'on inflige aux enfants pas sages). Plusieurs écrivains nous font part de leur expérience de cette quête de la juste écriture.

Un exercice physique...

Exercice physique au sens premier. Il faut d'abord écouter, être sur le qui-vive, guetter jusqu'aux mouvements de lèvres de celui qui lit la dictée pour tenter d'y lire la solution.

Nathalie Sarraute renoue ici avec les joies retrouvées de la dictée d'antan :

> *La maîtresse se promène dans les travées entre les pupitres, sa voix sonne clair, elle articule chaque mot très distinctement, parfois même elle triche un peu en accentuant exprès une liaison, pour nous aider, pour nous faire entendre par quelle lettre tel mot se termine. Les mots de la dictée semblent être choisis pour leur beauté, leur pureté parfaite. Chacun se détache avec netteté, sa forme se dessine comme jamais aucun mot de mes livres.*
>
> *Enfance*, 1983

Puis, s'appliquer à former les lettres, et attendre, mort de peur, le verdict.

Expérience angoissante, voire désespérante… que celle de Charles Péguy :

> *À l'école, je tâchai de toute ma jeune et coléreuse volonté rentrée, tendue à faire des bâtons qui fussent aussi droits, aussi régulièrement penchés que les bâtons modèles tracés au tableau noir par le maître aux doigts habitués. Mais j'y réussissais peu et je lisais dans les regards l'étonnement qu'un petit garçon qui lisait si bien, eût tant de mal à apprendre à écrire. Alors je pris une résolution extrême : je résolus, un jour, de faire si bien ma page d'écriture que le maître n'y trouvât rien à redire, et ne fît aucune correction sur ma page propre. Je m'appliquai de toute ma respiration, tirant la langue, les yeux rivés. Quand j'eus fini, je trouvai que j'avais réussi : j'attendis, anxieux, qu'on me rendît justice. Comme tous les autres jours, le maître passa; comme tous les autres jours, le maître, sans rien remarquer, sans penser à mal, me corrigea mes bâtons. Quand je vis ma page ainsi dénaturée, brusquement la douleur me suffoqua : je pleurai en pleine classe de toutes mes larmes, ne pensant qu'à cela… Le jeune maître n'y comprit rien et, tout timide, s'attrista longuement de ce que je pleurais.*
>
> *Pierre, commencement d'une vie bourgeoise*

… mais surtout mental

Mettre en application toutes les règles qu'on est censé avoir retenues se révèle aussi un redoutable exercice mental.

La dictée, un dinosaure !

Faut-il le rappeler ? La dictée a déjà bien vécu. La première dictée, celle de Yahvé à Moïse, gravant sur le mont Sinaï les dix commandements, remonte au moins à treize siècles avant notre ère. À ce qu'on sait, il ne fit pas de fautes.

Tel ne fut pas le cas de ceux qui participèrent à la dictée mémorable que Prosper Mérimée concocta pour distraire la Cour qui s'ennuyait à Compiègne, au XIXe siècle. Cet inspecteur des Monuments Historiques ne trouva rien de mieux que de composer un texte truffé des pires pièges orthographiques. On parle encore de la dictée de Mérimée, et de ces élèves qui concoururent alors : le meilleur à ce jeu fut le prince de Metternich, avec seulement 3 fautes. Bien loin devant l'empereur Napoléon qui en fit, de mémoire d'homme, 75.

Heureux les derniers car ils seront les premiers !

La grammaire ou tout ce qu'elle est

> *Faire de la grammaire, c'est chercher à saisir les règles de fonctionnement de la langue et non pas celles du monde dont parle la langue – et le monde (ou l'idée qu'on en a) est de peu d'aide pour ce faire : pourquoi peut-on dire aussi bien « Il a les cheveux frisés » et « Il est frisé », mais non, avec le même sens, « Il a les cheveux raides » et « Il est raide » ? Pourquoi « Elle est en colère » constitue-t-il une phrase banale, et non « Elle est en peur » ? Quelle est la différence entre « Je le vois arriver » et « Je le vois qui arrive » ou « Je vois qu'il arrive » ?*
>
> *Faire de la grammaire, c'est apprendre à observer, réfléchir, raisonner, se poser des problèmes et construire des hypothèses pour les résoudre : c'est se constituer les outils intellectuels fondamentaux qui permettent d'analyser et de comprendre le monde auquel, telle la vitre, la langue donne accès.*
>
> Danielle Leeman-Bouix

Derrière les mots et leurs fonctions, comme derrière les différentes formulations choisies, se cachent souvent déjà des messages. La grammaire, mine de rien, est au cœur de la vie et de la pensée de ses usagers. Il y a en effet grammaire et grammaire. Celle dont on veut parler ici est à la fois « *la langue raisonnée, assujettie à certains principes ou axiomes qu'on nomme règles : principes de convention, si l'on veut, mais qui finissent par obtenir la sanction de l'usage et de la pratique* » et surtout celle d'un locuteur qu'on veut pensant. Regardez cette **science caméléon** qu'est la grammaire :

> *Il y a vingt façons de marquer la cause, complément sans préposition, compléments prépositionnels, adjectifs, formes temporelles, propositions coordonnées, subordonnées, tout de qui concourt à l'expression de ce rapport est rapproché, non point bien entendu pour se confondre dans un chaos nouveau mais pour se répartir par valeur et par signification, comme autant de signes proposés au choix de celui qui pense et qui parle.*

Ne trouvez-vous pas ces paroles très modernes ?

Chapitre 3

Panorama de la Grammaire

Dans ce chapitre :

- Les temps forts de la grammaire
- De la rhétorique ancienne… à la linguistique moderne
- La Grammaire de demain, que sera-t-elle ?

Il est aisé de retracer le parcours de Dame Grammaire des origines jusqu'à nos jours. À toutes les époques, elle a été envisagée dans différentes finalités et sous diverses formes. Dans l'Antiquité, elle est au cœur de l'expression d'une pensée qui veut donner du poids aux mots. La rhétorique ou art de parler est « *ouvrière de persuasion* », comme le rappelle Gorgias, l'un des sophistes rhéteurs les plus en vogue en son temps. Elle s'inscrit ensuite comme une recherche du bon usage, des mots et des idées justes. Elle s'apparente à un puits de science encyclopédique avant de devenir une recherche plus approfondie du rapport entre les mots et les choses, une vraie réflexion quasi philosophique et morale.

Un coup d'œil sur son histoire dans les trois derniers siècles, et sur sa transformation par la linguistique, nous permettra de voir la richesse de cette science nouvelle, qui flirte avec la psychologie, la sociologie, l'histoire, et d'envisager aussi les multiples curiosités qu'elle éveille encore.

L'apprentissage de la grammaire ou la rhétorique antique

La grammaire a évolué de l'Antiquité à nos jours. Tant en Orient qu'en Occident, les études grammaticales remontent à une antiquité assez lointaine.

Les plus anciens grammairiens semblent être ceux de l'Inde, qui auraient fixé les formes du sanskrit. Le plus connu d'entre eux, Pânini, au IVe siècle av. J.-C. Mais est-ce bien là la grammaire au sens où nous l'entendons ?

Chez les Grecs, la référence est double. La grammaire occidentale semble avoir été fondée par les sophistes : Platon avec son traité du *Cratyle* est le premier à mettre à l'honneur l'étude de la grammaire, comme étude de l'origine et de la formation des mots, qu'Aristote, à sa suite, liera étroitement à l'étude de la logique.

On doit ensuite à un certain Denys de Thrace en date du Ier siècle av. J.-C. un *Art grammatical*, premier ouvrage à considérer la grammaire comme une science autonome. La tradition attribue à ce disciple du grammairien Aristarque, la rédaction, vers la fin du IIe siècle avant notre ère, de la première Technè Grammatikè de la tradition occidentale. Il présente l'appareil taxinomique et terminologique élaboré au cours des premiers siècles d'histoire de la grammaire. L'inventaire des « parties du discours » y tient la place essentielle.

Au IIe siècle de notre ère, Apollonius Dyscole distinguera *syntaxe et morphologie*. Les Romains, sans grande originalité, ne feront que traduire en latin toute la terminologie inventée par les Grecs.

Denys d'Halicarnasse, historien grec du Ier siècle av. J.-C., était aussi rhéteur. On lui doit un *Traité de l'arrangement des mots*, une Rhétorique, qui s'attache plus aux formes qu'aux idées. Il se fera surtout le défenseur de la pureté du langage attique contre l'asianisme, venu d'Asie mineure, aux tournures recherchées et aux effets trop faciles.

Parmi les Romains, mentionnons Varron (116-27 av. J.-C.), contemporain et ami de Cicéron, Ce savant était un bourreau de travail qui exerça son jugement en de nombreux domaines, l'agriculture et la grammaire semblant être les plus importants, même si de son ouvrage *Res rusticae*, il ne reste que 3 livres, et de cet autre, *De lingua latina*, 5 livres sur 25. Il s'intéresse, comme tous les écrivains latins de son temps, plus à l'étymologie des mots qu'aux vraies questions grammaticales.

POUR LES PROS

En matière d'étymologie, Varron procède plus par intuition que par logique pure. Pour lui, la noix *nux* serait apparentée à la nuit *nox*, le renard *volpes* aurait des pieds volants *volat pedibus*. Ces fantaisies mises à part, Varron a étudié la langue, plus en philosophe d'ailleurs qu'en philologue rigoureux.

Quintilien est à lui tout seul une « *Institution oratoire* ». Tel est le titre de l'ouvrage en douze livres, que ce rhéteur romain d'origine espagnole, amoureux de pédagogie, consacra au Ier siècle apr. J.-C. à l'art de la communication. On peut juste regretter que son œuvre, certes de haute tenue, s'intéresse, comme toujours à cette époque, plus à la forme qu'au fond.

Les balbutiements du Moyen Âge

Donat, dès le XIIIe siècle, posera sur la langue d'oc les premiers fondements d'études à proprement parler grammaticales. Grammaire et prononciation tiennent une large place dans son ouvrage intitulé *Donat proensal*, en souvenir d'un certain Aelius Donatus, maître de saint Jérôme. Tout le Moyen Âge occidental emboîtera le pas à sa grammaire latine et les progrès s'arrêteront là.

Les Anglais, toujours eux, encore eux, sur notre route...

Paradoxalement, c'est en quelque sorte pour apporter aux Anglais un degré de civilisation en leur apprenant la langue française, que les premiers essais de grammaire furent composés en Angleterre. Le plus ancien, *Orthographica gallica*, rédigé en latin avec des parties en français, donne pour la première fois des règles non seulement d'orthographe, mais aussi de morphologie et de syntaxe, durant la première moitié du XIe siècle. En lexicologie, citons à la même époque le petit traité d'un certain Gautier de Bibbesworth. Rien d'étonnant donc à ce que le premier ouvrage vraiment important qui ait vu le jour au XVIe siècle soit celui d'un Anglais, Palsgrave, mais rédigé en français, en 1530.

Pour voir paraître la première grammaire française, rédigée par un Français mais toujours en latin, il faut attendre Jacques Dubois, au nom bien commun, en 1531, et encore sous le pseudonyme de Sylvius Ambianus. Il n'envisage une grammaire du français qu'au regard de son modèle latin. Puis viendra enfin le temps de l'éclosion de grammaires françaises en français avec des noms aussi célèbres que Meigret en 1550, Robert Estienne en 1557, et Ramus en 1562. Ce dernier, peut-être le moins connu, eut au moins le mérite de tenter de donner à la grammaire française quelque autonomie par rapport à la langue latine. Meigret se signale quant à lui pour son sens de l'évolution de la langue : de nos jours, on dirait qu'il avait déjà une conception diachronique de la grammaire.

À cette époque, être grammairien, c'était chercher à codifier l'usage et à édicter des règles. En cela, ce travail venait prêter main-forte au mouvement de la Pléiade. Les grammairiens n'étaient encore que des puristes qui ne s'intéressaient que peu à l'histoire de leur langue.

L'époque classique se veut théoricienne

Mais après des prémices quelque peu floues – la Grammaire de Maupas fait toutefois date dès 1607 –, l'époque dite classique (XVIIe siècle) marque le pas. Le premier maître ès grammaire, digne de ce nom, est sans aucun doute Malherbe qui viendra se mêler de régenter non seulement la poésie mais la syntaxe.

Malherbe, un réformateur à tous crins

Enfin Malherbe vint… Voilà comment Boileau parle de celui qui voulut épurer et discipliner la langue française. Avec François de Malherbe (1555-1628) la règle se fait dogme. Son domaine d'intervention est vaste : il bannit tous les tours désuets au profit et au nom d'une recherche de clarté et de netteté dans l'expression. Dans la construction même, il défend des structures basiques simples mais incontournables : le pronom doit toujours précéder le verbe, toute négation *ne* doit être accompagnée de la particule *pas* ou *point*. Il distingue précisément les emplois spécifiques des modes et des temps. Il n'a aucune indulgence pour quiconque viendrait à semer le trouble dans les esprits par des tournures amphibologiques, ambivalentes, si vous préférez. *Ce qui se conçoit bien s'énonce clairement.* N'est-il pas vrai ? Ce terroriste de la langue fut attaqué et combattu de son vivant. Pourtant, ses successeurs lui reconnurent la vertu d'avoir fait de la langue un puissant instrument de pensée.

Pour qui sonne le… Vaugelas ?

Vaugelas a consacré toute sa vie à réfléchir sur la langue. Ses *Remarques sur la langue française*, publiées en 1647, eurent un très grand retentissement. Les Femmes savantes de Molière ne juraient que par lui. Son but était simple : apporter une codification à la langue en vue de parvenir au bon usage, tant prisé des gens de la Cour et surtout du Roi. Il ne s'intéresse malheureusement pas aux étapes antérieures de la langue et propose tout simplement, *hic et nunc*, un bréviaire du français correct auquel **Chiflet**, en 1659, fera écho avec son *Essai d'une parfaite grammaire de la langue française.*

Ménage ne se ménagea pas non plus…

Cet étymologiste cherche, dans son *Traité sur les origines de la langue française*, publié en 1694, à dépasser le stade des seules constatations et livre aussi un savoir-faire pour fixer le bon usage.

Le maître grammairien, s'il en est un !

À lui tout seul, le père Bouhours incarne toutes les ambitions et réussites de ses prédécesseurs. Racine, songez-y, lui soumettait pour examen certaines de ses pièces pour qu'il fît le recensement des fautes éventuelles. C'est dire la confiance qu'il lui faisait ! Nous le retrouverons plus loin.

Une grammaire sinon rien ou la grammaire générale et raisonnée de Port-Royal, 1660

La voilà la grammaire qui allait vraiment renouveler de manière fondamentale les études grammaticales. Avec elle, en effet, on fait plus que porter un simple regard sur les outils de langue et leur bonne utilisation, on commence à réfléchir sur le langage et on donne à la grammaire une mission plus philosophique que purement normative. On se fait fort de renouveler les définitions des termes techniques, on s'intéresse aux différentes parties du discours. La structure de la langue devient le produit de la raison humaine. C'est là le début d'une pensée fondée et raisonnable, à laquelle un certain Descartes est loin d'être étranger.

Parmi les noms à retenir : le grammairien Arnauld et le philosophe Lancelot (rien à voir avec « celui qui lance l'eau »...). Avec eux commence la série des « grammaires générales », qui cherchent à découvrir les principes communs à tous les idiomes existants. Leur œuvre est vigoureuse, toute pénétrée d'une logique aristotélicienne. On y trouve en germe les esquisses d'une analyse de la langue qui annonce les travaux du XVIIIe siècle.

Les grammairiens du XVIIe siècle se préoccupent surtout d'offrir à leurs lecteurs une grammaire du bon usage en s'appuyant sur des règles empiriques. Ils ne prétendent pas pour autant les ériger toutes en règles éternelles, conscients qu'ils sont de leur usage changeant.

Éclairée, la grammaire du XVIIIe siècle, forcément !

Le siècle des Lumières à l'esprit curieux ne pouvait se désintéresser de cette nouvelle science. Les philosophes, et, au premier chef, le groupe de l'Encyclopédie, se prennent de passion pour la grammaire. Leur cri de ralliement, ce mot de Alexis François : « *Tout grammairien se sent métaphysicien ; tout philosophe s'honore d'être peu ou prou grammairien* ».

Rendons un hommage, même rapide, à ces nombreux amateurs (au sens le plus noble du terme) de la langue, Régnier-Desmarais en 1706, Dumarsais, plus connu pour son *Traité des tropes* en 1730, Restaut, pour ses *Principes* qui paraissent la même année, Wailly, auteur d'une *Grammaire française* en 1754. Nombreux sont les traités qui fleurissent alors, plus que jamais soucieux de fixer la langue et de fonder son usage en raison. On fait autant la chasse aux néologismes qu'aux archaïsmes. Ni le passé ni la nouveauté ne séduisent ces esprits-là, presque redevenus « classiques » en un certain sens.

La seconde moitié du siècle est marquée par la *Grammaire générale* de Beauzée, cet émule de Dumarsais à l'Encyclopédie. Il ambitionne de donner des explications encore plus systématiques que celles de Port-Royal sur les différentes langues. Une grammaire « comparée » commence à pointer le bout de son nez.

De tous les philosophes grammairiens, Condillac est sans aucun doute celui qui a le plus frappé les esprits avec son *Cours d'études* composé pour l'éducation du prince de Parme en 1756. Avec lui, on prend conscience que la grammaire doit occuper une place de premier plan jusque dans l'éducation.

Malheureusement les successeurs perdront tous ces beaux préceptes généraux que les philosophes avaient cherché à mettre en œuvre en traitant la grammaire par l'esprit et non à la lettre. À la fin du siècle, après cet essor et cette vogue dont elle fut l'objet, la grammaire allait revenir à un simple apprentissage de règles arbitraires et de recettes techniques. Et ce sur quelque vingt années. L'auteur le plus représentatif de ce courant – on préférerait taire son nom – s'appelait Domergue. Il se tailla pourtant son petit succès à l'époque.

Au XIXe siècle, une découverte change la face du monde !

Deux noms viennent à l'esprit en ce début de XIXe siècle : Noël et Chapsal dont les ouvrages font autorité dans les établissements scolaires d'alors. Pourtant, les études grammaticales semblent stagner et se figer dans des grammaires purement normatives, sans aucune recherche de principes nouveaux. La *Grammaire des grammaires* de Girault-Duvivier en 1811 reste un parfait exemple de cette grammaire dogmatique du début du XIXe.

À la fin du XVIIIe siècle, se produisit un événement capital qui allait transformer la recherche de la grammaire : la découverte du **sanskrit** (forme savante et codifiée dans laquelle sont écrits les textes de l'Inde). La grammaire, de générale qu'elle était, devient alors historique et comparée. Se faisant fort de découvrir des parentés entre les langues d'alors et celles d'avant, les grammairiens se font linguistes. Cette grammaire comparée et son cortège d'études seront capitaux : ainsi, tel linguiste, s'apercevant que tel usage de mot condamné est comme revigoré le siècle suivant, accepte le principe d'évolution déjà observé dans une langue sœur. On ne veut plus déduire la grammaire des lois générales de l'esprit, on veut maintenant la construire. Certains linguistes cherchent à mettre en évidence le caractère synthétique des faits de langue, outre leur évolution.

C'est du côté de l'Allemagne qu'il faut tourner les regards. Une science nouvelle allait venir rénover les méthodes et leur donner des bases scientifiques. La linguistique était sur le point de naître. Frédéric Diez publie en allemand une *Grammaire comparée des langues romanes* en 1836 où l'étude du français tient une grande place. Nombreuses sont alors les tentatives de linguistes de cette école, tel Franz Bopp avec sa *Grammaire comparée des langues indo-germaniques* en 1833, prenant la suite de la *Grammaire germanique* de Jacob Grimm.

Mais l'ouvrage le plus marquant de l'époque reste celui de Ferdinand Brunot, une *Histoire de la langue française* en 18 volumes qui vient parachever en 1905, à l'aube du XXe siècle, le travail de tous ses prédécesseurs, tout en débordant et de beaucoup le seul cadre de la grammaire. Il chercha à publier une grammaire scolaire à usage de tous les élèves des écoles de France et de Navarre. Sans oublier un ouvrage original intitulé *La Pensée et la langue*, paru en 1922. Ce linguiste-statisticien s'applique à prouver que « *toute langue est une matière en mouvement où se jouent des tendances variées, entre lesquelles, à chaque moment, s'établit un équilibre.* » comme le lui reconnaît de bonne grâce M. Vendryes.

Le XXe, un siècle grammairien ?

Pour leur coup d'*Essai* (*de Grammaire*), ce fut un coup de maître pour Damourette et Pinchon de 1923 à 1944. L'analyse y est renouvelée, les exemples, tant anciens que modernes, nombreux. Malheureusement, leurs six ouvrages restent d'un accès difficile, tant la terminologie en est compliquée. C'est parfois le prix à payer pour un renouvellement de cette sorte.

Charles Bally, dans son ouvrage *Linguistique générale et linguistique française* qui paraît en 1932, tente une première définition (bien qu'incomplète) de la langue française et cherche à redonner un sens précis à la légendaire « clarté française. » La *Grammaire raisonnée* d'Albert Dauzat en date de 1947 n'est pas en reste. Conscient que l'absolu n'existe pas plus en grammaire qu'ailleurs, l'auteur cherche à dépasser le simple stade de la faute, à faire fi de l'idolâtrie des sempiternelles règles pour laisser un peu de place à une réflexion de bon aloi. Il mesure les progrès déjà accomplis, se refuse à séparer morphologie et syntaxe, veut analyser les faits de langue comme des faits de pensée. Nous ne sommes pas loin de penser comme lui.

De partout il en venait !

L'Europe entière est en ébullition. Le Danemark, la Hollande, l'Allemagne, la Suède, l'Italie, sans oublier l'Angleterre, ont tous produit des grammairiens plus ou moins célèbres. L'étude de la langue française est au centre de toutes leurs recherches et semble avoir fédéré les esprits. Jamais plus qu'au XXe siècle, la grammaire n'a suscité autant de vocations.

Tout près de nous, deux nouvelles formes de grammaire apparaissent concomitamment.

La grammaire structuraliste

L'école de Genève

Ferdinand de Saussure, sur lequel nous reviendrons dans la partie des Dix, est le chef de file de cette école de linguistes genevoise du début du XXe siècle. Au même moment, figurent encore le même Charles Bally, qui s'est distingué en plaçant au cœur de sa recherche les éléments affectifs de la langue, dans son *Traité de stylistique française* (1913) ainsi que Alexis François, déjà cité, le collaborateur de Ferdinand Brunot, pour le XVIIIe siècle.

Ferdinand de Saussure est considéré comme le fondateur du structuralisme dans le sens où il a été le premier à envisager la langue comme un système d'ensemble dans son *Cours de linguistique générale* dès 1916. On doit l'essentiel de ce magistral cours à deux disciples linguistes qui l'ont rédigé après coup. Merci aux scrupuleux copistes ! Lui-même n'a jamais parlé de structure mais seulement de système cohérent d'ensemble du langage.

L'apport du structuralisme se caractérise par un éclatement de l'arbre linguistique en bon nombre de branches aussi variées que l'ethnologie avec Claude Lévi-Strauss, la critique littéraire avec Tzvetan Todorov, la psychanalyse avec Jacques Lacan, la philosophie avec Michel Foucault et Jacques Derrida, sans oublier son plus proche, Louis Hjelmslev.

La grammaire générative ou transformationnelle

Pour Noam Chomsky, linguiste et philosophe de notoriété mondiale, né à Philadelphie en 1928, la fonction première du langage n'est pas la seule communication, mais aussi le maniement de la pensée. Le langage serait le produit d'un cerveau présentant deux interfaces : la phonétique ou tout ce qui permet de parler et d'entendre et la sémantique, ce qui permet de faire sens, à savoir l'entendement.

Il entend distinguer les règles qui, selon lui, préexistent à la construction des phrases et celles qui permettent d'obtenir leur réalisation effective. Le passage de la première passerelle à la seconde fait appel à des opérations de transformation, d'où le nom de grammaire « transformationnelle » qu'on a donné à ce nouveau courant qui mobilise linguistique et psychologie.

Avec Noam Chomsky et ses plus ardents disciples, tels Dan Everett, Nicolas Ruwet ou Luigi Rizzi, la « neurolinguistique » apparaît. Ainsi faire de la grammaire, c'est s'intéresser à la langue comme objet mental, plus que comme code de bon ou de mauvais usage. D'ailleurs, à l'en croire, le langage s'appuierait sur des compétences innées. Alors pourquoi s'en faire ?

Accéder à une grammaire universelle, tel a toujours été l'objectif des philosophes grammairiens. Chomsky et son école générativiste sont en passe de remporter ce nouveau défi.

Quelle grammaire pour le XXIe siècle ?

Que peut encore nous réserver le XXIe siècle commençant ? Qu'est-ce qui pourrait encore changer ? Notre langue, victime de tous les sévices que nous pourrions lui infliger, viendrait à disparaître, si la grammaire disparaissait ?

Pour peu que les investigations scientifiques s'en mêlent, on parviendra peut-être à nous convaincre que nous avons dans le cerveau une case langage. En tout cas les plus récents travaux de l'école de Noam Chomsky vont dans ce sens. La grammaire en laboratoire, ce n'est pas pour demain ; déjà aujourd'hui. On parle d'explorer la région de Broca, ou zone associée au langage dans l'hémisphère gauche de tout être humain.

Disséquer de la sorte le cerveau humain a de quoi faire peur. On connaissait le QI, quotient intellectuel, le QE, quotient émotionnel, il ne manquait plus que le QG, quotient grammatical, (et non quartier général) ! Les temps changent, la grammaire évolue. Le tout récent titre de Stanislas Dehaene, professeur au Collège de France, *Les Neurones de la lecture*, a de quoi effrayer les âmes sensibles qui préféreront s'en retourner à la balade heureuse de grammaire d'autrefois.

Chapitre 4

La grammaire, mode d'emploi

Dans ce chapitre :

- Des règles, toujours des règles…
- La grammaire est chasse gardée…
- De la grammaire… au style !

Jean Paul Sartre répondrait en deux mots : lire et écrire. On ajoutera parler et réfléchir. Car la grammaire s'intéresse aux mots comme entités et à ce qui les lie entre eux, l'idée, la pensée. Elle implique la participation active de tout usager de la langue à ces opérations pour lesquelles elle apporte son concours.

Des propositions de bon sens

L'Éducation nationale a récemment demandé à l'éminent linguiste, Alain Bentolila, de réfléchir à la meilleure façon d'enseigner la grammaire, sans pour autant revenir à des méthodes trop austères pour les jeunes. Aidé de l'écrivain Erik Orsenna et d'un spécialiste de terminologie grammaticale, il s'est mis au travail.

Un article du *Monde,* qui voulait rendre compte de ce « nouveau chantier » de la langue, avait reproduit côte à côte deux types de questions posées à des élèves de 4e/3e sur un même texte. C'est le jour et la nuit. Dans la méthode nouvelle, tout est axé sur la grammaire dite de texte, alors que la méthode à l'ancienne misait plutôt sur la grammaire de phrase.

Au lieu de demander à un élève de repérer la situation d'« énonciation » ou d'identifier la forme de discours dominante que la progression thématique aura servie, par des questions intéressantes aux contenus ronflants, on lui poserait tout simplement des questions sur les *temps* utilisés dans le passage, sur l'identification d'un *outil grammatical* de telle ou telle phrase, questions effectivement plus simples et qui n'envisagent pas suffisamment la relation à créer entre les outils de langue et les effets produits…

Une querelle des anciens et des modernes en quelque sorte… dont il faudrait pouvoir sortir la tête haute. Réhabiliter un apprentissage « scolaire » n'a jamais tué le sens. Ne faut-il pas convenir qu'il faut toujours associer une leçon de grammaire à une leçon de textes ? Nul ne peut se priver du soubassement d'une langue pour apprécier les subtilités et saveurs du style de ses auteurs. N'est-il pas préférable d'examiner la nature des mots avant d'envisager leur fonction, les propositions simples avant les complexes, si on veut mieux sentir la cohérence d'un texte ?

Trop de termes techniques ont fleuri qui gênent finalement la compréhension des élèves. On préfère même les taire ici. Un locuteur (celui qui parle) ne précise jamais s'il s'agit d'une première, d'une deuxième ou d'une troisième personne. On peut continuer tout simplement à dire « je » « tu » ou « il », même en sachant que ce sont là des pronoms personnels. Ne peut-on formuler les rapports entre les personnages autrement qu'en leur appliquant le schéma dit « actanciel » ?

Chaque chose en son temps. Tout d'abord, je découvre la grammaire des mots, puis la grammaire de phrase ; enfin, j'aiguise ma sensibilité de lecteur et d'usager de la langue, qui devient alors objet de littérature.

Lire…

Même si on ne possède pas tous l'abécédaire oulipien de Georges Pérec, on commence tous notre initiation aux mots par une découverte de la lecture : elle sera d'ailleurs plus ou moins déconcertante !

I fo lire !

Écoutons cette réaction d'un grand débutant qui commence son initiation par un livre de la collection Harlequin ! C'est là tout le propos d'un sketch, assez irrésistible, de Dany Boon. Son personnage y livre spontanément ses impressions face à cet exercice redoutable :

La lecture, au début, j'ai eu méga du mal ! Quand tu sais pas, ouais, bof, pas d'images, tu t'emmerdes… tu regardes les mots, il n'y a rien d'autre à faire… J'ai eu du mal, méga du mal : je lisais une ligne et je continuais sur l'autre page, alors qu'il faut s'arrêter au collage. Et ça, personne il te l'dit.

Et chez lui, il faut tout reprendre, le niveau de langue comme les constructions. Sans oublier son célèbre MARQUE TA PAGE, *pour ne pas relire à chaque fois le début.* Autrement la lecture prendrait des allures de mythe de Sisyphe !

L'apprentissage de la lecture et ses méthodes

Après une longue période d'apprentissage du déchiffrement des mots par assemblage de syllabes, dite « méthode syllabique », vous avez beaucoup entendu parler des deux méthodes les plus en usage ces dernières années : la méthode globale et la semi-globale. Décrite par Nicolas Adam dès 1787, la méthode globale fut développée au XIXe pour aider les élèves en difficulté. Éveline Charmeux et Jean Foucambert, dans les années 1980, mirent à la mode cette méthode de lecture qui se fait par reconnaissance d'un mot ou d'un ensemble de mots, à la manière des idéogrammes chinois. Lettres et syllabes ne sont pas considérées comme telles mais dans le seul contexte.

La méthode semi-globale, se voulant un mixte des deux premières, est loin de remplir sa mission formatrice. Elle a, en Jean-Paul Brighelli, un fervent adversaire, qui l'a clouée au pilori en 2005, dans sa *Fabrique du crétin.* Peut-être valait-il mieux en rester à la méthode dite naturelle préconisée par M. Freinet. Les écoles s'inspirant de sa pédagogie, au moins, ont fait leurs preuves, n'en déplaise aux puristes en la matière. Sa méthode plus libérale semblait mieux convenir à certains élèves.

De lire à parler... L'élocution consiste à savoir lire les mots, à les articuler par syllabes dans le seul et simple but de se faire bien comprendre de son interlocuteur.

Le chat ne sachant pas chasser...

Si vous avez su prononcer ce court début de phrase sans achopper c'est que vous n'aurez pas besoin de prendre de leçons chez le grand orateur Démosthène. Ça tombe très bien, car il n'est plus de ce monde !

Démosthène, l'un des orateurs attiques du Ve siècle av. J.-C., se destinait à l'éloquence. Mais il avait un fâcheux défaut de prononciation qui aurait pu contrarier son projet s'il n'avait entrepris de s'entraîner face aux flots à articuler des phrases entières, avec des cailloux dans la bouche. S'il parvenait, même dans ces conditions extrêmes, à couvrir la mer, l'exercice de diction était réussi. Cet entraînement, à n'en pas douter, lui donna les armes pour lutter contre Philippe de Macédoine. Malgré tout, la force militaire du guerrier eut raison de la force des mots de ses *Philippiques.*

À qui ces expériences de lecture ?

1. *Je m'emparai d'un ouvrage intitulé* **Tribulations d'un Chinois en Chine** *et je l'emportai dans un cabinet de débarras ; là, perché sur un lit-cage, je fis semblant de lire : je suivais des yeux les lignes noires sans en sauter une seule et je me racontais une histoire à voix haute, en prenant soin de prononcer toutes les syllabes. On me surprit – ou je me fis surprendre –, on s'écria, on décida qu'il était temps de m'enseigner l'alphabet. Je fus zélé comme un catéchumène ; j'allais jusqu'à me donner des leçons particulières : je grimpais sur mon lit-cage avec* **Sans famille** *d'Hector Malot, que je connaissais par cœur et, moitié récitant, moitié déchiffrant, j'en parcourus toutes les pages l'une après l'autre ; quand la dernière fut tournée, je savais lire.*

2. *Ce que j'écoutais, ce que je guettais, c'étaient les mots, car j'avais la passion des mots ; en secret, sur un petit carnet, j'en faisais une collection, comme d'autres font pour les timbres. J'adorais grenade, bourru, vermoulu, et surtout manivelle ; et je me les répétais souvent quand j'étais seul, pour le plaisir de les entendre. Mon père et mon oncle encourageaient cette manie, qui leur paraissait de bon augure, si bien qu'un jour, et sans que ce mot se trouvât dans une conversation (il en aurait été le premier surpris), ils me donnèrent anticonstitutionnellement en me révélant que c'était le mot le plus long de la langue française. Il fallut me l'écrire sur la note de l'épicier que j'avais gardée dans ma poche. Je le recopiais à grand-peine sur une page de mon carnet, et je le lisais chaque soir dans mon lit ; ce n'est qu'au bout de plusieurs jours que je puis maîtriser ce monstre.*

3. *Les œuvres qui plaisent le mieux à l'enfance sont les œuvres magnanimes dans lesquelles la belle ordonnance des parties forme un ensemble lumineux, et qui sont écrites dans un style fort et plein de sens. J'ai plusieurs fois fait lire à de très jeunes enfants quelques chants de l'***Odyssée***, dans une bonne traduction : les enfants étaient ravis. Le* **Don Quichotte** *est, moyennant de larges coupures, la lecture la plus agréable où puisse se plonger une âme de douze ans.* **Robinson Crusoé** *fut écrit en son temps pour de graves hommes, pour des marchands de la cité de Londres et pour des marins de Sa Majesté. L'auteur y mot tout son art, toute sa rectitude d'esprit, son vaste savoir, son expérience. Et cela ne trouva d'être que le nécessaire pour amuser de petits grimauds d'école…*

   J'aurais tout dit si, depuis vingt ans, nous n'avions pas en France et, je crois bien, dans le monde entier, l'idée qu'il ne faut donner aux enfants que des livres de science, de peur de leur gâter l'esprit par la poésie. Le moindre petit livre qui suggère un beau sentiment, qui remue l'âme enfin, vaut infiniment mieux pour l'enfance et pour la jeunesse que tous vos bouquins bourrés de notions mécaniques.

Réponses : 1. J.-P. Sartre, *Les Mots* ; 2. Marcel Pagnol, *La Gloire de mon père* ; 3. Anatole France, *Le Livre de mon oncle*.

Écrire…

Écrire (avec ou sans pleins et déliés, du reste). Ces lignes blanches vous sont ici laissées. À vous de les exploiter à votre convenance, mais surtout, correctement. Notez par exemple ce qui vous a poussé à acheter cet ouvrage…

....

....

....

....

Réfléchir

L'apprentissage de la langue par la grammaire s'apparente bien plus qu'on ne veut le penser à un art du raisonnement, une gymnastique de l'esprit, un « remue-méninges ». Outre qu'activer « les petites cellules grises » chères à Hercule Poirot ne nuit jamais, vous reconnaîtrez qu'avec un brin de jugeote, on peut aisément comprendre où se situe la différence entre :

- un sac de farine et un sac de pommes,
- des gerbes de paille et des gerbes d'étincelles,
- des côtelettes de veau et une étable à veaux.

Point n'est besoin de donner dans les excès de l'écriture orthographique pour se faire plaisir. N'encourageons pas trop le relâchement de l'expression écrite comme parlée si on veut que les mots continuent de représenter dignement la tribu qui les élit, sans quoi nous risquerions de devoir payer un lourd tribut à la démagogie ambiante.

Il ne suffit pas de posséder des manuels de grammaire pour être bon en grammaire ; il faut avec eux entrer dans la langue, ou faire entrer la langue en eux. Bref, la grammaire toujours s'apprécie et s'évalue en situation. Elle doit rester porteuse d'histoire et de culture, prête à supporter toutes les inventions mais ni le mépris, ni la maltraitance, ni la désinvolture. La grammaire ou *le théâtre dont les mots sont les acteurs…* comme disait Brunetière !

L'étude de la grammaire vise à pourvoir les usagers d'une expression et d'une orthographe correctes. Mais plus encore qu'une école de pratique et d'habitude, nous devons en faire une école d'intelligence et avec elle, apprendre à observer, comparer, comprendre.

Loin de n'être que la simple description d'un mécanisme formel, le simple inventaire de catégories grammaticales ou l'énoncé de règles impératives, la grammaire se veut aussi et surtout une explication des faits grammaticaux. C'est en ce sens que j'ai conçu ce manuel pour les Nuls : des leçons, claires et simples, des exercices, réguliers mais ludiques, pour mieux imprimer les esprits, sans jamais oublier de citer et commenter le plus largement possible des auteurs choisis.

La grammaire est bien gardée… qu'on se le dise !

N'ayez crainte, des garants ou garde-fous de la langue, il s'en est trouvé et il s'en trouve encore. Le premier nom qui vient à l'esprit en la matière est celui d'une institution, l'Académie française, qui a toujours œuvré pour défendre et promouvoir la langue française, pour l'« illustrer » au plus beau sens du terme.

Une haute instance, l'Académie

Au XVIIe siècle, pour veiller sur les destinées de la langue française, une institution nouvelle voit le jour à la requête du cardinal de Richelieu. L'Académie française, la plus ancienne des 5 académies qui constituent l'Institut de France, fut créée en 1635 par lettres patentes de Louis XIII. Cette institution prestigieuse se fait vite connaître du public grâce à la publication en 1652 de *L'Histoire de l'Académie française* que poursuivra d'ailleurs l'abbé d'Olivet en 1729.

Les membres de l'Académie, alias les Immortels !

C'est ainsi qu'on nomme les 40 qui ont eu assez de talent ou de chance pour entrer dans cette grande maison des lettres. De quoi faire pâlir d'envie tous ceux ou certains de ceux qui n'y sont jamais entrés. À vrai dire, on connaît peu d'intellectuels, d'écrivains ou de scientifiques qui ont refusé d'entrer dans cette congrégation des « immortels ». Flaubert a beau ironiser : il n'en disconvient pas.

Académie française – La dénigrer, mais tâcher d'en faire partie si on peut.
Dictionnaire des idées reçues, Flaubert

Un « lieu choisi » de l'Antiquité

L'Académie, dont le nom grec archaïque est *Hekademeia*, était à l'origine un sanctuaire sis dans un bois d'oliviers consacré au héros Académos, dans la partie ouest d'Athènes, près de la colline de Colone. À l'époque classique, s'élevait là un gymnase, entouré de jardins et de bosquets.

L'école qu'y aurait fondée Platon dès le début des années 380 av. J.-C., sous le nom d'Académie, a en effet été un des foyers d'études et de recherches savantes les plus actifs que la Grèce ait connus avant Aristote. Cette école fonctionna sans interruption jusqu'en 529 apr. J.-C., date à laquelle l'empereur romain Justinien décida de fermer sans exception toutes les écoles philosophiques d'Athènes. Platon, dit-on, est enterré tout près de là.

Dans sa *Lettre sur les occupations de l'Académie*, en 1716, Fénelon avait consigné le travail déjà accompli et restant à accomplir par cette haute instance. Depuis, dans un souci permanent de préserver la cohérence et la clarté de la langue, tout en contribuant à son enrichissement, le comité de rédaction de l'Académie n'a de cesse de travailler à cette noble mission : définir les mots : redéfinir les anciens et surtout les nouveaux.

Bernard Pivot, tout récemment encore, confiait sur les antennes le 14 octobre 2008, en bon nostalgique des expressions françaises qu'il est : *On nous dit tous les ans quels mots entrent dans les dictionnaires mais jamais ceux qui en sortent*. Il faut veiller en effet à perpétuer notre patrimoine langagier, notre richesse nationale, qui elle n'est pas en crise, sans pour autant bien sûr être hostile à l'arrivée des mots nouveaux sur le marché de la communication.

Cette haute institution a tenu pendant longtemps le rôle de régente de la langue française, de garante aussi, même s'il lui est arrivé de se trouver débordée ou contournée par des écrivains qui, ne demandant rien à personne, ont pris des libertés avec la langue. Elle reste de nos jours encore l'une des références en matière de réflexion sur la langue, même si, un jour, au XIXe siècle, elle eut à trembler. Victor Hugo se targuait d'être *le dévastateur du vieil ABCD* :

Sur l'Académie, aïeule et douairière,
Cachant sous ses jupons les tropes effarés,
Et sur les bataillons d'alexandrins carrés,
Je fis souffler un vent révolutionnaire.
Je mis un bonnet rouge au dictionnaire. (...)
Je fis une tempête au fond de l'encrier...

Mais la Maison mère tint bon et la grammaire avec elle.

Les recalés du système...

Un grand nombre d'écrivains, souvent illustres, n'ont jamais franchi les portes de l'Académie, soit qu'ils n'y aient jamais été candidats, soit que leur candidature ait été rejetée, ou encore qu'ils aient été frappés prématurément par la mort.

Le « 41e fauteuil »

On doit à l'écrivain Arsène Houssaye en 1855 l'expression 41e fauteuil pour précisément désigner ces auteurs-là. Parmi eux, des noms aussi célèbres que ceux de Descartes, Molière, Pascal, La Rochefoucauld pour le XVIIe siècle, Rousseau, Diderot, Beaumarchais, André Chénier, pour le XVIIIe siècle, Balzac, Dumas père, Gautier, Flaubert, Stendhal, Nerval, Maupassant, Baudelaire, Zola, Daudet, Proust pour les XIX et XXe siècles.

L'un d'entre eux, pressenti pour en être, déclina la proposition faite par François Mauriac et s'en expliqua ainsi : *Je vous suis très reconnaissant d'avoir pensé à moi pour le Quai Conti (...). Avec beaucoup d'émoi, je réponds à votre « clin d'œil » qui me rend très fier. Pourtant, je dois vous dire que je ne me sens pas l'étoffe d'un académicien. En tant qu'écrivain, j'ai toujours vécu très seul, à l'écart de mes confrères mais pas du tout par orgueil, bien au contraire, plutôt par timidité et indolence aussi. Que deviendrais-je si je me trouvais dans un groupe de quarante écrivains ? J'en perdrais la tête et à coup sûr, je n'arriverais pas à lire mon discours. Ainsi feriez-vous une piètre acquisition.*

Il s'agit de... M... A...

Réponse : Marcel Aymé

RÉFÉRENCES

Ils sont là quarante qui ont de l'esprit comme quatre! dira amèrement Piron, qui ne fut jamais, on s'en doute bien de l'Académie. Diderot, lui aussi exclu de cette confrérie, la fustigera vertement : *Nous avons quarante oies qui gardent le Capitole et ne le défendent pas.*

Nul mieux qu'Henri Lavédan n'a décrit la tenue de ces hauts dignitaires de la langue française, à l'habit vert... un vert particulier qui ne se rencontre qu'ici sur nos épaules et à nos flancs, le vert de la Maison, ce vert de cabinet de travail et d'étude d'avoué, un vert de portefeuille et d'abat-jour, de drap de bureau et de reliure de dictionnaire (...) le vert sérieux, le vert académique... et à l'épée ciselée qui, sous sa plume, prête à une description tout en symboles : l'or et l'argent de la poignée. La garde est un rébus flatteur, la sous-garde une charade, la branche un acrostiche, le quillon un trait d'esprit. La « fusée » exprime le départ, les débuts brillants, l'ascension rapide, et le pommeau, ferme comme une tête à cervelle, présente le chef-d'œuvre de la maturité – généralement personnifié par une femme en casque.

RÉFÉRENCES

Voltaire aurait bien voulu y entrer mais la vie en décida autrement.

> *Plusieurs académiciens voulurent que j'eusse cette place à l'Académie française. On demanda, au souper du Roi, qui prononcerait l'oraison funèbre du Cardinal à l'Académie. Le Roi répondit que ce serait moi. Sa maîtresse, la duchesse de Châteauroux, le voulait; mais le comte de Maurepas, secrétaire d'État, ne voulut point. (...) Il représenta que c'était offenser Dieu qu'un profane comme moi succédât à un cardinal. (...) Le prêtre enfin l'emporta sur la maîtresse ; et je n'eus point une place dont*

je ne me souciais guère. J'aime à me rappeler cette aventure qui fait voir les petitesses de ceux qu'on appelle grands, et qui marque combien les bagatelles sont quelquefois importantes pour eux.

L'Académie française, de nos jours, n'est pas une fiction. La première femme à avoir accédé à cette dignité suprême fut, en 1980, au fauteuil n° 3 de Roger Caillois, Marguerite Yourcenar, née de Crayencour, auteur de *L'œuvre au noir* (1968), des *Mémoires d'Hadrien* (1971), de *La couronne et la lyre* (1979), etc. Jean D'Ormesson l'accueillit par ces mots, devenus célèbres : « Vous êtes [...] une espèce d'apax du vocabulaire académique, une révolution pacifique et vivante ». Tout en refusant de porter l'habit vert et l'épée, elle rejoignait la confrérie des hommes aux parures vertes que J.-P. Brisset comparait en son temps aux « rainettes dont l'homme proviendrait en droite courbe » (et non ligne). La dernière femme à être entrée à l'Académie est Simone Veil (2010). Souhaitons qu'elle ne soit pas victime, comme certains de ses prédécesseurs, de la malédiction du *Fauteuil hanté* de Gaston Leroux (1909), qui voulait que dans des circonstances mystérieuses, disparaissent tour à tour les membres qui y avaient posé leur auguste fondement.

De précieux outils, les dictionnaires

Les dictionnaires, en consignant le savoir du monde, y compris celui des mots, entre leurs précieuses couvertures, concourent, eux aussi, à la sauvegarde de notre patrimoine culturel.

RÉFÉRENCES

Michel Butor, l'auteur du roman *La Modification*, n'hésite pas à dire que certains d'entre eux « sont des chefs-d'œuvre de la littérature française. Ainsi le Littré est aussi important que la *Recherche du temps perdu* ou les livres de Montaigne. » Un bon dictionnaire, c'est déjà une œuvre littéraire à part entière !

Amoureux de la lexicographie, régalez-vous !

Il existe par ailleurs bien d'autres déclinaisons du concept de dictionnaire :

- un lexique, sous-dictionnaire plus bref et plus spécialisé ;
- un thesaurus (trésor) où sont inscrits tous les mots d'une langue ;
- un index, liste de mots de l'auteur ;
- un glossaire, liste de termes plus rares et spécialisés.

Tout y tourne autour de mots savants, d'origine latine quand ce n'est pas grecque.

Vous souffrez de lacunes lexicales. Il faut consulter. Vous avez quelle maladie ? Ça vous gratouille ou ça vous chatouille ? Les deux, mon capitaine.

Vous avez un remède ? Oui. Lequel ? Il est indispensable d'avoir à sa disposition des dictionnaires pour améliorer et enrichir sa connaissance des mots de la langue française.

Les mots s'y retrouvent enfin classés, le plus souvent par ordre alphabétique, qui vaut, à lui tout seul, tous les ordres du monde. D'autant que les dictionnaires se suivent, mais sans toujours se ressembler totalement. Avec le même désir d'encyclopédisme, chaque auteur lexicographe a réussi à laisser sa marque de fabrique.

Un dico, ça dit quoi ?

Ce qui revient à poser cette question : un dictionnaire, c'est quoi ? Le mot « dico », forme apocopée du mot qui vient du latin médiéval *dictionarium* (issu de *dictio* : action de dire) désigne un recueil de mots ou d'une catégorie de mots d'une langue, rangés généralement par ordre alphabétique (mais parfois aussi par matières ou par jeux d'analogies) et expliqués dans cette même langue pour ce qui est du sens.

On s'y repère par des « entrées » successives de nature lexicale ou désignative, qui sont rangées selon un ordre choisi, le plus souvent alphabétique. Des exemples littéraires viennent appuyer les rubriques traitées.

Le dictionnaire est un précieux outil qu'il faut sans cesse consulter pour vérifier l'orthographe et apprendre le sens des mots. Il nous donne le plus souvent tout d'abord la prononciation du mot entre parenthèses, puis les différents sens possibles, qu'il illustre de citations d'auteurs comme on dit, pour montrer le bon usage que l'on peut et doit en faire.

POUR LES PROS

L'Antiquité ne connaissait pas les dictionnaires. Tout au plus quelques listes de vocabulaire de mots difficiles consignés par écrit que les scribes du Moyen Âge eurent l'idée en un premier temps de retranscrire sous une forme plus simple, en latin puis en français.

Au Moyen Âge, les dictionnaires s'apparentaient plus à des « calepins », du nom d'un certain Ambrogio Calepino, auteur en 1502, d'un *Dictionnaire de la langue latine*, rédigé en italien avant d'être traduit en français, allemand et anglais. C'est seulement plus tard que le mot « calepin » prit le sens de recueil de notes. Pour ceux que les antiquités intéressent, il existe toujours un site spécialisé www.*calepinus.net.*

Les pionniers… du dictionnaire

Le dictionnaire français, au sens moderne du terme, est en fait une invention qui remonte aux XVIe et XVIIe siècles. Des noms s'imposent : **Robert Estienne** (1503-1559), imprimeur du Roi, fait paraître en 1539 un dictionnaire bilingue, mettant en regard l'une de l'autre, la langue française et la langue latine, avec quelques commentaires en français. En 1606 paraît le premier dictionnaire français, mais toujours latinisant, digne de ce nom, le *Trésor* de **Nicot**. **Antoine Furetière** (1619-1688) avec son *Dictionnaire universel* contenant tous les mots français de son époque et de la précédente, qui parut de manière posthume en 1690 en Hollande, cherchait déjà à démocratiser l'accès de tous à la langue. Le premier dictionnaire franco-français, on le doit à **Pierre Richelet** en 1680 : les mots français sont définis, dans la même langue, par des séries de définitions qu'il étoffe de citations empruntées aux grands noms de la littérature de son temps, les La Rochefoucauld, Molière, Scarron, Pascal…

Il faut attendre le *Dictionnaire de l'Académie française,* pour voir naître, en cette matière, la première œuvre collective qui fera des petits… comme on dit ! En 1694, paraît en effet le premier dictionnaire de l'Académie française. Il n'aura de cesse d'être réédité en 1718, 1740, 1762, 1798, 1835, 1878, 1935… Si d'aventure vous vous demandez à quoi les académiciens occupent leur temps, sachez-le, c'est à la révision permanente de ce premier dictionnaire. À leur manière, tel Sisyphe, sur le métier, ils remettent leur ouvrage. Il avait déjà tout compris, Lebrun-Pindare, au XVIIe siècle, quand il écrivit :

> *On fait, défait, refait ce beau Dictionnaire*
> *Qui, toujours très bien fait, sera toujours à faire.*

Le cardinal de Richelieu avait également demandé à l'Académie française de rédiger une grammaire et des traités, tant de rhétorique que de poésie, dans le seul but d'encourager la formation d'une langue officielle de bon ton. L'Académie faisait ainsi main mise sur la littérature dont elle contrôlait la tenue. Jacques de Serizay avait pour mission de s'employer, avec ses collaborateurs, à « nettoyer la langue des ordures qu'elle avait contractées. »

Jean Chapelain, surnommé « L'Académie » à lui tout seul, fut un autre maître d'œuvre de ce dictionnaire tout dévolu, dans sa rédaction, à la gloire du pouvoir en place. Présenté au Roi-Soleil, le 26 août 1694, sous forme de deux beaux livres reliés, le dictionnaire ne reçut pourtant pas l'accueil qu'il méritait. L'académicien Claude Favre de Vaugelas, pour qui le seul bon usage gouvernait la langue, appartenait à cette élite qui voulait commander la France. Il y eut des dissidents, et non des moindres, mais ce n'était jamais pour des questions littéraires. Quand le pouvoir politique se mêle des affaires de langue !

L'Encyclopédie, une entreprise collective…

Les Jésuites de Trévoux occupèrent, à leur façon, la scène – comment peut-on dire ? – « *dictionnariale », durant toute la première moitié du XVIIIe siècle. De 1704 à 1765, ces imitateurs de Richelet comme de Furetière, éditèrent plusieurs volumes d'un dictionnaire fort érudit, aux références si nombreuses que Chamfort ironise même : « *Ces exemples ainsi entassés fatiguent plus le lecteur qu'ils ne l'instruisent* ».

Le XVIIIe siècle offre le fleuron du dictionnaire avec *L'Encyclopédie* ou *Dictionnaire raisonné des sciences, des arts et des métiers.* Nombreux seront les auteurs à participer à l'aventure de cet ouvrage gigantesque consacré à tous les domaines de la connaissance.

À l'origine, l'Encyclopédie n'était qu'un « coup commercial » de libraire. Le Breton voulait simplement éditer un dictionnaire universel, une reprise du *Dictionnaire historique et critique* de Pierre Bayle, paru à la fin du XVIIe siècle. Mais le projet, ayant changé de main, prit très vite de l'ampleur : au lieu de se contenter de traduire une encyclopédie anglaise de 1727, Diderot et ses collaborateurs, Jaucourt, D'Alembert, ou à titre plus épisodique, Buffon, Rousseau, Voltaire, Montesquieu, sans oublier quelques chroniqueurs spécialisés, conçurent un projet plus grandiose et original.

Voilà comment le répertoire des connaissances humaines se transforma en une arme de lutte philosophique. L'idée était de rédiger différents articles sur tous types de sujets susceptibles de permettre une vulgarisation de la pensée : philosophie, techniques, sciences, économie. Tout était là pour célébrer le progrès humain : inventorier et organiser par les mots le savoir humain. Cette avancée majeure ne manqua pas de susciter quelques polémiques et critiques à l'adresse de leurs auteurs. Nul n'en réchappa, mais l'Encyclopédie, profitant du soutien de Madame de Pompadour et de Monsieur de Malesherbes, finit par s'imposer au terme de 20 ans d'opiniâtreté, livrant 17 volumes à la perspicacité des lecteurs de tout temps.

« *Une encyclopédie pour tout examiner et tout remuer* » pour reprendre les propres termes de Diderot, conformément à son étymologie. En effet, le mot même, *Encyclopédie,* composé de la préposition grecque, *en* et des substantifs *kuklos,* cercle et *paideia*, connaissance, signifie « enchaînement de connaissances ».

Et la palme à... !

La palme du dictionnaire revient surtout au XIXe siècle. Comment donner dans la tendance encyclopédique sans rien perdre de la saveur de chaque mot ? Faire à la fois un dictionnaire des choses et un des mots, tel était le nouveau défi à relever. De grands noms s'y sont illustrés.

Émile Littré (1801-1881), le lettré !

Bien que constant philologue, Émile Littré n'en était pas moins un mari infidèle. Surpris en flagrant délit d'adultère par sa femme, il l'entendit dire :

Je suis surprise!
Non, corrigea-t-il, c'est nous qui sommes surpris.
Vous, vous êtes étonnée.

Libre à vous d'apprécier ou non cet humour-là! L'amour du mot juste, en tout cas!

Émile Littré, issu d'une famille modeste, est l'auteur d'un *Dictionnaire de la langue française* qu'il commença à rédiger en 1844 mais qui ne vit le jour que quelque 30 années plus tard. Une œuvre de longue haleine! Ce dictionnaire est un dictionnaire de la langue française classique, rédigé pour l'usage contemporain. Tous les extraits cités sont en effet empruntés aux littératures des XVIIe et du XVIIIe siècle. Littré voulait par là donner un caractère résolument historique à son travail de compilation.

Il commence par donner une brève définition qu'il étaye ensuite de nombreux exemples, toujours référenciés. Il lui arrive aussi à l'occasion, plutôt à la fin, de rajouter quelques commentaires d'ordre plus spécifiquement grammatical. Nombreux sont les puristes à se référer encore à son travail. Depuis Pasteur, on parle de son dictionnaire comme d'un « monument national ».

Pierre Larousse (1817-1875), l'homme qui n'amasse pas que mousse...

Pierre Larousse fut instituteur avant de devenir éditeur : il publia divers manuels faisant appel à l'intelligence de ses élèves : une *Grammaire élémentaire lexicologique* en 1849, un *Dictionnaire de la langue française* en 1856, un *Jardin des racines grecques* en 1858 suivi l'année suivante d'un *Jardin des racines latines.*

Entre 1866 et 1876, il publie une œuvre titanesque, le *Grand dictionnaire universel du XIXe siècle* : 22 700 pages, 15 volumes suivis de deux parutions supplémentaires, l'une en 1878, l'autre en 1889, de manière posthume. Au total, 17 volumes donc, sans compter tous les rajouts des éditions suivantes menées sous la houlette de Claude Augé (1854-1924).

C'est sous l'appellation, datant de 1924, de *Petit Larousse illustré* que le travail de Pierre Larousse aura la fortune qu'on lui connaît. « Un dictionnaire sans exemples est un squelette », avait-il dit. Planches, dessins, citations d'auteurs seront de la partie. Il n'avait qu'une devise : instruire tout le monde sur toute chose et un maître mot : *Je sème à tout vent*... Déjà petit, il rêvait d'être encyclopédiste, et pour ce faire, il travailla onze ans durant à raison de quinze heures par jour. Ce forçat des mots mourut avant même d'avoir pu parachever son travail. À nous de récolter...

Aristide Quillet, un autodidacte amoureux des encyclopédies...

Avec un prénom bien de son temps, Aristide Quillet (1880-1955) est, avec Raoul Mortier, le maître d'œuvre des six volumes à naître en 1934 du *Dictionnaire de la langue française*. Quelques phrases de la préface qu'Anatole France rédigea à l'attention de cet ouvrage résument l'essentiel de la vocation de leur éditeur :

> *J'ai la folie de ces livres-là. Je me suis bien souvent surpris à faire l'école buissonnière dans quelque grand dictionnaire touffu comme une forêt. C'est que les mots sont des images ; c'est qu'un dictionnaire, c'est l'univers par ordre alphabétique. À bien prendre les choses, le dictionnaire est le livre par excellence. Tous les autres livres sont là-dedans ; il ne s'agit plus que de les en tirer. C'est l'univers par ordre alphabétique : « A » comme Aristide... « Q », comme Quillet.*

Ouvrage encyclopédique dans tous les sens du terme : dans son dessein, pour les nombreuses collaborations qu'il suscita, dans sa réalisation finale. Mission accomplie pour cet homme qui fit graver sur sa tombe l'épitaphe suivante : « Bien moudre et pour tous ».

Paul Robert (1910-1980) dit le Petit Robert

Plus près de nous, Paul Robert est l'auteur d'un *Dictionnaire alphabétique et analogique de la langue française,* en 6 volumes, publié de 1953 à 1964, dont il y a déjà eu deux rééditions : la première en 1967, la seconde en 1993. À quand la troisième ?

Né en 1910 en Algérie, cet avocat de formation se sentit très jeune appelé à la haute mission d'écrire un Dictionnaire. Être le Littré du XXe siècle, rien que ça ! Son premier fascicule eut l'heur de plaire en haut lieu, en deux mots, à l'Académie française, ce qui lui permit de fonder sa propre maison d'édition et de prendre des collaborateurs compétents. La figure d'Alain Rey se profile déjà à l'horizon...

Paru, en 1967, juste avant les événements de « 1968 », ce dictionnaire faisait un grand pas par rapport au Littré, et les lecteurs de l'époque le sentirent bien. Au lieu d'en rester à des définitions linéaires, Paul Robert, pour prendre la relève des Anciens, présente un lexique plus contemporain – les termes familiers, voire argotiques, font leur apparition –, donne des définitions plus étymologiques et précises, sous l'influence d'œuvres allemandes plus technicistes. La présentation arborescente qu'il emprunte au *Dictionnaire général* de Hatzfeld et Darmesteter de 1900, met mieux en évidence la signification des mots. Il donne même des précisions sur les dates d'apparition des mots.

De ce grand dictionnaire des temps modernes, on peut dire qu'on a toujours besoin d'un (plus) « Petit Robert » que soi...

Alain Rey, un observateur averti de la langue française

Ce linguiste et lexicographe français, né en 1928, est toujours le rédacteur en chef des publications des éditions Le Robert. Il incarne, à l'instar du *Robert*, une langue française moderne, n'hésitant pas à inclure dans ses dictionnaires du verlan ou des régionalismes. Après des études fort variées, sciences politiques, lettres, histoire de l'art à la Sorbonne, il répond en 1952 à une petite annonce de Paul Robert qui cherche des linguistes pour faire un dictionnaire. À dater de ce jour, Alain Rey devient son premier collaborateur pour le *Dictionnaire alphabétique et analogique*. En 1964 paraît le tout premier dictionnaire *Le Robert*, suivi du *Petit Robert* en 1967.

Depuis, Alain Rey n'a de cesse de diriger et de rédiger les différents dictionnaires des éditions Robert : le *Petit Robert* (1967), le *Micro Robert*, le *Petit Robert des noms propres* (1974), le *Dictionnaire des expressions et locutions* (1979), le *Grand Robert de la langue française* en 9 volumes (1985), le *Nouveau Petit Robert de la langue française* (1993), et le *Dictionnaire historique de la langue française* (1992).

En 2005, il publie le *Dictionnaire culturel en langue française,* vaste entreprise révolutionnaire qui lui a demandé plusieurs années de travail ainsi qu'à ses acolytes Jacques Le Goff et Régis Debray. Soucieux de transmettre sa passion, il participe depuis 1993 à des émissions radiophoniques sur France Inter où il distille sa chronique *Le mot de la fin.* Triste présage! En effet, depuis, il a été remercié pour bons et loyaux services, mais nommé commandeur dans l'Ordre des Arts et des Lettres en 2005. Sa chronique, *Démo des Mots,* passait, il y a encore peu, après le journal de 20 heures de France 2. Depuis on le retrouve à Europe 1 aux côtés de Laurent Baffie.

Ne partez pas sans votre Bescherelle…

Une dynastie sinon rien, c'est ainsi qu'on présente les Bescherelle… Louis-Nicolas (1802-1884) dit Bescherelle l'aîné, lexicographe de haute notoriété, son frère, Henri-Honoré (1804-1887), employé au conseil d'État, surnommé Bescherelle jeune, tous deux des spécialistes prolifiques de grammaire et des amoureux des mots, du Verbe, pour être plus exact.

L'ouvrage qui les fait connaître tous deux : le *Dictionnaire des 8000 verbes de la langue française,* la Bible de la conjugaison, depuis des générations. Leur domaine de travail concerne un domaine très spécialisé, mais ô combien important, de la grammaire. Ces deux frères, très représentatifs de l'idéologie sous la Monarchie de Juillet et le Second Empire, publient en 1843 un *Grand dictionnaire critique de la langue française.*

Louis-Michel Bescherelle, issu d'une telle lignée de grammairiens, était sans aucun doute prédestiné à poursuivre l'œuvre familiale, même si les droits d'édition de l'ouvrage ont été rachetés par les éditions Hatier en 1913. Ce spécialiste de la conjugaison n'a pas moins de 12000 conjugaisons de verbes à proposer à quiconque s'y intéresse de près, couvrant le domaine verbal jusque dans ses formes les plus rares.

Des dictionnaires, il en est de toutes sortes : des généraux, des plus spécialisés. Synonymes pour le cruciverbiste, étymologie, pour le lexicographe, rimes, pour le poète en herbe, etc., sans omettre non plus celui de Flaubert, *Dictionnaire des idées reçues*, dans lequel il écrit, sans se départir de son ironie légendaire, *Dictionnaire : en rire. – N'est fait que pour les ignorants.*

Parmi eux encore, Un dictionnaire des injures de Robert Édouard, que vient de relayer Le petit livre des Gros mots chez First éditions, Un dictionnaire de la bêtise de J.-C. Carrière et Guy Bechtel, le Dictionnaire extraordinaire des mots ordinaires, de René Drouin qui nous rappelle que le Dictionnaire est bel et bien un trésor, le plus beau des monuments jamais érigés à la gloire des mots, de nos mots.

En écrivant *J'ai mis le bonnet rouge au dictionnaire,* Victor Hugo cherchait à le démocratiser, pensant que sa nomenclature reproduisait trop fidèlement un système traditionnel et hiérarchique, ne serait-ce que dans l'ordre des mots. Il voulut y allumer le feu de la révolution, sa révolution des mots, prônant le retour à un langage plus roturier et populaire. Plus proche de nous, Roland Barthes, dans sa Préface du grand dictionnaire Hachette pare cet outil de tous les charmes : avec lui, le dictionnaire devient « *une machine à rêver* ».

Que de mots, que de mots…

Un dictionnaire, vous l'aurez compris, reste toujours une compilation de mots, placés dans un certain ordre. Au fait, savez-vous quels sont le premier et le dernier mot du dictionnaire ?

Dans le petit Robert, c'est *A* comme… a, première lettre et première voyelle de l'alphabet et *Zzzz* comme le bourdonnement des bourdons ! Dans d'autres, comme celui de Claude Gagnière, le néologisme *zygomathèque* est enfin venu relayer l'incontournable *zythum* ou zython du Larousse, de manière à proposer *une collection de mots, d'images ou de sons destinés à provoquer le sourire.*

Laissez-vous donc aller, comme vous y invite Erik Orsenna, à flâner quelques minutes, chaque dimanche soir, avant de vous endormir. Sélectionnez dans un dictionnaire un mot inconnu de vous (« vous avez le choix, quand vous pensez à tous ceux que vous ignorez, vous avez honte »), et prononcez le à haute voix, avec « amitié ». Alors…votre lampe – et pas seulement celle de votre chevet – s'en ira « éclairer quelque région du monde ignorée ».

Malgré l'irruption d'Internet dans nos vies et la multiplication des supports de diffusion, le dictionnaire n'a pas à s'en faire ! Bien évidemment, la toile oblige les lexicographes à fragmenter de plus en plus les informations et définitions des mots et des choses. On ne peut concevoir de lire *in extenso* l'équivalent d'un Larousse sur nos petits écrans.

Le lecteur du XXIe siècle n'a plus en main un *livre*, une somme compacte de documents. Il a accès à des éclats d'informations, en soi plus lisibles et qui répondent à des demandes spécifiques. D'où le besoin de faire le point, comme jadis les marins. Le désir de dictionnaire est désormais tel que les éditeurs ne savent plus où donner de la tête : de plus en plus nombreux, les dictionnaires, notamment dans le secteur des sciences humaines, sont en train de sauver l'édition, car ils trouvent un public de plus en plus large. Alain Rey, le roi des lexicographes, l'a bien compris, qui vient de sortir, chez Plon, un *Dictionnaire amoureux des Dictionnaires* !

À quand un Dictionnaire amoureux de la grammaire ?

Des règles à n'en plus finir !

On ne sait plus écrire, entend-on ! On écrit ce qu'on entend… On ne sait plus conjuguer, surtout le passé simple et par voie de conséquence le subjonctif imparfait… Vous le savez bien ! La grammaire c'est un ensemble de règles immuables comme celles que Moïse inscrivit en haut du mont Sinaï sous la dictée de Yahvé, des commandements en lettres d'or à graver sans nos cerveaux.

Voyons un peu ce que vous en savez ! Il y a :

- **des règles d'orthographe d'usage :**
  - On écrit sans « e » les noms féminins qui se terminent par « té », **sauf dictée, pâtée, jetée, montée, butée, portée, tétée, nuitée** et les mots qui indiquent un contenu : **pelletée, potée, assiettée, brouettée,** etc.
  - Devant les lettres m, p, b, il faut mettre un m au lieu d'un n, **sauf bonbon, bonhomme, embonpoint, néanmoins.**

- Devant a, o, u, il faut mettre une cédille sous le *c* pour le faire siffler : commerçant, maçon, aperçu.
- Le *g* dur s'écrit avec un *u* devant *e* et *i* : guenon/guichet, mais sans *u* devant *a* et *o* : gardon/goujon.
- Tous les noms féminins terminés par le son « é » s'écrivent ée : soirée, **sauf clé/clef,** et certains mots en **-té et -tié,** comme **pitié, piété,** etc.
- Les mots velours, toujours, cours, discours, concours, parcours, recours, et secours prennent toujours un **s.**
- Tous les noms féminins qui se terminent par le son « ou » prennent toujours un e : la joue, **sauf la toux.**
- Tous les noms terminés par le son « eur » s'écrivent *eur* : la peur, **sauf le beurre, la demeure, l'heure** qui prennent un e final.
- Pour conserver à un s sa prononciation de sifflante entre deux voyelles, il faut mettre deux s : la chasse, **sauf pour parasol, vraisemblablement.**
- Les noms terminés au singulier par « ou » prennent un s au pluriel, **sauf bijou, caillou, chou, genou, hibou, joujou, pou et ripoux** qui prennent un x.
- Les noms masculins terminés par le son « oir » s'écrivent généralement *oir* : le perchoir, **sauf laboratoire, ivoire, pourboire, observatoire, réfectoire, interrogatoire, territoire.**
- Les noms masculins terminés par les sons « eil » « el » et « euil », s'écrivent avec un seul l : le soleil, **sauf rebelle, vermicelle, violoncelle, chèvrefeuille, millefeuille, portefeuille.**
- Tous ces **sauf** ont de quoi nous faire enrager. Pourquoi admettre sans explication. Parfois, il n'y en a pas, tout simplement. Parfois, il y en a et je vous les donnerai pour que la grammaire ne devienne pas trop tyrannique à nos yeux.

✔ **des règles d'orthographe grammaticale :**

- En matière d'accord, le masculin l'emporte toujours sur le féminin.
- Le participe passé conjugué avec l'auxiliaire avoir s'accorde avec le COD **si et seulement si le COD est placé devant lui.**
- Pour faire l'accord du participe passé des verbes pronominaux, on substitue à l'auxiliaire *être* l'auxiliaire *avoir.*
- Pour les accords des mots composés, on ne touche jamais aux mots invariables.
- Les adjectifs numéraux cardinaux sont invariables **sauf vingt et cent**, qui peuvent prendre un *s* de pluriel, s'ils sont multipliés et non suivis d'un autre adjectif numéral cardinal.

- Après une préposition, le verbe se met toujours à l'infinitif. Il n'est pas question **de revenir** là-dessus.
- Quand deux verbes se suivent, le second se met toujours à l'infinitif. On peut le faire !
- On trouve toujours la dernière lettre d'un adjectif qualificatif ou d'un participe passé en le mettant au féminin ou en le rapprochant d'un mot de la même famille.
- Il ne faut jamais confondre le participe présent invariable et l'adjectif verbal variable en -ant.
- Un verbe est dit transitif quand il appelle un complément d'objet (direct ou indirect) et intransitif quand il n'en admet pas.
- L'attribut du sujet est toujours séparé du mot qu'il qualifie par un verbe d'état, qu'il s'agisse d'un nom ou d'un adjectif qui occupe cette fonction.

Certains vous le diraient, une « règle » est faite pour être transgressée… D'autant que le mot lui-même est loin de donner l'exemple. Autant son orthographie avec l'accent aigu se fait entendre dans les mots : régler, réglage, réglable, réglette, régleur, régloir, autant pour les mots réglementaire, réglementation, réglementer, on ne se l'explique pas. On y entend la règle, le règlement. Et on veut rester réglo…

Avons-nous vraiment envie de consulter un jour une *Nouvèle gramère fransèze ? « L'impertinente orthographe »,* comme Jacques de Serizay l'appelait, finira-telle par passer dans les mœurs ? Bien des réformateurs sont passés par là. Chacun à sa manière a tenté de faire que la grammaire devienne une « *conseillère modeste et judicieuse de ceux qui entendent parler et écrire exactement* ».

Dépréciant vertement la méthode traditionnelle admise depuis des siècles de la vieille grammaire, André Fontaine, dans son ouvrage *Le Problème grammatical*, osa entrevoir que la grammaire, plus qu'une science des signes et des mots, est une science des idées. *En grammaire, il faut connaître d'abord les* ***formes*** *pour mieux connaître le mécanisme des* ***fonctions*** *et arriver enfin à la science de la phrase où la* ***pensée*** *vivante apparaît dans la forme correcte qui avère sa valeur.*

Tout est dit, non ? C'est par là en effet que la grammaire en vient à éclairer les procédés de style et à faire connaître l'art d'écrire. De la sorte, elle ne se trouve jamais séparée des études littéraires qu'elle accompagne, soutient et éclaire. C'est pourquoi j'ai choisi des exemples littéraires pour illustrer les différentes rubriques.

N'allons pas penser que la race des grammairiens est, comme le croyait l'auteur antique Antiphanès, une sale engeance, une *race inutile de taupes rongeuses de l'inspiration d'autrui, teignes minables, amateurs de vétilles, détracteurs des chefs-d'œuvre et glorificateurs d'Erinna, chiens hargneux, aboyeurs efflanqués de Callimaque, fléaux des poètes, vous qui à nos jeunes enfants en leurs débuts n'apportez que ténèbres, allez au diable! punaises rongeuses des œuvres* harmonieuses (*Anthologie grecque*, XI, 322). Nous préférons l'éloge à son endroit, sans l'ironie qu'on croit déceler dans ce jugement de Lucien : *Sois-moi favorable, ô Grammaire, source de vie; sois-moi favorable, toi qui as découvert comme un remède contre la faim le «Déesse, chante la colère...». C'est un temple de toute beauté qu'il faudrait te bâtir; il faudrait te dédier un autel aux offrandes sans cesse renouvelées. Car tout est rempli de toi, et les routes et les mers et les ports, ô Grammaire, dépotoir universel!* (Anthologie, XI, 400).

La langue doit entrer dans les Grammaires

Que veut dire cette phrase? La grammaire est en fait un mode d'emploi pour connaître les mots, ce qu'ils font entre eux, aider à lire et écrire et plus si affinités... genre viser au plus haut style!

Entre plusieurs formulations grammaticalement correctes, l'usager pourra faire son choix. Et les auteurs, plus encore qu'aucun autre, travaillent la forme pour atteindre à un effet maximum. Il y a l'expression parfaite, standard, conforme à la grammaire et il y aura aussi l'expression, tout aussi parfaite, que se crée l'écrivain en accord avec sa vision personnelle, son univers. À chacun de modeler la grammaire à sa guise.

C'est cela le style pour Albert Camus : *cette correction que l'artiste opère par son langage et par une redistribution d'éléments puisés dans le réel (qui) donne à l'univers recréé son unité et ses limites.*

Qu'est-ce que le style, outre cet objet ancêtre de nos stylos, sinon un langage personnel, une allure qui caractérise un auteur, sa patte... *Un style qui vous entrerait dans l'idée comme un coup de stylet...* précise même Flaubert. Prenons les différentes façons que nous avons de vous interroger :

- Est-ce que vous aimez la grammaire?
- Aimez-vous la grammaire?
- N'aimez-vous pas la grammaire?
- Je vous demande si vous aimez la grammaire.

Au résultat, ce qui compte, pensez-vous, c'est surtout la réponse évidemment positive. Toutes ces modalités de phrases (avec inversion ou non du sujet, questionnement direct ou indirect, interrogation négative pour mieux susciter l'approbation) font partie de nos schémas mentaux et concourent à l'élaboration de la pensée.

Comment peut-on rendre une même idée sous des formes différentes ? Vous apprendrez par exemple que l'expression du temps pourra passer par :

- une phrase énonciative : l'hiver vint…
- un complément de temps avec préposition : au début de l'hiver…
- une construction avec participe : l'hiver venu…
- une proposition subordonnée avec outil : quand vint l'hiver…

Entre tous ces outils que la langue met à notre disposition et sur l'usage desquels la grammaire nous instruit, nous sommes en peine parfois de savoir lequel choisir. C'est justement quand on commence à varier les expressions en fonction de la grammaire, qu'on découvre pleinement les finesses du style et donc les subtilités de la pensée.

Entre plusieurs manières d'exprimer une même idée, le locuteur ou auteur fera son choix :

- Si tu essaies, tu verras.
- Essaye et tu verras !
- Essaye, tu verras !

Mais vous l'aurez compris, la grammaire est à la fois tout cela et rien de cela : faire des choix entre des outils que la langue met à notre disposition, après avoir appris des règles et surtout leurs exceptions, face un peu maudite de cette discipline imposée à tous, au nom du principe de connaissance partagé entre tous.

Elle est avant tout une démarche intellectuelle, pouvant nous devenir personnelle, consistant à regarder les mots et les phrases pour ce qu'ils sont, ce qu'ils font, ce qu'ils disent, ou plus subtil parfois encore, ce qu'on leur fait dire. La langue est notre patrimoine à tous, outil de communication et d'échange dans la main des écrivains comme du commun des mortels. Il faut cesser de la redouter. Ou alors la craindre, mais avec vénération. Avec elle et par elle, vous trouverez les accords idéaux, vous examinerez la phrase que vous lisez pour mieux la comprendre, vous commencerez enfin à penser.

La grammaire, pour qui ? Pour tous. Une grammaire facile ? Pas toujours mais avec quelques règles bien ancrées dans la tête comme des certitudes que vous maîtriserez enfin, vous vous sentirez plus forts. Oublions les mauvais souvenirs, « *l'horreur des conjugaisons, la torture des exercices, les accords infernaux des participes passés* », plongeons résolument et avec joie dans les arcanes de cet art du bien parler, du bien écrire et du bien lire, à la découverte de ceux qui en constituent les outils primordiaux, les mots. Ils sont, à en croire Erik Orsenna, *comme les notes. Il ne suffit pas de les accumuler. Sans règles, pas d'harmonie. Pas de musique. Rien que des bruits. La musique a besoin de solfège, comme la parole a besoin de grammaire.*

Deuxième partie

Exquis mots, demandez nos exquis mots…

Dans cette partie…

Un mot après tout, qu'est-ce ? Après avoir tenté de donner une définition de cet outil oral comme écrit, qui peut aussi faire sens, après l'avoir épelé et prononcé, décortiqué en voyelle et consonne, on se demandera d'où il vient, quelle est sa nature, son statut, son genre, son nombre, à quoi il sert tour à tour : vous découvrirez les différentes catégories de mots que la langue possède en stock, vous vous intéresserez aux différents mots outils, vous vous demanderez du nom ou du verbe, s'il y en a un vraiment plus important que l'autre, vous apprécierez toutes les nuances des modes et des temps qui permettent d'affiner la pensée pour finir par quelques jeux de reconstitution, façon puzzle, des racines grecques et latines, et de tous les mots qui peuvent exister ! Un parterre de fleurs, vous dis-je ! Tant il est vrai que *Les mots sont là. D'autres que nous les ont inventés. Ici et là nous les avons appris, en commençant paraît-il de bonne heure. Nous en connaissons un certain nombre. Pour parler, pour écrire, nous les ajustons de notre mieux.*

Pareille entrée en matière de Jean-Claude Carrière ne pouvait manquer à cette ouverture de chapitre en guise d'introduction. À quoi servent les mots ? Pourquoi toujours des mots et encore des mots ? Pour parler ? Ne pouvait-on se contenter d'en rester aux gestes, souvent tout aussi expressifs qu'un son ? Pour écrire ? Autre forme d'expression plus élaborée et qui laisse des traces, elle au moins ? *Verba volant, scripta manent,* à ce qu'on dit !

S'il est si important de connaître tous ces mots, c'est aussi pour pouvoir ensuite en jouer : ces exquis mots que nous vous promettons de goûter avec vous résonnent comme de savoureuses glaces bien alléchantes ! À savourer sans modération… Vous l'aviez compris, le titre de cette deuxième partie se fonde sur un jeu de mots, jouant de la parenté entre les Esquimaux (en un seul mot) – non pas les Inuits mais ces délicieux bâtonnets de glace qu'on nous proposait autrefois dans les salles de cinéma – et les exquis mots (en deux mots) dont nous espérons vous délecter ici.

Chapitre 5

Le mot : une entité

Dans ce chapitre :

- Qu'est-ce qu'un mot ? Des lettres ? Des sons ?
- Dessine-moi un accent !
- Ouvrez l'œil sur des couples dangereux…

Erik Orsenna, avec toute la poésie digne du Petit Prince de Saint-Exupéry, nous offre une vision panoramique de la langue française : *Du haut de ma colline, je n'ai d'abord rien compris. Les mots étaient si nombreux. (…) J'ai mis du temps, je n'ai appris que peu à peu à reconnaître les principales tribus qui composent le peuple des mots. Car les mots s'organisent en tribus, comme les humains. Et chaque tribu a son métier.*

Partons donc à la découverte de ce jardin des mots, ce pays des mots, comme d'autres diraient des merveilles.

Qu'est-ce qu'un mot ?

Les spécialistes ont bien du mal déjà à s'accorder sur cette seule définition. Certains de répondre : des lettres, d'autres des sons… Ce qui est sûr, si on se fie aux découvertes récentes d'Erik Orsenna, c'est que les mots sont capables *de poser sur toutes les choses du monde une étiquette pour s'y reconnaître.* Or c'est le métier le plus difficile du monde, à l'en croire !

Connaissez-vous l'origine étymologique du mot, « mot » ?

Vous n'êtes pas si loin de connaître la solution en répétant cela. En effet, le « mot » viendrait d'une onomatopée *mut mut,* désignant un son à peine distinct, proche d'un grognement de porc, comme l'attestent certains écrivains latins, Plaute et Apulée. Produire le son *mu*(t) consistait donc à grommeler, marmonner.

De *mut mut,* on en est arrivé au nom *muttum* en bas latin qui, par apocope (c'est-à-dire chute de la dernière syllabe) est devenu *mottum* puis mot. Sous cette forme, il apparaît en 980 apr. J.-C. pour dire « parole ».

Il faudra attendre de longs siècles pour que le nom « mot » signifie l'unité de sens que nous lui connaissons. Jusqu'au XVIIe siècle, il désigne tour à tour un message (un mot de passe), une saillie (un bon mot), un billet (écrire un mot), un énoncé (se donner le mot), un tarif même (se payer de mots).

C'est vrai, comment peut-on concevoir qu'une, deux, trois lettres, ou plus suffisent à faire un mot ? Si en plus on s'amuse à les croiser, alors ? En 1921, l'expression Mots croisés voit le jour en France, calquée sur l'américain *Crosswords puzzle* ! comme d'autres croisèrent autrefois le fer, avec plus de danger !

Des lettres ? Mais de quelles lettres nous parlez-vous ?

Les mots sont des entités formées de petits signes appelés *lettres.* Et l'ensemble de ces lettres, de ces signes graphiques, constitue l'alphabet.

L'alpha et l'oméga de la langue française !

On emploie souvent l'expression *l'alpha et l'oméga* pour dire le début et la fin de chaque chose. Ce sont en effet les deux voyelles, liminaire pour l'une et finale pour l'autre, de l'alphabet grec, auquel nous devons donc le mot même « alphabet ».

Vous l'aurez compris, il s'agit en effet de la forme contractée des deux premières lettres grecques : *alpha bet(a).* Selon le même modèle, notre abécédaire reprend les quatre premières lettres de notre propre alphabet, au sens phonétique : a bé cé… daire.

Chaque langue possède son alphabet propre. Le français comporte 26 lettres qui se subdivisent en 20 lettres-consonnes et 6 lettres-voyelles.

Voyelles ou consonnes, faites votre choix !

Platon nomme ici le maître de danse qui a su donner la mesure aux figures de l'intelligible : « Une tradition égyptienne raconte que Theuth fut le premier à percevoir, dans l'illimité de la voix (phônê apeirôn), les voyelles [...] et les muettes (aphtogga, c'est-à-dire les consonnes) ».

On appelle **syllabe** l'ensemble des lettres prononcées d'une seule émission de voix.

Dans un mot comme instituteur, par exemple, on comptera... 4 syllabes. Savoir compter ses syllabes est la base même de la scansion des vers en poésie.

Petit détail à rappeler : à la fin d'une ligne, il faut toujours s'arranger pour couper les mots par syllabes. Par exemple dic ti on nai re. 5 syllabes.

Pour écrire, vous avez le choix entre deux tailles de lettres pour le mot tout entier et son initiale.

Minuscules ou majuscules ?

Les lettres se présentent sous la forme minuscule : petite lettre courante d'une forme minuscule, ou majuscule, lettre plus grande, d'un dessin différent :

a b c d e f g h i j k l m n o p q r s t u v w x y z

A B C D E F G H I J K L M N O P Q R S T U V W X Y Z

Le saviez-vous ? Jusqu'au IXe siècle, la majuscule était le caractère d'écriture obligatoire pour les noms communs. Les noms propres, eux, s'écrivaient en lettres minuscules pour se différencier des autres. C'est à partir de la fin du XIVe siècle qu'on a adopté d'utiliser les lettres minuscules pour les noms communs et les lettres majuscules pour les noms propres.

D'un usage précis de la majuscule et de son accentuation

Quand utilise-t-on la majuscule ? Au début de chaque phrase ou de vers, après un signe fort de ponctuation, au début d'un nom propre, d'un prénom. Il peut arriver qu'un adjectif prenne également une majuscule pour peu qu'on veuille le traiter comme un nom : un Grec (c'est ici un adjectif substantivé).

Certains croient peut-être qu'il ne faut pas accentuer les majuscules. Pourtant cela se révèle parfois bien utile pour ne pas passer à côté du vrai sens d'un intitulé. Vous imaginez la méprise possible entre un PALAIS DES CONGRES (poissons) ou DES CONGRES (congrès) !

Pleins ou déliés ?

Une page d'écriture à l'ancienne relevait d'un véritable travail d'orfèvre ; il y fallait une calligraphie appliquée.

Nous vous proposons un exercice de lignes d'écriture. Complétez les lignes suivantes de

- voyelles : a e i o u y ....
- et de consonnes : b c d f g h j k l m n p q r s t v w x z ....

  ....

« Quatre consonnes et trois voyelles, c'est le prénom de Raphaël... »

Une **voyelle** est un son produit par l'air qui, en sortant du larynx, fait vibrer les cordes vocales et s'échappe librement de la bouche (qui sert de caisse de résonance), mais de manière variable selon l'écart entre les mâchoires, la position de la langue.

Les **voyelles**, au nombre de 6, sont : a, e, i, o, u, y.

Elles se prononcent, c'est selon, avec une ouverture de la bouche plus ou moins grande, on parlera en termes techniques d'***aperture maximale à minimale.*** D'où l'ordre dans lequel on les apprend, de l'ouverture de la bouche la plus grande à la plus petite.

Entraînez-vous à les prononcer devant un miroir et regardez vos lèvres et votre bouche. La prononciation du *u* vous fait une bouche en cul de poule. Mais rassurez-vous, le ridicule ne tue point. Seul M. Jourdain en a fait les frais.

Car parmi les voyelles, certaines sont dites ouvertes, d'autres fermées. Par exemple, une même voyelle *e* peut couvrir/représenter trois sons différents :

- un *e muet*, comme dans la plain*e*
- un *e fermé,* comme dans les bl*é*s (avec la matérialisation d'un accent aigu)
- un *e ouvert*, comme dans la m*e*r, la r*è*gle, la f*ê*te (sans accent, avec accent grave ou circonflexe)

Un grand classique : la leçon de Monsieur Jourdain !

Écoutez cette séance d'apprentissage de l'orthographe dans laquelle le maître tente de faire reconnaître à un élève, qui n'est pas n'importe qui, les rudiments de la langue, son A.B.C.D... Monsieur Jourdain, alias le Bourgeois Gentilhomme, pose, en matière d'écriture, les vrais enjeux du signifiant, portant sur les voyelles et les consonnes...

MONSIEUR JOURDAIN : Apprenez-moi l'orthographe.

MAÎTRE DE PHILOSOPHIE : Très volontiers.

MONSIEUR JOURDAIN : Après vous m'apprendrez l'almanach, pour savoir quand il y a de la lune et quand il n'y en a point.

MAÎTRE DE PHILOSOPHIE : Soit. Pour bien suivre votre pensée et traiter cette matière en philosophe, il faut commencer selon l'ordre des choses, par une exacte connaissance de la nature des lettres, et de la différente manière de les prononcer toutes. Et là-dessus j'ai à vous dire que les lettres sont divisées en voyelles, ainsi dites voyelles parce qu'elles expriment les voix; et en consonnes, ainsi appelées consonnes parce qu'elles sonnent avec les voyelles, et ne font que marquer les diverses articulations des voix. Il y a cinq voyelles ou voix : a, e, i, o, u

MONSIEUR JOURDAIN : J'entends tout cela.

MAÎTRE DE PHILOSOPHIE : La voix A se forme en ouvrant fort la bouche : A.

MONSIEUR JOURDAIN : A, A. Oui.

MAÎTRE DE PHILOSOPHIE : La voix E se forme en rapprochant la mâchoire d'en bas de celle d'en haut : A, E.

MONSIEUR JOURDAIN : A, E, A, E. Ma foi ! oui. Ah ! que cela est beau !

MAÎTRE DE PHILOSOPHIE : Et la voix I en rapprochant encore davantage les mâchoires l'une de l'autre, et écartant les deux coins de la bouche vers les oreilles : A, E, I.

MONSIEUR JOURDAIN : A, e, i, i, i, i. Cela est vrai. Vive la science !

MAÎTRE DE PHILOSOPHIE : La voix o se forme en rouvrant les mâchoires, et rapprochant les lèvres par les deux coins, le haut et le bas : o.
MONSIEUR JOURDAIN : O, o. Il n'y a rien de plus juste. A, e, i, o, i, o. Cela est admirable ! I, o, i, o.

MAÎTRE DE PHILOSOPHIE : L'ouverture de la bouche fait justement comme un petit rond qui représente un o.

MONSIEUR JOURDAIN : O, o, o. Vous avez raison, o. Ah ! la belle chose, que de savoir quelque chose !

MAÎTRE DE PHILOSOPHIE : La voix u se forme en rapprochant les dents sans les joindre entièrement, et allongeant les deux lèvres en dehors, les approchant aussi l'une de l'autre sans les rejoindre tout à fait : u.

MONSIEUR JOURDAIN : U, u. Il n'y a rien de plus véritable : u.

MAÎTRE DE PHILOSOPHIE : Vos deux lèvres s'allongent comme si vous faisiez la moue : d'où vient que si vous la voulez faire à quelqu'un, et vous moquer de lui, vous ne sauriez lui dire que : u.

MONSIEUR JOURDAIN : U, u. Cela est vrai. Ah ! Que n'ai-je étudié plus tôt, pour savoir tout cela ?

MAÎTRE DE PHILOSOPHIE : Demain, nous verrons les autres lettres, qui sont les consonnes.

Un e muet souvent bien éloquent !

Le e muet était nettement prononcé autrefois avant de devenir cette sonorité très faible, au timbre indécis, plus ou moins audible. Il s'agit entre autres du *e* appendice utilisé pour marquer le féminin.

La Comédie française se fait fort en revanche de le prononcer, de le donner à entendre ou plutôt réentendre pour en tirer des effets d'emphase ou de rhétorique.

Si le son est émis à la fois par la bouche et par le nez, on parle alors de *voyelles nasales* ou *nasalisées* : les sons (an), (in), (on), (un). Rappelez-vous le film *Bienvenue chez les Ch'tis*. Les gens du Nord semblent utiliser, plus que d'autres, ces voyelles nasales ou nasalisées.Texte

Une seule lettre vous manque et tout est dépeuplé…

Il n'en est rien. Vous connaissez tous, à n'en pas douter, le célèbre roman de Georges Pérec, *La Disparition.* Savez-vous à quoi il doit bien son nom ? Nous vous en donnons un extrait pour vous faire deviner la chose par vous-mêmes :

Anton Voyl n'arrivait pas à dormir. Il alluma. Son Jaz marquait minuit vingt. Il poussa un profond soupir, s'assit dans son lit, s'appuyant sur son polochon. Il prit un roman, il l'ouvrit, il lut; mais il n'y saisissait qu'un imbroglio confus, il butait à tout instant sur un mot dont il ignorait la signification.

C'est un exercice dit « *lipogramme* » consistant à exclure une lettre de toute une rédaction, en l'occurrence ici le « e », cette voyelle réputée pour être la plus fréquemment utilisée dans la langue française. Pareil exercice de style fut très prisé de l'OuLiPo (**Ou**vroir de **li**ttérature **po**tentielle) dont les membres cherchèrent à renouveler les contraintes d'écriture. La vie est mal faite : il y a ceux qui voudraient qu'il y eût moins de règles et ceux qui s'en inventent. Comme quoi ! D'autres tentatives toucheront d'autres lettres ou voyelles : ainsi dans *Les Revenentes*, s'imposera-t-il cette fois la seule lettre « e » : *Hélène crèche chez Estelle,* etc.

Les semi-voyelles/semi-consonnes

Le **Y,** souvent présenté par commodité comme une voyelle, est en fait considéré par les grammairiens comme une semi-voyelle ou une semi-consonne :

- Il se prononce comme un *i* à la fin d'un mot ou entre deux consonnes : un jury/deux tyrans.
- Il se prononce comme deux *i* après une voyelle : le pays (le pai-is).

Êtes-vous capables de faire la différence entre un « cinéphile » et un « cynéphile » ? Réponse : le premier est amoureux des films (*kiné* ma) en grec : tout ce qui bouge, le second, des chiens (*kuon*, chien en grec). Vous connaissez les Cyniques, ces philosophes de l'Antiquité ainsi nommés, parce qu'ils se comportaient comme des chiens !

Le **W,** également, se laisse entendre comme voyelle dans le mot roi, qu'on prononce (roua) et comme consonne dans le wagon (w(ou)agon).

Amoureux de la poésie, bonjour !

J'inventai la couleur des voyelles

Le jeune Rimbaud se fait fort dans la *Saison en Enfer* de produire ce miracle. En démiurge, il est à l'origine de ces mondes qu'on retrouve dans son « Sonnet des voyelles » :

A noir, E blanc, I rouge, U vert, O bleu : voyelles,

À chaque voyelle, il fait correspondre un tableau, une atmosphère, un décor caractéristique.

Les diphtongues, ou 2 voyelles pour le prix d'une !

Qu'est-ce qu'une diphtongue ? Étymologiquement, ce mot en grec veut dire « double son ». Le terme sert à désigner une voyelle qui change de timbre en cours d'émission, à l'intérieur d'une même syllabe. On peut la noter par une ou deux lettres voyelles. Les diphtongues ont eu tendance à disparaître de la langue française où elles ont été remplacées par des voyelles longues.

On ne parlera pas de diphtongue pour :

- deux voyelles en contact, comme pour le mot « chaos »,
- la succession voyelle/semi-consonne d'un mot comme « travail »,
- la succession semi-consonne/voyelle comme pour le mot « oui ».

O.e dans l'eau...

Poser cette question, c'est s'intéresser au « e collé dans l'o », cette voyelle e qui, ligaturée avec un o, forme avec lui une diphtongue. Issue du latin médiéval et moderne, cette dernière peut se lire de deux manières différentes :

- (eu) si le couple est suivi par une voyelle : œuvre, œuvrer, œuf, etc.
- (é) si c'est par une consonne : œsophage, œdème, œnologie, etc.

Jusqu'au nom d'Œdipe qu'on doit prononcer *Edipe ! même si cela n'aura aucune incidence sur le complexe du même nom !

Il arrivera que le e ne soit pas lié au o : ainsi pour des mots comme moelle ou dans le cas du hiatus du mot co/efficient.

Et les consonnes ? Comment sonnent-elles ?

Une **consonne** est un son produit par l'air qui, sortant du larynx, fait plus ou moins vibrer les cordes vocales et pour se faire un chemin dans la bouche, doit rompre l'obstacle de la fermeture des lèvres ou de l'appui de la langue contre les lèvres ou les dents ou le palais.

Elles sont au nombre de 20 : on a coutume de les diviser en 2 catégories : les sourdes et les sonores. Elles ne peuvent former un son qu'avec le secours des voyelles. Elles ont besoin des voyelles pour exister en quelque sorte. Pour être vocalisées et donc ne plus être des sons imprononçables.

Pour rappel, les voici : b, c, d, f, g, h, j, k, l, m, n, p, q, r, s, t, v, w, x, z.

En fonction de l'organe qui est le plus mis à contribution pour les articuler : nez, dents, langue, gosier, on appellera ces consonnes tour à tour :

- nasales,
- dentales,
- labiales,
- gutturales,
- sifflantes (dont on entend déjà siffler sur nos têtes le sifflement des serpents !), les fricatives, les chuintantes, etc.

Les consonnes, produites par un mouvement fort et appuyé de la voix, seront dites fortes et les autres, par un mouvement doux, faibles.

Savez-vous que l'anagramme du mot « consonnes » donne « énonçons », voilà qui tombe à pic pour présenter le système consonantique français où on distingue :

- les labiales : p, b, ph (papa, bébé, pharmacie),
- les dentales : t, d, th (tante, dent, théologie),
- les gutturales : k, g, kh (cor, gant, arche, archéologie),
- les nasales : m, n, gn (maman, noce, agneau),
- les liquides : l, r (liesse, roucoulade),
- les sifflantes : s, f (susurrer, fin),
- les fricatives : f, v (frémissement, violon).

Une lettre classée *x*, mais pas interdite !

Elle représente à elle toute seule le son :

- gz : examen
- cx : maxime
- z : dixième
- s : dix

Poursuivons cette leçon inaugurale du professeur de philosophie :

> *MAÎTRE DE PHILOSOPHIE : Demain, nous verrons les autres lettres, qui sont les consonnes.*
>
> *MONSIEUR JOURDAIN : Est-ce qu'il y a des choses aussi curieuses qu'à celles-ci ?*
>
> *MAÎTRE DE PHILOSOPHIE : Sans doute. La consonne D, par exemple, se prononce en donnant du bout de la langue au-dessus des dents d'en haut : da.*
>
> *MONSIEUR JOURDAIN : Da, da. Oui. Ah ! les belles choses ! les belles choses !*
>
> *MAÎTRE DE PHILOSOPHIE : L'F en appuyant les dents d'en haut sur la lèvre de dessous : fa.*
>
> *MONSIEUR JOURDAIN : Fa, fa. C'est la vérité. Ah ! mon père et ma mère, que je vous veux de mal !*
>
> *MAÎTRE DE PHILOSOPHIE : Et l'r, en portant le bout de la langue jusqu'au haut du palais, de sorte qu'étant frôlée par l'air qui sort avec force, elle lui cède, et revient toujours au même endroit, faisant une manière de tremblement : rra.*

MONSIEUR JOURDAIN : R, r, ra; r, r, r, r, r, ra. Cela est vrai. Ah! l'habile homme que vous êtes! et que j'ai perdu de temps! R, r, r, ra.

MAÎTRE DE PHILOSOPHIE : Je vous expliquerai à fond toutes ces curiosités.

Une lettre, que dis-je, un mot !

Choisissons à tout hasard la voyelle A. Cette première lettre de l'alphabet, la plus ouverte des voyelles, peut se métamorphoser sous nos yeux en 3 autres mots :

À l'identique, c'est-à-dire sans accent, *a* correspond à deux préfixes anciens :

- l'un grec, préfixe savant s'il en est, de valeur privative ou négative, sous la forme *a* :

  a-morphe (pour dire sans forme) qui devient *an* devant voyelle : an-alphabète…

- l'autre latin, *ad*, pour marquer la direction ou la proximité, tel qu'on le retrouve dans ap-porter, ad-mettre…

A est aussi la troisième personne du singulier du présent de l'indicatif du verbe avoir voulant dire « posséder », « détenir ». On la retrouve du reste dans la locution impersonnelle qui a eu la fortune que l'on sait : *il y a…* ce gallicisme très usité équivalent au verbe être, exister, se trouver.

Et quand elle est dotée d'un accent, cette lettre *a* en minuscule n'est autre que la préposition issue du latin *ad* : à. La même pouvant d'ailleurs se combiner avec l'article défini, pour donner les formes contractées : à le = au, à les = aux.

RÉFÉRENCES

La voyelle est la matière, la consonne est la forme, la matrice du mot, et aussi l'engin propulseur et la voyelle avec tout son charme n'est que le projectile. Voici comment Paul Claudel s'explique sur ce couple infernal qui produit le mot.

Un poème remarquable, s'il en est…

Si vous savez lire attentivement, vous retrouverez dans ce poème de Tristan Derème, l'un des fondateurs d'une école de poésie fantaisiste encore assez méconnue, toutes les lettres de l'alphabet à chaque lettre liminaire de mot :

Ayant **b**eaucoup **c**ueilli **d**'**é**mouvantes **f**leurs **g**rises

Herbe ! **I**ci **j**amais **K**riss, **l**ame **m**alaise, **n**i…

On **p**ourrait **q**uelquefois **r**etrouver **s**ans **t**ristesse

Un **v**ieux **w**agon…

Xavier ! **Y**vonne ! **Z**oé !

Des sons, alors ?

Une leçon bien laborieuse…

LE PROFESSEUR : Toute langue, Mademoiselle, sachez-le, souvenez-vous en jusqu'à l'heure de votre mort.

L'ÉLÈVE : Oh ! oui, Monsieur, jusqu'à l'heure de ma mort… Oui, Monsieur…

LE PROFESSEUR : … et ceci est encore un principe fondamental, toute ***langue*** *n'est en somme qu'un* ***langage,*** *ce qui implique nécessairement qu'elle se compose de* ***sons*** *ou…*

L'ÉLÈVE : ***Phonèmes****…*

LE PROFESSEUR : J'allais vous le dire. N'étalez donc pas votre savoir. Écoutez, plutôt.

L'ÉLÈVE : Bien, Monsieur. Oui, Monsieur.

LE PROFESSEUR : Les sons, Mademoiselle, doivent être saisis au vol par les ailes pour qu'ils ne tombent pas dans les oreilles des sourds. Par conséquent, lorsque vous vous décidez d'articuler, il est recommandé, dans la mesure du possible, de lever très haut le cou et le menton, de vous élever sur la pointe des pieds, tenez, ainsi, vous voyez…

L'ÉLÈVE : Oui, Monsieur.

LE PROFESSEUR : Taisez-vous. Restez assise, n'interrompez pas… Et d'émettre les sons très haut et de toute la force de vos poumons associée à celle de vos cordes vocales. Comme ceci : regardez : « papillon », « Eurêka », « Trafalgar », « papi, papa ». De cette façon, les sons remplis d'un air chaud plus léger que l'air environnant voltigeront, voltigeront sans plus risquer de tomber dans les oreilles des sourds qui sont les véritables gouffres, les tombeaux des sonorités. Si vous émettez plusieurs sons à une vitesse accélérée, ceux-ci s'agripperont les uns aux autres automatiquement, constituant ainsi des ***syllabes****, des* ***mots,*** *à la rigueur des* ***phrases,*** *c'est-à-dire des groupements plus ou moins importants, des assemblages purement irrationnels de sons, dénués de tout sens, mais justement pour cela capables de se maintenir sans danger à une altitude élevée dans les airs. Seuls, tombent les mots chargés de signification, alourdis par leur sens, qui finissent toujours par succomber, s'écrouler…*

L'ÉLÈVE : … dans les oreilles des sourds.

LE PROFESSEUR : C'est ça, mais n'interrompez pas… et dans la pire confusion… Ou par crever comme des ballons. Ainsi donc, Mademoiselle… (L'élève a soudain l'air de souffrir). Qu'avez-vous donc ?

L'ÉLÈVE : J'ai mal aux dents, Monsieur.

LE PROFESSEUR : Ca n'a pas d'importance. Nous n'allons pas nous arrêter pour si peu de chose. Continuons…

L'ÉLÈVE – qui aura l'air de souffrir de plus en plus. : Oui, Monsieur.

LE PROFESSEUR : J'attire au passage votre attention sur les ***consonnes*** *qui changent de nature en liaisons. Les f deviennent en ce cas des v, les d des t, les g des k et vice versa, comme dans les exemples que je vous signale : « Trois heures, les enfants, le coq au vin, l'âge nouveau, voici la nuit ».*

L'ÉLÈVE : J'ai mal aux dents.

LE PROFESSEUR : Continuons.

La Leçon. Ionesco

Les onomatopées : des sons à l'état brut !

Platon, dans son ouvrage du *Cratyle*, préconise de créer des mots par pure reproduction de leur réalité. Ainsi le mot *mr mr, qui résonne comme un grondement, est-il tout destiné à devenir, sous sa forme vocalisée *mur mur*, le terme désignant le tonnerre.

Comme vous l'aurez constaté, au fil du temps, ce même mot a perdu de son éclat sonore : il ne désigne plus chez nous qu'un doux bruit à susurrer éventuellement à l'oreille de quelqu'un qu'on aime. Le son *br br a été appliqué au bourdonnement des oiseaux et abeilles : en grec le mot *bombos* est le résultat de l'onomatopée *bombax* imitant le ronflement sourd et insidieux des abeilles.

D'ailleurs, le barbare, qui est-ce, aux yeux des Grecs, sinon celui qui ne sait pas parler, qui est juste capable d'aligner quelques borborygmes…

Allitérations et assonances…

> *Les chemises de l'archiduchesse, sont-elles sèches, archi-sèches ?*
>
> *Les six chemises fines de l'archiduchesse qui séchaient chez Sacha sont sèches, archi-sèches !*

Que voilà de belles allitérations en *s* dont on s'amuse à piéger tout venant ! Comment, vous ne parvenez pas à bien prononcer ces phrases ? Votre langue fourche mais vous manquez d'entraînement ! Et la liste de ces pièges est longue ! Je veux et j'exige que vous la répétiez à haute voix. À côté d'elle, le célèbre vers de Racine : *Pour qui sont ces serpents qui sifflent sur vos têtes* en paraît presque aisé.

Cette rime initiale qu'est l'*allitération* donne à entendre les mots, de manière plus ou moins mélodieuse. Poètes et humoristes se retrouvent sur ce terrain.

Les *assonances,* ou répétitions d'un son intérieur dans le phrasé, apportent modulation et musicalité. Verlaine est en la matière un orfèvre ès assonances hors pair.

> *Les sanglots longs*
> *Des violons*
> *De l'automne*
> *Blessent mon cœur*
> *D'une langueur*
> *Monotone*

TRUC

Voici un truc mnémotechnique pour ne jamais plus confondre ces deux procédés : l'assonanc**e** (touche les voyelles), l'allitératio**n** (touche les consonnes).

L'éminent grammairien latin qu'est Varron a consacré toute son œuvre à la langue latine : on compte rien de moins que 25 livres dans son *De lingua latina.* Au livre VIII, le savant pose la question : qu'est-ce qui fait la spécificité d'un mot ?

Je lui demande si la vertu d'un mot consiste dans le son des syllabes qui frappe l'oreille ou dans la signification que perçoit l'intelligence ou dans ces deux parties du mot.

Faites sonner… les lettres !

Chaque lettre qui implose à l'initiale d'un mot porte une valeur spécifique :

- **le *s*** tout en dissonance pour ce vers racinien d'Andromaque… où perce le remords strident et funeste : *Pour qui sont ces serpents qui sifflent sur vos têtes…* Ou la douceur… comme le doux susurrement chez Rimbaud : *Les parfums ne font pas frissonner sa narine.*
- **le *p* et le *b***, sonorités primitives, s'il en est… comme le prénom donné par Henri Michaux dans son roman héroïque, *La Nuit remue,* à ses deux personnages géants, Barabo et Poumapi, pour qualifier leur psychologie sommaire, proche de la barbarie de l'ère préhistorique.
- **le *d* et le *t*** ont le plus souvent un effet tonique et dynamique comme dans cette chanson de Boby Lapointe :

  Ta Katie t'a quitté :
  Tic tac, tic tac,
  Ta Katie t'a quitté
  Cuite-toi, qu'attends-tu.
- **le *k* ou *g***, rauques et durs, se prêtent, on ne peut mieux, à la dérive de l'esquif rimbaldien :

  Oh ! Que ma quille éclate ! Oh ! Que j'aille à la mer !
- **le *l* comme le *r***, associés au rythme des nasales, laissent aller

  Sur l'onde calme et noire où dorment les étoiles
  La blanche Ophélie flotte comme un grand lys,
  Flotte très lentement, couchée en ses longs voiles.
- **le *v*** : « La consonne la plus fondante de la langue française », à en croire Julien Gracq, reste la fricative *v* : *Je tisserai mes vers de verre et de verveine* qui se confond souvent avec les exquis effets des *z* de Gainsbourg, propres à traduire une escapade fantasque :

  Zazie à sa visite au zoo
  Zazie suçant son zan
  S'amusait d'un vers luisant d'Isidore Isou

- **Quant au *f***, *cette lettre la plus gracieuse, la plus aérée, et pourquoi ne pas dire la lettre la plus française de l'alphabet,* pour reprendre les propos de Michel Tournier, elle coule de source.

POUR RIRE

Amusez-vous un peu à lire rapidement la vieille rengaine suivante, dans laquelle il ne faut pas prendre un mot pour l'autre si on veut que le message soit intelligible. Vous avez dit, intelligible ? *Si six scies scient six cigares, six cent six scies scient six cent six cigares…*

Les mots cachés

Plus drôle encore est cet exercice emprunté à la Boîte à Énigmes littéraires, où les lettres sont utilisées sous le double rapport lettre et sens. Les auteurs se rient des plus mercantiles : H E T, des plus irritables : N R V, des plus stagnantes : V G T, des plus dociles : O B I, des moins solides : C K C, des moins lisibles : F A C ou de celles qui ornent les monnaies : F I J.

Ces jeux de mots, fort prisés au cours du XVIIIe siècle, n'ont malheureusement pas été retenus dans la pédagogie de l'écriture. On peut le regretter. Voilà qui permettrait pourtant de donner un aspect plus ludique à l'apprentissage de ces lettres.

Je ne peux faire mieux que de vous renvoyer à cet excellent travail. À défaut d'être végétatif, le *g* du célèbre vers de René de Obaldia laisse encore et toujours entendre sa complainte : *Le geai gélatineux geignait dans le jasmin…*

TESTEZ-VOUS

N'oublions pas non plus les « virelangues » de notre enfance, véritables exercices de diction pour apprendre à articuler tous les sons de notre langue. Faites comme Démosthène, entraînez-vous !

Tonton, ton thé t'a-t-il guéri ta toux ?
Un chasseur sachant chasser doit savoir chasser sans son chien.
Les chaussettes de l'archiduchesse sont-elles sèches ou archi-sèches ?

L'accentuation ou comment les mots se font une beauté

Mais que serait une langue sans accents ? Vous êtes-vous jamais posé la question ? Avez-vous essayé de lire à haute voix un texte sans respecter les accents ? Méconnaissable, non, comme dirait Fabrice Luchini…

Depuis quelque temps, les accents grognaient. Ils se sentaient mal aimés, dédaignés, méprisés. À l'école, les enfants ne les utilisaient presque plus. Les professeurs ne comptaient plus de fautes quand, dans les copies, ils étaient oubliés. Chaque fois que j'en croisais un dans la rue, un aigu, un grave, un circonflexe, il me menaçait.
— Notre patience a des limites, grondait-il. Un jour, nous ferons la grève. Attention, notre nature n'est pas si douce qu'il y paraît. Nous pouvons causer de grands désordres.

Erik Orsenna, *La révolte des accents*

Dessine-moi un accent !

On appelle *accent* (du latin : *ad* et *cantus*) l'augmentation d'intensité de la voix sur un son dans un mot, bref, la mise en relief d'un temps fort dans une ligne mélodique. L'expression « mettre l'accent sur » ne signifie-t-elle pas « insister sur » « souligner » quelque chose ?

Il est également vrai qu' « avoir l'accent » ou « parler avec l'accent » dénote toujours une prononciation différente de la norme. On a tous en tête l'accent chtimi qui a récemment fait la fortune du film de Dany Boon, *Bienvenue chez les Ch'tis*… D'autres avaient déjà insisté sur un autre accent régional, tout aussi expressif, celui de Marseille !

Dans la langue française, il y a trois accents : l'accent aigu, l'accent grave et l'accent circonflexe. L'accent aigu ressemble à une virgule de gauche, l'accent grave à une virgule de droite, et l'accent circonflexe, à un petit chapeau (neutre).

Une invasion de signes !

Parmi les divers signes orthographiques que le français a longtemps ignorés, tout comme sa langue mère, le latin – faut-il le rappeler – (les manuscrits médiévaux connaissaient pour leur part d'autres signes d'abréviation et des accents simples mais avec une autre valeur), on s'aperçoit que les accents tout comme l'apostrophe sont des emprunts faits à la langue grecque, la cédille à l'espagnol, et que les autres tels le trait d'union et le tréma sont le fait de grammairiens, sans doute émérites, qui ont voulu apposer leur sceau. Et leurs signes aussi… car depuis, ils régissent notre orthographe, envahissent nos textes, au-dessus, au-dessous, entre les lettres, sur les lettres, partout ! Trop sans doute et c'est peut-être pour cela qu'ils sont particulièrement malmenés de nos jours.

Un signe graphique

L'accent est tout d'abord **un signe graphique**, qui, posé (ou apposé) sur une voyelle, note un son :

- soit aigu pour un son fermé comme le *é* de pitié ;
- grave pour un son ouvert comme le *è* de père et mère ;
- circonflexe de *circum* « autour » et *flexus* « fléchi », pour un son encore plus ouvert et plus long, généralement placé sur les voyelles longues :
  - â pâte/âne,
  - ê tête/fête,
  - î gîte,
  - ô hôte/dôme,
  - û flûte.

L'accent est toujours placé sur une voyelle, quelle que soit sa position : à l'initiale, à l'intérieur ou sur la syllabe finale d'un mot et se laisse entendre. Ainsi vous n'orthographierez pas de semblable façon le verbe *flécher* et le nom la *flèche*...

Gros plan sur l'accent circonflexe

D'où vient l'accent circonflexe ? Il est le plus souvent la résultante :

- de la chute d'un *s* ancien dont la langue française garde trace dans les doublons : une *bastonnade* se donne bien à coups de *bâton* ! De l'*hostellerie* d'hier à l'*hôtel* d'aujourd'hui, rien n'a vraiment changé : le *festin* s'y transforme en *fête*.
- de la disparition d'une voyelle : à partir de l'adjectif latin *ma(t)urus*, on forme le doublet : mûr pour l'adjectif et maturité pour le nom.

On retrouve encore l'accent circonflexe dans le domaine verbal :

- aux 1re et 2e personnes du pluriel du passé simple : nous aimâmes, vous aimâtes
- à la 3e personne du singulier du subjonctif imparfait : qu'il aimât ou plus-que-parfait : qu'il eût aimé...

Attention aussi aux verbes naître, paraître et tous leurs composés : l'accent n'existe qu'aux formes où le *i* est suivi d'un *t* : il naît, il connaît... Partout ailleurs, il se fait tellement petit qu'il disparaît ! On le retrouve chapotant les formes de 3e personne du singulier de verbes comme plaire, gésir et clore : il plaît, il gît, il clôt. Pourtant ce n'est pas encore la séance de clôture...

Raymond Queneau s'interroge sur la pertinence réelle de cet accent dans son roman *Zazie dans le métro* :

> *Merde, c'est d'un compliqué… Ah ! Enfin, des mots que tout le monde connaît… vestalat… vésulien… vétilleux… euse… ça y est ! Le voilà ! Et en haut d'une page encore. Vêtir ? Y a même un accent circonchose…*

Un signe diacritique

L'accent, quel qu'il soit, permet surtout de distinguer deux mots de graphie identique – on dira qu'il est un **signe diacritique**, c'est-à-dire un signe de distinction entre :

- *à* (préposition) et *a* (forme de l'auxiliaire verbal avoir) ;
- *sur* (préposition) et *sûr* (adjectif) ;
- *là* (adverbe locatif) et *la* (article défini) :
  - une *tache* (une saleté) et une *tâche* (un labeur, un travail),
  - un *pêcheur* (qui pêche du poisson) et un *pécheur* (qui commet une faute),
  - le *faîte* d'un toit et le verbe faire : (vous) *faites,*
- etc.

Des couples dangereux à l'accent près : vous voulez vous y frotter ?

Ça sonne pareil, mais ce n'est pas la même chose, du tout ! Il est vrai que si on pouvait se fier à la seule prononciation des mots, même l'orthographe deviendrait une vraie partie de plaisir.

Mais il n'en est rien. Entre les mots qui s'écrivent de la même façon, mais ont des sens différents, les *homographes,* et ceux qui ne s'écrivent pas à l'identique mais sonnent semblablement, les *homophones* ou *homonymes,* on ne sait quel est le pire fléau.

Entre deux mots (maux), a-t-on envie de dire, il faut choisir le moindre !

Hypocrite son, mon semblable, mon frère !

Cinq cordeliers, sains de corps et d'esprit, ceints de leur corde, portaient dans leur sein le seing du Saint-Père. Beau ramassis cocasse de variations autour du seul phonème « in ».

Et quand on sait que pour un seul son comme (a), il existe rien moins que 10 différents modes graphiques de l'accommoder, on imagine les occasions de se tromper : a : eczéma / ac : estomac / ach : almanach / ap : drap / ars : jars / as : appas / at : notariat / ât(s) : dégât(s) / az : raz (de marée).

Et la liste est longue. Comment ne plus les confondre ?

a/à

Le petit Poucet … ramené ses frères … la maison.

A : verbe avoir conjugué

À : préposition

Le renard de la fable … flatté le corbeau et … réussi … lui prendre son fromage.

Réponses : a, a, à.

des/dès

L'alouette s'envole … sillons … que le jour commence.

Des est le pluriel de l'article indéfini.

Dès, l'adverbe temporel signifiant « depuis » « à partir de » « aussitôt que ».

… le matin, arrivent, … potagers de la ferme, en chantonnant, … bandes d'oiseaux.

Réponses : dès, des, des.

ou/où

… te rends-tu ? À Lyon … à Paris ?

Ou est une conjonction qui marque l'alternative : on peut la remplacer par « ou bien »

Il faut qu'une porte soit ouverte ou fermée. A de Musset

Où est l'adverbe interrogatif :

C'est l'unique bonheur où mon âme prétend. Corneille

L'abstinence … l'excès ne fit jamais d'heureux. Voltaire

… se trouve le théâtre ? À droite … à gauche de l'avenue ?

Réponses : ou, où, ou.

près/prêt

N'allez surtout pas jouer … de ce mur qui est … à s'écrouler.

La préposition *près* (de), invariable, signifie « à côté de » « sur le point de ».

Rien à voir avec l'adjectif *prêt* qui a le sens de « disposé à », « en état de ».

- Nous sommes … à tenter cette expédition.
- On entend le murmure d'un ruisseau qui coule tout … d'ici.

Réponses : prêts, près.

Autres signes cabalistiques

Le tréma, un double point qui se gondole sur le mot à l'horizontale

C'est le tréma qui m'ensorcelle dans le prénom de Raphaël
Comme il se mêle au « a » au « e », comme il les entremêle au « l », Raphaël
Carla Bruni

Le tréma est ce signe formé de deux points juxtaposés qui se placent sur les seules voyelles e, i et u pour indiquer que l'on doit prononcer séparément la voyelle qui les précède : un joyeux Noël.

On hésite souvent pour savoir où il se place. En plus il n'est jamais nécessaire : voulez-vous nous dire pourquoi on écrit le verbe fuir sans tréma alors que le verbe amuïr (pour dire « rendre muet ») en prend un ?

On le retrouve le plus souvent sur le *e muet* des adjectifs féminins : ambigu/ambiguë, aigu/aiguë.

À sa façon, comme tout accent, il permet souvent de différencier un mot d'un autre. Entre l'adverbe affirmatif *oui* (prononcé d'une seule émission de voix) et le participe *ouï* du verbe ouïr (entendre) (prononcé en deux temps), il n'y a plus d'ambiguïté. On aurait tort de se priver de cet outil précieux. Nous osons à peine imaginer comment vous pourriez prononcer un *astéroïde* sans le tréma ? Astéroide… On ne parle plus des mêmes choses, voilà tout ! Dès lors une héroïne se prononcerait comme le prénom Antoine ? Plutôt étrange, non ?

POUR LES PROS

Parfois, le tréma, au lieu d'indiquer qu'il faut différencier les sons dans la prononciation, montre qu'il ne faut pas laisser entendre le second : ainsi quand il s'agit d'un e, on prononcera Madame de Staël = Madame de (Stal).

Le trait d'union : un casse-tête… bien français !

On doit faire un sort à part au trait d'union, vu qu'on ne peut réellement le considérer comme un signe de ponctuation, mais plutôt comme un signe orthographique.

Le trait d'union, qu'il soit petit ou grand, - ou – (le 6 comme on l'appelle en informatique), ressemble à un tiret, une petite ligne horizontale qui sert à unir deux ou plusieurs mots ou plus exactement à lier les diverses parties d'un mot composé.

Cet outil de la langue fait, à l'heure actuelle, partie des espèces les plus menacées. Quand faut-il l'utiliser ? L'usage en est compliqué et souvent arbitraire. Entre un bric-à-brac et l'expression de bric et de broc, la différence est mince ! Pourquoi écrit-on un porte-parapluie, un porte-parole avec alors qu'il est absent d'expressions comme un portemanteau, un portefeuille ? Quel casse-tête !

Tâchons toutefois de déchiffrer cette forêt de traits…

Où ? Quand ? Pourquoi ? Comment… le rencontre-t-on ?

Son emploi principal se résume à être présent dans tous les mots composés à constituants multiples et les exemples ne manquent pas : une demi-finale, un/e mi-temps, une semi-remorque, un après-midi, un avant-signe, un entre-deux, un non-lieu, etc.

En guise de contre-exemples, dans bien des cas, le trait d'union disparaît et les deux mots se retrouvent soudés, tels deux chats siamois : les chaussettes de l'archiduchesse sont-elles sèches ? archi-sèches ? une antichambre, international ou pas, vous préférez une piqûre intraveineuse ou sous-cutanée ?

- On l'emploie pour **des noms propres** faisant office de noms de lieux, de rues, etc.

  Lycée Henri-IV, lycée Louis-le-Grand, pour n'en citer que deux, Pont-l'Évêque, ou Le Grau-du-Roi… du nord-ouest au sud-est! L'orthographe de la rue François Coppée est donc fautive à cet égard. Et il y en a tant d'autres, si on y regarde bien.

- **Entre plusieurs prénoms,** il est courant de le rencontrer : qui ne connaît pas dans son entourage un Charles-Henri, un Jean-Claude, une Marie-Laure, une Marie-Claude, qui sais-je encore?
- On fait encore appel à lui pour établir le contact **entre un sujet ou complément postposé et le verbe** : Veux-tu? Crois-moi. Prenez-le avec vous! Faites-le moi savoir, penses-y! Dis-le-moi. Va-t'en au diable ou ailleurs… Dans les incises également donc : dit-il, répond-il, dis-je, etc.
- Il se double même de part et d'autre d'un *t euphonique* dans les occurrences que voici, **pour éviter un hiatus** (point de rencontre de deux voyelles aux effets dissonants) : Chante-t-il; a-t-elle dit; rétorqua-t-il…
- **Devant ci et là et après ci et là :** Celui-ci, celle-là / ci-dessus, là-haut, etc. Pour mémoriser cet emploi, rien ne vaut ce court extrait de chanson de l'opérette Véronique (1898) : *De-ci de-là, cahin-caha, va chemine, va trottine, va petit âne, va de-ci de-là, le picotin te récompensera…*
- Les adverbes locatifs sont inégalement friands de son emploi :
  - *Au-dessus, au-devant, au-dessous* mais *en deçà, en dehors*, par exemple.
  - *Au-dedans* et *au-delà* admettent les deux graphies, avec ou sans.

Petit détail troublant, quand il est employé avec l'adjectif saint, si c'est pour le Saint lui-même, pas de trait d'union, mais pour tout produit dérivé, avec trait d'union. N'en déplaise donc à saint Estèphe, nous ne résistons pas devant un cru Saint-Estèphe 1982.

La cédille en forme de tire-bouchon

Ce petit signe graphique, d'origine italienne, *zediglia* = petit z, se place sous la lettre c devant les voyelles a, o, u pour indiquer que cette consonne doit avoir le son d'un s dur et non plus d'un c guttural ou k. Ainsi prononcera-t-on façade et non (fakade), leçon et non (lekon), reçu et non (reku).

Quant à nos amis François et Françoise, qui se reconnaîtront, ils nous seront plus doux à prononcer de la sorte que ne l'auraient été (Frankois) et (Frankoise)…

Pour les autres voyelles, e, i, y, elle n'est point utilisée : une amorce (**amorsse*), un merci (**merssi*), un cygne (**sygne*).

À en croire Bernard Pivot, elle est ce qui distingue les Français, plus que la baguette de pain et le béret (…) ce sexe lilliputien, cet appendice breveté en forme de crochet, de serpette, ou encore tire-bouchon.

C'est presque la faire accéder au statut de *Mythologies*, chères à Roland Barthes, tout du moins lui décerner « une cédille d'honneur ».

Tout sauf du couci-couça (altération de *comme ci comme ça*) ! On se rappelle la rubrique hebdomadaire du *Canard enchaîné,* dans laquelle, sous le titre *Le mur du çon*, les journalistes épinglaient la « sonnerie » de la semaine. Mur du son et mur du con n'engendraient pas, à ce qu'on voit, la mélancolie.

Chapitre 6

La formation des mots, ou petit mot deviendra grand !

Dans ce chapitre :

- La langue, un héritage vivant
- Racines, préfixes, suffixes et compagnie…
- Des familles de mots
- Jeux de mots…

La langue ne cesse de vivre et de bouger. À partir de racines héritées et par des jeux d'ajout, en avant, préfixes, ou en arrière, suffixes, quand ce n'est pas au centre d'un mot, infixes, elle s'est formée et développée, ayant toujours tendance à se complexifier. Notre français actuel est l'aboutissement de cette histoire des mots, longue et complexe.

La langue en héritage…

La langue française ne s'est pas faite en un jour. Elle est, inlassablement, en perpétuel mouvement. Et son vocabulaire n'a eu de cesse de s'enrichir au fil du temps. Elle a toutefois un fonds héréditaire, primitif, qui comprend trois éléments :

- le fonds latin,
- le fonds gaulois,
- le fonds germanique.

On ne peut parler en fait que d'un faible résidu de mots gaulois, tous des mots de sens concret, qui s'est vu balayer vers le ve siècle par la conquête romaine. Le latin forme le fonds le plus ancien et le plus riche de notre langue.

Il s'agissait d'un latin populaire, parlé par les soldats romains ou les colons et commerçants. Ce latin que les Gaulois entendaient est devenu le français. Le latin écrit, utilisé par les clercs, vint enrichir ensuite ce fonds primitif. Dès le xive siècle, apparaissent donc des doublets, selon l'origine du mot latin : *decimus* donnera dîme et décime / *redemptio*, rançon et rédemption.

Les emprunts

En dehors des mots francisés, la langue s'est enrichie de ces emprunts aux dialectes locaux, du nord comme du sud de la France. Langue d'oïl et langue d'oc fusionnent. La langue savante va aller faire des emprunts à des mots grecs qu'elle se contentera de franciser.

Les emprunts aux langues romanes, sœurs du français, sont également très nombreux. Outre donc le latin et le grec, la langue française a puisé dans le lexique des mots germaniques, pour ce qui est des institutions politiques et du vocabulaire guerrier ; dans celui des mots orientaux, apportés au fil des croisades, des mots italiens (termes militaires ou artistiques en grande majorité), des mots espagnols, des mots anglais…

Sans compter d'autres mots isolés d'Afrique comme le baobab ou le zèbre, de la Perse, comme azur ou bazar, de la Turquie comme le kiosque ou le divan…

Connaissez-vous d'ailleurs le sens des expressions latines suivantes couramment employées :

ad libitum, gratis, crescendo, statu quo, illico, de visu, ex aequo, in extenso.

Réponses : à votre gré/guise ; sans contrepartie, sans qu'il en coûte rien ; en augmentant le volume sonore ; en l'état ; tout de suite ; de vue ; sur un plan d'égalité ; en entier, dans sa totalité.

Des racines… mais sans les ailes !

Que veut dire eau « potable » ? demande un instituteur. Et l'un des élèves, un Toto intelligent, de répondre en toute bonne foi : c'est celle qu'on peut mettre dans un pot. Bien réfléchi sauf qu'il se trompe de racine : la racine de l'adjectif potable vient de *poto, as, are* en latin qui veut dire boire, alors qu'un pot viendrait de *pottus* puis *potus* : pot, vase à boire aussi. Pas si mal, Toto, finalement, pour cette fois !

Étymologie, quand tu nous tiens, tu nous tiens bien !

Du grec, *etumos* : vrai et *logos* : discours, langage, l'étymologie est cette science qui remonte à la source des mots. Elle les suit dans leur dérivation..., les dépouille de toutes les altérations qui sont venues les travestir au fil du temps, étudie tous les changements subis, pour les ramener ainsi à leur forme primitive, toute simple.

Pour autant, en étymologie, les mots sont comme des cloches qui font parfois entendre un autre son que le bon. D'où les sarcasmes ou remarques désobligeantes que cette science a souvent essuyés. On se rappelle l'épigramme du chevalier de Cailly au sujet d'une douteuse tentative étymologique :

Alfana vient d'equus, sans doute ;
Mais il faut avouer aussi
Qu'en venant de là jusqu'ici,
Il a bien changé sur la route.

C'est de la sorte que, le saviez-vous, on a longtemps laissé accroire que le mot français « haricot » venait du latin fistula en suivant le raisonnement que voici : du nom fistula, vient l'adjectif fistularis, puis son diminutif fistularicus, qui donne au cas du datif fistularico. Vous n'avez plus qu'à sortir le radical et il vous reste le dérivé... « haricot ». Voltaire alors, avec toute l'ironie qui le caractérise, de trouver le mot... d'esprit : L'étymologie est une *science où les voyelles ne sont rien et les consonnes fort peu de chose.*

En réalité, il semblerait que le mot haricot vient de hariôn et du verbe harigoter : couper en morceaux. D'ailleurs, ne dit-on pas : C'est la fin des haricots, pour dire, c'est la fin de tout. Mais pas de ce livre en tout cas. Trêve de plaisanterie, il est d'autres cas bien moins douteux où un retour aux racines peut être très profitable, surtout si elles sont grecques ou latines.

Les racines des mots (ne) sont-elles (pas) carrées, à en croire Eugène Ionesco ?

Racine, préfixe, suffixe et compagnie...

Beaucoup de mots qui composent le vocabulaire français sont formés à partir de mots existant déjà. Ils partent de racines connues, pour la plupart grecques et latines, qu'ils accommodent ensuite par des jeux d'apports divers, en avant de la racine, dans la racine même, après la racine.

On parle alors de dérivation, d'infixation ou de composition.

On appelle :

- **mot dérivé** un mot simple *suivi* d'un *suffixe* : bord/bordure ;
- **mot composé** un mot simple *précédé* d'un *préfixe* : bord/abords.

Un même mot enfin peut être formé à la fois à l'aide d'un préfixe et d'un suffixe : bord/a-bord-age

Tous les mots formés à partir d'un même mot simple forment ensuite ce qu'on appellera une *famille de mots*. Les terminaisons ou désinences venant, chacune à sa manière, affecter dans son essence même le sens d'un radical : ami, amitié, aimable, amateur…

Vous avez dit paracentèse ou parasynthèse ? La *parasynthèse,* en linguistique, consiste à ajouter un préfixe ou un suffixe à une base donnée. Ne surtout pas confondre avec la paracentèse, du grec *parakentésis*, qui veut dire « ponction » pour désigner un prélèvement de liquide dans l'une des parties du corps. Faux ami donc !

Des préfixes et des suffixes, en veux-tu en voilà !

Vous avez dit préfixe ?

On appelle *préfixe* cette particule significative qui vient se placer au commencement de certains mots pour en modifier le sens. Pour la plupart, il s'agit de prépositions ou d'adverbes empruntés au latin et au grec.

Elle dérive aussi le plus souvent d'un mot ayant une individualité propre : ainsi le préfixe *mé/més* est-il issu de l'adverbe comparatif latin *minus* : au sens de « pas » « point » : une més-alliance côtoiera un mé-compte, etc.

Parmi ces préfixes, s'il faut faire un choix, voici les plus usuels :

- **a- (an) :** préfixe grec négatif : acéphale : sans tête
- **ab-/abs-, apo- :** marque la séparation et l'éloignement :
  - ab-horrer : s'éloigner avec horreur de
  - apo-cope : retranchement d'une syllabe à la fin d'un mot
- **ad- :** le mouvement vers, la direction, le rapprochement : ad-joindre, ap-porter, at-terrir
- **am-, amb-, ambi-, amphi- :** autour ou deux
  - ambi-dextre : qui a deux mains, am-phore : qui se porte à deux mains
- **ana- :** en remontant, à travers : anabase : marche de remontée vers les terres
- **ante- :** double sens spatio-temporel, devant ou avant : antécédent : qui vient devant

- **anti- :** contre, à l'opposé de : antipode : habitant à un autre point du globe
- **cata- :** du haut vers le bas : catalogue : liste énumérative
- **circum- :** tout autour : circonlocution : expression indirecte par des détours
- **contra- :** opposition, contraire ou à côté : contredire : dire le contraire
- **cum- (co-, col-, com-, con-) :** accompagnement, réunion, ensemble
  - compagnon : qui partage son pain avec / collatéral : placé de chaque côté
- **de-, dés-, di-,** marque la séparation, la destruction, le contraire, l'intensité
  - déterrer, pour enlever la terre; difforme : sans forme
- **dia- :** à travers : diaphane : transparent, qui laisse passer la lumière au travers
- **dis-, dif- :** marque le plus souvent la négation : disputer : penser diversement d'où se quereller
- **dys-** (dus en grec) : marque le côté négatif : dyspepsie : difficulté à digérer
- **dis- :** deux fois : distique : ensemble de deux vers
- **en- :** dedans : encéphalée : mal dans la tête (migraine)
- **epi- :** sur : éphémère : qui ne dure qu'un jour
- **e-, ex- :** éloignement, privation, intensité : épilation : extraction d'un poil
- **extra- :** en dehors, en plus : extra muros : hors les murs
- **hyper- :** au-dessus, à l'excès : hyperbole : figure de style de l'exagération
- **hypo- :** au-dessous, sous : hypocrisie : jugement par en dessous
- **in- :** dans, en, sur : incinérer : réduire en cendres
- **in-** : préfixe privatif : inanimé, immense (sans mesure)
- **inter- :** parmi, entre : intermédiaire : qui tient le milieu entre deux choses
- **meta- :** après, changement : métamorphose : transformation
- **ob- :** opposition : objecter : présenter un argument contre
- **para- :** le long de, contre : paradoxe : opinion qui va à l'encontre de la raison
- **per- :** accomplissement, à travers, jusqu'au bout : parfaire : réaliser dans sa totalité

- **péri- :** tout autour : péripatéticienne : qui se promène tout autour
- **post- :** après : postscriptum : ce qu'on écrit en plus à la fin d'une lettre
- **prae- (pré-) :** avant, supériorité :
  - préhistoire : période qui précède l'histoire / prédominer : l'emporter sur
- **pro- :** avant, en avant, à la place de : prophète : celui qui parle avant les autres
- **pros- :** vers, en direction de : prosélyte : celui qui passe d'une doctrine à une autre
- **re-, ré-, rés- :** retour en arrière, recommencement, intensité
  - revenir : aller sur ses pas / raffoler : aimer beaucoup
- **rétro- :** en arrière : rétrospective : exposition récapitulative d'un artiste ou d'une époque
- **se- (sé-) :** mise à l'écart, séparation : sécurité : absence d'inquiétude
- **simul- :** en même temps : simultané : qui se passe au même moment
- **sine- (sin-, siné-) :** privation et absence : sinécure : charge salariée qui n'exige aucun soin
- **sub- :** en dessous : soustraire (tirer par en dessous)
- **sun- :** accompagnement : sympathie : communion dans le sentiment
- **sus-, sur-, super- :** au-dessus de, sur, à l'excès
  - superposer : placer dessus / surhomme : au-delà de l'homme
- **supra- :** au-dessus de : supraterrestre : de l'au-delà
- **sus- :** en haut, auparavant : susdit et susnommé : dit et nommé plus haut
- **trans- :** au-delà, de l'autre côté : trépasser : passer de l'autre côté de la vie
- **ultra- :** au-delà : ultraroyaliste : plus royaliste que le roi / outrepasser : déborder, transgresser

POUR LES PROS

On pourra associer plusieurs préfixes et de nature différente, mais jamais plus de 3 dans tous les cas : la preuve :

- in-com-pré-hensible
- ir-ré-pré-hensible
- re-con-naître
- in-ac-com-modable

Vous avez dit suffixe ?

On appelle suffixe, la partie de mot « fixée dessous » qui, ajoutée à la racine, en détermine la nature ou le sens. À ne pas confondre avec des terminaisons accidentelles pour cause de modifications de genre, de nombre, de personne, de mode ou de temps.

Nominal/verbal ?

Il existe des suffixes spécifiquement nominaux et d'autres verbaux. Par exemple, sur le mot « herbe », l'herbage ou l'herbier sont des composés nominaux, et herboriser, un composé verbal.

Parmi les suffixes nominaux, on distingue :

- **les suffixes d'action en :**

  -ade : bravade,

  -age : courage (ensemble des sentiments du cœur),

  -fice : (du latin *fac/fic*) : bénéfice/maléfice,

  -ment : (du latin *mentum*) : tourment (ce qui torture),

  -ion (-tion/-sion/-xion), issu du supin latin en *-tum* : confession, connexion, délectation,

  -teur : (noms d'agent en *ter/tor*) : créateur, amateur, acteur, producteur, etc.

POUR LES PROS

Entre -age et -ment...

Sur une même racine, on formera tour à tour le lavage et le lavement, le frottage et le frottement. Les mots en *-age* se sont plutôt spécialisés dans les métiers et ceux en *-ment* dans un style de langue relevé : un babillage est un terme familier quand le babillement est le terme technique.

- **les suffixes de résultat (d'action) :**

  -is : hachis

  -ure : créat-ure

- **les suffixes d'état : existence, état, durée :**

  -esse : politesse

  -ance/-ence : espérance, concurrence

  -itude/-étude : (du latin *-itudo, itudinis*) pour marquer la qualité : exactitude, inquiétude

  -ie/-ité : (du latin *-ia et itas*) : inertie, apathie, qualité

- **Les suffixes d'adjectifs :**

  -able/-ible : pour marquer la faisabilité ou la possibilité : charitable, paisible

  -aque/-ique : chimérique

  -âtre : noirâtre

  -eme/-ime/-issime : sérénissime

  -esque : chevaleresque (italien)

  -eux : (du latin *-osus*) : vaniteux

  -iste : impressionniste

  -ond : (du latin *-bundus*) : pudibond

  -ain, -ais, -ien : habitant de : romain, japonais, parisien

- **Les suffixes verbaux :**

  -asser, -ailler, -onner, -oyer de sens augmentatif ou péjoratif : rêvasser, rimailler, chantonner, verdoyer

  -iller, -eter, -iger de sens diminutif : sautiller (sur sauter), voleter, voltiger

  -fier (suffixe formé à partir du latin *facere* : faire) : fructifier

  -iser : de valeur causative ou factitive : familiariser (rendre familier), civiliser

  -gner (précise une action rude ou compliquée) : rechigner, empoigner

  -fler : en-fler, gon-fler, sif-fler

- **Hors catégorie, les suffixes à valeur méliorative, péjorative ou diminutive :**

  Commençons par les péjoratifs :

  -ard (allemand) : fuyard

  -âtre, -aud : marâtre/maraud

  -aille (collectif) : canaille, marmaille

- **Puis les diminutifs, toujours un peu plus câlins :**

  -et/-ette : camionnette, chaînette/jardinet

  -ule : veinule

  -ot/-otte : chariot, menotte

  -eau/-elle : chevreau/parcelle

Populaire ou savant ?

Certains suffixes sont de formation populaire et d'autres, bien plus savante, offrant aux usagers de la langue des doublets souvent intéressants : *aigre et âcre ; chétif et captif ; meuble et mobile ; voyage et viatique ; épice et espèce ; hôtel et hôpital, etc.*

On part d'une même racine, latine ici en l'occurrence, mais par un jeu de formation différente, on obtient ces doublons qui vont se répartir dans des niveaux de langue différents. Quelques autres encore : *métier et ministère / frêle et fragile / raide et rigide / verre et vitre / étroit et strict.*

Trouvez un mot dérivé à chacun des mots suivants : labour / journal / Paris / oiseau / lancer

Réponses : labourage / journaliste / parisien / oiseleur / lancement

Trouvez un mot composé à chacun des mots suivants : cycle / nom / fidèle / porter

Réponses : bicycle / surnom / infidèle / apporter

Ajoutez préfixe et suffixe aux mots suivants pour retrouver un autre mot de la même famille : heureux / prison / terre

Réponses : mal-heureuse-ment / em-prisonne-ment / extra-terr ien

Il existe bien d'autres mots qui ont joué un rôle de préfixes et de suffixes, hormis ceux précédemment cités : des adverbes eux aussi se retrouvent mis à contribution pour former bien des mots composés ou dérivés de notre langue :

- *bene* (bien) : bénévole
- *male* (mal) : maléfice
- *non* (ne… pas) : nonchalant (qui ne se soucie pas, du verbe chaloir…)
- *paene* (presque) : péninsule (presque une île…)
- *rétro* (en arrière) : rétrograde
- *satis* (assez) : satisfaire
- *semi*, demi, mi, hémi : semi-lunaire, hémicycle
- *archi* (ancien) : architecte (chef des ouvriers)
- *caco* (mauvais) : cacochyme : qui a de mauvaises humeurs
- *pan* (tout) : panacée, remède universel
- *poly* (beaucoup) : polygamie (mariage avec plusieurs femmes simultanément)

Sans oublier tous ces autres éléments, nominaux comme verbaux, dont l'usage est si répandu que nous n'y prêtons même plus attention.

Jeux de reconstitution du sens des mots (avant/après)

Sachant que *auto* : soi-même ; *biblio* : livre ; *micro* : petit ; *mono* : seul ; *ortho* : droit ; *photo* : lumière ; *thermo* : chaleur ; *zoo* : animal, vous trouverez aisément le sens de chacun des mots suivants : autonomie, bibliothèque, microscope, monosyllabe, orthographie, photothérapie, thermomètre, zoologie.

De même, voici quelques suffixes grecs très en usage : *algie* : douleur ; *cratie* : gouvernement ; *gène* : qui engendre ; *manie* : folie ; *nomie* : loi ; *oïde* : en forme de ; *onyme* : nom ; *phage* : qui mange ; *phobo* : crainte ; *phore* : qui porte, d'où vous déduirez sans peine le sens de ces autres mots : névralgie, démocratie, pathogène, mégalomanie, astronomie, ovoïde, pseudonyme, anthropophage, agoraphobie, phosphore.

À partir de *aéro* : air, *acro* : pointe, *caut* : brûlure, *pyr* : feu, *op* ou *opt* : vue, *métr* : la mesure, vous identifierez le sens de mots comme aéronautique, acrobate, holocauste, pyrotechnie, myope, pluviomètre. Cet exercice est sans fin...

Il y a même ceux qui jouent tantôt le rôle de préfixes tantôt celui de suffixes. Amusez-vous donc à retrouver les pièces de dominos qui peuvent s'accorder entre elles : *bio* : vie / *grapho :* écrire / *litho* : pierre / *logo* : parole / *métro* : mesure / *patho* : souffrance / *philo* : aimer / *phono* : son / *théo* : dieu / *typo* : caractère

Réponses : biographe/amphibie ; graphologie/phonographe ; lithographie/monolithique ; logographe/philologue ; métronome/géomètre ; pathologique/névropathie ; philosophie/bibliophile ; phonétique/aphonie ; théocratie/athée ; typographe/prototype.

Quelques hybrides...

On peut même trouver des mots qui mixent préfixe et suffixe d'une langue à l'autre :

- du grec et du latin :
  - **polyvalent** (*polus* [en grec] : beaucoup et *valens* [en latin]) pour dire « qui a de nombreuses possibilités »...
  - **automobile** (*auto* [en grec] : de soi-même et *mobilis* [en latin]) « qui se meut par soi-même » ou presque...
- du français et du grec : **bureaucratie** qui signifie « le pouvoir de l'administration »
- du grec et du latin francisé : **hydravion** (*hydro* : eau et *avis* : oiseau)

Un air de famille avant toute chose !

Rendons grâce à Patrick Rambaud ainsi qu'à Erik Orsenna d'avoir cherché dans leurs ouvrages respectifs à humaniser les mots de notre langue. De fait, ces derniers sont tous frères, ils forment un tout, une famille. Mais, en grammaire, *avoir le sens de la famille*, c'est quoi exactement ?

C'est, par exemple, être capable de rattacher au nom latin *caput,* la tête, des termes aussi différents par la forme ou le sens que *chef* (et son couvre-chef), *chevet* (tête de lit), *cheptel* (têtes de bétail), *chapitre* (titre d'une loi), *chapiteau* (sommet d'une colonne), *capitaine* (chef militaire, au long cours mais pas toujours), *caporal-chef* ou pas, *capital* (qui coûte la tête à quelqu'un, dans l'expression « peine capitale »), *décapiter* (le résultat : ôter la tête) ou même le mot *cadeau* ou *cadet.* Qui l'eût cru ?

Finalement, le mot tête venant de *testa*, tesson de bouteille en latin, a supplanté le chef qui se rattachait à *caput.*

Un chef de famille

Le mot racine primitif joue le rôle de **chef de famille** autour duquel se regroupent les mots dérivés, composés, ou ceux qui sont les deux à la fois.

- Sur un radical : ***arm,*** on retrouvera donc, en dérivés, armer, armée, armure, armement, armurier, armet, armoire, armoiries, armateur, armature ; à la fois dérivés et composés, désarmer, désarmement, alarme, alarmer, alarmant, alarmiste, armistice…
- Plus subtil certes, car peut-être moins visible, le rapprochement à faire entre deux mots comme *partie* et *département,* tous deux issus du nom latin ***pars, partis*** « la partie » : le département étant une partie, une division administrative du territoire français puis de l'administration des affaires de l'État.
- Avoir cette fois à l'esprit la racine grecque ***skepto*** (« examiner avec soin »), plus connue, il est vrai, sous son vocalisme en o, dans des mots comme téle.scope, micro.scope, péri.scope ; Paris.scope, c'est s'interdire à tout jamais de confondre un vrai *sceptique* (personne qui observe les choses avec méfiance sans jamais se prononcer ni prendre parti) et une fosse *septique* (issue du grec *sepein* : pourrir) !
- Sur le mot honneur, du latin ***honor, honoris***, on retiendra : honorer, honorable, honorifique, honorablement, honoraire, déshonneur, déshonorer, déshonorant.
- Sur le mot **bord** : border, bordure, bordage / aborder, abordage / déborder, débordement, etc.

Comment les mots naissent et meurent... pas toujours égaux en droits, du reste !

Certains mots résistent plus que d'autres à l'usure du temps. Depuis l'époque antique où ils sont nés, ils ont gardé leur signification première, assurant par là la continuité de la pensée. Cependant il en est d'autres qui ont eu moins de chance. Déjà usés, ils ont disparu, chose parfois regrettable, ou – moindre mal – ont changé de sens ; d'autres enfin sont nés.

De ces mots dont le sens a varié au cours des siècles et qui disparaissent, certains s'inquiètent, tel Bernard Pivot. Déjà en son temps, au XVIIe siècle, La Bruyère se désolait que la langue française perdît des mots comme « ouvrer », remplacé par « travailler », « vilainer », remplacé par « injurier », « nef », remplacé par « navire », « mauvaistié », remplacé par « méchanceté », etc.

D'autant que la disparition d'un mot n'entraîne pas toujours la disparition de toute sa famille : l'*ouvrier* continue à travailler, à défaut d' « ouvrer », les *ouvrages* subsistent, les jours *ouvrables* ont même tendance à devenir plus nombreux, et les deux termes de *manœuvrer* et de *manœuvrier* sont toujours bien vivants. Autrement dit « Un de perdu, dix de retrouvés ».

Parfois aussi la lutte est dure entre plusieurs mots synonymes : va savoir du reste pourquoi l'un plutôt que l'autre disparaît. Certains mots doivent perdre un peu de leur âme pour subsister. Ainsi en est-il du verbe cueillir (du latin *colligere*) qui revit dans notre langue sous la forme composée, « recueillir ».

Certains autres se démodent. Des expressions comme « à chevauchons » pour dire jambe par deçà, jambe par-delà, ou « à lèche-doigts » pour dire en petite quantité, n'étaient-elles pas pourtant expressives ?

Formation de mots nouveaux ou néologismes

Comme pour rééquilibrer le fonds de la langue, apparaissent à chaque époque des mots nouveaux.

Certains mots reproduisent des bruits ou des cris. On les appelle des *onomatopées,* et ils n'ont pas d'âge. Il y en a de deux espèces :

- Les noms même qui expriment ce cri ou ce bruit : glouglou, cricri ;
- Les verbes qui en sont formés : chuchoter (c'est faire « chut »), croasser (c'est faire « croa »).

Et Cocorico, alors ? Est-ce faire comme le coq, c'est-à-dire « coquerico » ?

Les mots qui disparaissent : une cause perdue ?

> *Vingt-cinq langues meurent chaque année !* confie Erik Orsenna. *Elles meurent, faute d'avoir été parlées. Et les choses que désignent ces langues s'éteignent avec elles (…) Les mots sont les petits moteurs de la vie. Nous devons en prendre soin.*

Inexorablement, comme toute chose de la vie, les mots naissent, grandissent, puis tombent peu à peu dans l'oubli. Ces mots en perdition, ou perte de vitesse, inquiètent certains de nous comme Bernard Pivot qui leur a consacré un récent livre, *100 expressions à sauver (*Albin Michel, 2008).

Il y a fort heureusement aussi ceux qui disparaissent pour émigrer ailleurs. D'ailleurs dans l'une des dictées de 1988, intitulée *La longue balade des mots* dont voici un extrait, Bernard Pivot analysait ainsi le phénomène : les mots, personnifiés, s'expatrient sciemment :

> *Les mots ont la bougeotte. Seuls ou groupés, ils forcent les frontières, passent par-dessus les vallons, les vallées et les puys, s'immiscent dans nos fourre-tout, voyagent avec nos nippes et nos affûtiaux.*
>
> *Les mots sont d'infatigables globe-trotters. Ils se jouent des fouilles et des censures. Les mots sont libres comme l'air.*
>
> *Mais, de tout temps, les mots se sont battus pour vivre. Que de verbes et d'adjectifs, frappés d'obsolescence, se sont retirés du trafic ! Que d'onomatopées se sont ressemblé, concurrencées, apostrophées, nui, exclues ! Que de substantifs caducs et prétentieux de petits-maîtres se sont laissé supplanter par les mots succulents des rastaquouères !*
>
> *Maintenant tout va plus vite, et les mots, eux aussi, se sont mis au prêt-à-porter, au clonage, à l'apocope spontanée. « Je cause, tu causes, il cause… ». La plus belle cause, c'est la langue.*

Soyez sans inquiétude, ils ne disparaissent pas tous vraiment. Le mot *atour,* le plus souvent employé au pluriel, les atours, pour désigner les innombrables charmes féminins, s'est certes perdu dans son emploi du verbe « atourner » mais reste vivace en « détourner » et « contourner », dans un sens gauchi, il est vrai !

Jeux de mots…

Quid des homo/syno/paro/anto… nymes ? Mauvaise coupe pourtant, quand on sait que le nom commun à tous ces termes composés est le mot *onuma* qui désigne en grec le nom, d'où l'*onomastique*, la science des noms.

C'est la façon qu'on a trouvé de les appeler en escamotant les dernières syllabes du mot. On dit homo, pour…, alors on dira aussi homo, pour homonymes, etc.

Les homonymes

On appelle *homonymes,* du grec *homoio(s)* « même » et *onuma* « nom », des mots de sens différent mais qui se prononcent à l'identique.

Êtes-vous prêts pour une devinette ? Comment nomme-t-on le ministre de la Justice ? Un garde des sots 1) sauts 2) seaux 3) Sceaux 4)… La bonne réponse est Sceaux. Pourquoi ? Parce que répondre « sots » eut été une insulte, « sauts » une prouesse dont la personne n'est plus toujours capable, « seaux » parce que tel n'est pas son seul emploi. Ce chancelier garde officiellement les cachets et armes de l'État.

Ainsi, avec un même son, *(èr)* trouve-t-on des termes à l'orthographie aussi différente que ver (insecte), vair (fourrure), vert (couleur), verre (matière vitreuse), vers (ligne rythmique) et vers (préposition)…

POUR RIRE

On doit à Francis Blanche ce petit bijou : *Je ne sais plus que faire. J'ai consulté deux médecins : le premier veut m'envoyer à Pau pour une maladie de foie, le second à Foix pour une maladie de peau.*

Les vacances de Raymond Devos

J'avais dit : « Pendant les vacances, je ne fais rien !… Rien ! Je ne vais rien faire ».
Je ne savais pas où aller.
Comme j'avais entendu dire : « À quand les vacances ?… À quand les vacances ?… »
Je me dis : « Bon !… Je vais aller à Caen… »
Et puis Caen !… ça tombait bien, je n'avais rien à y faire.
Je boucle la valise… je vais pour prendre le car… Je demande à l'employé :
— Pour Caen, quelle heure ?
— Pour où ?
— Pour Caen !
— Comment voulez-vous que je vous dise quand, si je ne sais pas où ?
— Comment ? Vous ne savez pas où est Caen ?
— Si vous ne me le dites pas !
— Mais je vous ai dit Caen !
— Oui !… mais vous ne m'avez pas dit où !

Si nous prenons pour exemples les trois (**ce*) que voici, **ce/se/ceux** :

- ce : adjectif démonstratif singulier masculin
- se : pronom réfléchi
- ceux : pronom démonstratif masculin pluriel

Saurez-vous les remettre à la bonne place dans les phrases suivantes :

- Achille… retira dans sa tente
- … qui vivent, ce sont… qui luttent.
- Admirez… beau tapis.

Réponses : se / ceux, ceux / ce.

Passe encore sur l'orthographe des mots, mais pareilles méprises entre des verbes ou des noms peuvent parfois engendrer des confusions plus graves, comme celles des doublets de la liste suivante :

ces/ses

- Ces : adjectif démonstratif
- Ses : adjectif possessif

… livres se trouvent dans … casiers-ci.

Réponses : ses, ces.

et/est

- Et : particule de coordination
- Est : verbe être au présent de l'indicatif, 3e personne du singulier

La robe de la mariée … belle … blanche.

Réponses : est, et.

la/l'a

- La : article défini féminin
- Là : adverbe de lieu
- L'a : pronom anaphorique accompagné du verbe avoir

Va chercher … balle ! Marc … jetée, …, derrière le mur.

Réponses : la, l'a, là.

leur/leurs

- Leur : pronom personnel 3e personne du pluriel
- Leurs : adjectif possessif

Je … ai donné … livres.

Réponses : leur, leurs.

mais/mes

- Mais : particule de coordination
- Mes : adjectif possessif

J'en ai fini avec … achats pour Noël … je n'ai pas trouvé le pull que je cherchais.

Réponses : mes, mais.

ni/n'y

- Ni : particule de coordination
- N'y : négation élidée accompagnée du pronom personnel

Je n'aime … le froid … la neige.

Je … suis pour rien.

Réponses : ni, ni / n'y.

on/ont

- On : pronom personnel
- Ont : verbe avoir 3e personne du pluriel

… va, … vient.

Ils … compris la leçon.

Réponses : on, on / ont.

peu/peu(x)(t)

- Peu : adverbe quantitatif
- Peux : verbe pouvoir 2e personne
- Peut : verbe pouvoir 3e personne

Toi, tu …; mais lui hélas, il … …!

Réponses : peux, peut, peu.

parce que/par ce que

- Parce que : conjonction de subordination à valeur de cause
- Par ce que : locution relative en 3 mots, équivalant à par cela que

J'ai été émerveillé … j'ai vu à la télévision.

Nous avons dû écourter notre promenade … le temps était incertain.

Réponses : par ce que / parce que.

peut-être/peut être

Un simple trait d'union suffit à faire toute la différence entre :

- Peut-être : adverbe modalisateur
- Peut être : verbe pouvoir 3e personne suivi du verbe être à l'infinitif

Il … parti.

Il est … parti.

Réponses : peut être / peut-être.

plutôt/plus tôt

- Plutôt, en un mot, est un adverbe.
- Plus tôt, en deux mots, est le comparatif de supériorité de l'adverbe temporel tôt.

Soyez … artiste si c'est votre talent.

Nous arrivâmes à bon port bien … que prévu.

Réponses : plutôt / plus tôt.

quand/quant (à)/qu'en

- Quand : conjonction de subordination de valeur temporelle ou outil interrogatif temporel
- Quant (à) : expression remontant au latin et ayant pour sens : « combien grand par rapport à »
- Qu'en : pronom interrogatif accompagné du pronom personnel *en*

Préviens-moi … tu partiras.

… pensez-vous ?

… moi, je partirai demain.

Réponses : quand / qu'en / quant à.

quelle/qu'elle

- Quelle, écrit en un mot, est un adjectif exclamatif ou interrogatif.
- Qu'elle, en deux mots, est une expression formée du subordonnant que (qu' élidé), et du pronom personnel en.

Je sais … a été votre conduite ; … serve d'exemple à tous vos camarades.

Réponses : quelle, qu'elle.

quoique/quoi que

- Quoique est la conjonction de subordination exprimant l'opposition. Elle équivaut à « bien que ».
- Quoi que, en deux mots, désigne le pronom relatif indéfini suivi de la conjonction de subordination que.

… vous choisissiez, ce sera bien.

On aperçoit à peine la façade du palais, … elle soit gigantesque.

Réponses : quoi que / quoique.

s'en/sans

- Sans est la préposition de sens privatif.
- S'en est la combinaison du pronom réfléchi de 3e personne, ici élidé, et du pronom personnel en.

Elles … vont … se presser.

Réponses : s'en, sans.

qu'il/qui le/qui l'

- La seule différence entre les deux orthographies vient ici de la seule fonction qu'occupe le pronom relatif devant le pronom personnel : s'il est sujet, on écrira qui le, s'il est COD, on écrira qu'il.

Il tirait sur la chaîne … s'efforçait de rompre.

L'âne portait une lourde charge … écrasait.

Réponses : qu'il / qui l'.

si/s'y

- Si est la conjonction de subordination introduisant une proposition de condition ou une interrogation indirecte.
- Si est un adverbe quantitatif, équivalant à tellement, tant.
- S'y est composé du pronom réfléchi 3e personne se (ici élidé) et du pronom personnel y.

Sur la surface de l'étang s'étalent des feuilles de nénuphar … larges que les grenouilles … prélassent et … reposent.

Ne serait-ce pas la description du jardin de Monet à Giverny ?

Réponses : si, s'y, s'y.

son/sont

- Son est un adjectif possessif.
- Sont est le verbe être à la 3e personne du pluriel de l'indicatif.

… magasin est petit et les clients … rares mais ce … des amis.

Réponses : son, sont, sont.

tant/t'en

- Tant est l'adverbe quantitatif.
- T'en est la combinaison du pronom personnel te (élidé) et du pronom personnel en.

Soyons amis, Cinna, c'est moi qui … convie.

… va la cruche à l'eau, qu'à la fin elle se casse.

Réponses : t'en / tant.

Les synonymes

On appelle *synonymes, de sun* et *onuma*, les mots qui se rapprochent les uns des autres par le sens : ainsi aider et secourir, dans un même élan d'altruisme.

On distingue parmi eux deux espèces :

- les mots qui ont un même radical mais des préfixes ou suffixes différents : segment et section ;
- les mots tout à fait différents et d'origine et de forme : aliment, nourriture, subsistance, victuailles, viatique.

À vous de terminer ces quelques séries :

- affront, insulte…
- amasser, accumuler…
- antre, caverne…
- courage, valeur…
- habitation, maison…
- impétueux, violent…
- indolent, paresseux…
- têtu, obstiné…

Réponses : outrage / entasser, amonceler / grotte tanière, repaire / bravoure, intrépidité / chagrin, tristesse, affliction, désolation / séjour, demeure, domicile / véhément, fougueux / nonchalant, négligent, fainéant / entêté, opiniâtre, borné, etc.

On dit pourtant bien vrai qu'un mot est unique en son genre, qu'il a un sens qui lui appartient en propre. Si *abuser* c'est « user jusqu'au bout », *mésuser*, c'est plus exactement en « user mal ».

Si vous deviez remplacer les points de suspension par l'un des synonymes proposés, ne feriez-vous pas une différence entre les mots *effigie, image, figure, portrait* ?

Le … de votre père est très ressemblant.

Il fut pendu en ….

Il prend d'un vieux guerrier la … poudreuse.

Examinez dans votre livre de science les … de plantes et d'animaux.

Réponses : portrait / effigie / figure / image.

Comme vous le voyez, un mot est un mot et même des synonymes ne désignent pas tout à fait la même chose. Vous le savez, entre les verbes « écouter » et « entendre », il y a tout un monde ! On dit qu' « écouter » représente l'action physique auditive et qu'« entendre » relève plutôt d'une opération de compréhension intellectuelle.

Le mot juste

Qu'est-ce que des synonymes, sinon des mots qui « au premier coup d'œil et à distance, semblent tous se confondre, tant les nuances qui les séparent sont légères. Mais en y regardant de près, on aperçoit ce qu'il y a de particulier dans chacune de ces nuances… » Si on vous dit « manger », vous n'aurez pas de peine à retrouver divers synonymes, sur le plan de l'idée : se restaurer : se rétablir en reprenant des forces, se rassasier : manger assez, avaler : déglutir sans mâcher, goûter : vérifier le goût du bout des lèvres, déguster : savourer toute chose délectable, savourer : goûter lentement… Comme des modalités : grignoter pour les rongeurs, happer pour un chien, laper pour un chat, brouter pour des moutons ou des vaches, picorer pour des oiseaux ou des poules, sucer pour le bébé…

Aucun mot ne saurait être exactement l'équivalent d'un autre. C'est seulement quand un mot se trouve mis en situation dans une phrase qu'il prend du reste son sens définitif. C'est le stylisticien Jules Marouzeau qui nous l'apprend !

Chaque mot, ayant sa spécificité, ne saurait être pris pour un autre. La lecture de quelques aphorismes peut apporter une touche d'humour à cette rubrique :

Les animaux se repaissent, l'homme mange, l'homme d'esprit seul sait manger.

Et pour adopter le ton de la plaisanterie du chansonnier René Dorin :

La Seine déborde…
C'est une crue !
Mon verre déborde…,
C'est une cuite !

Bref, « un bouquin n'est pas un livre », vous dirait Rémi Bertrand !

Les paronymes

*Infractus, est-ce que j'ai une gueule d'infarctus ?

On appelle *paronymes,* du grec *para* « près de » et *onuma,* des mots qui, sans s'écrire et se prononcer totalement à l'identique, ont de telles analogies entre eux, soit dans leur étymologie, soit dans leur prononciation, que des personnes qui ne font pas vraiment attention peuvent sans penser à mal les confondre.

Sauriez-vous sans hésitation retrouver les définitions des paronymes suivants choisis au hasard pour les distinguer ?

- *acception* (signification d'un mot) / *acceptation* (consentement à quelque chose),
- *allusion* (maligne à glisser) / *illusion* (le plus souvent trompeuse),
- *arborer* (montrer avec ostentation) / *abhorrer* (détester),
- *collision* (choc violent) / *collusion* (entente secrète à seule fin de tromper),
- *éruption* (sortie prompte et présentant des difficultés) / *irruption* (entrée soudaine et envahissante),
- *inclinaison* (ou pente de terrain) / *inclination* (penchant amoureux pour un être cher),
- *prodige* (événement ou personne de nature extraordinaire) / *prodigue* (généreux, libéral),

pour ne citer que ces seuls exemples. La liste en est interminable, on dirait un fait exprès.

Après tout, entre dire être *stupéfait* ou *stupéfié*, ahuri ou abruti, cela a-t-il une si grande importance ? Avec quel autre mot risque-t-on de confondre « colorer », « infecter », « flairer », « conjecture » ? Vous avez la réponse sur le bord des lèvres : colorier, infester, fleurer, conjoncture.

Les antonymes

On appelle *antonymes*, du grec *anti* et *onuma*, des mots qui s'opposent à d'autres par le sens. Ainsi en est-il des doublets : vérité/mensonge, beauté/laideur, lumière/obscurité, bon/méchant, cru/cuit, lourd/léger, naître/mourir, arriver/partir, etc.

Je hais et j'aime

On doit au poète latin Catulle ce début de distique élégiaque qui repose sur la figure de style appelée l'antithèse.

Il existe deux formes d'antithèses : l'*antithèse de mot et l'antithèse de* pensée. Cette figure exploite des jeux de contraires, en les considérant sous un rapport commun ou sous deux aspects contraires comme l'éminent Fontanier, maître ès figures de style, le précise.

Comme antithèse de mot, nous retiendrons l'expression paradoxale de Rousseau : *Quel bon sommeil on fait dans un mauvais lit !*

Pour l'antithèse de pensée, nous avons choisi cet échange de Beaumarchais :

Le Comte : Qui t'a donné une philosophie aussi gaie ?

Figaro : L'habitude du malheur.

Bien souvent les titres d'ouvrages aiment à exploiter cette figure qui marque les esprits plus qu'aucune autre : Guerre et Paix de Léon Tolstoï, Spleen et Idéal de Charles Baudelaire, sans oublier la publicité : Une force tout en finesse pour la bière Export 33. C'était en 1976, il y a presque prescription...

Encore plus explicite est l'oxymore, accouplement monstrueux de deux termes antinomiques :

Hâtez-vous lentement ! ou Cette obscure clarté qui tombe des étoiles !

Pour citer une fois encore – on ne s'en lasse pas – des classiques du genre, Boileau et Corneille bien sûr ! Moins connu, mais tout aussi paradoxal ce jugement d'où jaillit pourtant une vérité : *Eric Von Stroheim, l'homme que vous adorerez détester !*

Le contraire d'un mot peut différer selon le sens exact. Il est vrai que le premier antonyme qui vient à l'esprit pour l'adjectif **léger** est bien **lourd** : mais dans certains cas, on choisira plutôt d'évoquer « **fort** » comme contraire d'un bruit léger, « **réfléchi** » pour le contraire d'un enfant léger, « **grave** » pour le contraire d'un reproche léger. Tout est dans la finesse !

Chapitre 7

Mots en stock ou de la nature des choses…

Dans ce chapitre :

- Variables et invariables… les mots essentiels
- Le nom et sa cour

Des mots, mais de quels mots parle-t-on ? Dressons-en ici l'inventaire, des petits, des grands, des variables, des invariables, des secondaires, des principaux… des communs, des propres, comme le dit la chanson. La classification en dix espèces de mots a été adoptée par la plupart des grammairiens classiques.

Au commencement… qu'y avait-il ? Les hommes éprouvèrent tout d'abord le besoin de *nommer* par des mots chaque chose ou chaque être qu'ils avaient à la vue pour pouvoir ainsi les différencier les uns des autres, désignant des êtres ou des choses plus ou moins réels ou familiers. L'**article** apparut assez vite pour clarifier la situation et préciser par là, et le sexe d'un mot et sa fonction. L'**adjectif** à sa suite, quand les hommes ressentirent le besoin de définir les noms par différents critères susceptibles de variations multiples, tels la couleur, l'âge, la taille. Le **pronom** s'avéra très vite utile pour remplacer le nom ou la chose et être, dans divers cas de figures, son fidèle suppléant.

Mais se contenter de nommer et de définir : femme belle, homme fort, restait une approche orale, non construite. Il fallait harmoniser et structurer toutes ces informations autour d'un élément fédérateur, le **verbe** : La femme est belle, l'homme est fort. Et construction plus riche : L'homme fort aime la femme belle…

De qualitatif, le langage devenait ainsi factuel, le verbe ayant le pouvoir d'agir et de présenter l'action sous deux angles : l'état et l'action. À sa suite, issu du verbe autant que du nom, le **participe,** par nature hybride, naquit. Quant à l'adverbe, il vint tout naturellement se positionner sous l'aile du verbe comme l'adjectif l'avait fait au préalable sous celle du nom.

Voilà résumée toute l'histoire des mots essentiels de notre langue.

Dans la catégorie des variables, nous voulons...

Le couple moteur : nom et verbe

Le verbe est l'âme, le moteur d'une idée – il exprime l'action ou l'état d'un processus. Alors que les autres mots viennent se grouper autour de lui pour constituer une proposition dont il reste le pivot, le noyau central, le nom, lui, permet de préciser qui fait l'action ou la subit, et donne alors la voix du verbe : active ou passive, sans compter qu'il en prédétermine aussi le nombre (singulier ou pluriel).

Noms et verbes sont-ils si différents ?

Qu'est-ce qui permet après tout de déterminer si un mot est un nom ou un verbe ?

Les grammairiens grecs avaient remarqué, avec raison, que le verbe montre les dispositions ou *diathèses* de l'âme, ce que ne fait pas le nom. Cela correspond de nos jours à ce qu'on appelle le *mode.*

En chinois, langue monosyllabique, tout mot peut devenir un verbe. Il lui suffit d'être précédé d'un pronom personnel. Ainsi en anglais, la différence entre le nom *ride* qui désigne une « promenade à cheval » et la forme verbale *I ride* « Je monte (à cheval) ».

Le vieil indo-européen distinguait pour sa part très nettement la flexion des noms de celles des verbes, par le système des cas pour les noms et celui des personnes pour les verbes. Ainsi une même racine en grec était-elle thème verbal au degré *e* et thème nominal au degré *o* : leg-o « je dis » et log-os « parole »

La distinction nom/verbe est loin d'être un universel basique valable pour toutes les langues. Certaines, comme le turc, le hongrois, certains dialectes américains, ne considèrent pas cette distinction comme fondamentale. À titre d'exemples :

- il coule = le ruisseau,
- elle descend = la pluie,
- c'est attaché autour de lui = la ceinture.

Remontons à la source étymologique :

- le nom, du grec *onuma* et du latin *no-men,* permet de désigner des objets, des qualités, des êtres, des choses ;
- le verbe, du latin *verbum* (*rhêma* en grec, *word* en anglais, *Wort* en allemand) « ce qu'on dit », désigne le procès de l'action. Pas au sens juridique, bien évidemment. La grammaire a sa propre terminologie !

On peut en fait ramener la distinction nom/verbe à un autre schéma :

- le *sujet* ou « topic » : celui dont il y a quelque chose à dire ;
- le *prédicat* ou commentaire : « ce qu'on en dit ».

Mais, le sujet n'est pas toujours un nom et le prédicat, pas toujours un verbe. Il existe des phrases nominales susceptibles de produire un énoncé sans aucun verbe. Pour ce qui est du sens, faites-vous une réelle différence entre dire :

- il pleut (expression prédicative [avec verbe]) ;
- ah ! la pluie ! (expression nominale).

Entre la forme *dire* (infinitif) et *le dire* (infinitif traité comme un nom par la seule présence de l'article) il n'y a aucune différence de lexique. Entre *je plonge* (forme verbale conjuguée) et *la plonge* (nom commun), non plus. Entre le verbe *avoir* « posséder » et *un avoir* « ce que l'on a », entre le verbe *être* et *un être* « une personne », la différence est mince.

Ne pas savoir faire la différence entre nom et verbe peut induire bien des erreurs d'orthographie. Les élèves inversent les marques spécifiques de pluriel de ces deux fondamentaux. Oubliez vite les horreurs que nous allons écrire ici :

- *Les enfants joues…
- *Ont les entends

Le mal est fait : les « hérétiques » ont mal appliqué les marques de pluriel. Ils ont tout bonnement inversé les accords entre les indices des noms et ceux des verbes. Plus jamais cela, vous m'entendez !

Le nom et ses satellites

Le nom qui sert à désigner les êtres ou les choses dont on parle ou dont il est question est un mot aussi important que le verbe. Mais il ne va pas seul. Il a sa cohorte. Lui aussi commandera à sa manière, car il est à la source de tous les accords grammaticaux. Si on veut orthographier correctement – ce qui est l'un des buts de l'étude de la grammaire –, il faut l'avoir à l'œil : il déterminera tout par son genre et son nombre – les deux baromètres de la phrase, que le verbe se doit de suivre. Platon, dans le *Cratyle*, n'a-t-il pas dit de lui qu'il servait à «*démêler les choses, comme le battant à démêler les fils.* »

Nom masculin ou féminin ?

Le genre est l'une des données du nom. C'est la propriété qui permet de représenter la distinction des sexes. Et des genres (comme des sexes !), il y en a deux : le masculin et le féminin.

En indo-européen déjà, tous les types de substantifs admettaient indifféremment les deux genres. Rien dans la seule morphologie ne permettait de les différencier. Le plus souvent, l'article ou l'adjectif épithète venait préciser si c'était à un mâle ou à une femelle qu'on avait affaire. Aristophane, dans *Les Nuées* mettant aux prises Socrate avec Strepsiade, cerne le problème : *Tu donnes le nom de coq aussi bien à la femelle qu'au mâle* ?

D'où vient le féminin ?

Tout comme Ève serait née de la côte d'Adam, le féminin semble s'être formé à partir du masculin. Le plus souvent par l'ajout d'un -*e* muet, issu du -*a* final des adjectifs du latin (*bona*) : *(y) a* donnant *a*, affaibli en fin de course en un *e* sourd. Et cela vaudra autant pour le nom que pour l'adjectif qualificatif.

Toutefois, existait en latin une autre classe d'adjectifs qui n'avait qu'une seule forme pour le masculin et le féminin, les adjectifs dits du second groupe. Raison suffisante pour qu'on ait longtemps pu dire un « grand homme « autant qu'une « grand femme » à une époque donnée. Par la suite, l'usage rattrapa ces adjectifs qu'elle affubla du signe du féminin, -e.

Devaient donc subsister des traces de cet emploi premier dans bon nombre d'expressions communes telles que grand-mère (sait faire un bon café !), grand-route, à grand-peine, ou dans certains noms propres comme Grand-Combe, Rochefort, pour ne citer qu'eux.

Tous les mots terminés par un -*e* ne seront pas féminins, la désinence -*e* n'étant en rien une caractéristique du genre : on dira la table comme le sable, le père comme la mère, un partenaire comme une partenaire…

Le morphing grammatical

Tous les moyens sont bons pour qu'un mot masculin se transforme en mot féminin. Ce travestissement consiste le plus souvent à modifier la consonne finale, à la doubler, à changer de terminaison.

Résumons les 3 procédés les plus courants :

- **Ajout d'un -e** (le plus souvent muet) à un radical de masculin : un ami/une amie; un ours/une ourse.

  Ainsi, des consonnes muettes finales se trouveront comme réactivées au féminin : un marchand/une marchande; un marquis/une marquise; un boulanger/une boulangère.

- **Doublement de la consonne finale**. C'est vrai pour celles qui se terminent en

  -at, -et, -ot, -an, -on : un chat/une chatte SAUF pour la femelle du rat, la rate

  un muet/une muette

  un Breton/une Bretonne

  un paysan/une paysanne SAUF pour la faisane

  Quelques mots en **-eau** ont un féminin en **-elle** qui s'explique par un retour à la forme originelle en **-el**. Ainsi en est-il de jumeau/jumel qui devient jumelle.

- **Appel à des suffixes variés**, tels

  -esse : un comte/une comtesse

  -euse : un danseur/une danseuse

  -trice : un instituteur/une institutrice

Les croisements en grammaire comme ailleurs sont toujours possibles. L'ambassadeur aura son ambassadrice, comme l'empereur connaîtra son impératrice!

Certains mots savants, de langue judiciaire ou littéraire, auront même un féminin en **-eresse** : un enchanteur/une enchanteresse!

Pour peu qu'existe une double forme, il y aura alors double terme et surtout double sens :

- un chanteur : une chanteuse/une cantatrice (professionnelle);
- un chasseur : une chasseuse/une chasseresse (comme la déesse Diane de l'Antiquité).

Saurez-vous éviter les nombreux pièges de cet exercice et redonner chacune à son chacun :

un agneau, un oncle, un collégien, un docteur, un danseur, un jouvenceau, un maraîcher, un époux, un vieux, un veuf, un devin, un interlocuteur.

Réponses : une agnelle, une tante, une collégienne, une doctoresse, une danseuse, une jouvencelle, une maraîchère, une épouse, une vieille, une veuve, une devineresse, une interlocutrice.

D'autres classes de féminins

Nombreux sont les mots féminins de la langue française à présenter en syllabe finale la désinence **-é** ou **-ée** : une chaussée, une denrée, une cheminée

SAUF le mot-clé dont la variante clef s'explique par son étymologie latine : *clavis*.

Ceux qui se terminent en *-té* ou en *-tié* proviennent pour beaucoup d'entre eux de mots latins suffixés en *-tas, tatis.* Ils correspondent le plus souvent à l'expression de qualités (physiques autant que morales) comme la piété, la charité, la liberté, la cécité ou d'états : la société, l'amirauté. Sans oublier ceux qui viennent de mots latins en *-ia* comme *amicitia*, qui a donné amitié.

SAUF : dictée, montée, portée, pâtée, jetée et les termes exprimant un contenu : cuve/cuvée ; pelle/pelletée ; feuille/feuillée ; brouette/brouettée…

Attention, tous les mots se finissant par *-ée* ne sont pas pour autant de genre féminin. On en connaît une série bien indigeste. Vous aurez peut-être besoin d'ouvrir votre dictionnaire pour en comprendre le sens. Les voici dans l'ordre alphabétique : **apogée, caducée, coryphée, empyrée, hyménée, lycée, protée, prytanée, pygmée, sigisbée, spondée…**

La femme est l'avenir de l'homme…

On avait beau le savoir, on ne se doutait pas à quel point le féminin avait le vent en poupe ! De nos jours, de très nombreux mots féminins voient le jour. Des professions s'ouvrant à la gent féminine, on croit bon de les honorer également d'un titre :

un procureur/Madame le ou la Procureur
un proviseur/Madame la Proviseure
un auteur/une auteure
un professeur/une professeure

Certaines professions se targuent de résister, mais jusques à quand ? Une seule et même forme subsiste encore pour les deux genres. Pour savoir si le diplomate, le guide, le concierge, le secrétaire, etc. sont de sexe masculin ou féminin, il faudra aller voir de plus près, mis à part le choix de l'article. Certains même croient bon de rajouter tout simplement : une femme auteur, trois professeurs femmes, par habitude !

Les deux font la paire

Pour éviter toute déconvenue, dans certains domaines, on a recours à des mots de radicaux différents. Pas de confusion là-dedans au moins ! Revenons à ce jeu de notre enfance où il fallait reconstituer les couples.

Vous rappelez-vous qui va avec le coq, le cerf, le sanglier, le taureau, le bouc, le lièvre, le verrat, le singe ? Ce sont la poule, la biche, la laie, la vache, la chèvre, la hure, la truie, la guenon.

Quitte à vous décevoir, sachez que le féminin du « jars » n'est pas la « jarre », préposée à un tout autre emploi, mais l'oie. La « fauvette » n'est pas non plus la compagne du « fauve ». Car, à part Colette, qui aurait pensé à appeler la femelle de l'écureuil, l'écureuille (Ricotte) ?

Donnez le féminin des termes masculins suivants :

serviteur, directeur, gendre, diable, tsar, loup, ennemi.

Réponses : servante, directrice, bru, diablesse, tsarine, louve, ennemie.

Retrouvez le masculin des mots suivants :

championne, artiste, locataire, comédienne, prêtresse, Jeanne

Réponses : champion, artiste, locataire, comédien, prêtre, Jean.

Plus dur encore : retrouvez le féminin des expressions suivantes associant nom et adjectif :

canard glouton, acteur bouffon, lièvre poltron, empereur Joseph, dindon sot, âne rétif, oncle Émile, jeune pastoureau.

Réponses : cane gloutonne, actrice bouffonne, hase poltronne, impératrice Joséphine, dinde sotte, ânesse rétive, tante Émilie, jeune pastourelle.

Mais quand en aurons-nous fini avec ce sexe dit faible ? Jamais, ma foi...

Nom commun ou nom propre ?

Il existe grammaticalement deux sortes de noms pour désigner des personnes, des animaux ou des choses. On les dit appellatifs.

- **le nom commun** désigne toutes les personnes, tous les animaux, ou toutes les choses de la même espèce : paysan, poule, ferme.
- **le nom propre** désigne en particulier une personne, un animal ou une chose : Molière, Funny, Bordeaux.

Pour les distinguer au plus vite, il faut se rappeler que les noms propres, à la différence des noms communs, commencent toujours par une majuscule.

Chaque nom possède :

- **un genre :** masculin ou féminin,
- **un nombre :** singulier ou pluriel.

L'antonomase ou comment un nom propre devient commun

Un *louis* d'or désigne une pièce de monnaie en or gravée à l'effigie du roi Louis. *Louis* est le prénom puis le nom le plus répandu dans les dynasties de nos monarques français. De même, une *académie* désigne de nos jours une école (de danse ou de dessin, etc.) quand l'*Académie française* est une institution au cœur de la réflexion sur l'orthographe. Monsieur *Poubelle*, préfet de Paris en 1884, a bien laissé son nom aux *poubelles* de nos villes préposées à recevoir les ordures ménagères. Un don Juan pour un séducteur né, un dédale pour un labyrinthe, un cerbère pour un redoutable gardien…

S'il vous plaît de connaître aussi l'origine de baïonnette, bougie, clémentine, cordonnier, cravate, mansarde, mausolée, pépin, sardine, reportez-vous à l'ouvrage de Claude Gagnière, *Pour tout l'or des mots.*

POUR LES PROS

Pour information, sachez que c'est à tort qu'on attribue à un certain docteur *Guillotin* l'origine de mot *guillotine.* C'est le docteur Louis qui fut chargé d'inventer cette machine de mort, à couper la tête, à décollation… qu'on appela tout d'abord « la Louison » ou « la Louisette ». Joseph Ignace Guillotin avait juste proposé de trouver par là un moyen d'abréger les souffrances des condamnés. L'histoire ne le lui a pas pardonné !

Noms concrets ou abstraits ?

Certains noms désignent des choses concrètes, des objets, des plantes, des animaux, des humains aussi accessoirement : une chaise, une table, un chien, un garçon. Les noms abstraits sont ceux qui expriment des qualités, des manières d'être, tout sauf des objets réels : la beauté, la blancheur, la justice, le bien-être.

Sens propre ou sens figuré ?

Comme la langue humaine n'a jamais autant de mots que ceux qui la parlent peuvent avoir d'idées, – c'est comme pour une représentation théâtrale où plusieurs acteurs peuvent être amenés à jouer plusieurs rôles…, on est souvent obligé de se servir d'un même mot dans des acceptions (sens) différentes : dans l'expression, la fleur des champs, le nom fleur désigne la plante à pétales alors que dans l'expression, mourir à la fleur de l'âge, il signifie symboliquement la période d'éclosion.

Il en va de même entre dire que le pain nourrit le corps et la lecture l'esprit. Des nourritures terrestres aux nourritures spirituelles ou intellectuelles, on le sait bien, il n'y a qu'un pas :

- un marbre froid / un accueil froid ;
- tomber dans un fossé / tomber dans la pauvreté.

La catachrèse, ça vous dit quelque chose ?

C'est une figure de style au nom barbare qui utilise un mot de sens concret et propre dans une expression où il prend un sens figuré. C'est donc une affaire de détournement, mais pas de fonds…

Un pied, tout le monde sait ce que c'est. On en a heureusement tous deux. Voilà qu'on utilisera ce mot pour parler du pied d'une montagne, du pied d'un arbre, du pied d'une salade, quand ce n'est du pied de la muraille de Chine…

Un bras, même chose. Du corps de l'homme, on passe à un bras de mer, un bras de fer, un bras…

Petit clin d'œil, le titre surprenant d'un Abécédaire des figures de style, n'était-il pas *Bain de soleil* ? À ce stade, on voit combien la figure se prête à des effets parfois cocasses. En tout cas, pas de souci, cela n'empêche pas de bronzer.

Vous en connaissez bien d'autres : y avez-vous prêté attention ? Les ailes d'un bâtiment ou d'un avion, la plume d'un stylo, les artères d'une ville, une bretelle d'autoroute, une feuille de papier… Mine de rien, ces mots ont comme une seconde vie… Ils nous enterreront tous !

Le passage d'un mot du sens propre au sens figuré permet d'enrichir considérablement le vocabulaire. Belle ressource pour les écrivains que ces noms, adjectifs, verbes ou adverbes qu'on peut prendre à double sens !

RÉFÉRENCES

C'est tout le sens de la réflexion que fit Voltaire à la lecture des vers d'une épître composée par son confrère Voisenon au chevalier de Boufflers :

Croyez qu'un vieillard cacochyme,
Âgé de soixante-douze ans…
Barbare ! Dis donc chargé, et non pas âgé.
Fais une figure, et non un extrait baptistaire.

L'article : un mot cheville essentiel

L'article est un tout petit mot qui joue le rôle d'un outil tout terrain. Très souvent il est le seul élément permettant de déterminer le genre d'un mot. Sur le mot élève, il permettra d'identifier *un élève* (de genre masculin) et *une élève* (de genre féminin). Il se positionne aussi par rapport au nombre.

Définition

L'outil le plus magique en l'occurrence est bien l'article qui permet en effet de tout mettre en relation, comme son nom l'indique : la racine grecque *-ar* sert à marquer l'adaptation, l'emboîtement. Le voici qui permet de souder un nom, un adjectif, un infinitif, etc.

Vous avez dit : défini ou indéfini ?

L'article se présente sous trois formes :

- **défini :** le, la, les
- **indéfini :** un, une, des
- **partitif :** du, de la, des

Élidés devant voyelle ou un h muet : *l', d'*

- le lit / la table / l'abeille (pour *la abeille) / les arbres
- un lit / une table / des fleurs

Contractés devant consonne : *au* = à le *du* = de le *aux* = à les *des* = de les

- au village pour *à le village
- du marché pour *de le marché
- aux oiseaux pour *à les oiseaux

Il faut faire la différence entre deux sortes d'articles *du* :

- du, article défini contracté = *de le : les livres du (de le) maître sont arrivés ;
- du, article partitif : les chevaux mangent du foin.

L'article défini et ses valeurs de sens

Employer un article défini n'est jamais anodin. En voici les différents sens :

- **Outil de détermination**

  Il peut tour à tour avoir un sens particulier ou général : dans le discours du Général de Gaulle, l'expression la bataille de France n'a pas le même sens que lorsqu'il écrit : la bataille de la France (qu'il précise).

- **Outil de substantivation**

  Grâce à lui, tout mot peut devenir un nom :

  - verbe : le boire et le manger
  - adjectif : le vrai, le juste
  - adverbe : le pourquoi et le comment des choses
  - pronom : *Le moi est haïssable* (Pascal)
  - participe présent : le pendant, le battant
  - participe passé : un dû, un prêté pour un rendu
  - toute une expression : le quand dira-t-on

- **Cet outil se pare aussi de valeurs stylistiques précises :**

  - **Sens démonstratif**

    L'affaire est d'importance (de cette).

    À l'instant (à cet instant précis).

    D'origine (depuis l'origine).

    Mais ce sens démonstratif est quelque peu affaibli si l'article accompagne des noms qui désignent des choses ou des êtres connus, dont on a parlé ou dont on va parler :

    Voici l'homme.

    La table est mise.

  - **Sens possessif**

    Il perd la mémoire (pour dire la sienne)

    J'ai mal à la tête (la mienne, bien évidemment)

  - **Sens itératif** (qui se répète)

    On célèbre Noël le 25 décembre (le = chaque)

    Sens collectif (le singulier est mis pour les collectif) :

    L'homme est un apprenti, la douleur est son maître. Musset

    Le chien est le meilleur ami de l'homme.

- **Sens distributif**

  Je reçois le lundi veut dire « chaque lundi » (et par voie de conséquence « tous les lundis »)

  Cinq euros le kilo (chaque kilo)

L'article indéfini et ses valeurs de sens

Il s'emploie pour désigner un être ou une chose dont il n'a pas été question au préalable. Quelque chose ou quelqu'un de non connu ou non identifié, ni même identifiable.

Dans un square sur un banc
Il y a un homme qui vous appelle quand on passe...
Il a des binocles un vieux costume gris
Il fume un petit ninas il est assis
Et il vous appelle quand on passe
Le désespoir est assis sur un banc

Prévert

Au début du poème, Jacques Prévert plante sous nos yeux un décor citadin flou, « un square » « un banc » au milieu duquel se laisse à peine distinguer un personnage, « un homme » comme vous et moi, c'est-à-dire un simple quidam, qui ne sort en rien de l'ordinaire. Tout ici est indéfini, impersonnel, insignifiant et pourtant l'art de l'auteur consiste dans cette apparence d'indétermination. Pourquoi alors s'intéresser à ce vieil homme figé dans pareil décor s'il est à ce point inintéressant ? C'est là toute la stratégie dramatique du poème. Sur ce banc, dans ce square, il va se passer quelque chose entre cet homme banal et le lecteur passant...

Il peut avoir une :

- **Valeur particularisante :**

  Il reste des billets de tombola. J'en veux un.

- **Valeur emphatique :**

  Il est d'un bête !

- **Valeur synecdotique :**

  C'est un vrai Napoléon !

  Il possède des Balzac.

Et quand l'article est aux abonnés absents... c'est grave, Docteur ?

L'omission de l'article, quel qu'il soit, est fréquente dans la langue française. Elle obéit le plus souvent à des impératifs, conscients ou inconscients d'ailleurs, d'expressivité.

C'est le cas tout d'abord des nombreux **proverbes ou expressions proverbiales :**

Noblesse oblige.

Bon chien, chasse de race.

C'est aussi le cas lorsque l'article se trouve devant des **noms propres**, qu'il s'agisse de :

- **noms de personne :** en règle générale, il n'y a pas d'article devant les noms de personnes. Pourtant on l'exprime :
  - devant les noms de peuples : les Anglais
  - pour désigner toute une famille : les Durant, les Racines se font rares
  - pour désigner des noms d'œuvres d'artiste, d'homme célèbre : les Rubens, les Renault, les Sèvres
- **noms de lieux :** ils ne prennent pas l'article sauf s'il s'agit d'anciens noms communs :

On retrouve également l'omission de l'article **dans les énumérations :**

Adieu veau, vache, couvée... La Fontaine

Constructeurs, matelots, militaires, douaniers, forçats passaient et repassaient devant moi. Chateaubriand

Inversement, sa présence apporte des connotations affectives, en bonne comme en mauvaise part d'ailleurs : quoi de mieux pour marquer tour à tour le mépris ou le respect que de dire La Pompadour, La Carla (Bruni), La Callas, voire la familiarité : La Noiraude / La Souillon...

Un seul article et la face de la phrase est changée…

Le sens d'un nom peut se trouver changé, suivant qu'il est, ou non, précédé de l'article. En effet ce n'est pas dire la même chose que de dire *les rues de village* ou *les rues du village.*

- les rues de village sont celles de n'importe quel village
- les rues du village ciblent un village en particulier, car ce sont « les rues de le village » en question.

De semblable façon, certaines locutions verbales peuvent avoir un sens bien différent selon qu'y figure ou non l'article :

- *demander raison d'une insulte* veut dire demander réparation.

alors que

- *demander la raison d'un refus* signifie demander une explication.

Faire part d'une naissance n'est pas pareil que *faire la part des choses…* D'un côté, il s'agit de donner une information, de l'autre de savoir faire des choix…

Jusqu'où la grammaire peut influer sur le sens d'un énoncé !

L'adjectif : un compagnon de (haute) qualité

Après avoir nommé les choses et êtres de ce monde, les hommes, pour apporter des qualifications sur la taille, la couleur, les aspects, etc. n'eurent plus qu'à créer l'adjectif. Au mot à mot, cet élément qui vient s'ajouter (*ad-jactus*, dixit le latin), en se jetant au cou du nom, terme encore plus explicite que le simple terme grec, *épithète*, voulant juste dire « placé (sagement) auprès de ».

Une nature, et quelle nature !

Il apporte au nom un plus, une caractéristique particulière de l'être ou de la chose :

- dans la qualité, on le dit **qualificatif** ;
- dans la désignation, **démonstratif** ;
- dans le nombre, **numéral** ;
- dans la précision, **déterminatif**.

RÉFÉRENCES

Nul n'en parle mieux qu'Erik Orsenna : *Charmants adjectifs, indispensables adjoints ! Comme ils seraient mornes, les noms, sans les cadeaux que leur font les adjectifs, le piment qu'ils apportent, la couleur, les détails…*

L'adjectif sera qualificatif ou ne sera pas…

L'*adjectif,* en s'ajoutant au nom pour en spécifier des qualités ou des manières d'être différentes, sait se rendre indispensable, quitte à se montrer parfois même redondant : la (pâle) mort, la nuit (obscure).

Vous avez dit pléonasme ou redondance ?

Certains ont même fait de cette répétition évidente une figure de style : le pléonasme.

Du verbe grec *pleonazein* « être en plus » « en trop », le pléonasme consiste à caractériser de manière superflue, dans une même expression, un terme par un autre ayant le même sens. Le pléonasme peut être inconscient (on parle alors de *périssologie* – c'est le cas de l'expression *hém*orragie de *sang*) ou au contraire volontairement recherché. Il accède alors au statut de figure de style.

Bien des expressions usuelles résultent de la première variété et sont devenues des pléonasmes lexicalisés : monter en haut, descendre en bas, un riche milliardaire, puis ensuite, le tout premier prototype, une candide innocence, un hasard imprévu, exporter à l'étranger, réserver à l'avance…

Les auteurs eux-mêmes ne sont pas à l'abri de pareilles redondances (du latin redundans : *red* [de nouveau] et *unda* [l'eau] : ici c'est l'image d'un débordement, d'une surabondance qui prime).

C'est ce que je demande, s'écria-t-elle, en se levant debout. Stendhal

Paradis artificiels. C'est un pléonasme. Aragon

Le saviez-vous ? Dans l'adverbe temporel *aujourd'hui*, issu du latin *ad illum diem de hodie*, on trouve deux fois exprimée l'idée de jour (*diem* et *hodie*) et d'actualité (*illum* et *ho*).

Ceci dit, tous les adjectifs sont loin d'être en trop. Bien au contraire ils apportent de multiples déterminations et qualifications nécessaires au nom qu'ils viennent préciser de diverses manières.

- Ils sont dits **qualificatifs** s'ils indiquent bien une propriété de l'être ou de la chose, désignés par le nom ou le pronom.
- On les dira **relationnels** s'ils précisent en fait le nom ou le pronom à la manière d'un Complément du nom : les vacances scolaires correspondent aux vacances de l'école.

On peut tout lui faire dire !

… à l'adjectif qualificatif !

Plus, moins ou autant… ou le comparatif

Si on veut comparer deux objets ou deux personnes, on emploie l'adjectif qualificatif précédé d'adverbes tels que « plus », « aussi », « moins ». On distingue par là le comparatif :

- **de supériorité :** Paul est plus savant que Pierre.
- **d'égalité :** Paul est aussi savant que Pierre.
- **d'infériorité :** Paul est moins savant que Pierre.

Et plus encore…

Il peut jouer à Superman, au superlatif !

Autre cas de figure, quand l'adjectif exprime une qualité portée à un degré extrême, on le porte au pinacle, au superlatif. On distingue deux aspects : le *superlatif absolu* et le *superlatif relatif.*

- **le superlatif de supériorité absolu**, quand l'adjectif exprime une qualité portée à un degré absolu, hors de toute compétition possible : Paul est très savant.
- Il peut tout de même arriver de vouloir exprimer cette idée de perfection par un mode toujours superlatif ; on dira plutôt : Paul est très peu sot.
- On parlera en revanche de **superlatif relatif,** si ce même adjectif exprime une qualité qu'il porte à un haut niveau mais relativement à d'autres personnes ou d'autres objets. Il est dit de supériorité : Paul est le plus savant de tous. Ou d'infériorité : Paul est le moins bête de tous.

ATTENTION !

Juste pour rappel, les comparatifs irréguliers de certains adjectifs : meilleur (*melior*) pour bon, pire (*pejor*) pour mauvais, moindre (*minor*) pour petit, majeur (*major*) pour grand, etc.

TESTEZ-VOUS

Indiquez dans les exemples suivants à quelle forme de comparatif ou de superlatif correspondent les adjectifs soulignés :

La fraîcheur de l'air était plus intense, plus pénétrante que du vrai froid.
P. Loti

Ma filleule liette a dix ans : c'est une petite fille très raisonneuse.
J. Lemaître

Réponses : comparatif de supériorité / superlatif absolu.

POUR LES PROS

Certains adjectifs n'admettront jamais de degrés de comparaison :

- Ceux dont le sens même exprime un degré déjà élevé : extrême, suprême.

- Ceux qui ont un sens en lui-même absolu et interchangeable : circulaire, carré, triangulaire.
- Les adjectifs dits relationnels : une commission très parlementaire.

Il existe différentes catégories d'adjectifs. Ils peuvent être :

- **adjectifs possessifs :**

  mon, ton, son, pour le masculin
  ma, ta, sa, pour le féminin
  mes, tes, ses, pour les deux pluriels
  notre, votre
  nos, vos
  leur, leurs

La langue française aime à utiliser l'adjectif possessif de manière redondante. Pour preuve les exemples que voici :

Voilà une proposition qui sent son gentilhomme.
A. Dumas

Cela sent son vieillard.
Molière

L'effet produit par cette tournure idiomatique (propre au français) est d'impliquer affectivement le sujet dans le processus de la phrase. On connaît tous d'autres expressions usuelles comme : *faire sa cour à quelqu'un* (vous pensez bien qu'on ne va pas se fatiguer à la faire pour quelqu'un d'autre) ; *le théâtre nourrit rarement son homme* ; *il a pris son dimanche*, etc.

- **adjectifs démonstratifs :**

  ce, cet, au masculin singulier
  cette, au féminin singulier
  ces, au masculin et féminin pluriel

  Ce joli bambin / cette jolie fille / ces beaux jouets / ces charmantes dames

- **adjectifs indéfinis :** aucun, nul, chaque, même, tout, quelque, certain, tel, autre, quelconque

  Adjoints à des noms, ils sont adjectifs, mais employés seuls, ils deviennent des pronoms, comme nous le verrons plus loin.

Zoom sur les adjectifs indéfinis

Aucun

Ainsi, *aucun* a-t-il double statut :

- **adjectival** dans : *Il ne vit plus aucun poisson*
- **pronominal** dans : *Qu'aucun n'entre ici s'il n'est géomètre !*

Et il ne sera pas le seul de son espèce.

En tant qu'adjectif, il subit la loi du nom : on pourra donc le retrouver au pluriel, aussi bien masculin que féminin, pour peu que le mot n'existe pas au singulier :
Aucunes funérailles ne furent plus brillantes que celles de…

ou qu'il présente un autre sens au pluriel :
Je n'entretiens aucuns rapports (relations) avec lui.

Nul

Nul, synonyme de *aucun*, suit la même règle qu'aucun et varie en genre comme en nombre :

- Nulle peine ne lui coûte.
- Nulles funérailles ne lui furent faites.

Chaque

Chaque, adjectif, accompagne toujours un nom.

Chaque année, nous prenons nos vacances au Cap Ferret.

Ne pas confondre **chaque** (adjectif) et **chacun** (pronom)… On ne dira pas :
Ces livres me coûtent deux euros chaque, mais chacun.

Même

L'adjectif signifie « pareil », « identique » et précède le nom auprès duquel il joue son rôle : il marque tour à tour :

- **l'identité :** *Tous les jours, c'était la même journée, les mêmes occupations.* Goncourt
- **la similitude :** *j'ai le même ordinateur que mon cousin.*
- **la simultanéité :** *du même coup, en même temps* (que)
- **la qualité :** *Cet homme est la bonté même.* (incarnée)

  À la ville, à la cour, mêmes passions, mêmes brouilleries. La Bruyère

Il lui arrive de suivre un pronom personnel ou démonstratif dont il appuie le sens, trait d'union à l'appui :

moi-même, toi-même, lui-même, elle-même au singulier, nous-mêmes, vous-mêmes, eux-mêmes, etc. au pluriel

ce même, cette même, ces mêmes, celui-ci même, ceux-là mêmes, etc.

Sauf si le pronom, d'apparence plurielle, ne se rapporte en fait qu'à une seule personne : on pourra écrire « vous-même » :

> *Va, mais nous-même allons, précipitons nos pas,*
> *Qu'il me voie attentive aux soins de son trépas.*
>
> Racine, *Bajazet*

Même sera aussi un adverbe invariable, pouvant qualifier autant un verbe qu'un adjectif ou un participe : *Tout citoyen doit obéir aux lois, même injustes.*

Placé après de nombreux noms qui se suivent au pluriel, il peut également rester adverbe :

> *J'ai tout à craindre de leurs soupirs, de leurs larmes, de leurs plaisirs même.*
>
> Montesquieu

Sauf si les noms sont synonymes ou de sens équivalent : en quel cas, *même* redevient adjectif : *j'ai conservé dans ma vieillesse les goûts, les inclinations, les habitudes mêmes de mon enfance.*

Après un seul nom pluriel, on fera l'accord, comme chez Racine : *Ces murs mêmes, seigneur, peuvent avoir des yeux*, ou non : *ses ennemis même l'estiment…*

On sous-entend en fait : ses ennemis aussi…

Maint

Maintes et maintes fois, en **maint(s)** endroit(s), vous rencontrerez l'adjectif indéfini **maint**, qui signifie « en grande quantité. » À **plusieurs** reprises, aussi cet adjectif issu du comparatif latin *pluriores* comme synonyme de « nombreux ». Juste à signaler qu'il n'exprime pas le genre.

Quelque

Quelque est adjectif ou adverbe.

Adjectif, il signifie au singulier « un certain », au pluriel « plusieurs » :

- J'ai éprouvé quelque émotion. / J'ai envie de quelque chose.
- Quelques bons livres/revues me feraient plaisir.

Adverbe, il signifie « environ » et marque une approximation :

- Et quel âge avez-vous ? Vous avez bon visage.
- Hé ! quelque soixante ans.

Racine

Devant « vingt » « cent » et « mille », il sera plus souvent adverbe qu'adjectif indéfini :

- Je lui dois encore quelque mille francs.
- À quelque vingt lieues de là, je te le fais savoir !

Tout

Il vous faudra attendre la fiche spéciale que je lui ai consacrée à la rubrique pronom.

- **adjectifs interrogatifs :**

  quel, quelle au masculin et féminin singulier

  quels, quelles au masculin et féminin pluriel

  À quelle heure arriverez-vous ?

  ou en moins prosaïque :

  Quelle est cette langueur
  Qui pénètre mon cœur ?
  Verlaine

- **adjectifs numéraux :**

  On appelle adjectifs numéraux les adjectifs qui, comme le dirait Monsieur de la Palice, indiquent le nombre, les *cardinaux* : un, deux, trois, quatre, cinq, six, sept, huit, neuf, dix, onze, douze, treize, etc.

  ou le rang, les *ordinaux* : premier, deuxième, troisième, quatrième, cinquième, sixième, septième, huitième, etc. Ils se suivent tous à la queue leu leu…

- **adjectifs exclamatifs :**

  Un mot, mais quel mot ! suffira : Quel beau tableau ! Quelle bonne mousse au chocolat ! Sans oublier le célèbre *Quel homme ! Quel homme !* (Dom Juan vu par son valet Sganarelle).

Au reste, *Oreste, quand faut-il dire second ou deuxième ?

Véritable lapalissade, nous direz-vous ! Rappelons à cette occasion la différence d'emploi entre l'adjectif numéral ordinal **second** et **deuxième.**

On emploie **second,** quand il n'y en a pas d'autre après lui. Alors que **deuxième** s'emploie pour s'inscrire dans une continuité, une liste, une série... que vous sauriez poursuivre sans la moindre difficulté.

Le pronom, un porte-voix du nom aux mille facettes

Le pronom est un mot qui tient la place du nom : *pro-nomen* : il en prend et le genre et le nombre. Bref, un outil de substitution bien pratique :

Il est joueur, *celui-là* !

Dans cet exemple, le pronom démonstratif vient ponctuer la phrase et pointer du doigt celui dont il était question, le pronom personnel.

Et de ces outils capables de représenter le nom, il en existe de plusieurs sortes :

- les personnels ;
- les possessifs ;
- les démonstratifs ;
- les indéfinis ;
- les relatifs ;
- les interrogatifs ;
- les numéraux, enfin !

Les personnels, toujours tournés vers leur (petite) personne

Je crois que *tu* vaux mieux que *lui*.

Dans cette phrase, il est question de 3 personnages différents qui prennent part à l'action. Ils servent à rappeler les personnes et les choses par le rôle qu'ils jouent dans le discours. Il existe 3 personnes grammaticales :

- la première, celle qui parle d'elle-même ;
- la deuxième, celle à qui l'on parle ;
- la troisième, celle de qui l'on parle.

Soit *Je, me, moi* au singulier, *nous* au pluriel, pour la première personne ;
Tu, te, toi au singulier, *vous* au pluriel, pour la deuxième personne ;
Il, elle, le, lui, la au singulier, pour la troisième personne ;
Ils, elles, eux, les, leur, pour le pluriel de la troisième personne ;
En, y, s'appliquant aussi bien au singulier qu'au pluriel.

La 3e personne est appelée « l'absent ». Benveniste parle même d'une « non-personne ». Si ce n'est moi – moi qui te parle –, si ce n'est toi – toi qui m'écoutes –, c'est donc lui, l'autre, celui dont on parle, l'objet du discours. Au fait, le saviez-vous ? Les pronoms personnels *il* (au cas sujet) et *le/la* (au cas objet) remontent au pronom démonstratif latin masculin et féminin : *il.le, il.la.* À notre connaissance, la forme neutre *il.lud* n'a rien donné en français. C'est peut-être mieux ainsi !

Il faut bien se rappeler que :

- *nous* n'est pas nécessairement le pluriel de *je* : nous = je + les autres.
- *vous* n'est pas nécessairement non plus le pluriel de *tu* : vous désigne parfois une seule personne (vous de politesse) ou plusieurs personnes : tu + tu + tu ou tu + il.

Mais alors, quand emploie-t-on « on » ?

Comme il ne présente aucun indice ni de genre ni de nombre, ce pronom se prête à tous les jeux de rôle possibles : tour à tour il sera lui, il sera elle, il sera eux :

- On est heureuse.
- On est contents.

Et pourquoi pas, tant que vous y êtes, n'importe quel pronom, de 1re et de 2e personne, mais oui !

- N'a-t-on pas honte de dire cela ! (N'avez-vous pas honte de dire cela ?)
- Vous fait-on peur ? (Vous fais-je peur ?)

Le pronom personnel indéfini **on** vient du latin *(h)om(o)*, qui signifie l'homme, être humain (après la perte du h initial et la chute du o final). Employé au début pour désigner un homme en particulier puis des hommes, il pouvait tout aussi bien représenter une personne déterminée que des personnes indéterminées.

C'est en cela qu'on le classe aussi bien comme pronom personnel qu'indéfini, de genre masculin. Toutefois on ne sera pas surpris de le retrouver dans des emplois de féminin et de neutre.

L'origine étymologique de ce pronom suffit aisément à expliquer qu'on le retrouve souvent au XVIIe siècle accompagné d'un article, dans des formules du genre : « si l'on m'en croit », « où l'on… ». Encore de nos jours, il se maintient dans cet emploi.

Une fonction qui lui colle à la peau !

Ce qui est sûr, c'est qu'il est toujours employé en fonction sujet. Il peut représenter :

- un individu indéterminé : On est venu hier dans la classe.
- des individus anonymes : On raconte que…
- tout le monde : On a toujours besoin d'un plus petit que soi.
- un interlocuteur : Alors, on se balade ? (tu, vous ?)
- un nous collectif : On ira au théâtre la semaine prochaine.

En et y, de drôles de zigotos

En, avant d'être un pronom personnel, était primitivement un adverbe issu du latin *inde,* marquant le lieu d'où l'on vient : j'en reviens. Employé comme pronom au sens de : **de lui, d'elle, d'eux, d'elles,** il peut désigner des personnes, des choses et être, à la fois, masculin, féminin, singulier et pluriel. De nos jours, on le retrouve surtout dans un emploi partitif : Des hommes/des femmes/des livres, j'en connais plusieurs.

Le plus souvent on le retrouve dans des expressions verbales figées dont on reparlera plus loin : « il s'en faut »… n'a pas le même sens que « il faut », par exemple.

Y vient lui aussi d'un adverbe de lieu latin, *ibi.* Rien d'étonnant donc à le retrouver dans des valeurs locatives : J'y suis/J'y vais. Il reprend le plus souvent des noms de choses : J'y veillerai = à cela.

Un mot des pronoms… qui réfléchissent !

Ils connaissent eux aussi la personne qu'ils présentent dans le seul rôle de complément :

Me, moi / Te, toi / Se, soi.

Il s'agira d'un complément d'objet ou d'attribution :

- Ils se sont aperçus (*se* = eux-mêmes).
- Elle s'est fait une robe (*s'* = à soi = pour elle-même).

De « nous » à nous…

On emploie souvent nous, en lieu et place d'un simple je, pour prendre un ton emphatique. C'est le *nous* **de majesté**, qui désigne des personnes qui sont investies ou se croient investies d'une haute mission.

C'est aussi une façon de ne pas mettre trop en avant son ego et de préférer se fondre dans la masse, un *nous* de **modestie.** Fausse modestie parfois mais qui ne l'a jamais pratiquée ?

Il arrive encore qu'il remplace avec tact un « tu » ou un « vous », si on veut mettre plus de nuance ou de convivialité dans le propos : avons-nous bien compris la leçon d'aujourd'hui, dira le professeur à ses élèves. C'est le *nous* **de bienveillance.**

Et de « vous » à vous !

Celui-là, tout le monde le connaît. Pour s'adresser poliment à quelqu'un qu'on ne connaît pas, on se doit d'employer le *vous* **de politesse.**

Les démonstratifs : ils montrent du doigt…

Ces pronoms servent à rappeler, en y ajoutant une indication d'ordre spatial, une désignation donc toute spéciale, les personnes ou choses dont ils tiennent la place :

- pour le singulier masculin : *celui*

  féminin : *celle*

  neutre : *ce, cela*

- pour le pluriel masculin : *ceux*

  féminin : *celles*

  neutre : *ce*

On obtient également d'autres formes renforcées de ces pronoms en rajoutant les syllabes *ci* ou *la, là,* qui accentuent encore plus la valeur démonstrative du mot :

- *ceci, celui-ci, celle-ci, ceux-ci, celles-ci,* si on veut marquer la proximité.
- *cela, celui-là, celle-là, ceux-là, celles-là,* pour exprimer l'éloignement dans l'espace.

Les pronoms démonstratifs viennent du pronom adjectif *ille,* renforcé par l'adverbe *ecce* (voici) : les formes obtenues *eccillum, eccillam, eccillud* ont fini par donner peu à peu celui, celle, ce en passant par « icelui » « icelle ».

Singulier			**Pluriel**		
masculin	***féminin***	***neutre***	***masculin***	***féminin***	***neutre***
celui	celle	ce	ceux	celles	ce
celui-ci	celle-ci	ceci	ceux-ci	celles-ci	ce
celui-là	celle-là	cela(ça)	ceux-là	celles-là	ce

Quelle différence y a-t-il entre la belle et la bonne femme ? Celle-là est un bijou, celle-ci est un trésor. Napoléon

Voici quelques emplois courants de ces démonstratifs :

Celui-ci, celui-là = l'un, l'autre

Ceci, cela = une chose, une autre

Dites-lui ceci : je refuse.

Je refuse : dites-lui cela.

Ceci s'applique à ce qui va être dit. / **Cela** à ce qui vient d'être dit.

Les défauts d'Henri IV étaient… d'un homme aimable ; ses vertus étaient… d'un grand homme. Voltaire

L'orgueil est un vilain défaut : retenez bien…

N'oubliez pas... : Aide-toi, le ciel t'aidera.

Réponses : ceux, celles / cela / ceci.

Les possessifs, de vrais rapiats, non ?

Les pronoms possessifs se forment à partir d'un article suivi de l'adjectif possessif, et ce, à tous les genres, nombres et surtout personnes :

Le mien, le tien, le sien / les miens, les tiens / les siens

La mienne, la tienne, la sienne / les miennes, les tiennes, les siennes

Le nôtre, le vôtre, le leur / les nôtres, les vôtres, les leurs

Vous l'aurez remarqué, le pronom possessif ressemble à l'accent près à son homologue adjectif : l'accent, plus la présence de l'article et le tour est joué !

C'est bon à savoir, d'autant que cela vaut pour la première comme pour la deuxième personne du pluriel !

Singulier		Pluriel	
masculin	***féminin***	***masculin***	***féminin***
le mien	la mienne	les miens	les miennes
le tien	la tienne	les tiens	les tiennes
le sien	la sienne	les siens	les siennes
le nôtre	la nôtre	les nôtres	les nôtres
le vôtre	la vôtre	les vôtres	les vôtres
le leur	la leur	les leurs	les leurs

Jusqu'au XVIIe siècle, on employait *mien, tien, sien, nôtre, vôtre* comme simples adjectifs. Pour preuve cet exemple de Racine : *Au travers d'un mien pré certain ânon passa.*

On dit encore, en langage soutenu, et pas n'importe où : un mien cousin pour mon cousin...

Vous avez dit Lenôtre ou le nôtre ?

— Et pour le traiteur, j'ai pensé qu'on pourrait prendre Lenôtre.
— Pourquoi pas ? Et qui c'est ?
— Comment ?
— Le traiteur, qui c'est ?
— C'est Lenôtre, mais si vous préférez le vôtre…
— Ah, on peut prendre le vôtre.
— Parfait !
— Alors c'est qui ? J'ai compris, vous voulez pas le dire !

Comique ce quiproquo filé du film, *La Vérité si je mens…*, entre le nom d'un célèbre traiteur et le jeu de mots savant sur les deux pronoms possessifs : le nôtre et le vôtre, qu'il soit en un ou deux mots ! Au passage, vous n'aurez pas manqué de relever le style plutôt relâché du passage, omettant de faire l'inversion dans l'interrogation comme de présenter la négation dans sa totalité, dans la dernière expression de l'échange ! Un petit avant-goût de ce qui vous attend encore !

TESTEZ-VOUS

Vous avez vos défauts : nous avons…

Il aura encore fait des…

Ne point mentir, être content du…, c'est le plus sûr. La Fontaine

Réponses : les nôtres / sienne / sien.

Les relatifs, comme quoi tout est toujours relatif !

Quels sont-ils ? Ces pronoms servent à mettre en relation deux propositions, à les joindre l'une à l'autre. Il relance le mot qui le précède, appelé antécédent, c'est-à-dire, *ante/cedens* « qui marche, qui vient devant » dans une nouvelle proposition, alors dite relative.

On les classe en deux catégories : les simples et les composées.

Pour les deux genres et les deux nombres, on emploie couramment les formes simples : **qui, que, quoi, dont, où**

Les formes composées sont formées de l'article et d'un pronom issu du latin *qualis* :

- pour le singulier masculin : *lequel, auquel, duquel*
  pour le singulier féminin : *laquelle, à laquelle, de laquelle*
- pour le pluriel masculin : *lesquels, auxquels, desquels*
  pour le pluriel féminin : *lesquelles, auxquelles, desquelles*
- Sans oublier **le relatif indéfini**, dont la forme simple *quiconque,* issue du latin *quicumque,* est aussi bien de genre masculin que féminin.

Pronoms relatifs simples	Pronoms relatifs composés			
	Singulier		*Pluriel*	
	masculin	*féminin*	*masculin*	*féminin*
Qui (cas sujet)				
Que				
Quoi (cas complément)	lequel	laquelle	lesquels	lesquelles
Dont	duquel	de laquelle	desquels	desquelles
Où	auquel	à laquelle	auxquels	auxquelles

Les indéfinis : ils aiment à cultiver le doute…

Dans cette catégorie, les pronoms, quels qu'ils soient, servent à désigner tout et n'importe quoi. Ils se gardent de toute précision et de tout détail. Et il y en a une kyrielle… Un point commun, rester dans une information floue et vague en ce qui concerne êtres ou choses.

Il y a ceux qui indiquent :

- **la pluralité :** certains, plusieurs, la plupart, quelques-uns, etc.
- **la totalité :** tout, tous, chacun
- **la singularité :** quelqu'un, quelque chose, quiconque, qui que ce soit
- **la quantité (même nulle) :** personne, rien, nul, aucun

Il y a surtout ceux qui s'emploient seuls : **on, quelqu'un, quelque chose, quiconque, chacun, personne, rien** et **tout** et qui d'ordinaire sont invariables :

- Sauf que *quelqu'un* a deux genres et deux nombres
- Sauf que *chacun* connaît sa *chacune*
- Sauf que *plusieurs*, toujours du pluriel, présente une forme commune pour les deux genres, masculin et féminin…

Variables ou invariables ?

Certains sont variables, la preuve :

- aucun/aucune, d'aucuns, d'aucunes…
- autre : un autre, une autre, les uns, les autres…

- chacun, chacune
- même, les mêmes
- nul, nulle, les NULS, les nulles
- quelqu'un, quelqu'une, quelques-uns, quelques-unes
- tel, telle, tels, telles
- tout, toute, tous, toutes

D'autres invariables comme autrui, on, personne, quiconque, quelque chose, rien, au singulier.

« Plusieurs » est d'une autre engeance : invariable et toujours pluriel.

Masculin, féminin ou neutre ?

Certains se sont spécialisés dans le seul genre masculin : *on, personne, quiconque et autrui.*

> On est venu. Personne n'est entré. Quiconque enfreindra la loi…

Dans le genre neutre, citons : *rien, tout, autre chose, quelque chose.*

> Monsieur ne songe à rien, Monsieur dépense tout.

Chacun, de par son étymologie : « chaque un » se doit de rester au singulier.

> Chacun pour soi, et Dieu pour tous.

Et quand il prend un sens distributif, il s'accommode tant du singulier que du pluriel.

> Ils ont emporté chacun son paquet/leur paquet.
>
> *Quiconque : Quiconque a beaucoup vu peut avoir beaucoup retenu.*
> La Fontaine

Personne pour désigner une personne (cf. latin : *personam*) et *rien* pour désigner une chose (*rem*) n'ont pas de quoi surprendre.

Sauf que :

- « Personne n'est venu » reste toujours au masculin.
- « Rien n'a été fait » neutre, est sans ambiguïté.

Ces deux pronoms ont pris un sens négatif à l'usage. En effet, on les rencontrait très souvent accompagnés de la négation *ne*. Ils peuvent toutefois garder un sens positif, employés seuls.

- Je doute que personne réussisse. Personne = quelqu'un
- L'avenir n'est à personne (sens négatif).

- Est-il rien de plus beau ? Rien = quelque chose
- Rien n'est beau que le vrai (sens négatif).

TESTEZ-VOUS

Complétez à bon escient les points de suspension des exemples suivants :

… *ne sert de courir, il faut partir à point.* La Fontaine

Quand … est chargé, tout chemin paraît long. Florian

Aimez-vous … …

Réponses : rien / on / les uns, les autres.

On vous dit tout !

Tout est un outil polyvalent de la langue française, dont l'orthographe dépendra de la nature du mot. S'il est

adjectif quantitatif, il se rapporte à un nom et peut s'**accorder en genre comme en nombre :** tout le magasin, tous les jouets, toute la marchandise, toutes les clientes.

Devant un nom de ville, on admettra deux usages : on pourra dire

Tout Rome, si on entend par là, « tout le peuple de Rome ».

Toute Rome est couverte de monuments, si on songe plus à la ville qu'à ses habitants.

pronom indéfini, il s'emploie seul, se suffit à lui-même, et peut varier en genre comme en nombre.

Au neutre singulier : *Arrias a tout lu, a tout vu, il veut le persuader ainsi.* La Bruyère

Au masculin pluriel : *Ils ne mouraient pas tous, mais tous étaient frappés.* La Fontaine

Précédé d'un article, le pronom redevient substantif à part entière, et il garde son -t final, aussi bien au singulier qu'au pluriel :

Dans la formulation habituelle des devinettes : mon 1er est… mon 2e, et mon tout…

On dira par exemple : plusieurs touts distincts.

adverbe, il signifie « tout à fait » « entièrement » « absolument » et reste **invariable.**

Ces deux existences, celle du comte, tout action, tout agitation, tout émotion ;

Celle de la comtesse, tout passivité, tout inactivité, tout immobilité. Balzac

Il en sera de même s'il est placé devant un adjectif et non un nom :

Il y avait de grands espaces pleins de bruyères tout en fleurs. Flaubert

Attention

Toutefois, placé devant un adjectif féminin commençant par une consonne ou un h muet, il prendra la marque du féminin : « cette personne est toute surprise, toute honteuse ».

En guise de rappel, on retrouve l'adverbe « tout » dans bien des locutions : tout de go (pour dire franchement), tout à coup, tout à fait, tout beau, tout de bon, à tout propos, en tout cas, de tout temps, être tout ouïe… comme vous l'êtes, pour cette longue séquence.

> *Les… derniers chapitres me semblent bien moins bons.*
> A. Gide

> *La chair est triste, hélas! et j'ai lu… les livres.*
> Mallarmé

Réponses : tout / tous.

Tout est bien qui finit bien!

Et si « tout » précède « autre » ?

Il varie, s'il détermine le nom qui suit l'adjectif :

> Demandez-moi toute autre chose (que celle que vous me demandez)

Il reste invariable s'il modifie l'adjectif et se trouve accompagné de un/une :

> C'est une tout autre chose (une chose tout à fait autre).
>
> *Dire tout autre chose que ce que nous voulions dire.* Sartre

Même

On connaissait l'adjectif… voici le **pronom,** le plus souvent précédé de l'article :

> On prend les mêmes et on recommence…
>
> C'est du pareil au (à le) même.

Même est aussi un **adverbe** invariable, pouvant qualifier autant un verbe qu'un adjectif ou un participe : Tout citoyen doit obéir aux lois, même injustes. Il équivaut pour le sens à « aussi » « pareillement » « surtout » et marque autant la précision qu'un renchérissement :

> Ça ne coûte pas même / même pas deux euros.
>
> *Donne-lui tout de même à boire, dit mon père.*
> Victor Hugo

On le retrouve dans bon nombre d'expressions telles de même/tout de même, en locution conjonctive : de même que = comme.

Placé après plusieurs noms qui se suivent au pluriel, « même » reste également adverbe :

> *J'ai tout à craindre de leurs soupirs, de leurs larmes, de leurs plaisirs même.*
>
> Montesquieu

Tout comme après deux noms ou plus, formant une gradation :

> *La naissance, la vertu, le mérite même ne sauvent pas un homme de la foule dans laquelle il est confondu.*
>
> Montesquieu

Mais si les noms sont synonymes ou de sens équivalent, il redevient adjectif : j'ai conservé dans ma vieillesse les goûts, les inclinations, les habitudes mêmes de mon enfance…

Après un seul nom pluriel, on pourra faire l'accord, comme chez Racine : *Ces murs mêmes, seigneur, peuvent avoir des yeux,* ou pas : ses ennemis même l'estiment… On sous-entend en fait : (tous ceux qui le connaissent, ses ennemis aussi…)

Les professeurs même/mêmes peuvent se tromper !

La double orthographe de cette phrase tombe, ma foi, fort bien pour présenter l'emploi de cet outil issu de la forme superlative du bas latin *meipsimus* « moi-même en personne », qui est tout sauf le même…

La première formulation équivaut à dire : les professeurs aussi peuvent se tromper.

La seconde : les professeurs eux-mêmes peuvent se tromper.

La différence de sens est infime. La faute en est donc plus qu'à moitié pardonnée !

« Serez-vous à même de » remplacer les points de suspension ?

Les … causes produisent les … effets.

C'est à vous-…, Madame, que je m'adresse.

Nous aimons les élèves … nuls en orthographe.

Réponses : mêmes, mêmes / même / même.

Les interrogatifs : Je t'en pose des questions ?

Mais qui va là ?

Les pronoms interrogatifs présentent de nombreuses formes communes avec celles du pronom relatif : **Qui ? Que ? Quoi ?** pour les formes simples.

Lequel, laquelle, lesquels, lesquelles, pour les formes composées.

La forme du relatif *dont* est la seule absente de cette reprise.

La répartition des rôles en est simple :

Qui ? s'emploie pour les personnes au masculin et au féminin.

Que ? ou *Quoi ?* pour les choses.

Qui êtes-vous ?

Qu'êtes-vous ? Je suis livreur.

Les pronoms interrogatifs **qui ? que ? lequel ?** peuvent s'employer sans préposition dans certains cas comme

- Sujet : Qui est là ? Que se passe-t-il ? Lequel est le mieux ?
- Attribut : Qui êtes-vous ? Que serez-vous dans 10 ans ? Lequel est-ce ?
- Complément d'objet : Qui voulez-vous voir ? Que faisiez-vous au temps chaud ? Lequel prenez-vous ?

Les pronoms **qui ? quoi ? lequel ?** s'emploient avec préposition comme compléments indirects : À qui vous adressez-vous ? De quoi s'agit-il ? Duquel vous servez-vous ?

Et les pronoms exclamatifs de s'exclamer !!!

Hé quoi ! Charger ainsi cette pauvre bourrique !

Restons-en là !

L'adverbe

Du latin *ad verbum* « près ou auprès du verbe », l'adverbe est cet outil invariable qui vient se joindre à d'autres mots tels que verbe, adjectif ou adverbe, pour en modifier et compléter le sens de diverses façons.

Il lit beaucoup.

Elle est très sensible.

Nous partons très souvent.

Il est au verbe ce que l'adjectif est au nom. Son corollaire, son protégé aussi.

Et des adverbes, il en existe de toutes sortes. Pour simplifier, on peut les classer en deux catégories :

- ceux qui expriment une circonstance (manière, temps, etc.) ;
- ceux qui expriment une opinion : négation, affirmation, interrogation, exclamation.

Ils en font des manières, ces adverbes !

L'origine de ces outils figés dans des emplois particuliers est diverse :

- il y a ceux qui sont adverbes par hérédité, ceux qui viennent du latin : parmi eux bon nombre se terminent donc étymologiquement par un *-s* (*magis/mais, *plus/plus, *minus/moins, *trans/très) qu'on a généralisé par la suite à d'autres, sans raison aucune, tels guères, naguères, jusques, avant qu'ils n'en soient déchus. Sauf jusques…

  Jusques à quand Catilina, vas-tu abuser de notre patience ! Cicéron

- il y a ceux qui se forment seuls. Le suffixe de formation le plus communément répandu est alors *-ment,* qui vient s'accrocher à la forme simple de l'adjectif. Ce suffixe vient tout droit de la forme d'ablatif du mot latin *mens* signifiant « esprit », puis « façon » dans les langues romanes, pour dire « à la manière de ». Ainsi, sur docte (savant) : *doctement.* Ce suffixe a tout simplement fait fortune dans notre langue.

  Mais sur l'adjectif mauvais, ne vous attendez pas à trouver *mauvaisement. On dira *mal.* Sur bon, *bien.*

- il y en a d'autres encore dont le suffixe a eu moins de succès : ceux en *-on* ou *-ons* dont nous gardons trace dans : à reculons, à tâtons, à califourchon…
- enfin, beaucoup d'entre eux sont le produit du conglomérat de plusieurs éléments disparates, tels bientôt (bien tôt), alentour (à l'entour), toujours (tous les jours), etc.

Le modèle le plus courant

Le modèle de formation le plus développé reste celui des adverbes en *-ment*, qui se forment le plus souvent à partir d'un adjectif :

- s'il est terminé par *-ent*, ils donneront les formes en *-emment* :

  récent/récemment
- s'il est terminé par *-ant*, ils donneront les formes en *-amment* :

  bruyant/bruyamment
- s'il se termine par *ai, é, i, u,* on lui ajoute simplement le suffixe *-ment* :

  aisé/aisément

  poli/poliment

  éperdu/éperdument
- Certains rajoutent un *é* intermédiaire entre l'adjectif et le suffixe *-ment* :

  commun/communément

POUR LES PROS

Pour certains adjectifs, on trouvera un traitement particulier : ainsi

gentil : gentiment

gai : gaîment/gaiement

goulu : goulûment

Certains adverbes même peuvent se former sur autre chose que la racine d'un adjectif : ce peut être celle d'un nom par exemple :

de nuit = nuitamment

avec science = sciemment

Un artisan de Rouen a même choisi pour appâter le client l'enseigne « Fromagement vôtre ». Comme quoi tout est possible. La langue française est souple et se prête à bien des tours.

Attention, vous avez dit -ment ou -ment ?

Il ne faut pas confondre les adverbes en *-ment,* invariables par essence, avec certains substantifs issus de mots latins en *-mentum,* variables pour leur part.

Un monument/des monuments

(Ces ouvrages qui se rappellent à la mémoire des hommes et perpétuent le souvenir de leur passage).

Certains adjectifs peuvent s'employer adverbialement : parler haut pour dire « hautement ». La langue contemporaine raffole de ce procédé :

Il se la joue grave !

Sentir bon.

Chanter juste...

Parler fort.

Vous n'aurez pas de peine à saisir la différence entre des expressions comme

- parler *bas* (doucement) et agir *bassement* (de manière vile)
- tenir *bon* (solidement) et dire les choses tout *bonnement* (tout de go, directement)
- travailler *dur* (péniblement) et punir *durement* (avec sévérité).

Pour preuve, cette morale de Jean de la Fontaine :

Capitaine Renard allait de compagnie
Avec son ami Bouc des plus haut encornés.

Remplacez les expressions en italique par un adverbe.

Le maître dicte le texte *avec lenteur.*

Les élèves écoutent le cours *en silence.*

Cette revue paraît *chaque mois.*

Réponses : lentement / silencieusement / mensuellement.

Formez les adverbes sur les adjectifs suivants :

attentif / public / cruel / courant / conscient / hardi / vrai

Réponses : attentivement / publiquement / cruellement / consciemment / hardiment / vraiment.

Vous vous en êtes *sûrement excellemment* sorti si vous avez appliqué *dûment* les consignes qui précèdent.

Tout aussi invariables sont :

- **les adverbes de lieu ou adverbes locatifs** tels *ici, là, ailleurs, près, loin, en, y, dehors, devant, derrière, dessous, dessus...*
- **les adverbes de temps :** *aujourd'hui, hier, demain, toujours, quelquefois, jadis, tantôt, bientôt, aussitôt, jamais...*
- **les adverbes de quantité :** *assez, peu, trop, beaucoup, plus, moins, davantage...*

Ou encore ceux qui marquent :

- **l'affirmation :** *oui, assurément, certes, certainement...*
- **le doute :** *probablement, sans doute, peut-être...*
- **l'interrogation :** *comment, pourquoi...*
- **l'exclamation :** *combien, comme...*
- sans oublier **la négation :**

En matière de négation, l'union semble faire la force. La négation se fait en composition, ou ne se fait pas.

L'adverbe de négation le plus connu est « **non** » (du latin *non*). Il fait porter la négation aussi bien sur toute une phrase que sur un mot en particulier :

> Non, non, et non !
>
> *Je parle de Néarque et non de votre époux.*
> Corneille

On le retrouve surtout en composition : il sert alors à former des locutions (adverbiales), telles que *non seulement... mais encore, non plus*, ou dans un registre de langue plus châtié : Non que je veuille insister mais...

On le retrouve aussi devant un adjectif qu'il sert à disqualifier : une somme non négligeable, et sert de marque forte devant un nom : un non-sens, ou un participe : un non-dit.

Mais la vraie négation reste « **ne** », elle aussi issue d'une forme latine atone du même *non*, qui a donné en vieux français, *nen* (que vous reconnaissez dans « nenni ») : Non, je *ne* me prononcerai pas.

Ne est encore plus employé que le *non* catégorique, pourtant déjà si expressif et expéditif. Il faut dire que cet adverbe entre dans la formation de plus d'une locution dont voici les variantes : *ne... pas, ne... plus, ne... jamais, ne... que..., ne... guère, ne... mie,* etc.

La négation **ne** accompagne, parfois toute seule, le verbe d'une phrase : *Il n'est pire eau que l'eau qui dort.*

Elle se voit souvent renforcée, étayée par :

- un adjectif de sens négatif : aucun, nul
- un adverbe : guère, jamais, plus, nullement
- un pronom : personne (*nemo* = **ne-homo* : pas un homme), rien (*nihil* = **ne hilum* : pas une fève)
- un nom exprimant une petite quantité : pas, point, goutte, mie, rien.

Eh oui, toutes ces moitiés de particules remontent bien à des mots latins : « pas » à *passus*, « point » à *punctum*, « goutte » à *gutta*, « mie » à *mica* « une miette » « rien » à *rem* « une chose ».

Par la suite, ces mots de renfort, prenant leur envol, ont pu être employés sans la véritable négation *ne* : Pas de chance ! Point de doute. Avions-nous pas raison ? J'ai pas peur. J'ai rien fait. Le parler populaire a relayé de nos jours ces expressions, à la limite de la correction.

On peut inversement rencontrer un **ne** tout seul. Cela se vérifie surtout

- avec certains verbes ou expressions verbales : je n'ose, je ne sais, je n'ai cure, je ne dis mot, etc.
- dans les phrases exclamatives ou interrogatives :
  - *Que ne suis-je assise à l'ombre des forêts* ! Racine
  - Que ne l'avez-vous dit plus tôt ?
- avec la conjonction *ni* redoublée : Ni toi ni moi ne le savions.
- après certaines conjonctions : si, à moins que : à moins que vous ne preniez la parole…

Le *ne* explétif

Dans de nombreux cas, ce même *ne* a perdu de sa superbe. Il n'a plus la moindre valeur négative : il est juste là pour faire écho à une négation qui n'est pas directement exprimée.

Cela se voit dans les constructions suivantes, fort usitées :

Je crains qu'il ne vienne… Je ne doute pas qu'il ne vienne… De peur qu'il ne vienne… Avant qu'il ne vienne…

et surtout après les comparatifs : Étudier la grammaire est chose plus aisée qu'on ne le croit.

Vous êtes meilleurs que vous ne le pensez.

Perfide négation !

Il y a un océan entre dire : *Je crains qu'il ne vienne* et *Je crains qu'il ne vienne pas.*

Dans le premier cas, on souhaite de tout son cœur que la personne ne vienne pas, alors que dans le second cas, on regrette déjà son absence. C'est tout l'inverse donc, à un mot près ! Il faut se méfier de ces petits mots qui font parfois toute la différence.

Aussi ne vous y trompez pas : si on vous dit : « vous n'êtes pas sans savoir », cela veut vraiment dire que « vous savez »...

Va, je ne te hais point !

Cette célèbre réplique du Cid est une façon détournée de dire, sans le dire : je t'aime. Quelle est la formulation la plus expressive ? Celle qui déclare son sentiment ou celle qui le voile, pour le laisser deviner ? Le moins ne réveille-t-il pas mieux le plus ?

Voilà comment Fontanier décrit cette figure du discours, qu'on appelle la *litote* (du grec *litôtès* : simple, sans apprêts – tu parles !) :

C'est l'art de paraître affaiblir par l'expression, une pensée qu'on veut laisser dans toute sa force. On dit moins qu'on ne pense, mais on sait qu'on ne sera pas pris à la lettre. Et qu'on fera entendre plus qu'on ne dit.

La litote est une figure très contrôlée. L'élève ramenant un bulletin moyen préférera dire à ses parents : « Mon bulletin n'est pas très bon » que dire : « Il est mauvais ». Il minore de la sorte et laisse stratégiquement entendre, même s'il est nié, le mot « bon ».

La préposition et la conjonction

Elles sont, chacune à leur manière, des mots de liaison. La préposition introduit des compléments à l'intérieur d'une proposition quand la conjonction relie entre elles, d'une manière simple ou plus complexe, différentes propositions.

Les prépositions, toutes des préposées à...

Placées en tête d'un groupe nominal, conformément à l'étymologie du mot *praepositus*, « placé devant », elles mettent un mot dans un rapport particulier par rapport à un autre et servent à indiquer diverses nuances :

- **le lieu :** dans, en, à, chez, sous...
- **le rang :** devant, derrière, après...
- **le temps :** avant, après, depuis, pendant, à...
- **la cause :** pour, vu...
- **la manière :** avec, sans, selon, de, à...
- **le but :** pour, à, envers...
- **la privation :** sauf, sans...

On a coutume, pour les mémoriser, de les présenter par ces deux mini-récits, qu'on emprunte aux deux ouvrages de Jean-Joseph Julaud, son *Petit livre de la grammaire facile* ainsi que son gros *Le Français correct pour les Nuls* : « Voici, voilà : Adam part pour Anvers avec deux cents sous » (**Voici voilà à dans par pour en vers avec de sans sous**) et « Ade part, pour cent sous, sûr, avec Endans » (**A de par pour sans sous sur avec en dans**).

Peut-être y préférerez-vous la version plus récente d'Anna Gavalda, d'ordre autobiographique semble-t-il, dont elle s'explique dans la préface du tout dernier ouvrage du même Jean-Joseph Julaud : « Adam part pour Anvers avec deux cents sous sur Chesof » (**A dans par pour en vers avec de sans sous sur chez sauf**).

Pour autant, la liste reste ici fort incomplète encore…

Il existe les **prépositions pleines** et les **prépositions vides**.

- On dit d'une préposition qu'elle est pleine quand elle joue réellement son rôle et a un sens particulier.
- On dit au contraire qu'elle est vide quand elle a perdu son sens propre et ne remplit plus qu'un rôle explétif : ainsi dans une expression comme la ville de Bordeaux, la préposition *de* est comme rajoutée : elle sert juste à introduire le nom propre : la ville = Bordeaux.

À vous de remplacer les points de suspension par les prépositions suivantes : *en, dans, à, chez, pour, sur, sous, en, pendant, contre.*

Partir … voyage ; rentrer … la maison ; sortir … la rue ; rester … soi ; être bon … les malheureux ; grimper … le mur ; se blottir … les couvertures ; se réfugier … le poêle ; se promener … barque ; dormir … l'hiver.

Réponses : en / à / dans / chez / pour / sur / sous / contre / en / pendant.

Certains mots peuvent être à la fois prépositions et adverbes : avant, devant, après, derrière. Nous les retrouverons plus loin à l'œuvre dans des groupements de mots aux nuances diverses.

Et les conjonctions, elles connectent !

La conjonction est un mot invariable qui joint deux mots ou deux propositions. Il en est de deux sortes :

- **les conjonctions de coordination** qui unissent 2 termes ou 2 propositions de même nature
- **les conjonctions de subordination** qui introduisent une proposition subordonnée conjonctive qu'elles rattachent à une proposition plus centrale.

Les conjonctions signifient la manière dont notre esprit considère tout ce qui peut être l'objet de notre pensée : c'est la partie systématique du discours, puisque c'est par leur moyen qu'on assemble des phrases, qu'on en lie le sens et que l'on compose un tout de plusieurs parties qui, sans cette espèce de mots, ne paraîtraient que comme des énumérations ou des phrases décousues, et non comme un ouvrage suivi et affermi par les liens de l'analogie, par les conséquences et l'enchaînement des pensées.

Grammaire des Grammaires.

Elles sont trop nombreuses pour qu'on les présente ici de manière exhaustive; ne soyez pas surpris si nous en faisons ici l'impasse : vous les retrouverez toutes dans la troisième partie où elles articulent la syntaxe de la phrase et en forment les nombreuses ramifications.

L'interjection

De rôle plus modeste, elle résonne comme un cri jeté au cœur d'une phrase. Elle apparaît surtout pour traduire une émotion, un sentiment, une surprise, sans réel lien grammatical, s'entend, avec les autres mots de la phrase.

Vous ne connaissez qu'elles! Des *Ah! Ha! Eh! Hé! Oh! Ho!* Seuls Hi et Hu manquent à l'appel. Citons encore, outre le « *Ohé! Ohé! du capitaine abandonné* » les divers cris *Aïe! Bravo! Chut! Clic* quand ce n'est pas *clac! Heu! Hou! Holà! Hum! Ouf! Ouais! Parbleu! Paf! Pif! Pst! Sapristi! Sus : Hue! Dia!...*

Certains mots courants, des noms, des adjectifs et même des verbes, peuvent devenir à l'occasion des interjections comme Allons! Bon! Ciel! mon mari (c'est ce qu'on dit en règle générale)! Courage! Dame! Diable! Hourra! Pitié! Peste! Silence! Gare! Tiens! Eh bien! Alerte! Paix! etc.

Il faut aussi rajouter quelques locutions interjectives comme *Eh bien! Grand Dieu! Ma foi! Juste ciel! Tout beau!*

O/Ho/Oh! Que d'eau! Que d'o...!

Dans une apostrophe, qu'il s'agisse d'un nom de personne ou de chose, on emploie l'interjection *ô,* de valeur emphatique : *Ô rage, ô désespoir, ô vieillesse ennemie...*

Mais rien à voir avec un *oh!* ou un *ho!* plus familiers, qui ne s'emploient jamais devant un nom.

Certains autres mots comme verbe, nom, adjectif, peuvent parfois s'employer comme interjections :

Tiens! Allons! Gare! Soit!

Bonjour ! Bonsoir ! Silence ! Halte !

Bon ! Parfait !

Il en est même qui ont acquis au fil du temps un sens littéraire :

Malheur aux vaincus ! (en souvenir du vae victis…)

Gloire à notre pays !… (comme reprise de Gloire à toi Seigneur… !)

Redistribuez à bon escient les interjections que voici : *Ouf ! Pardon ! Holà ! Sus ! Eh ! Haro ! Eh bien ! Ouf ! Oh ! Bah ! Allons ! Excusez !*

On arrête les soldats en leur criant … ! On les fait repartir en leur disant … !

… ! Bonjour, monsieur du Corbeau !

À ces mots, on cria … sur le baudet.

Vous chantiez ? J'en suis fort aise ; … dansez maintenant.

… ! Le voyage est terminé.

Réponses : holà ! Sus ! Hé ! Haro ! Eh bien ! Ouf !

Et au milieu de tout cela, le grand gagnant est… le nom

Entre ces différentes catégories, que ne sépare aucune cloison réellement étanche, il s'en passe des choses. Des échanges presque contre nature parfois. Mais c'est toujours le nom à qui cela profite.

Dans la langue, toutes les combinaisons sont possibles :

- un nom devient adjectif : (une) rose
- un nom propre, commun : un dédale (antonomase oblige, vue plus haut)
- un adjectif, un nom : le riche, le pauvre
- un adjectif, un pronom : le tien, le mien
- un participe, un nom : un débutant, un adjoint
- un infinitif, un nom : un devoir, un déjeuner, un souper
- un mot invariable, un nom : peser le pour et le contre
- un adverbe, un nom : trois beaucoup et trois peu sont pernicieux à l'homme, selon un proverbe espagnol.

Chapitre 8

Le Verbe, un continent loin d'être à la dérive !

Dans ce chapitre :

- Qu'est-ce qu'un verbe ?
- Les verbes modèles et les verbes auxiliaires…
- Les attributs du verbe : mode, temps, voix…

Pour présenter cet outil de langue majeur, ce rébus emprunté au poète Jean Cocteau : *Le verbe aimer est difficile à conjuguer : son passé n'est pas simple, son présent n'est qu'indicatif et son futur toujours conditionnel.* En effet, cohabitent dans ce court intitulé des temps et des modes qui appartiennent à la **conjugaison** d'un verbe, sa carte d'identité en quelque sorte. Le moyen qu'a trouvé la langue de décliner le verbe sous toutes les coutures…

Au début était le… verbe

Nom, article, adjectif et pronom ne servent en fait qu'à nommer, déterminer, qualifier ou tout simplement représenter des personnes, des animaux, des choses. Mis bout à bout, ils ne font rien, ils n'affirment rien, ils ne disent rien. Écrire « ciel » et « bleu » ne mène à rien. Les idées restent détachées, sans rapport entre elles. Le verbe va servir à fédérer les deux mots et à exprimer que l'on est ou que l'on fait quelque chose.

Qu'est-ce qu'un verbe ?

Le mot verbe vient du latin *verbum* : la parole, le mot. On retrouve ce sens dans l'expression « avoir le verbe haut ! ». Son doublet, issu du pluriel *verba,* a donné dans la langue française le mot « verve », autre face plus créatrice et fantaisiste de la parole !

Il existe deux sortes de verbes : les **verbes d'état** et les **verbes d'action**.

- On appelle **verbe d'état,** un verbe qui marque un état, une posture de son sujet : Le chien *est* un animal fidèle.
- On appelle **verbe d'action,** un verbe qui montre l'action ou les actions qu'accomplit le sujet : Le chat *court* après les souris.

Cette distinction paraît parfois inexacte. En effet, certains verbes, prétendument d'état, peuvent parfois prendre des valeurs d'action :

Que la lumière soit ! et la lumière fut !

Regardez-les, ces verbes, des maniaques du labeur. Ils n'arrêtent pas de travailler. Ils courent partout (Orsenna). C'est surtout vrai des verbes d'action. Les autres, ils ont trouvé la combine… Ils se reposent !

Car le verbe varie, autant que femme…

Ce n'est donc pas peu dire… Tout verbe comprend bel et bien deux parties : un « radical » qui lui appartient en propre et qui ne change pas et des « désinences » finales qui vont changer selon :

- le nombre : singulier ou pluriel
- la personne : 1re/2e/3^{e}
- le temps où s'inscrit l'action
- le mode, c'est-à-dire la manière de présenter l'action.

C'est ainsi qu'un même verbe offre un nombre considérable de formes, en fonction de tous les critères qui précèdent. C'est un « **mot caméléon** », capable de transformations de toutes sortes.

Je souffle, ils soufflent (singulier/pluriel)

Tu souffles, elle souffle (2e et 3e personne)

Le vent souffle, soufflera (temps présent/futur)

Nous soufflons, nous soufflerions (mode indicatif/conditionnel)

Le radical, partie qui contient la signification du verbe, peut être amené à changer dans certains cas : il est modifié de diverses façons :

nous mourons / je meurs, je viendrai / venir, etc.

Verbes simples ou locutions verbales ?

Outre les verbes, il existe aussi dans la langue française des locutions verbales, formées d'un verbe et d'un complément, inséparables. Les montages en sont variés :

- **verbe** + **nom :** avoir raison, avoir besoin, faire face à
- **verbe** + **adjectif :** avoir beau, se faire fort de
- **verbe** + **infinitif :** faire savoir
- **verbe** + **mots invariables :** faire fi de, être à même de

Certains auteurs classiques aimaient tout particulièrement à user de ces locutions plutôt que des verbes simples. Le poète La Fontaine, pour ne pas entretenir plus longtemps le mystère, préférait cent fois dire : *donner injures* plutôt qu'injurier, *donner leçon à* plutôt qu'instruire. Pareille tournure montre mieux en effet le rôle actif du sujet.

Verbes personnels et/ou impersonnels ?

De plus, les verbes se répartissent en deux catégories : les **personnels** et les **impersonnels.**

Il est en effet des verbes qui ne se présentent qu'à la 3e personne du singulier, restent indifférents à leur environnement, et apparaissent à toutes les voix : active, passive comme pronominale.

Leur pronom sujet *il* ne représente ni un être ni une chose : il faut, il neige, etc.

Ces verbes qui ne se conjuguent qu'à une seule personne mériteraient d'ailleurs de s'appeler des *unipersonnels* plutôt que des impersonnels. En tout cas, ils sont dits *impersonnels par nature.*

Le verbe s'accordant toujours, quoi qu'il en soit, avec le pronom *il*, reste au singulier.

Parmi eux, on recense :

- ceux qui décrivent des phénomènes météorologiques, comme : il pleut ! il tonne ! il neige ! il vente !

  Il pleure dans mon cœur comme il pleut sur la ville ! Verlaine
- les formules verbales présentatives : il y a, il est, il existe, etc.
- les nombreuses locutions avec le verbe faire : il fait beau, chaud, nuit, jour, etc.
- et toutes les variations autour du verbe : il faut…

Il peut arriver à certains verbes de se retrouver employés à la tournure impersonnelle : il fait beau, il arrive un bataillon de… alors qu'ils connaissent en d'autres cas un emploi transitif : je fais, j'arrive…

On dit alors que le pronom *il* est *sujet apparent*; le vrai sujet, le *sujet réel*, vient souvent après le verbe. Il tombe des cordes : il, faux sujet, cordes, sujet réel.

Verbes transitifs et/ou intransitifs ?

Un verbe est dit :

- **transitif direct** quand il appelle un complément d'objet direct :

  Le chat poursuit la souris.

  Il exprime alors une relation directe entre les deux êtres de la phrase : le chat et la souris. On appelle ces verbes des **transitifs** (du latin *transire* : passer); ils appellent nécessairement un second terme de la relation, qu'on nommera COD, soit complément d'objet direct, qui répond à la question « quoi. »
- **transitif indirect** quand il appelle un complément d'objet indirect qui répond aux questions « de qui, de quoi » ou « à qui, à quoi » :

  Cet acteur manque de talent.

Certains verbes peuvent être à la fois transitifs et intransitifs : ainsi le verbe *pousser* a-t-il deux acceptions différentes dans les deux exemples que voici :

- transitif : Poussez la porte !
- intransitif : Le blé pousse lentement.

Un verbe de sens transitif peut même être employé sans complément d'objet dans un sens général :

- Le paysan fauche son pré.
- La mort fauchait dans les rangs.

Mais un verbe est dit **intransitif** quand il n'admet aucun complément d'objet :

- Le soleil brille.
- Le chat dort.

Identifiez dans les phrases suivantes les verbes transitifs et ceux employés de manière intransitive.

- La neige tombe.

- Elles admirent le paysage.
- Je fais confiance à mon frère.

Réponses : 1 / T direct / T indirect.

Des verbes modèles… et leurs trois groupes…

Les verbes de la langue française sont communément répartis en 3 groupes :

- le **premier groupe** comprend tous les verbes dont l'infinitif se termine par **-er**, comme chanter, parler, aimer… C'est le groupe de verbes le plus en pointe et le plus prolifique.
- le **deuxième groupe** comprend tous les verbes dont l'infinitif se termine par **-ir** avec un participe présent en **-issant**, comme finir, gémir, etc. Certains verbes récents sont formés à partir d'adjectifs : rouge/rougir, ou de noms : bout/aboutir.
- le **troisième groupe** comprend tous les verbes dont l'infinitif se termine par **-ir** avec un participe présent en **-ant,** par **-oir** et **-re,** comme partir, pleuvoir, prendre. C'est le groupe le moins représentatif, numériquement parlant. Avec quelque 350 verbes, il s'apparente à une conjugaison en voie de disparition, qu'il doit à l'extrême diversité de ses modèles, tous plus ou moins réguliers.

Des verbes de ce dernier groupe ont cédé la place à des verbes refaits ou à des formes plus faciles à conjuguer : ainsi le verbe « pointer » a-t-il remplacé le verbe « poindre », le verbe « tomber » le verbe « choir », le verbe « entendre » le verbe « ouïr ». Il est plus facile de pointer le bout de son nez que de voir le soleil poindre à l'horizon !

Les verbes des 1er et 2e groupes ne comprennent pour ainsi dire que des verbes à conjugaison régulière. On ne peut pas en dire autant de ceux du 3e groupe ! Juste pour voir si vous suivez : à quel groupe appartiennent les verbes suivants ? Rappelez-vous leurs participes présents pour justifier vos choix.

Gémir / tourbillonner / rendre / sentir / tordre / courir / pourrir / aimer / observer / grossir

Réponses : 2 / 1 / 3 / 3 / 3 / 3 / 2 / 1 / 1 / 2

Deux verbes « auxiliaires » : être et avoir

Il en est des verbes comme de tout le reste : il y a ceux qui se la jouent perso et ceux qui aident les autres à vivre. Deux verbes, *avoir* et *être*, qui existent en eux-mêmes et par eux-mêmes, servent aussi à la conjugaison des autres :

- le verbe *être*, au sens premier, signifie : exister, se trouver, avoir une réalité
- le verbe *avoir* : posséder, (dé)tenir, occuper

Soudain, je les aperçus, « être » et « avoir ». Ils cavalaient d'un verbe à l'autre et proposaient leurs services. Tu as vu comme ils sont gentils ? C'est pour ça qu'on les appelle des auxiliaires, du latin auxilium, *secours.*

Erik Orsenna

Mais de quelles aides veut-on parler ?

Le verbe *avoir*, pour la seule voix active, formera les temps composés de l'indicatif des autres verbes de la langue française. Ainsi pour le modèle du verbe aimer :

- **le passé composé :** j'ai aimé
- **le plus-que-parfait :** j'avais aimé
- **le futur antérieur :** j'aurai aimé

Sans oublier ceux du subjonctif (passé ou plus-que-parfait)

- que j'aie aimé
- que j'eusse aimé

L'auxiliaire *être* sait se rendre encore plus utile, lui qu'on retrouve à la voix passive et à tous les temps de l'indicatif, sans exception :

je suis aimé ; j'étais aimé ; je serai aimé ; je fus aimé ; j'avais été aimé ; j'aurai été aimé

ainsi qu'au mode subjonctif :

que je sois aimé ; que je fusse aimé ; que j'aie été aimé ; que j'eusse été aimé

Il sert aussi dans les temps composés de certains verbes intransitifs, quand on ne peut employer l'auxiliaire avoir.

- *J'ai tombé est par exemple une forme incorrecte : on dira : « je suis tombé ».

- *J'ai venu se dira « je suis venu ».
- *J'ai entré se dira « je suis entré ».

Avoir et être : deux acolytes incomparables

On emploie l'auxiliaire **avoir**

- pour la conjugaison du verbe « avoir » et du verbe « être » (on n'est jamais mieux servi que par soi-même)
- pour tous les verbes transitifs directs et indirects
- pour un grand nombre de verbes intransitifs
- pour la plupart des verbes impersonnels (ex. il a plu).

On emploie l'auxiliaire **être**

- pour tous les verbes employés pronominalement
- pour tous les verbes employés à la voix passive
- pour quelques verbes employés impersonnellement (ex. il est tombé des trombes d'eau)

Vous n'avez plus qu'à aller les retrouver en annexes.

Les semi-auxiliaires

Certains verbes comme *aller, devoir, faire, falloir, pouvoir* sont considérés comme des semi-auxiliaires. Cela veut-il dire qu'ils font les choses à moitié ? Au contraire, ils permettent de former des tournures verbales dans lesquelles ils précèdent toujours un verbe à l'infinitif.

- Ainsi « je vais partir » est une tournure de futur progressif.
- Il fait courir les candidats. Le verbe *faire* y est un verbe causatif qui déclenche l'action.
- On doit revenir demain.
- Nous pouvons relire le texte.

Des sous-verbes, alias les défectifs !

On appelle *verbes défectifs,* des verbes qui ont une conjugaison incomplète : il leur manque des modes, des temps, des personnes qui ne répondent plus à l'appel, tellement ils ont été inusités. La langue les a pour ainsi dire oubliés.

Tout verbe impersonnel peut, en un sens, rentrer dans cette catégorie. Des exemples, il y en a pléthore. Attardons-nous sur le verbe **faillir** dont les emplois restent somme toute très rares. Du reste, de son double présent, *je faillis/je faux,* lequel connaissez-vous vraiment ? Quelles formes sont réellement usitées ? L'imparfait *je faillissais* ou *je faillais* ? Quant à la forme *que je faillisse,* c'est un vrai piège : c'est aussi bien un subjonctif présent qu'imparfait. De quoi défaillir, non !

Le futur ..., le passé composé ..., le conditionnel présent ..., le plus-que-parfait ..., le futur antérieur ..., que vous aurez complétés au passage, sont des formes régulières. Il en va de même pour les infinitifs présent : *faillir* et passé : *avoir failli.* Mais on retrouve le doublet des participes présents : *faillant* et *faillissant* comme des impératifs : *faillis, faillissons, faillissez* et *faux, faillons, faillez.*

Mais au fait, ce verbe ne veut-il pas dire « n'être pas loin de », « être sur le point de », « manquer de peu » ? Décidément, ils portent bien leur nom, ces défectifs.

À nos chers disparus !

Certains verbes même n'existent plus qu'à l'état de trace. Pour mémoire :

férir dans l'expression : sans coup férir (infinitif)

courre dans la chasse à courre (variante de courir)

issir dans issu et une issue

ouïr dans ouï-dire

quérir (se plaindre) le seul infinitif présent

souloir : avoir coutume de et obsolète

sourdre (sortir du sol) dans une source

chaloir dans l'expression : « peu me/m'en chaut » pour dire « peu m'importe »

choir : les formes chu, il chut, il cherra, sur le composé d**échoir,** un peu plus de formes paradoxalement : déchu, je déchois, je déchus, je déchoirai, que je déchoie

clore : clos, je/tu clos, il clôt, je clorai, que je close

échoir : échéant, échu, il échoit, il échoyait, il échut, il échoira (rien à voir avec le futur « il échouera » du verbe échouer). Quant aux échéances, surtout financières, nous les connaissons tous !

frire : frit, je fris, je frirai et les frites !

gésir : gisant, je gis, il gît, je gisais

occire : seul le résultat semble compter : occis

paître : paissant, je pais, je paissais, je paîtrai, pais, que je paisse ; sur son composé **se repaître** : repu, je me repus

seoir : on a conservé séant : seyant, sis, il sied, il seyait, il siéra

traire : trayant, trait, je trais, je trayais, je trairai, trais, que je traie, mais vous en conviendrez, ces formes sont peu usitées !

Le dernier verbe, **transir**, que nul après Racine ne saurait ignorer, survit sous les formes : transi, il transit, être transi : *Je sentis tout mon corps et transir et brûler.*

Les catégories verbales

Au nombre de 5 : le mode, le temps, la voix, la personne, le nombre, elles permettent de donner au verbe sa spécificité, pourvu qu'elles se retrouvent toutes au rendez-vous.

La voix est :

- **active,** quand le sujet agit lui-même ;
- **passive,** quand le sujet subit l'action ;
- **pronominale,** quand le sujet fait l'action pour lui-même et se trouve repris par un pronom.

POUR LES PROS

Un pronom narcissique !

Si le pronom personnel complément représente la même personne que le sujet, on dit que le verbe, tel Narcisse, a un sens **réfléchi** :

- Je me regarde, tu te regardes, il se regarde,
- Nous nous regardons, vous vous regardez, ils se regardent.

Si le pronom personnel complément signifie l'un l'autre ou les uns les autres, le verbe sera toujours au pluriel et on parlera d'un sens **réciproque** :

- Nous nous disputons, vous vous saluez, ils se détestent.

Il peut n'exister qu'à la voix pronominale : il équivaut alors à un simple verbe actif :

- Nous nous en allons = nous partons

Souvent, on emploie un verbe pronominal en guise de forme passive et on dit :

- Les fruits se vendent très cher cet été. = les fruits sont vendus très cher cet été.

Modes, temps et compagnie... dans le détail

Affaire de mode...

On appelle *modes* les différentes manières d'employer le verbe pour indiquer comment se présente l'action. Et dans cette catégorie, on distingue les modes personnels au nombre de 4 et les modes impersonnels au nombre de 3.

… et/ou de personne

Les modes personnels font en effet intervenir 3 catégories de personnes :

- la première au singulier ou au pluriel, pour désigner « celui qui parle » (je et nous) ;
- la deuxième, pour parler de « celui à qui l'on parle », le destinataire (tu et vous) ;
- la troisième, pour s'intéresser à « celui dont on parle » (il/elle ou ils/elles), l'absent comme on le surnommera.

D'ailleurs, dans ce domaine, toute personne est bienvenue, à l'inverse de l'expression *persona non grata* !

Savez-vous planter les choux, à la mode, à la mode…

On emploiera le mode :

- **Indicatif** si l'action est présentée comme un fait certain et avéré :

  L'erreur est humaine.

  Vérité qui ne surprendra personne et dont tout un chacun a un jour ou l'autre fait les frais.
- **Subjonctif** si l'action est présentée comme douteuse, incertaine, subjective, ou tout simplement subordonnée :

  Je doute qu'il ait étudié sa leçon. Là, le contexte est évident.
- **Impératif** si on veut intimer un ordre :

  Révise mieux tes règles de grammaire.
- **Conditionnel** si on veut montrer que l'action du verbe est soumise à une condition et par là même donc qu'elle est du domaine du seul possible :

  Ah ! Si j'étais riche, je serais heureux !

Les modes impersonnels sont :

- **L'infinitif,** dite forme nominale du verbe, car l'action du verbe équivaut à un nom :

  Boire est agréable (*la boisson est agréable).
- **Le participe,** forme hybride qui tient autant du verbe que du nom.

Les parts faites, le lion parla ainsi.

- **Le gérondif,** mode issu du latin, qui se présente sous la forme d'un participe présent actif ou pronominal précédé (ou non) de la préposition **en** :

  C'est en forgeant qu'on devient forgeron.

Quelques expressions courantes de la langue se sont maintenues en l'état :

- Chemin faisant
- Tambour battant
- Ce disant, ce faisant
- Gagnant/gagnant

Le gérondif : un nom verbal

Le gérondif, qui n'est autre qu'une façon de décliner le verbe, tel un nom, sert à remplir la fonction de plusieurs compléments circonstanciels :

- **un CC Temps :** je l'ai croisé, en sortant (quand/comme je sortais).
- **un CC Cause :** En vous voyant hésiter, je perds moi-même toute confiance.
- **un CC Moyen :** *L'appétit vient en mangeant.* Rabelais
- **un CC Manière :** il est sorti en vociférant.
- **un CC Condition :** *j'attire en me vengeant sa haine et sa colère.* Corneille
- **un CC Opposition ou Concession :** il a fini par accepter, tout en protestant.

L'indicatif

L'indicatif est par excellence le mode de la réalité. Il sert à indiquer – comme son étymologie le veut – à montrer du doigt pour ainsi dire, des actions ou des faits dont on affirme ou nie la réalité, ou sur la réalité desquels parfois on est amené à s'interroger.

C'est le mode objectif pour parler de ce qui est, a été et sera.

On le rencontre autant en proposition principale/indépendante que subordonnée, pour exprimer la certitude, la déclaration, le jugement, la pensée… et étrangement parfois la probabilité…

Il possède 8 temps :

- **quatre simples :** le présent, l'imparfait, le passé simple, le futur
- **quatre composés :** le passé composé, le plus-que-parfait, le passé antérieur, le futur antérieur.

Le subjonctif

Le nom même de ce mode, signifiant « joindre par en dessous » du latin *jungere* et *sub,* apparu au XVIe siècle, se généralise au siècle suivant avant d'être victime d'une véritable désaffection.

Qui êtes-vous ? Je veux dire : qui êtes-vous, les Subjonctifs ? Des malades ? Des dangereux ? Ce que je ne comprends pas, c'est pourquoi le dictateur Nécrole vous déteste tant, pourquoi il veut lancer l'assaut contre vous.
— Je te l'ai expliqué : le subjonctif est l'univers du possible.

(Orsenna)

Formation

Le mode subjonctif existe à quatre temps, aussi bien à la voix active que passive :

- le subjonctif présent,
- le subjonctif imparfait,
- le subjonctif parfait,
- le subjonctif plus-que-parfait.

Voici la conjugaison de tous les temps du mode subjonctif du verbe modèle, aimer :

Sub. présent	***Sub. imparfait***	***Sub. parfait***	***Sub. plus-que-parfait***
Que j'aime	Que j'aimasse	Que j'aie aimé	Que j'eusse aimé
Que tu aimes	Que tu aimasses	Que tu aies aimé	Que tu eusses aimé
Qu'il aime	Qu'il aimât	Qu'il ait aimé	Qu'il eût aimé
Que nous aimions	Que nous aimassions	Que nous ayons aimé	Que nous eussions aimé
Que vous aimiez	Que vous aimassiez	Que vous ayez aimé	Que vous eussiez aimé
Qu'ils aiment	Qu'ils aimassent	Qu'ils aient aimé	Qu'ils eussent aimé

Des remarques ?

Pour les verbes dits réguliers, on constate que le subjonctif présent offre, hormis le « que », 4 formes identiques à celles de l'indicatif présent : les 3 premières du singulier et la 3e du pluriel. Quant aux 1re et 2e du pluriel, elles sont identiques à celles de l'imparfait.

Pour le subjonctif imparfait, on le forme sur le radical du passé simple auquel on appose les terminaisons suivantes :

-sse, -sses, -t, - ssions, -ssiez, -ssent.

Le subjonctif parfait est composé de l'auxiliaire *avoir*, lui-même employé au mode subjonctif présent suivi du participe passé du verbe conjugué.

Pour le subjonctif plus-que-parfait, on emploie l'auxiliaire avoir au subjonctif imparfait accompagné du participe du verbe conjugué.

Un peu dense, tout de même! Reprenons et changeons de verbe modèle : choisissons le verbe du 2e groupe, finir :

Sub. présent	***Sub. imparfait***	***Sub. parfait***	***Sub. plus-que-parfait***
Que je finisse	Que je finisse	Que j'aie fini	Que j'eusse fini
Que tu finisses	Que tu finisses	Que tu aies fini	Que tu eusses fini
Qu'il finisse	Qu'il finît	Qu'il ait fini	Qu'il eût fini
Que nous finissions	Que nous finissions	Que nous ayons fini	Que nous eussions fini
Que vous finissiez	Que vous finissiez	Que vous ayez fini	Que vous eussiez fini
Qu'ils finissent	Qu'ils finissent	Qu'ils aient fini	Qu'ils eussent fini

Cet autre verbe appelle d'autres remarques : ici, on trouve des similitudes entre le subjonctif présent et imparfait, sauf à la 3e personne du singulier, tout à fait caractéristique.

Passons à une première vérification : mettez au présent et imparfait du subjonctif 3e personne du singulier les verbes suivants : parler, grandir, ranger, avertir, appeler.

Réponses : qu'il parle/parlât ; qu'il grandisse/grandît ; qu'il range/rangeât ; qu'il avertisse/avertît ; qu'il appelle/appelât.

Vous vous rappelez sans doute qu'à l'indicatif actif, le temps le plus prolifique en formes est le passé simple. C'est avec lui que vous formerez le subjonctif imparfait. Ainsi :

- sur le verbe « prendre » : que je prisse, que tu prisses, qu'il prît, que nous prissions, etc.
- sur le verbe « recevoir » : que je reçusse, que tu reçusses, qu'il reçût, que nous reçussions, etc.
- sur le verbe « partir » : que je partisse, que tu partisses, qu'il partît, que nous partissions, etc.

Un petit peu d'entraînement fera ici l'affaire !

Vous croyez peut-être avoir fait le plus difficile et que le subjonctif présent, lui, ne vous jouera pas de mauvais tours ? Erreur ! Reprenons les mêmes verbes : prendre, recevoir, partir :

- que je prenne, que tu prennes, qu'il prenne, que nous prenions, que vous preniez, qu'ils prennent.
- que je reçoive, que tu reçoives, qu'il reçoive, que nous recevions, que vous receviez, qu'ils reçoivent.
- que je parte, que tu partes, qu'il parte, que nous partions, que vous partiez, qu'ils partent.

Plus besoin de vous faire un dessin : vous avez compris pourquoi, de nos jours, il y a une certaine désaffection de l'emploi de ce mode exigeant qu'est le subjonctif.

Tant pis, lançons-nous dans la gueule du fauve, et mettons les verbes suivants aux subjonctifs présent et imparfait, à la 1re personne du singulier. Pour le reste, on vous fait confiance :

obéir, venir, avoir chaud, faire, grandir, envoyer, croire.

Réponses : que j'obéisse, que j'obéisse / que je vienne, que je vinsse / que j'aie chaud, que j'eusse chaud / que je fasse, que je fisse / que je grandisse, que je grandisse / que j'envoie, que j'envoyasse / que je croie, que je crusse.

Trop dur ! Vous avez raison. On en reparle en quatrième partie.

L'impératif

Fais ce que voudras, telle est la règle d'or de l'abbaye de Thélème chez Rabelais. Pourtant dans ce manuel, vous l'aurez compris, on est loin de faire tout ce que l'on veut. Vous voulez donner un ordre ? C'est au mode impératif que vous ferez appel, ce mode de l'ordre et de la défense, qui ne présente que 3 formes. On parle en effet :

- de **commandement,** au positif :

  Son nom même vient du verbe latin *impero* qui veut dire : commander, ordonner. Dans la même famille, on retrouve d'ailleurs la figure de l'*imperator,* ce général en chef ou Empereur ou encore le terme *imperium* : commandement, avant de signifier le règne de l'Empire. Quand quelque chose est impérieux, vous le savez bien, ça n'attend pas…

  Mais on connaît des ordres plus agréables que d'autres, surtout ceux que l'on se donne à soi-même comme dans le célèbre *Carpe diem* qui a eu la fortune que l'on sait. Cette invitation à profiter de la vie se laisse, ma foi, facilement écouter.

- **d'interdiction,** au négatif :

  Il s'agit là de l'expression d'une défense. Le célèbre *Cave canem* qu'on trouvait à l'entrée des maisons romaines en est l'une des illustrations dont nos **Attention chien méchant** ne sont que la retranscription moderne.

  Mais l'ordre peut être ici aussi plus atténué : par exemple pour exprimer un conseil (aimable) ou un souhait, voire même une recommandation : il se rapproche plutôt en ce sens d'un mode grec qui portait haut, à lui tout seul, ces valeurs-là : le mode *optatif.* Rien d'étonnant à cela quand on sait que le verbe *optare* veut dire en latin : désirer, souhaiter, espérer.

De la forme…

Il existe deux formes d'impératifs encore employées de nos jours : l'impératif présent et passé.

POUR LES PROS

L'impératif futur a existé dans les langues mères du français : nous en avons gardé quelques traces dans le nom « memento », qui veut dire, mot à mot « souviens-t'en à l'avenir »…

L'impératif existe seulement à la 2e personne du singulier et du pluriel, et à la 1re du pluriel, soit :

- Aime
- Aimons
- Aimez

POUR LES PROS

L'impératif a beau emprunter ses formes à deux autres modes, l'indicatif et le subjonctif, il s'en distingue en ce qu'il n'utilise pas de pronom.

Voici tous modèles confondus les impératifs de nos verbes modèles et auxiliaires :

aie	***sois***	***aime***	***finis***	***prends***	***reçois***	***pars***
Ayons	soyons	aimons	finissons	prenons	recevons	partons
Ayez	soyez	aimez	finissez	prenez	recevez	partez

Mais comment fait-on pour exprimer ces mêmes ordres ou défenses aux autres personnes, à la première ou la troisième personne du singulier comme du pluriel ? On a recours à l'autre mode de l'injonction de la langue française : le subjonctif.

« Que j'aie » « que je sois » « que j'aime » « que je finisse » « que je prenne » « que je reçoive » « que je parte »

« Qu'il ait » « qu'il soit » « qu'il aime » « qu'il finisse » « qu'il prenne » « qu'il reçoive » « qu'il parte »

« Qu'ils aient » « qu'ils soient » « qu'ils aiment » « qu'ils finissent » « qu'ils prennent « qu'ils reçoivent »

et… *« qu'ils partent »*. Pas vous !

On se demande toujours s'il faut mettre ou non un *s* à la 2e personne de l'impératif. Comme les verbes des autres groupes, tels finir, prendre, recevoir, partir font : finis, prends, reçois, pars, on est parfois tenté d'écrire *aimes. Sachez qu'il suffit de se dire que cette *deuxième* personne du mode impératif s'écrira comme la *première* au singulier du mode indicatif : donc pour tous les verbes du premier groupe :

Aime ton prochain comme toi-même et non *aimes.

La 2e personne des verbes du 1er groupe, le verbe aller et savoir, ne prendra un *s* que si la liaison l'exige : on écrira : *Va chercher* mais *Va**s**-y.*

Un certain Whip, de son vrai nom Georges Friley, faisait paraître dans le *Canard enchaîné* chaque semaine, dans les années d'après-guerre, de petits billets. Tout était prétexte, pour ce fonctionnaire de préfecture de police, spécialiste des discours de commémoration, à s'amuser. Voici sa manière à lui de conjuguer l'impératif du verbe boire : *Bois ! Buvons ! Payez !*

L'infinitif

Partir, c'est mourir un peu

L'infinitif est par excellence un **mode asexué** et impersonnel. Il exprime l'idée verbale de la manière la plus dépouillée qui soit, indépendamment de toute valeur modale ou temporelle.

Il représente un nom d'action : il n'y a pas grande différence entre dire « nous partons pêcher » et « nous partons pour la pêche ». On songe encore à l'aphorisme latin : *errare humanum est*, qui signifie, mot à mot, « se tromper est chose humaine » communément retranscrit en « l'erreur est humaine » et de rajouter : persévérer est diabolique !

Certains infinitifs sont même passés dans l'usage au statut nominal : on les emploie tous les jours, sans même y prêter attention : le déjeuner, le dîner, le souvenir, le repentir, le devoir, le savoir, le pouvoir, le savoir-faire, le rire, le plaisir (ancien infinitif du verbe plaire, le saviez-vous ?)

Dans l'exemple de Voltaire que voici : *Le raisonner tristement s'accrédite,* la présence de l'article devant l'infinitif permet l'effet de substantivation.

La ressemblance entre le nom et le verbe n'est pourtant pas toujours totale : ainsi, l'infinitif, contrairement au nom, peut même se passer d'un article :

Rire est le propre de l'homme.

Boire un petit coup c'est agréable.

Les mêmes fonctions qu'un nom

Il peut en revanche remplir toutes les fonctions d'un nom :

- **Fonction sujet :** *Voyager me semble un exercice profitable.* (Montaigne)
- **COD :** J'aime voyager.
- **CC de but :** Je prends l'avion pour voyager plus rapidement.
- **C du nom :** Je savoure la joie de voyager.
- **C de l'adjectif :** Je suis désireux de voyager.
- **Attribut :** Mon plus grand plaisir est de voyager.
- **Apposition :** Ma plus grande joie, voyager.

Ses différentes formes

Il existe trois formes d'infinitif pour la voix active :

- l'infinitif présent,

- l'infinitif passé exprimant l'achèvement et l'aboutissement d'une action,
- l'infinitif futur, d'un emploi bien plus rare, qui se présente sous une forme périphrastique.

Ainsi pour le modèle du 1er groupe, on aura les formes suivantes :

aimer, avoir aimé, être sur le point d'aimer (devoir aimer, avoir l'intention d'aimer)

Pour le deuxième groupe : finir, avoir fini, être sur le point de finir

À vous de donner ceux du 3e groupe !

Au passif, on retrouve surtout un infinitif présent et un passé :

- *être aimé, être fini*
- *avoir été aimé, avoir été fini*

Voici quelques règles à retenir pour l'orthographe des infinitifs :

- Après une préposition, le verbe se met toujours à l'infinitif.
- Quand deux verbes se suivent, le deuxième se met toujours à l'infinitif.

  C'est l'heure de nous quitter.

  Rien ne sert de courir, il faut partir à point.
- Pour être sûr que le verbe du 1er groupe est à l'infinitif, il faut le remplacer par un verbe d'un autre groupe.

  On entend chanter les enfants (rire).

L'infinitif présent est susceptible, suivant le temps du verbe qui l'introduit, d'exprimer à lui tout seul le présent, le futur ou le passé :

- Il est en train de lire (présent progressif).
- Il va lire (futur proche).
- Il se plaisait à lire (passé).

Le participe (nom/verbe)

Cette forme verbale, comme son nom l'indique, participe et du règne verbal et du règne nominal.

Du verbe, elle conserve deux temps, le présent et le passé :

- Le **participe présent** se caractérise très simplement par un suffixe invariable en *-ant* qui vient s'accoler au radical du verbe : sur aimer, aim. ant ; sur finir, finiss.ant, sur devoir, dev.ant.

  C'est en fait la désinence des participes latins des verbes du 1er groupe en *-ans, -antis* qui a prévalu dans le choix de cette désinence.

- Le **participe passé** se forme à l'aide des auxiliaires avoir et être :
  - pour la voix active : (ayant) chanté, (étant) venu, (s'étant) réveillé
  - pour la voix passive : (ayant été) admiré

Comment en finir... avec les terminaisons du participe passé ?

Voici, sous forme d'un tableau, les différentes désinences de participes passés de nos verbes, tous groupes confondus :

- Premier groupe : é (aimé).
- Deuxième groupe : -i (fini).
- Troisième groupe : é (né du verbe naître), i (dormi de dormir), s (pris de prendre), t (écrit d'écrire), u (tenu de tenir, voulu de vouloir).

Très souvent, comme on n'entend pas la dernière lettre des participes passés masculins, on hésite pour orthographier les finales. Faut-il écrire le participe passé du verbe écrire : *écri, *écris ou *écrit ? Le truc, c'est de mettre ledit participe au féminin ou de le rapprocher d'un mot de la même famille. Ainsi, pour écrit/écrite//écriture ; pour éteint/éteinte, pour mis/mise ; surpris/ surprise, etc.

Autre risque, celui de confondre le participe passé avec la 3e personne de l'indicatif présent : il faudra juste regarder s'il y a ou non présence d'un pronom.

Le conditionnel

Qui l'eût cru ?

Le mode conditionnel présente des actions soumises à une condition. Alors que l'indicatif énonce un fait qu'il donne pour réel quand le subjonctif ne considère pas sa réalité, le mode conditionnel énonce un fait en le donnant pour purement imaginaire. L'espace d'un instant, il demande d'y croire fictivement. Il présente deux temps :

- le **conditionnel présent** ;
- le **conditionnel passé**, qui a lui-même deux formes.

Les désinences du conditionnel présent ressemblent à celles d'un futur qui se combinerait ou se croiserait avec celles d'un imparfait, soit :

-rais, -rais, -rait, -rions, -riez, -raient.

J'aimerais viendrait de « j'(av)ais (à) aimer »
Tu aimerais de « tu (av)ais (à) aimer », etc.

Celles du conditionnel passé font appel aux auxiliaires requis, tour à tour *avoir* ou *être*, eux-mêmes mis au conditionnel, selon que le verbe est transitif ou non, accompagnés du participe passé du verbe en question :

J'aurais aimé	Je serais arrivé
Tu aurais aimé	Tu serais arrivé
Il aurait aimé	Il serait arrivé
Nous aurions aimé	Nous serions arrivés
Vous auriez aimé	Vous seriez arrivés
Ils auraient aimé	Ils seraient arrivés.

TRUC

Vous ne voulez plus confondre un conditionnel présent et un futur de l'indicatif dont la prononciation est souvent très proche, et faire la différence entre la désinence *-rais* et la désinence *-rai*, à la première personne du singulier ?

Il suffit, pour cela, de remplacer cette première personne du singulier par la première du pluriel ou la 3e personne du singulier.

Quand on m'accueillera, je parlerai (nous parlerons/il parlera).

Si on m'accueillait, je parlerais (nous parlerions/il parlerait).

Le futur appelle le futur…

Conjuguez-moi les temps... de la conjugaison

Il ne suffit pas de dire en deux temps, trois mouvements ! Car la langue française connaît bien plus de manières de décliner les actions et les procès de l'action, en tout cas sur un axe linéaire temporel. Le propre du verbe comme le dit G. Guillaume, c'est « *d'être sous-tendu de temps* ».

Les temps se répartissent en deux catégories : **les temps simples** et **les temps composés.**

Les temps simples se forment à l'aide de désinences qui viennent se coller au radical du verbe, quand les temps composés font appel à des auxiliaires. Le verbe *avoir* étant le plus fréquemment employé à l'actif et *être* au passif.

Une étymologie cocasse, non ?

Certains ont peut-être en mémoire les exercices d'entraînement qu'on nous donnait pour mieux apprendre nos tables de conjugaison : on devait partir d'une formulation au présent, au contenu hautement moral, et la réécrire, en envisageant tous les temps et modes possibles :

> Il faut que je travaille et que j'apprenne mes verbes.
>
> Il fallait que je travaillasse et que j'apprisse mes verbes.
>
> Il aurait fallu que je travaillasse et que j'apprisse mes verbes, etc.

Un jour pourtant, un petit garçon rendit copie blanche à l'instituteur en lui disant :

> *J'étais fatigué hier soir et je n'ai pas pu faire mon devoir conjugal.*

Savait-il que le mot « conjugaison » et l'adjectif « conjugal » ont la même étymologie ? Le mot latin *jugum*, le joug, est une pièce de bois faite pour atteler deux bœufs au soc de façon à ce qu'ils conjuguent leurs efforts pour tirer la charrue. Drôle de vision de la vie de couple, ou de la conjugaison grammaticale ?

Las ! Las ! le temps, mais nous nous en allons...

Il est plusieurs façons d'envisager le temps. La représentation la plus traditionnelle est celle d'un axe linéaire chronologique, qui part d'un passé plus ou moins lointain, se rend vers un futur tout aussi indéterminé et plus ou moins proche, en passant par la case de présent, frange sans cesse mouvante, puisqu'il n'est guère aisé de déterminer à partir de quand nous sommes au passé ou avons déjà basculé dans l'avenir : c'est l'ordre diachronique.

Pour répondre à cet état de fait, la langue a élaboré des temps qui permettent de situer à chaque fois sur cet axe général quand se situe le procès-verbal du verbe (rien à voir avec toute autre forme de PV, distribué par des pervenches…).

On trouve sur le Net diverses réponses à des tables de conjugaison peut être oubliées. Ainsi à la question : quel est le futur de «*je bâille*», là où nous attendrions «*je bâillerai*», on trouve pour réponse : «*je dors*», terme résultatif de l'action de dormir.

De semblable façon, quand une institutrice demande à ses élèves : Si je dis «je suis belle», quel temps est-ce ? Il y aura bien, au fond de la classe, un zigoto pour répondre : le passé, Madame. Tant il est vrai que l'instant présent ne dure pas et que *Las, las, le temps, mais nous nous en allons.* Fallait-il que Ronsard se plût à nous le rappeler !

Les trois ordres

On appelle chronologie l'ordre de succession des faits dans un récit : ainsi

- un fait ayant lieu avant un autre fait sera dit « antérieur »
- un fait ayant lieu en même temps qu'un autre fait sera dit « simultané »
- un fait ayant lieu après un autre sera dit « postérieur »

Outre le choix des temps dont dispose la langue, on pourra également marquer de différentes manières ce temps qui passe : une succession de verbes, des mots outils qui viendront scander les faits (avant, pendant, après), et bien évidemment une utilisation judicieuse des différents temps comme par exemple, ceux qui indiquent en eux-mêmes une forme d'antériorité (le futur antérieur ou le passé antérieur).

Les **temps simples** sont :

- **le présent** : Je pense donc je suis.
- **l'imparfait** : Il était une fois…
- **le passé simple :** Je le vis, je rougis, je pâlis à sa vue…
- **le futur :** Ah, tu verras, tu verras, tout recommencera, tu verras, tu verras, la vie c'est fait pour ça…

Les **temps composés** sont :

- **le passé composé :** Aujourd'hui, maman est morte…
- **le plus-que-parfait :** J'avais oublié que les roses sont roses…
- **le futur antérieur :** J'aurai bien aimé…
- **le passé antérieur :** J'eus préféré…

C'est vrai, pourquoi faire simples…

Le présent

Je pense donc je suis

À la suite du radical du verbe, on rajoute des *désinences* spécifiques à ce temps, ici en gras :

Pour le modèle des verbes du 1er groupe, aimer :

J'aim**e**
Tu aim**es**
Il/elle/on aim**e**
Nous aim**ons**
Vous aim**ez**
Ils/elles aim**ent**

Pour le modèle du deuxième groupe, finir :

Je fini**s**
Tu fini**s**
Il fini**t**
Nous finiss**ons**
Vous finiss**ez**
Ils finiss**ent**

Pour le troisième groupe, on est bien en peine, tant chaque verbe se distingue de son voisin.

Autant présenter plusieurs exemples que vous retrouverez plus bas.

Traitements à la carte, si on peut dire…

Les verbes du 1er groupe, en *-oyer, -uyer,* tels : employer, essuyer, transforment le *y* de leur radical en *-i* devenant un e muet :

J’emploie
Tu emploies
Il emploie
Nous employons
Vous employez
Ils emploient

Les verbes en *-ayer* admettent les deux graphies :

Je balaie/je balaye
Tu balaies/tu balayes
Il balaie/il balaye
Nous balayons
Vous balayez
Ils balaient/ils balayent

Ceux en *-eler, -eter* comme appeler, jeter, doublent leur consonne *l* ou *t* devant un e muet.

*J’appe**ll**e/je je**tt**e*
*Tu appe**ll**es/tu je**tt**es*
*Il appe**ll**e/il je**tt**e*
Nous appelons/nous jetons
Vous appelez/vous jetez
*Ils appe**ll**ent/ils je**tt**ent*

TRUC

Pour ceux et celles qui hésiteraient encore, entre le *double l ou le simple,* le *double t ou le simple*, vous n’avez qu’à tendre l’oreille : vous vous rendez bien compte de la différence entre le son (èl) ou (èt) pour certaines personnes, et le son (eul) ou (eut) pour les autres, non ?

Les verbes en *-cer, -ger* comme lancer ou manger prendront une cédille sous le c ou un e après le g, quand ils se trouveront devant un o de 1re personne du pluriel :

Je lance, tu lances, il lance, nous lançons, vous lancez, ils lancent.

(sinon on devrait prononcer « nous lan[qu]ons »)

Je mange, tu manges, il mange, nous mangeons, vous mangez, ils mangent.

(sinon vous entendriez « nous man[gu]ons »).

Des verbes enfin toujours du 1er groupe comme espérer ou semer, changeront le *e* ou le *é* à l’avant-dernière syllabe :

Je sème, tu sèmes, il sème, nous semons, vous semez, ils sèment.
J’espère, tu espères, il espère, nous espérons, vous espérez, ils espèrent.

Là encore, il n’y a qu’à écouter… les mots nous parler.

Les verbes du 3e groupe, des dissidents !

Il suffit d'observer la conjugaison des verbes du 3e groupe pour s'apercevoir qu'un grand nombre d'entre eux possède des formes personnalisées, comme faites pour chacun d'entre eux.

Beaucoup d'entre eux en deviennent irréguliers, tant ils transforment leur radical à certaines personnes : heureusement, on peut les retenir par la prononciation. Et chacun à sa façon a trouvé moyen de se distinguer :

VENIR	PRENDRE	CRAINDRE	PARAÎTRE	CUEILLIR	RECEVOIR
Je viens	*Je prends*	*Je crains*	*Je parais*	*Je cueille*	*Je reçois*
Tu viens	*Tu prends*	*Tu crains*	*Tu parais*	*Tu cueilles*	*Tu reçois*
Il vient	*Il prend*	*Il craint*	*Il paraît*	*Il cueille*	*Il reçoit*
Nous venons	*Nous prenons*	*Nous craignons*	*Nous paraissons*	*Nous cueillons*	*Nous recevons*
Vous venez	*Vous prenez*	*Vous craignez*	*Vous paraissez*	*Vous cueillez*	*Vous recevez*
Ils viennent	*Ils prennent*	*Ils craignent*	*Ils paraissent*	*Ils cueillent*	*Ils reçoivent*

Exceptions obligent !

La plupart des verbes du 3e groupe dont le radical se termine par un *d*, comme le modèle prendre, conservent ce *d* aux trois premières personnes, au moins, et ne prennent pas de t.

Seuls les verbes en -**aindre** comme craindre, en -**eindre**, comme peindre ou ceux en -**soudre** comme résoudre, troquent le *d* pour un *t* : Il craint / il peint / il résout.

Vous l'aurez vu, le verbe « cueillir » ressemble fort à la conjugaison d'un verbe du 1er groupe.

Et le verbe luire ne se conjuguera pas pour autant sur finir : je luis, tu luis, il luit, nous luisons, vous luisez, ils luisent…

Les verbes en -**aître**, comme paraître, en -**oître**, comme croître, conservent l'accent circonflexe sur le *i* de leur radical quand cet i est suivi d'un t : Il paraît / il croît.

Le verbe « croître » conservera même cet accent circonflexe dans toutes les formes où il serait susceptible d'être confondu avec le verbe croire : il croit (du verbe croire) / il croît (du verbe croître).

Les verbes *vouloir, pouvoir, valoir* prennent pour leur part un *x* aux deux premières personnes du singulier :

Je veux	*je peux*	*je vaux*
Tu veux	*tu peux*	*tu vaux*
Il veut	*il peut*	*il vaut*
Nous voulons	*nous pouvons*	*nous valons*
Vous voulez	*vous pouvez*	*vous valez*
Ils veulent	*Ils peuvent*	*Ils valent.*

Vous aussi, vous le valez bien !

L'imparfait

Il était une fois...

Il était une fois... n'est-ce pas la sempiternelle formule d'introduction à tout conte de fées ? Nous sommes pourtant bel et bien ici dans un manuel de grammaire.

Bonne nouvelle, les désinences sont les mêmes pour les trois groupes, y compris pour les verbes auxiliaires. Les voici :

-ais, -ais, -ait, -ions, -iez, -aient.

Ainsi sur nos modèles habituels, sans oublier les auxiliaires :

J'aimais, tu aimais, il aimait, nous aimions, vous aimiez, ils aimaient.

Je finissais, tu finissais, il finissait, nous finissions, vous finissiez, ils finissaient.

Je prenais, tu prenais, il prenait, nous prenions, vous preniez, ils prenaient.

J'avais, tu avais, il avait, nous avions, vous aviez, ils avaient.

J'étais, tu étais, il était, nous étions, vous étiez, ils étaient.

Si d'aventure, le radical du verbe se termine déjà par un *i* ou un *y*, comme pour les verbes crier ou balayer, on aura :

nous cri-ions, vous cri-iez

nous balay-ions, vous balay-iez

N'oublions pas non plus les variations de racine de certains verbes comme :

- **boire :** je buvais, tu buvais, il buvait, etc.
- **éteindre :** j'éteignais, tu éteignais, il éteignait, etc.

Le passé simple

Je le vis, je rougis, je pâlis à sa vue...

Le passé simple, temps de l'instant, se caractérise par 4 types différents de désinences pour les verbes des trois groupes :

-ai, -as, -a, -âmes, -âtes, -èrent, pour les verbes du 1er groupe en -er

-is, -is, -it, -îmes, -îtes, -irent, pour les verbes du 2e et 3e groupe en -ir

-us, -us, -ut, -ûmes, - ûtes, -urent, pour les verbes du 3e groupe en -oir, -re

-ins, -ins, -int, -înmes, -întes, -inrent, pour venir, tenir et leurs composés

Traitement à part pour les 2 verbes auxiliaires :

- **avoir :** *J'eus, tu eus, il eut, nous eûmes, vous eûtes, ils eurent.*
- **être :** *Je fus, tu fus, il fut, nous fûmes, vous fûtes, ils furent.*

Avec pour tous les verbes, marque de fabrique de ce temps, la présence d'un **accent circonflexe sur la première et la deuxième personne du pluriel.**

ATTENTION !

Certains verbes n'ont pas de passé simple : il s'agit de *dissoudre, absoudre, traire, paître, frire, clore*. Qu'aurions-nous pu imaginer pour eux autrement ? Le pire : *je dissolus… *j'absolus… *je trayis… *je paitis… Mieux vaut oublier ces horreurs !

Le futur

Ah, tu verras, tu verras, tout recommencera, tu verras, tu verras…
Claude Nougaro

Le futur simple exprime une action qui s'accomplira plus tard, dans un avenir plus ou moins proche.

Sa formation remonterait à une périphrase, formée par l'infinitif du verbe et le présent du verbe avoir.

Je porterai = (j') ai (à) porter : porter-ai

Tu porteras = (tu) as (à) porter : porter-as

Il/elle portera = (il) a (à) porter : porter-a

Nous porterons = (nous) avons (à) porter : porter-ons

Vous porterez = (vous) avez (à) porter : porter-ez

Ils/elles porteront = (ils) ont (à) porter : porter-ont

Ainsi, comme on le voit, le futur mêle à l'idée de temps pur une valeur d'obligation, voire d'intention.

Au futur simple, tous les verbes se terminent par la même désinence :

-rai, -ras, -ra, -rons, -rez, -ront.

Pour résumer :

- **Les verbes du 1er groupe** se terminent par *-erai, -eras, -era, -erons, -erez, -eront*
- **Les verbes du 2e groupe** par *-irai, -iras, -ira, -irons, -irez, -iront*
- **Pour ceux du 3e groupe,** divers traitements irréguliers sont à signaler : courir, mourir, acquérir, par exemple, doublent le **r** de leur radical au futur : Je courrai, je mourrai, j'acquerrai
- Les verbes en *-aître* et en *-oître* gardent l'accent circonflexe sur le i devant un t : sur le verbe paraître : je paraîtrai, tu paraîtras, etc.

ATTENTION !

Deux verbes d'exception :

- **aller**... qui change de racine :

  J'irais, tu iras, il ira, nous irons, vous irez, ils iront.

- **venir**... qui rajoute à son radical la lettre épenthétique *d.* Vous m'en direz tant !

  Je viendrai, tu viendras, il viendra, nous viendrons, vous viendrez, ils viendront.

... Quand on peut faire composés !

Et ils sont trois : le passé composé, le plus-que-parfait et le futur antérieur.

Trois à marquer un recul par rapport à un autre temps simple :

- le passé composé par rapport au présent ;
- le plus-que-parfait par rapport à l'imparfait ;
- le futur antérieur par rapport au futur.

Le passé composé

Aujourd'hui, maman est morte

Le passé composé, qui exprime une action passée d'une date plus ou moins précise, est le premier des 3 temps composés de l'indicatif. Il est composé de :

- l'auxiliaire avoir ou être – c'est selon – employé au présent de l'indicatif ;
- du participe passé du verbe conjugué.

Ainsi sur le verbe aimer : *j'ai aimé, tu as aimé, il a aimé, nous avons aimé,* etc.

Le verbe finir : *j'ai fini, tu as fini, il a fini, nous avons fini,* etc.

Le verbe prendre : *j'ai pris, tu as pris, il a pris, nous avons pris,* etc.

Mais alors, pourquoi Camus choisit-il d'écrire *Aujourd'hui, Maman est morte* ? Tout simplement parce qu'il n'a pas le droit d'écrire : *Maman a mouru. Il doit dire : Maman est morte. Ne vous y trompez pas. C'est bel et bien un passé composé !

Et les verbes auxiliaires eux-mêmes, *avoir* et *être,* on les forme de même :

J'ai eu	*J'ai été*
Tu as eu	*Tu as été*
Il a eu	*Il a été*
Nous avons eu	*Nous avons été*
Vous avez eu	*Vous avez été*
Ils ont eu	*Ils ont été*

Et pour former le passé composé de locutions verbales, incluant déjà un auxiliaire : avoir froid ou être souriant par exemple ?

J'ai eu froid…	*J'ai été* souriant
Tu as eu froid	*Tu as été* souriant

Etc.

Le plus-que-parfait

Le temps préféré de Jean-Joseph Julaud…

Un très beau titre, incontestablement, pour illustrer (au sens de faire briller) la collection dans laquelle il figure comme guide de la conjugaison française.

Le plus-que-parfait s'emploie pour exprimer une action qui s'est accomplie avant une autre action passée : elle était partie quand le soleil se leva/ s'est levé.

- À l'actif, on le forme avec l'imparfait de l'indicatif de l'auxiliaire *avoir,* suivi du participe passé du verbe conjugué :

  J'avais aimé *j'avais fini* *j'avais compris*

- Au passif, avec le plus-que-parfait de l'auxiliaire *être,* suivi du participe du verbe conjugué :

  J'avais été aimé *j'avais été fini* *j'avais été compris*

ATTENTION !

Pour certains verbes intransitifs, on devra remplacer l'auxiliaire *avoir* par l'auxiliaire *être* :

pour le verbe partir, on ne dira pas *j'avais parti mais bien : j'étais parti.

Le passé antérieur

Le nez de Cléopâtre, s'il eût été plus court, toute la face de la terre aurait changé.

Entre le passé antérieur et le plus-que-parfait précédemment cité, c'est juste une question de « timing ». Ce temps exprime une action, qui vient tout juste de s'accomplir avant une autre action passée – cette dernière du reste étant généralement exprimée au passé simple :

> Quand il eut fini de lire son journal, il partit dîner.

Il est formé du passé simple de l'auxiliaire *avoir* (ou être) suivi du participe passé du verbe conjugué. Belle occasion de réviser ici votre classique verbe **avoir**.

J'eus aimé	J'eus fini	J'eus compris	Je fus allé
Tu eus aimé	Tu eus fini	Tu eus compris	Tu fus allé
Il eut aimé	Il eut fini	Il eut compris	Il fut allé
Nous eûmes aimé	Nous eûmes fini	Nous eûmes compris	Nous fûmes allés
Vous eûtes aimé	Vous eûtes fini	Vous eûtes compris	Vous fûtes allés
Ils eurent aimé	Ils eurent fini	Ils eurent compris	Ils furent allés

Le futur antérieur

Quand on t'aura appelé, tu viendras.

Très improprement nommé, le futur antérieur n'est rien d'autre qu'un futur du passé.

Composé du futur simple des auxiliaires *avoir* et *être*, selon que le verbe est transitif ou non, et du participe passé du verbe conjugué, le futur antérieur exprime ce qui va être accompli à un moment quelconque dans l'avenir.

Dès que je serai arrivé, je t'enverrai un texto.

J'aurai aimé/fini/pris	*Je serai parti*
Tu auras aimé/fini/pris	*Tu seras parti*
Il aura aimé/fini/pris	*Il sera parti*
Nous aurons aimé/fini/pris	*Nous serons partis*
Vous aurez aimé/fini/pris	*Vous serez partis*
Ils auront aimé/fini/pris	*Ils seront partis*

Il peut même s'employer pour exprimer une action ou un fait déjà accomplis au moment où l'on parle : Il sera donc parti, sans même que je le voie.

Et des temps surcomposés, ça existe aussi, mais oui !

C'est la touche la plus moderne sans doute de ce tableau d'emploi des temps. De quoi nous laisser pantois et rêveurs. À croire que finalement on aime les complications !

Les temps surcomposés les plus en usage sont :

- le passé antérieur : *j'ai eu aimé*
- le plus-que-parfait : *j'avais eu aimé*
- le futur antérieur : *j'aurai eu aimé*
- le passé du conditionnel : *j'aurais eu aimé*

Plus rares sont le subjonctif passé : *que j'aie eu aimé*, l'infinitif passé : *avoir eu aimé* et le participe passé : *ayant eu aimé.*

Heureusement ! parce que je me dis que vraiment je ne les emploierais pas tous les jours…

Les conjugaisons à la voix passive

Pour conjuguer un verbe à la voix passive, on prend le verbe *être* à tous ses temps et on l'accompagne du participe passé du verbe à conjuguer.

En quel cas, le participe devient l'attribut du verbe et s'accorde en tout point avec lui.

Le soleil éclaire la terre, forme à la voix active, se transforme en *La terre est éclairée par le soleil*, à la voix passive.

Il va de soi que seuls les verbes transitifs pourront être mis à la voix passive et que dans un verbe à la voix passive, tous les temps seront donc composés.

Bref, on reprend les mêmes et on forme tous les temps avec l'auxiliaire marqueur de la voix passive, *être*.

Le verbe « obéir », bien qu'étant un verbe transitif indirect, peut s'employer aussi bien à la voix active que passive : L'élève obéit à son maître.

Mon père, vous serez obéi.

Évaluation

Complétez le texte suivant de Rousseau en remplaçant les formes mises entre parenthèses par les formes verbales conjuguées au bon temps et à la bonne personne.

J'(apercevoir, passé simple) une petite fille qui (vendre, imparfait) des pommes sur un inventaire qu'elle (porter, imparfait) devant elle. Elle (avoir, imparfait) beau vanter sa marchandise, elle ne (trouver, imparfait) pas de chalands. « Combien toutes vos pommes ? lui (dire, passé simple) -je. – Toutes mes pommes ! (reprendre, passé simple) -elle. Et la voilà occupée à calculer en elle-même. « Six sous, monsieur, me (dire, passé simple) -elle. – Je les (prendre, présent) pour ce prix, à condition que vous irez les distribuer à ces petits savoyards que vous (voir, présent de l'indicatif) là-bas. Ce qu'elle (faire, passé simple) aussitôt. Ces enfants (être, passé simple) au comble de la joie.

Réponses : J'aperçus, vendait, portait, avait, trouvait, dis, reprit, dit, prends, voyez, fit, furent.

Écrivez aux temps indiqués les formes entre parenthèses :

Dès qu'il nous (apercevoir, passé antérieur) et qu'il (parvenir, passé antérieur) à portée de nous, il nous (appeler, passé simple).

Aussitôt que nous vous (offrir, passé antérieur) notre aide et que vous l'(accepter, passé antérieur), nous (devenir, passé simple) amis.

Notre bière, quand il l'eut (boire), lui parut délicieuse.

Réponses : eut aperçu, fut parvenu, appela / eûmes offert, eûtes accepté, devînmes / bue.

Donnez la forme passive des formes actives suivantes :

Tu frapperas, elle aura frappé, on frappait ; nous chérîmes, qu'il chérisse, chérissons ; vous punirez, elle eût brisé, nous écoutons, tu choisissais.

Réponses : tu seras frappé, elle aura été frappée, on était frappé ; nous fûmes chéris, qu'il soit chéri, soyons chéris ; vous serez punis, nous sommes écoutés, tu étais choisi.

Retrouvez la première personne du singulier du passé composé des verbes suivants :

Être adroit, courir, aller, comprendre, éteindre, tomber, s'enrhumer.

Réponses : j'ai été adroit, j'ai couru, je suis allé, j'ai compris, j'ai éteint, je suis tombé, je me suis enrhumé.

À vous de mettre les verbes suivants aux 1res personnes du singulier et du pluriel du passé simple : chanter, prévenir, vivre, voir, rire, aller, obtenir, avoir.

Idem aux 3es personnes du singulier et du pluriel : dormir, décider, être, conquérir, finir, craindre, pleuvoir

Réponses : Je chantai, nous chantâmes / je prévins, nous prévînmes / je vécus, nous vécûmes / je vis, nous vîmes / je ris, nous rîmes/ j'allai, nous allâmes / j'obtins, nous obtînmes / j'eus, nous eûmes.
Il dormit, ils dormirent / il décida, ils décidèrent / il fut, ils furent / je conquis, ils conquirent / je finis, ils finirent / je craignis, ils craignirent / il plut, pas de pluriel pour ce verbe impersonnel.

Troisième partie

La phrase dans tous ses états

Dans cette partie...

Une phrase est à elle seule une palette de tous les sentiments et émotions que servent à exprimer des mots, des groupements de mots, selon un certain ordre, un certain rythme. Chaque groupe, composé la plupart du temps d'un sujet, d'un verbe et d'autres mots qui viennent déterminer le sujet ou compléter le verbe, tous étroitement liés par le sens, forme une *proposition,* tout ce qu'il y a de plus honnête…

Dès lors, une phrase pourra comprendre une seule proposition ou plusieurs, de nature et de forme différentes, unies entre elles par des rapports analogues tout aussi étroits que ceux qui unissent les mots dans une même proposition.

Ces propositions, elles seront : *verbales* ou *nominales*, *indépendantes* ou *principales*. Sans oublier les nombreuses *subordonnées*, en état de dépendance par rapport aux deux précédentes.

Nous examinerons la phrase sous toutes les coutures : ses tonalités allant de l'affirmation à l'interrogation, ses dispositions, phrase simple ou complexe, ses outils de composition, qu'il s'agisse d'un mode d'expression par coordination ou subordination. C'est dans ce dernier registre que nous découvrirons l'extrême richesse de la langue française.

La ponctuation apportera le point d'orgue à cette partie portant essentiellement sur la syntaxe. Tout le travail de modelage qu'offrent des outils, tels que la virgule ou le point et ses adjoints, seront passés au crible pour rappeler que tout compte dans l'expression, et qu'il suffit parfois d'un mot placé à une place plutôt qu'à une autre, pour que la face du monde en soit changée.

Chapitre 9

Qu'est-ce qu'une phrase ?

Dans ce chapitre :

- Des phrases simples… aux phrases composées
- Différentes races de propositions
- Tu coordonnes ou tu subordonnes ?
- La ponctuation et ses signes cabalistiques
- Comment donner des couleurs à la phrase ?

Les mots, c'est méga chiant ! (…) Tu regardes les mots, puis tout d'un coup tous ces mots ohh, ça fait des phrases, et toutes ces phrases, côte à côte, ohh, ça raconte une histoire, une histoire d'amour, celle de l'auteur, Harlequin ! (…) Monsieur Harlequin, il possède tous les mots de la langue française : il les a tous chez lui sur de petits tampons, et regarde, il en met partout ! Il tamponne comme un dingue ! (…) Des fois, il tamponne n'importe quoi !

Toujours dans le sketch intitulé « *I fo lire* ! », Dany Boon se moque d'une forme de littérature dite de gare, celle des romans à l'eau de rose. Les mots s'apparentent dans ce court morceau à de petits tampons, qu'il suffirait d'aligner les uns à la suite des autres pour former des phrases. L'expérience de ce jeune novice face aux mots qui racontent une histoire (d'amour) avec tous les clichés du genre, a de quoi faire sourire.

Des mots, plus des mots, suffisent-ils vraiment à faire des phrases ? Est-ce là la recette de la fabrication d'une phrase ? Le langage parlé comme écrit se compose en effet de phrases. Or, qu'est-ce qu'une phrase ? Une phrase est un assemblage de mots, présentant un sens complet à lui seul, chacun des mots contribuant à sa manière à composer l'idée ou les différentes idées que contient la phrase.

Petit détail concret : rajoutons que la coutume veut qu'une phrase écrite commence avec une majuscule et se termine par un point.

Une succession de mots ordonnée

Il existe deux types de phrases : les phrases simples et les phrases complexes.

La phrase simple

La phrase est dite **simple,** si elle ne présente qu'un ou quelques éléments.

On parle alors plus volontiers de proposition s'il s'agit d'un groupe de mots étroitement liés par le sens et renfermant un verbe.

L'exemple latin cité en la matière est le suivant. Quelqu'un dit : *Eo rus* « Je vais à la campagne », un autre lui répond : *i* : vas-y (donc). À coup sûr, c'est la phrase la plus courte de toute la littérature antique : elle se réduit à une seule lettre, constituant un seul mot, l'impératif du verbe *ire,* aller. Pour la phrase la plus longue, on vous renvoie à l'interminable liste de 27 mots/plats grecs énumérés dans l'*Assemblée des femmes* d'Aristophane.

C'est avant tout l'idée qui fait l'unité d'une phrase. Parfois un seul mot même pourra suffire :

- **une apostrophe** (élogieuse ou réprobatrice) avec un nom ou un adjectif :

  Amandine ! Vauriens ! Halte !

- **un cri**, plus ou moins involontaire, sous forme d'**interjections** :

  Aïe ! Ouf ! Ouste ! Dehors !

- **un verbe** ou **forme verbale** du genre :

  Ralentir / Vu / Rentrons / Approchez

  Parfois plusieurs mots viennent concourir à l'élaboration d'une idée d'ensemble : l'union faisant ici aussi la force.

Être une phrase libérée, tu sais, c'est pas si facile !

Une phrase simple ne comporte qu'une seule proposition. Le centre de la phrase ne sera pas du reste forcément un verbe, mais un mot sans fonction propre : on parle alors de « phrases nominales » : un adjectif par ici, un pronom par là, quand ce n'est un verbe à l'infinitif…

Pauvre de moi !
Quoi !
Vous ici !
Me traiter de la sorte !

Aux tonalités/modalités plus ou moins expressives

La formulation d'une phrase épouse en fait différentes intentions de celui qui s'exprime. On en dénombre quatre :

1. **la phrase déclarative** : par elle, celui qui parle transmet une information ou exprime une opinion. Elle sera :
   - ***affirmative*** si elle énonce un fait, une idée, un sentiment sous une forme catégorique, avec certitude : le soleil brille.
   - ***négative*** si, au contraire, elle atténue le propos jusqu'à n'exprimer qu'une simple possibilité : Il ne faut jurer de rien.
2. **la phrase interrogative,** si elle pose des questions ou veut exprimer une protestation, voire une délibération :
   - Qui va là ?
   - Que diable allait-il faire dans cette galère ?
3. **la phrase exclamative,** si elle traduit des nuances très diverses de l'émotion, pouvant aller du désir, du souhait, de la satisfaction, de la joie à la douleur, la protestation, l'indignation, la réprobation, etc.

   Dans ces mots de Sganarelle, on ne sait ce qui l'emporte, l'admiration ou la répulsion de ce valet pour son maître : *Ah ! Quel homme ! Quel homme !*
4. **la phrase injonctive,** si on veut signifier un ordre ou une défense, ou même un désir ou une crainte : Sois belle et tais-toi.

La phrase affirmative ou celle qui dit oui

Voici, exprimée à plusieurs temps, la même phrase : Il vient. Il viendra. Il est venu.

Dans tous les cas, elle se veut probante et sert à exprimer un fait positif et catégorique.

L'*affirmation* peut être *renforcée* par des adverbes :

Oui dà, il viendra.

Il viendra, à n'en pas douter, assurément.

Ou *atténuée* par l'emploi d un temps et d'un adverbe modalisateur :

Il viendra peut-être, vraisemblablement, probablement, sans doute…

Ou d'un verbe modalisateur :

Je dois vous paraître impolie / Je voulais vous dire / Il peut être onze heures.

Ou par le choix d'un mode :

Il y aurait, dit-on, de nombreux morts (ici le conditionnel).

Nul n'est venu, que je sache (à ce que je sache) (ici le subjonctif).

La phrase négative, celle qui dit non

La négation courante se présente sous la forme d'un morphème discontinu, en deux parties : *ne... pas* – *ne* devenant *n'* devant une voyelle – : je ne veux pas / je n'écoute pas. Elle peut encore se présenter de manière plus appuyée si on veut en fait dire **Non, non et non... !**

Et entre négation renforcée ou atténuée, vous avez tous les choix.

Pour la *négation renforcée* : ne ... point, ne ... jamais, ne ... nullement, ne ... guère

Je n'ai point consulté pour suivre mon devoir.
Corneille

Ne ... rien moins que

Mes gens à la science aspirent pour vous plaire
Et tous ne font rien moins que ce qu'ils ont à faire.
Molière

Rien de moins que (variante) :

La Phèdre de Racine n'est rien de moins qu'un chef-d'œuvre.
Marmontel

Pour la *négation atténuée* :

- avec **mode indicatif :** je ne le crois pas...
- avec **mode subjonctif :** je ne sache pas que...
- avec **mode conditionnel :** je ne saurais dire.

La double négation

Plus subtil, c'est parfois par une double négation qu'on consolide l'affirmation, moins par moins faisant plus, comme chacun sait.

- Il ne peut pas ne pas venir : il viendra donc !
- Il n'est personne qui ne soit venu, pour dire : tout le monde est venu.

L'expression en est alambiquée, il faut bien l'admettre.

La phrase interrogative, celle qui ne sait pas ou qui fait tout comme !

Tu veux ou tu veux pas ?

Poser une question, c'est interroger et cela appelle toujours une réponse. La phrase interrogative se caractérise par la place du sujet, qui s'inverse par rapport à l'ordre habituel – il vient après le verbe – et la présence d'un point d'interrogation qui ponctue la phrase.

Les mots interrogatifs sont de trois sortes : les pronoms, les adjectifs et les adverbes. Relisez le chapitre 7.

Prenons comme exemples les verbes auxiliaires : avoir, être et les modèles des différents groupes que nous mettons à la 1re personne de l'indicatif :

J'ai / Je suis / J'aime / Je finis / Je comprends / Je dors

Les revoici sous la forme interrogative :

*Ai-je ? Suis-je ? Aim**é**-je ? Finis-je ? Comprends-je ? Dors-je ?*

Modif(ication)s en vue...

Vous remarquez que le verbe terminé par un *e* à la première personne du singulier du présent de l'indicatif, soit un verbe du premier groupe, aimer, prend un accent aigu sur cet *e*. D'ores et déjà donc, vous n'hésiterez plus quand vous aurez à orthographier ces formes d'interrogation.

Si vous choisissez maintenant de vous exprimer à la 3e personne du singulier :

Il a / Il est / Il aime / Il finit / Il comprend / Il dort

Cela donne sous la forme inversée :

A-**t**-il ? Est-il ? Aime-**t**-il ? Finit-il ? Comprend-il ? Dort-il ?

Là encore vous constatez un traitement spécial pour l'auxiliaire *avoir* et les verbes du 1er groupe : on rajoute une lettre, un **t,** dit *épenthétique*.

Il en est de même au temps du passé simple ou du futur de ces mêmes verbes, ainsi que des autres verbes modèles :

Il eut / Il fut / Il aima / Il finit / Il comprit / Il dormit

Eut-il ? Fut-il ? Aima-**t**-il ? Finit-il ? Comprit-il ? Dormit-il ?

Il aura / Il sera / Il aimera / Il finira / Il comprendra / Il dormira

Aura-**t**-il ? Sera-**t**-il ? Aimera-**t**-il ? Finira-**t**-il ? Comprendra-**t**-il ? Dormira-**t**-il ?

C'est pour éviter un hiatus (c'est-à-dire la rencontre de deux voyelles peu agréable à l'oreille) que ce *t, tampon euphonique*, vient se placer après toute terminaison en **a**, au futur donc, comme au passé simple, pour les verbes du premier groupe. On note également la présence d'un tiret mettant en valeur cette lettre tampon.

Tout est dans le ton !

On peut aussi marquer l'interrogation par la seule intonation de la voix, sans inverser le sujet. Ainsi au lieu de dire « rentrons-nous ? » on peut tout aussi bien dire « nous rentrons ? ». Le seul point d'interrogation est significatif à cet égard.

L'intonation seule suffit à traduire l'impatience dans les phrases suivantes :

Vous êtes prêts ? Vous venez les enfants ?

Inversement, si on veut employer une expression encore plus châtiée, on fera appel à la formule complète et la plus correcte « *est-ce que* », qui, placée en tête de phrase, permet de marquer l'interrogation tout en gardant la place habituelle des mots : « Est-ce que nous rentrons ? »

L'interrogation oratoire

On appelle interrogation oratoire ou rhétorique une fausse interrogation. C'est en fait une question dont on connaît au préalable la réponse et surtout dont on oriente la réponse.

Est-il possible qu'il ait commis une telle faute ?

La réponse attendue est : bien sûr que non (= il n'est pas possible).

La formulation par la négative, inversement, présuppose une réponse affirmative :

Ne vous avais-je pas averti ? bien sûr que oui (= je vous avais averti).

Quant à la formule : Il n'est pas beau ce bébé ? elle appelle, vous le savez bien, un compliment.

La question rhétorique permet en réalité de déguiser une assertion, positive ou négative, sous couvert de demande d'information : *Par quelles lois, par quels écrits, par quels rescrits leur a-t-on défendu d'ouvrir les yeux et de lire ?*

Réponse : « aucun ».

Est-il rien de plus bizarre que ma destinée ? disait Figaro.

Est-il rien de plus subtil que l'interrogation oratoire ?

Et la cumularde, la phrase interro-négative !

On peut vouloir exprimer en même temps une question et une négation.

Ma sœur Anne, ne vois-tu rien venir ?

Ma sœur Anne, est-ce que tu ne vois rien venir ?

La phrase exclamative !

Pour marquer, face à une situation donnée, toutes sortes de réactions, allant de la surprise à l'indignation, on utilise une phrase exclamative :

Est-ce possible !

Les outils exclamatifs les plus couramment employés sont : *comme* et *que.*

Comme/que tu es jolie !

On rencontre également l'adjectif *quel,* connu par ailleurs comme outil interrogatif.

Quelle belle journée !

À l'inverse de la phrase interrogative traditionnelle, la phrase exclamative pourra ne pas faire l'inversion du sujet : Avec quelle gentillesse elle nous a reçus !

Et parfois aussi, la seule ponctuation traduira la réaction du locuteur :

Et comment !

C'est du beau !

Tout comme la phrase interrogative, la phrase exclamative peut, elle aussi, se passer d'outils : un infinitif, un adjectif, un nom suffisent parfois :

Mourir à cet âge !

Jolie, la passe !

Une pure merveille, cette tarte aux pommes !

L'exclamation, étant une réaction impulsive face à un événement réel ou même imaginé, se présentera à tous les modes :

- **Infinitif :** *Moi vivre à Paris ! Eh ! Qu'y voudrais-je faire !* (Boileau)
- **Subjonctif :** Que je fasse cela, mais vous n'y pensez pas !
- **Conditionnel :** *J'ouvrirais pour si peu le bec !* (La Fontaine)

Quand le tour exclamatif vire à l'interrogation ! Un « Comme/que je suis content de te voir ! » peut devenir : « Ce que je suis content de te voir ! » comme si on délayait l'exclamation. À ce compte, un « Comme il fait froid ! » peut aussi se transformer en « Qu'est-ce qu'il fait froid ?! » Quelle est alors la véritable nature de la phrase ?

Comment ça va bien ! ?

Le titre d'une récente émission télévisée, diffusée l'après-midi, *Comment ça va bien*, offre un bon exemple d'incorrection grammaticale. En effet, l'absence tout d'abord du point d'exclamation empêche qu'on puisse raisonnablement envisager de considérer la phrase comme une exclamative. Par ailleurs l'outil « comment » est plus connu dans des emplois interrogatifs. L'expression « Comment ça va ? » se laisserait ainsi bien mieux comprendre. Et on serait alors en droit de répondre par « bien » ou « mal ». L'outil exclamatif idoine à cette formulation serait plutôt « comme » : Comme ça va bien !

Le subtil mélange d'un outil interrogatif associé à une tonalité exclamative, donnant déjà de surcroît la réponse à la question, force ici la curiosité. C'est peut-être du reste le but recherché pour attirer le spectateur et orienter le propos vers une résolution optimiste. Mais sachez que cette formulation, en tant que telle, n'est pas correcte.

La phrase injonctive

Les ressources de la syntaxe, pour traduire des nuances comme la volonté, l'ordre, la défense, le désir ou la crainte, sont, somme toute, plus limitées qu'on ne le croit.

Pour l'ordre, on aura recours aux modes impératif et subjonctif, qui s'en partagent les emplois en fonction de la personne qui s'exprime :

> Entre.
>
> Qu'il entre.
>
> Entrons.
>
> Entrez.
>
> Qu'ils entrent.

L'infinitif conviendra mieux s'il s'agit d'une personne totalement indéterminée : Sonner puis entrer (trouve-t-on à la porte d'entrée des cabinets médicaux).

Pour traduire désir, crainte ou regret, on fera appel aux outils suivants :

Pourvu que ça marche !

Ah ! si seulement ça pouvait marcher !

Plaise au ciel que ça marche !

Que Dieu vous entende !

Comment une phrase peut en cacher une autre !

Il peut arriver qu'un type de phrase corresponde pour le sens à l'acte de parole d'un autre type.

C'est ainsi qu'une phrase déclarative est souvent l'équivalent d'une phrase injonctive, pour peu que le ton ou le temps employés le fassent ainsi sentir :

> Tu aimeras ton père et ta mère veut dire : Aime ton père et ta mère.

Une phrase interrogative peut elle aussi équivaloir à une phrase d'ordre, même si l'injonction y est plus modérée :

> Voudriez-vous prendre place… veut dire : Prenez place, je vous prie.

Une phrase déclarative peut être l'équivalent d'une interrogation (indirecte) :

> J'aimerais savoir si vous viendrez demain veut dire : Vous viendrez demain ?

La phrase complexe ou composée

Une phrase complexe comportera plusieurs propositions qui doivent être étroitement liées les unes aux autres, soit par le sens, soit par des liens grammaticaux, conjonctions de coordination ou de subordination.

Il existe trois manières d'enchaîner diverses propositions :

- **la juxtaposition,**
- **la coordination,**
- **la subordination.**

La juxtaposition, ou le degré zéro… de liaison entre les phrases

La juxtaposition consiste à poser côte à côte plusieurs propositions qu'un simple signe de ponctuation sépare. Ce peut être une virgule, ou un point-virgule comme un deux-points.

La célèbre parole de César : *Veni, vidi, vici* « Je suis venu, j'ai vu, j'ai vaincu » en est une bonne illustration. Les mots ne s'enchaînent pas à l'aveuglette. Il y a entre eux malgré tout un lien, un rapport de cause à effet dans le cas présent et aussi une progression temporelle.

Le rapport pourra encore être causal dans cet autre exemple : Ils sont sortis : le soleil brillait. Ou concessif : Il pleut des cordes ; elle est sortie.

Quand aucun mot ne joue le rôle d'un support spécialisé de relation logique, on dit des propositions qu'elles sont juxtaposées. Cette construction porte un autre nom en grec, *parataxe.* Les mots, posés les uns à côté des autres, pour reprendre l'étymologie du mot, tissent tout de même des liens implicites, à défaut d'être explicites.

On a souvent constaté que la juxtaposition ou parataxe est le domaine réservé de l'expression orale. Cela se laisse comprendre : outre les mots, dans tout échange verbal, interviennent aussi le ton, les pauses, les gestes, voire les silences… On ne prend pas toujours le temps de former des phrases structurées, on va à l'essentiel.

Les différentes sortes de propositions

On appelle **proposition indépendante** une proposition (nominale ou verbale) qui se suffit à elle-même, qui n'offre aucune fonction grammaticale par rapport à une autre, ne dépend d'aucune autre et dont aucune autre non plus ne dépend. La phrase solo quoi !

Elle peut se présenter en un seul énoncé, voire en deux ou plus. Ainsi, on rencontrera des propositions indépendantes coordonnées ou juxtaposées.

> Amandine a fait des études de droit, son frère Benjamin s'adonne aux joies du théâtre.
>
> Les lumières s'éteignirent et le rideau se leva.

La proposition principale et la proposition subordonnée : un tandem obligé

En revanche, dès qu'une proposition, au demeurant indépendante, se trouve complétée par une autre, qu'elle soit relative, conjonctive, bref, mise dans un statut de subordination, on la dira alors principale.

La **proposition subordonnée** est celle qui dépend grammaticalement d'une autre proposition dite **principale**.

Y a-t-il une place spécifique pour la principale dans la phrase ? Elle peut précéder ou suivre la ou les subordonnées, voire même être interrompue par elle(s).

Qui dit un (seul) verbe, dit une phrase indépendante. Qui dit plus, dit peut-être une principale et une ou des subordonnées. Soyons clairs. Pour connaître le nombre de propositions d'une phrase, il n'y a qu'à savoir compter le nombre de verbes présents. Sauf que…

Attention aux ellipses !

Toute proposition peut être elliptique si d'aventure l'un ou plusieurs de ses éléments restent sous-entendus. On parle alors d'*ellipse*, c'est-à-dire d'une omission volontaire du sujet ou du verbe, sans grande conséquence car la pensée permet toujours de suppléer facilement au sens.

> Irez-vous au théâtre demain ? Sans doute (que j'irai).
>
> Nous sortirons si le temps le permet. Et s'il pleut ? (Sortirez-vous ?)

L'ellipse a le rôle stylistique qu'on sait, aussi bien dans la langue écrite que parlée. Elle sert à mettre en valeur tel ou tel mot de la phrase. Rien d'étonnant donc à ce qu'on l'emploie souvent dans les proverbes, pour frapper l'attention :

> *Tel père, tel fils.*

avec ici double ellipse, dans les deux membres de phrase mis en parallèle, ce qui revient à dire : Tel est le père, tel est le fils.

Il arrive même que la proposition principale elle-même soit entièrement sous-entendue : c'est le cas toutes les fois que ce qu'elle devrait énoncer résulte de manière tellement évidente de la proposition subordonnée qu'il n'est en rien inutile de l'exprimer clairement :

> Si j'avais pu savoir !
>
> Dire que nous avons pu croire chose pareille !

Quand les effets de style s'en mêlent !

Au regard du style, il existe plusieurs types de phrase :

- **la phrase coupée,** ayant le plus souvent un rythme alerte ;
- **la phrase liée** ou logique, qui use et abuse de la subordination ;
- **la phrase oratoire**, dite périodique, aux nombreux méandres ;
- **la phrase affective,** souvent désorganisée et disloquée sous le coup de l'émotion qui se rapproche plus du style oral.

La phrase coupée est essentiellement faite de phrases courtes, nerveuses, coordonnées ou simplement juxtaposées, pour la plupart indépendantes : l'usage de la virgule y est prépondérant, ainsi que celui du point-virgule. Cette écriture, pleine de vie, reproduit à merveille le mouvement et ainsi évite lourdeurs et monotonie.

Le portrait suivant de Diphile, l'amateur d'oiseaux, de la Bruyère en est une parfaite démonstration : *Il retrouve ses oiseaux dans le sommeil ; lui-même il est oiseau, il est huppé, il gazouille, il perche ; il rêve la nuit qu'il mue ou qu'il couve.*

La phrase liée ou logique, mieux qu'aucune autre, est propice à l'expression du raisonnement et de la démonstration. Elle s'entoure de propositions qui alternent entre indépendantes, principales et surtout subordonnées. Ample, elle permet de souligner plusieurs circonvolutions de la pensée, mettant aux prises causes et conséquences, conditions et oppositions. Un exemple de Montesquieu dans l'*Esprit des Lois* fait ici parfaitement l'affaire.

> *Si je pouvais faire en sorte que tout le monde eût de nouvelles raisons pour aimer ses devoirs, son prince, sa patrie, ses lois ; qu'on pût mieux sentir son bonheur dans chaque pays, dans chaque gouvernement, dans chaque poste où l'on se trouve, je me croirais le plus heureux des mortels.*

Et enfin la période... !

Certains voient dans la phrase liée ou logique, l'ancêtre de la phrase périodique. Cette dernière s'avance en effet avec tout son cortège de phrases subordonnées, secondaires sans jamais vraiment l'être, aux multiples rebondissements et ouvertures, avant parfois, mais pas toujours, de retomber sur une chute. Tour à tour propositions subordonnées et principales intervertissent leur place.

> *La phrase a passé par des siècles de tâtonnements avant de trouver la période, c'est-à-dire cette forme harmonieuse de lignes, équilibrée et ample, qui groupe dans un ensemble logique une série d'idées, ayant chacune ses éléments propres,* selon les termes de Ferdinand Brunot.

À coup sûr, quand on parle de phrase périodique, c'est lorsque celle-ci est longue, étoffée, mais souple et harmonique, d'un ample mouvement, dit oratoire. Trois auteurs viennent alors à l'esprit : le vétéran Cicéron, l'évêque Bossuet et François-René de Chateaubriand, le maître incontesté du genre.

Sans doute Isocrate, styliste grec accompli, est-il le véritable créateur de la période oratoire. Au style antithétique (jeu d'oppositions) du sophiste Gorgias, il substitua un style ample et arrondi, utilisant de longues phrases longues, combinant participes, oppositions et balancements, propositions subordonnées qui emmenaient interlocuteur et lecteur dans un agencement soigné, sans jamais nuire à la clarté. Pour exemple :

> *Égaux dans l'audace qu'ils avaient mise en ligne, ils ne furent pas semblablement servis par la Fortune, mais, tandis que les uns étaient détruits et, moralement vainqueurs, succombaient matériellement (car l'équité défend de dire qu'ils aient été vaincus, puisque aucun d'eux ne put se résigner à fuir), les autres, nos ancêtres, vainquirent les vaisseaux d'avant-garde, puis quand ils apprirent que le défilé (des Thermopyles) était aux mains des ennemis, ayant fait voile vers leur patrie et mis bon ordre aux affaires de la cité, ils prirent pour la suite de si sages mesures que, malgré le nombre et la beauté de leurs premiers exploits, c'est au terme de ces épreuves qu'ils accrurent encore leur supériorité.*

Nous mettons quiconque au défi de résumer de deux mots cette phrase de 11 lignes. Il faut la relire pour en saisir le sens et encore !

> Émile Faguet qui a analysé historiquement l'appropriation par le français de la phrase périodique ancienne, affirme que la langue a su se protéger de cette phrase synthétique, capable d'embrasser toute une idée et ses dépendances en un ensemble bien lié en gardant *pour l'usage courant un langage plus rapide, bref, concis, aisé et ailé où la pensée ne se déroule pas avec (autant de) majesté, mais jaillit et court, de l'allure naturelle qu'elle a dans une causerie, dans une discussion, dans une lettre à un ami.*

La phrase affective du style parlé

À vouloir exprimer ses sentiments, on en arrive souvent à détruire l'ordonnance logique et régulière d'une phrase. La voici dès lors qui se raccourcit, se tronque, se réduit en fragments où ne restent plus que les mots qui vont faire sensation, impression. La cadence est haletante, désordonnée, à l'image de la réalité qu'elle retranscrit.

> *Oh ! Grand saint Père, ce qu'il y a ? Il y a que votre mule !... Mon Dieu, qu'allons-nous devenir ? Il y a que votre mule est montée dans le clocheton.*
>
> Alphonse Daudet

Chapitre 10

Coordination et/ou subordination

Dans ce chapitre :

- Mais ou et donc or ni car…
- Des structures bien de chez nous… les *gallicismes*
- Les propositions subordonnées
- Le jeu des différences

> *Une phrase, c'est comme un arbre de Noël. Tu commences par le sapin nu et puis tu l'ornes, tu le décores à ta guise… jusqu'à ce qu'il s'effondre. Attention à ta phrase : si tu la charges trop de guirlandes et de boules, je veux dire d'adjectifs, d'adverbes et de relatives* (sans oublier toutes les autres subordonnées…) *elle peut s'écrouler aussi.*
>
> Erik Orsenna

À quoi se joue tout de même l'organisation d'une phrase, à ce seul préfixe ou préverbe, *co* (*cum*) ou *sub*, qui indique un rapport d'autonomie totale, quand il y a indépendance, ou de dépendance si on fait usage de subordonnées ! Si l'on veut être clair, on recourra plutôt à la coordination ou à la subordination.

La coordination permet de relier dans une même phrase deux éléments ou plus ayant le même statut, alors que la subordination sert à relier deux éléments de statut différent. La coordination, à la différence de la juxtaposition, présente des outils qui matérialisent un rapport précis. Certains seront encore plus évidents que d'autres : un « pourtant » impose plus son sens d'opposition qu'un « alors », mi-temporel, mi-causal. Quant au « et » qu'on utilise à tous crins comme le mais, de nos jours devenu totalement affadi, ils ont perdu tout crédit. Sauf chez certains auteurs qui en font une relance de phrase bien particulière.

La subordination permet pour sa part d'être la plus explicite possible. On n'aura pas le moindre doute sur la nature profonde de certains outils subordonnants, même si l'ambiguïté sera parfois au rendez-vous.

La coordination : « Mais ou et donc or ni car » ?

Les conjonctions de coordination servent de lien entre toutes sortes de propositions : deux indépendantes, deux principales, deux relatives, deux subordonnées.

Une formule magique… en tout cas mnémotechnique !

On a coutume de les mémoriser par la formule : **mais ou et donc or ni car**.

Pourtant, elles présentent toutes une nuance spécifique :

- **mais :** une valeur oppositive (adversative)
- **ou :** une valeur alternative
- **et :** une valeur copulative (de liaison) et additive (ajout)
- **donc :** une valeur résultative (de conclusion)
- **or :** une valeur d'opposition
- **ni :** une valeur additive dans la négation
- **car :** une valeur causative.

Avec des mais…

La conjonction de coordination *mais* (issue de l'adverbe latin *magis* : plus, plutôt) présente des valeurs de sens très précises :

- **une simple transition :** Mais, dites-moi !
- **une opposition :** Je n'en vois pas un mais deux.

doublée d'un renchérissement dans ce vers de Racine :

> *J'embrasse mon rival mais c'est pour l'étouffer.*

- **une rectification :** Incroyable mais vrai.
- **une participation affective :** Mais c'est bien sûr ! parole célèbre d'un commissaire de police
- **une objection encore :** Mais, votre Honneur…

Et quand on pense que cet outil – qui peut également être un nom ou un outil exclamatif : Avec des si et des mais ! Mais comment ! – peut encore se transformer, avec un tréma, en une céréale graminée, le maïs ! On n'en puit mais (du verbe pouvoir…)

Il existe des *et* qui ne sont pas la particule *copulative* (de coordination). Ils servent à relancer l'action. On les appelle des « embrayeurs » de phrase. Le romancier Flaubert en a fait un usage tout personnel. Dans une scène de rencontre, ils lui permettent de rythmer la découverte de l'autre :

> *Elle était en train de broder quelque chose ; et son nez droit, son menton, toute sa personne se découpait sur le fond de l'air bleu.*
>
> *Il souhaitait connaître les meubles de sa chambre (...) ; et le désir de la possession physique même disparaissait...*

Il existe d'autres marques de coordination : certains adverbes de liaison peuvent aussi bien, à leur manière, coordonner des propositions ou des phrases, tels *pourtant, cependant, aussi, en revanche, c'est pourquoi, au contraire.* Ils reprennent les mêmes nuances que celles des 7 conjonctions de coordination.

Songez encore que parfois, la coordination peut prendre l'apparence d'une simple énumération : la juxtaposition (le fait de placer côte à côte des mots) remplit cette même fonction, pourvu que le dernier terme soit bien rattaché :

> Il avait apporté à l'école, cahiers, livres, trousse et crayons de couleur.

Dans des constructions du genre : *Criton était furieux que l'on eût emprisonné Socrate*, on voit que même un adjectif, à lui tout seul, peut induire une information complétive indirecte. Il faut en effet suppléer dans l'expression la préposition *de* + *ce* que = parce que.

Les Gallicismes ou notre Cocorico national !

On le sait, se livrer à une analyse logique et grammaticale n'est pas toujours chose aisée, malgré toutes les règles apprises. Il est en effet des tournures qui échappent à une décomposition que nous qualifierons de raisonnée.

On les appelle des *gallicismes.* Le coq gaulois, de la famille des gallinacés, est l'emblème du patriotisme français. On comprend donc bien pourquoi les constructions appelées gallicismes – du mot latin gallicus : coq – correspondent à des constructions syntaxiques ou des formes spécifiques à la langue française.

Paul Claudel en parle avec déférence et admiration quand il dit d'eux qu'ils sont « *l'élixir le plus savoureux de notre terroir* », notre richesse nationale en quelque sorte.

Quelques gallicismes de vocabulaire

Pour rappel ces gallicismes de mots ou de vocabulaire, correspondant à des emplois de mots passant du sens propre au sens figuré :

- *Donner un coup de téléphone à quelqu'un.* Cela pourrait vraiment faire mal. C'est une atteinte à autrui.
- *Perdre la tête* : vous vous imaginez une seconde un homme sans tête ?
- *Une voiture qui marche bien* : avec des jambes humaines ?
- *Sortir d'une maladie,* comme d'un tunnel ? d'une boîte de nuit ?

On ne nous la fait pas !

Les formules les plus typiques de cette rubrique restent les gallicismes de construction. Dans l'expression : « on ne me la fait pas », chacun comprend très bien que cela veut dire « je ne suis pas du genre à me faire duper », mais nous mettons quiconque au défi de pouvoir justifier l'emploi de chaque mot qui la constitue : qui est ce *on* ? Ce *la* ? Ce *me* ? Qui *fait* quoi ? Le sens général est passé dans l'usage, mais décrypter l'expression dans le détail est mission quasi impossible.

« C'est qui… » « C'est que… »

Cette tournure présentative est sans aucun doute le gallicisme le plus répandu. Elle a pour valeur essentielle de mettre, au choix, un mot en valeur, quelle que soit sa fonction dans la phrase :

Sujet : <u>c'est mon mari</u> qui a perdu son portefeuille.

COD : <u>c'est son portefeuille</u> que mon mari a perdu.

CC Temps : <u>c'est la semaine dernière</u> que mon mari a perdu son portefeuille

CC Lieu : <u>c'est ici</u> que mon mari a perdu son portefeuille.

On remarquera que, dans tous les cas de figure, le verbe s'accorde traditionnellement, du moins dans la langue écrite la plus soignée, avec le nom ou pronom qui le suit et jamais avec l'un des compléments.

Le pronom démonstratif « ce »

La vraie noblesse, c'est la vertu.

Devant le verbe être, un *ce* (parfois élidé s'il se trouve devant une voyelle) constitue le plus souvent à lui seul une tournure présentative : il ne présente aucune valeur particulière (c'est-à-dire démonstrative), si ce n'est de détacher en tête de phrase n'importe quel élément de la proposition. Ainsi dans l'exemple ci-dessus, il relie deux noms entre eux : noblesse et vertu. L'un est attribut, l'autre antécédent.

Dans une expression comme « crier n'est pas chanter », l'emploi du *ce* est devenu superflu. C'est le cas si d'aventure le second verbe est accompagné d'une négation ou si l'attribut n'est pas un verbe : entreprendre est chose aisée.

Les pronoms personnels en, y, le, la, sont aussi de la fête !

En

En voilà assez !

C'*en* est trop !

On peut ainsi longtemps s'*en* donner à cœur joie…

Y

Mais vous n'*y* êtes pas du tout !

Mais où ça ? Le pronom ne marque en fait aucun lieu précis.

Le

*L'*échapper belle
Pour dire, c'était moins une ! On échappe bien, c'est sûr, mais à quoi ?

Je vous *le* donne en mille (vous donnez quoi concrètement ?)

Se *le* tenir pour dit (vous tenez quoi ?)

Le disputer à quelqu'un (mais vous disputez quoi ?)

La

La trouver mauvaise (en aucun cas, on ne parle d'une personne en particulier, le pronom, de genre neutre, désigne une situation…)

En guise de résumé ces trois « formules sésames », qu'il n'y a plus lieu d'expliquer :

N'*en* pouvoir plus

Ah ! je t'*y* prends

Le céder à

Il y a...

La célèbre formule « il y a » au sens de « il existe », « il est » est loin de faire l'unanimité. L'éminent auteur de dictionnaire, Pierre Larousse, que vous retrouverez dans la Partie des Dix, considère cette expression comme un gallicisme : elle se laisse, dit-il, décomposer en *il*, pronom personnel 3e personne du singulier, au neutre, sujet apparent du verbe avoir, et *y a*, verbe impersonnel équivalant au verbe être.

D'autres au contraire prétendent que le groupe ainsi formé ne présente pas un syntagme complet, vu qu'il attend toujours une suite pour que l'expression fasse sens. Il y a quoi ? Quelque chose ? Quelqu'un ? De surcroît, à quel titre peut-on considérer pareille expression comme une spécificité française, vu qu'on la retrouve dans d'autres langues, comme l'italien, l'espagnol, l'anglais, l'allemand ?

Que et de : des outils explétifs

Que peut-il faire que de prier le Ciel qu'il vous aide en ceci ?

Dans cet exemple de la Fontaine, on analyse le premier *que* comme un outil interrogatif, le dernier *que* comme une conjonction de subordination complétive : que dire alors du *que de* central ?

On retrouve ces outils passe-partout, non nécessaires, dans des tournures toutes plus familières les unes que les autres :

- Comment que tu vas ?
- Où qu'il est ?
- Des fois que ça l'amuserait.
- Même que je lui ai dit.
- Il ne fait que rentrer et sortir.
- Si qu'on allait faire un tour…

Même Molière ne dédaigna pas en faire usage :

Et je verrais mourir frère, enfant, mère et femme,
Que je m'en soucierais autant que de cela.

On connaît encore des tournures d'appui plus explicites : c'est … de, c'est … que, c'est … que de…

> *C'est faiblesse que d'aimer, c'est souvent une autre faiblesse que de guérir.*
> La Bruyère

> *C'est une étrange entreprise que de faire rire les honnêtes gens.*
> Molière

Connecteurs logiques et effets de reprise

Pour qu'un texte soit clair, il lui faut une construction solide, mais surtout des enchaînements logiques qui fassent progresser la phrase. On appelle *connecteurs* tous ces mots de liaison, ces mots outils qui relient entre eux les propositions, les phrases ou les mots.

Pour être nombreux, ces connecteurs de temps, de lieu, de cause, de conséquence, d'opposition, rythmant la pensée, ne sauraient suffire à assurer la cohérence de la pensée. Il faut encore compter sur les *outils de reprise.*

Parmi eux, on compte :

- le pronom *anaphorique*, terme savant pour désigner un pronom de rappel ;
- et d'autres substituts lexicaux, tels :
  - les périphrases (au lieu de dire par exemple « mes parents », « les auteurs de mes jours »),
  - les termes génériques (à la place d'un nom de lieu précis, le pays tout entier),
  - les pronoms de toutes sortes (personnels, relatifs, démonstratifs, possessifs).

Ils permettent de varier l'expression et de revenir, sans se répéter, sur un mot ou une idée.

La subordination ou les propositions introduites par un outil dit subordonnant

Voici les différentes espèces de propositions :

- les relatives,
- les conjonctives objet,

- les interrogatives indirectes,
- et toute l'armada des propositions subordonnées : de temps / de cause / de but / de conséquence / de condition / de concession / de comparaison,
- sans oublier les infinitives et les participiales…

Les propositions subordonnées relatives

La proposition subordonnée relative est un élément de groupe nominal comportant un verbe conjugué et surtout un pronom relatif pour l'introduire, se rattachant le plus souvent à un mot dit *antécédent* (qui marche devant), dont il doit rester le plus proche possible.

En règle générale, cette proposition ne peut être déplacée dans la phrase, car elle reprend un mot de la phrase précédente dont elle dépend entièrement. Elle apporte une précision ou une explication à un nom. La liste en est simple : *qui, que, quoi, dont, où.*

Les pronoms relatifs occupent des fonctions bien spécifiques, qu'ils soient simples ou composés :

- **Le pronom *qui*** représente toujours un groupe nominal sujet.
- **Le pronom *que*,** un groupe nominal, complément d'objet direct.

  Connaissez-vous le Bordelais qu'on a surnommé la région des vins ?
- **Le pronom *où*,** un groupe prépositionnel en fonction complément de lieu ou de temps.

  Connaissez-vous le pays où fleurissent les orangers ?

  Vous souvenez-vous du jour où je vous ai rencontré ?
- **Le pronom *dont***, un groupe prépositionnel introduit par la préposition « de » en fonction complément de nom ou d'objet indirect.

  La maison dont Pierre est propriétaire a été ravalée.

  J'ai acheté le livre dont tu m'avais parlé.

POUR LES PROS

Lorsque le pronom relatif est complément du nom, le groupe nominal qu'il complète ne doit contenir aucun déterminant possessif, qui ferait autrement doublon avec lui.

La phrase : *Bruno, dont ses parents sont partis en voyage, viendra passer un moment chez nous est incorrecte. On dira : Bruno, dont les parents…

Le pronom relatif *qui* se met toujours à la même personne que celle de son antécédent :

- Le train qui entre en gare…
- Toi qui aimes la poésie…
- Nous qui arrivons à Paris…
- Toi et moi, qui sommes pressés…
- Sa sœur et lui qui sont partis au cinéma…
- Lui et moi qui aimons la musique…
- C'est mon frère et nous qui avons fait la besogne.

ATTENTION !

Il faut veiller à ne pas trop séparer le pronom relatif de son antécédent si on ne veut pas s'exposer à quelques ambiguïtés. En effet, si on écrit :

Je vous fais envoyer une petite chienne par ma servante, qui a les oreilles coupées, on est en droit de se poser la question : mais de qui/quoi parle-t-on ? Des oreilles de qui ? Le bon sens, d'ordinaire, nous permet de rétablir la vérité mais…

> *Un loup survint à jeun, qui cherchait aventure.*
> La Fontaine

Il faut aussi éviter d'enchaîner entre elles des propositions subordonnées relatives, surtout celles introduites par QUI ou QUE : « J'ai reçu une lettre qui m'a été écrite par mon frère qui habite le village qui a donné son nom à ma famille qui l'a fait bâtir il y a quelques siècles. ». Sinon, c'est du charabia. Et au lieu de dire comme La Bruyère : *« Il n'y a qu'une affliction qui dure qui est celle qui vient de la perte des biens »,* mieux vaut reprendre le pronom relatif par un pronom démonstratif et dire : *Il n'y a qu'une affliction qui dure, celle qui vient de la perte des biens.*

Quand faut-il employer les formes simples ou composées du relatif ?

On emploie les formes composées toutes les fois que le pronom relatif se combine avec les prépositions *à* ou *de*. Pour rappel : *duquel, de laquelle, desquels, desquelles, auquel, à laquelle, auxquels, auxquelles.*

Toutefois, si l'antécédent est un nom de personne, on continuera de faire appel plutôt au relatif simple. On dira plus volontiers :

> *Il n'y a aucun ami à qui se fier.*

que

> *Il n'y a aucun ami auquel se fier.

Mais quand l'antécédent est un nom de chose, on préfère employer le relatif composé :

> Nous aimons la région à laquelle se rattachent nos plus beaux souvenirs.

Nous aimons la terre … nous a vus naître, … se rattachent nos premiers souvenirs.
Renan

Qu'on se figure des plaines sablonneuses … l'œil se tend et le regard se perd.
Buffon

Réponses : qui, à laquelle / sur lesquelles.

Les propositions conjonctives objet

Après la bataille de Waterloo, on put croire que la France était perdue.

On appelle *proposition conjonctive objet* une proposition introduite par la conjonction de subordination *que*, répondant après le verbe principal à la fonction d'un complément d'objet direct par rapport à un nom, la question « **quoi** », et venant nécessairement compléter la proposition principale. On ne saurait la supprimer sans porter préjudice de sens à la phrase.

On la rencontre après certains types de verbes, comme :

- les verbes de déclaration : dire, affirmer, écrire ;
- les verbes d'opinion : penser, croire, juger ;
- les verbes de connaissance : entendre, comprendre, savoir ;
- les verbes de sentiment : se réjouir, admirer, se plaindre que ;
- les verbes de volonté : souhaiter, ordonner, interdire ;
- les verbes de crainte : avoir peur, redouter.

Mais je sens que pour toi ma pitié s'intéresse.
Corneille

Je vous ai déjà dit que j'ai tout vu moi-même.
Molière

Une subordonnée conjonctive complétive peut aussi être :

- **sujet :** Que nous ayons oublié nos papiers nous fut funeste.
- **attribut :** Le fait est que la grammaire est une matière bien ingrate.
- **complément de l'adjectif :** Paul est sûr qu'il viendra demain.
- **apposition :** Tu le savais, toi, qu'il allait pleuvoir !
- **complément du nom :** La peur qu'il reste prisonnier…

Les propositions interrogatives indirectes

Il est une autre subordonnée complétive, introduite par le subordonnant *si* ou quelque autre mot interrogatif. Et ce, après des verbes exprimant une interrogation : (se) demander, ignorer, mais aussi des verbes de déclaration ou de connaissance :

> Je me demande *si* tu viendras demain.
>
> Je ne sais *si* tu viendras demain.

En fait, cette proposition subordonnée interrogative (indirecte) du discours indirect correspond à une phrase du discours direct que l'on rapporte ici.

> *Je lui demande : Viendras-tu demain ?
>
> Je lui demande s'il viendra demain.

POUR LES PROS

De (quel) *qui* voulez-vous parler ? Est-ce du pronom relatif… *Qui aime bien châtie bien,* ou du pronom interrogatif… *Qui va là ?* d'autant que ce dernier peut-être aussi bien direct :

> Qui peut dire combien il y avait de manifestants ?

Qu'indirect :

> Savez-vous qui viendra demain.

Les 3 formes de discours

Il arrive souvent dans un texte narratif de vouloir rapporter les propos de quelque protagoniste pour donner un ton plus authentique au passage. Cela peut se faire de deux manières : soit par un discours direct, soit par un discours qu'on dira indirect. Plus subtil encore sera le discours indirect libre qu'utilisent à bon escient les grands auteurs.

Le discours direct ou DD

Le discours direct, le plus simple, rapporte les paroles d'un ou plusieurs personnages dans la situation où ils se trouvent au moment des faits :

- ces phrases sont alors précédées d'un tiret ou de guillemets, marques énonciatives de la prise de parole ;
- les paroles sont annoncées par un verbe de déclaration (dire, parler, demander) ou coupées par une proposition en incise indiquant qui parle ;

- toutes les personnes du discours sont concernées, et au premier chef, la 1re et la 2e.

  Il me demande : « Tu comptes venir demain ? »

  « Tu comptes venir demain ? » me demande-t-il.

Le discours indirect ou DI

On emploie le discours indirect quand on veut rapporter après coup les mêmes propos. On les fait alors dépendre d'un verbe principal de déclaration ou de connaissance :

> Il me demanda si je comptais venir demain.

Dès lors, tout bascule au passé. Souvent même on doit changer de personne. En l'occurrence ici la 2e personne devient la première.

Le discours indirect libre ou DIL

> Comptais-je venir demain ?
>
> « Comptais-je venir demain ? »

Le discours indirect libre n'est rien d'autre qu'un discours indirect qui aurait perdu le verbe déclaratif qui l'annonçait mais que l'on a toujours gardé en mémoire (me/se demandait-il). Pour embrouiller les pistes, on peut même utiliser les guillemets.

Sur le bateau qui le ramène à Nogent-sur-Seine, le jeune bachelier Frédéric Moreau contemple longuement une dame et se prend déjà à s'immiscer dans sa vie : *Quels étaient son nom, sa demeure, sa vie, son passé ?* On doit suppléer : *se disait Frédéric*. Flaubert, sans se départir de son ironie légendaire, choisit le discours indirect, mettant encore plus à distance de lui-même et de ses lecteurs le scénario mental de son héros. Tout bascule au temps passé ; seule la 3e personne du discours est utilisée.

Un peu plus loin, la retranscription indirecte des propos de la même dame – avec en prime les guillemets : « *Mademoiselle n'était pas sage, quoiqu'elle eût sept ans bientôt ; sa mère ne l'aimerait plus ; on lui pardonnait trop ses caprices* » est un bien mauvais présage quant à la relation future entre les deux protagonistes. L'auteur prend par là du recul par rapport à ses personnages. Une façon de nous dire : Frédéric Moreau, ce n'est pas moi. Madame Arnoux, non plus.

La proposition infinitive

Laissez venir à moi les petits enfants.

Il s'agit d'une proposition formée d'un verbe à l'infinitif (avec ou sans complément), ici « venir » ayant son sujet propre, ici « les petits enfants », totalement indépendante (ou non) du reste de la phrase. Cette construction n'est donc introduite par aucun terme de subordination. L'infinitif y tient le rôle de vedette : il a un sujet pour lui tout seul.

Je le vois arriver = *Je vois lui arriver

Je l'ai fait venir = *J'ai fait lui venir

D'un emploi généralisé dans les langues anciennes, la proposition subordonnée infinitive se retrouve en français actuel plutôt en perte de vitesse. On la rencontre toutefois de préférence :

- après des verbes de perception, quel qu'en soit le sens : auditif comme entendre, écouter, visuel comme voir, apercevoir, sentir, etc. ;
- après les verbes de connaissance autant que de déclaration : savoir, dire, croire ;
- avec des verbes comme laisser et faire ;
- après les verbes d'ordre : défendre, ordonner, dire (au sens de enjoindre).

Selon les cas, le sujet d'une proposition infinitive se construit directement, sans préposition, ou indirectement, avec une préposition.

Le sujet de la proposition infinitive se construit toujours directement quand :

- **l'infinitif n'a pas de COD :** Je vois les enfants arriver.
- **l'infinitif est un verbe pronominal :** Je vois les mamans se presser à l'école.
- **l'infinitif a un COD :** J'entends les écoliers réciter leurs leçons.

Dans ce cas précis, les pronoms de rappel utilisés seront les formes *le, la, les*.

La construction sera dite indirecte si la proposition infinitive :

- **dépend elle-même d'un verbe pronominal :** Les jeunes filles se laissent griser par le vent.
- **dépend du verbe faire et a un COD :** Je ferai faire ce travail à ma remplaçante.

« Je vous vois rire » est une proposition subordonnée infinitive, voulant dire « Je vois vous rire » parce que :

- on la rencontre après le verbe voir ;
- elle a un sujet propre ;
- elle est COD du verbe principal.

Inversement, « Je veux rire » n'est pas une proposition subordonnée infinitive car l'infinitif n'a pas de sujet propre directement exprimé. Ici, en l'occurrence, il s'agirait de moi, qui renvoie au sujet du verbe « veux ». On parlera plutôt dans ce cas d'un groupe infinitif.

En résumé, dans la construction : « j'entends les merles chanter »

- Je n'entends pas seulement les merles.
- Je n'entends pas seulement chanter.
- J'entends les merles chanter.

C'est cela une proposition infinitive, un tout.

« Je vois que vous riez » et « Je vous vois rire » sont deux formulations qu'on peut presque employer indifféremment. Comme quoi proposition subordonnée infinitive et complétive peuvent s'entendre !

Les propositions subordonnées conjonctives circonstancielles

Les propositions subordonnées conjonctives circonstancielles permettent d'apporter à un intitulé des circonstances, non pas atténuantes, mais bien plutôt expressives dans des domaines aussi variés que le temps, la cause, le but, la conséquence, la condition, la comparaison, l'opposition.

L'expression du temps

Quand le chat n'est pas là, les souris dansent.

Il existe diverses nuances pour exprimer le temps :

- **le moment d'une action** : quand, lorsque :

  Lorsque l'enfant paraît, le cercle de famille applaudit à grands cris.

- **l'antériorité/la postériorité** : avant que…, depuis que/après que :

  Avant que vous entrepreniez cette tâche, voyez si vous êtes capable de l'accomplir.

- **la simultanéité** : aussitôt que, dès que, comme :

  Dès que je l'aperçus, mon cœur frémit.

- **la durée concomitante** : pendant que, alors que, en attendant que :

  À mesure qu'il lit, le jour se lève.

- **l'extension du temps** : jusqu'à ce que, tant que :

  Attendez-moi jusqu'à ce que je revienne.

  Tant que vous dormez, le travail n'avance pas.

Certaines des conjonctions de subordination de temps sont suivies du mode indicatif, d'autres du subjonctif :

- *Avant que* se construit toujours avec le subjonctif, *après que* avec l'indicatif ;
- *Jusqu'à ce que* avec le subjonctif, *tant que* avec l'indicatif : Tant qu'il y aura des hommes.

L'expression de la cause

Puisque tu le désires, je reste.

Les propositions subordonnées causales sont introduites par **comme, parce que, puisque, vu que, attendu que, etc.**

> *Les peuples me louaient, parce que j'étais bon.* (V. Hugo)
>
> *Tout vous est pardonné, puisque je vois vos pleurs.* (Voltaire)
>
> Comme il neige très fort, nous partirons demain.

Quelques usages à retenir : la conjonction de subordination **puisque** s'emploie le plus souvent pour marquer une cause déjà connue et indiscutable. La subordonnée qu'elle introduit se place tantôt avant tantôt après la proposition principale.

En revanche, **parce que** se place plus volontiers après la proposition principale et **comme** avant.

Parce que ou par ce que ?

Tout dépend comment vous écrivez cela, en deux ou en trois mots.

La conjonction de subordination causale, *parce que*, peut toujours être remplacée par la conjonction de coordination équivalente « car ».

Il cueille les roses délicatement *parce qu'*il craint de se piquer.

La locution relative en 3 mots *par ce que* a le sens de « par cela que » :

Commencez *par ce que* vous voudrez.

L'expression du but

Écoute pour (mieux) apprendre

On appelle propositions finales (de but) les propositions subordonnées introduites par **afin que, pour que... de peur que, de crainte que.** Elles servent à présenter l'objectif, le point de visée de la phrase.

Sous l'herbe, pour que tu la cueilles, il met la fraise au teint vermeil.
Théophile Gautier

Afin qu'il fût plus frais et de meilleur débit, on lui lia les pieds.
La Fontaine

Il ne couchait jamais deux nuits de suite dans la même chambre de peur qu'on ne l'égorgeât.

L'expression de la conséquence

La conséquence se marque le plus souvent par un syntagme discontinu (en plusieurs mots), dont les formulations sont multiples. Parmi celles-ci : **de façon que, de telle façon que, de (telle) manière que, tel que, tellement que, tant que, de sorte que, si... que**

La conjonction de subordination polyvalente *que* se trouve à chaque fois précédée d'outils *corrélatifs.* Il s'agit dans tous les cas de présenter le résultat, la suite logique, l'effet, le retentissement de l'action première.

Si la conséquence est présentée comme un fait certain et avéré, on choisira le mode indicatif :

Ce roi fit un tel bruit en tombant, que la gent marécageuse… s'alla cacher sous les eaux. La Fontaine

Le coup passa si près que le chapeau tomba et que le cheval fit un écart en arrière. Victor Hugo

Si le fait est supposé, on optera pour le mode conditionnel :

Il est si bon qu'il ne ferait pas de mal à une mouche.

Le subjonctif sera utilisé si le fait exprime une intention :

Parlez de manière qu'on vous entende, de façon qu'on vous comprenne.

Cause ou conséquence, tout dépend où l'on se place…

Très souvent, on confond les deux pôles que sont la cause et la conséquence : en effet, on peut présenter sous deux angles différents le même fait : tout dépend en fait de ce sur quoi on veut faire porter l'accent.

En fait, la cause est en amont quand la conséquence est en aval. Si on dit

Comme il faisait froid, je suis resté chez moi.

On attire surtout l'attention sur la cause, puis on présente la proposition principale.

Mais si on choisit de mettre en évidence le résultat final, on écrira

Il faisait si froid que je suis resté chez moi.

On commence par la proposition principale qu'on fait suivre de la subordonnée consécutive.

Contrairement à la proposition consécutive qui vient toujours après, la proposition causale peut se placer devant la principale.

L'expression de la comparaison

Comme l'oiseau fait son nid…

Une proposition subordonnée dite de comparaison établit un rapport entre deux données, deux verbes. Elle peut être introduite par **comme, de même que, selon que**

Comme le champ semé en verdure foisonne…
Ainsi de peu à peu crût l'empire romain.
Du Bellay

Selon que vous serez puissant ou misérable, les jugements de cour vous rendront blanc ou noir. La Fontaine

Il arrive que le verbe ne soit pas répété ou reste non exprimé dans une proposition subordonnée de comparaison :

Plus me plaît le séjour qu'ont bâti mes aïeux
Que des palais romains le front audacieux;
Plus que le marbre dur me plaît l'ardoise fine,
Plus mon Loire gaulois que le Tibre latin,
Plus mon petit Liré que le mont Palatin,
Et plus que l'air marin la douceur angevine.
Du Bellay

Faites comme moi (je le fais) ou comme nous (le faisons), intéressez-vous à la grammaire. Car « Comme on sème, on récolte » !

L'expression de la concession (opposition)

Pour grands que soient les rois, ils sont ce que nous sommes.

Quand on veut signaler une opposition au verbe principal ou juste lui apporter une restriction, on emploie une proposition subordonnée dite d'opposition – on dit aussi concession –. L'expression de l'opposition pourra être explicite ou implicite.

Si l'expression est explicite, elle sera introduite dans la plupart des cas par les mots conjonctifs suivants :

- **bien que, quoique, encore que**, toujours suivis du subjonctif

  Quoiqu'il pleuve, je sortirai.
- **quand même, quand bien même**, construits avec un conditionnel
- **même si**, suivi de l'indicatif.

  Même s'il pleut, je sortirai.

Des tournures du genre : **au lieu que/loin que** sont aussi possibles mais leur emploi se fait rare dans la langue de tous les jours. On leur préfère la tournure avec préposition et infinitif :

Au lieu de partir ce week-end comme prévu, nous resterons chez nous.

On entend souvent dire dans la langue familière, en lieu et place de **bien que** ou **quoique**, **malgré que** : cela fait partie des innombrables incorrections les plus fréquentes dans la bouche du Français moyen. Pourtant, il faut rendre justice à cet emploi : cette locution, issue à l'origine de *avoir mal (mauvais) gré que* s'employait couramment avec le subjonctif présent et un pronom personnel « en ». Elle ne s'emploie plus guère, pas plus que sa consœur **en dépit que,** que dans des locutions figées : « malgré que j'en aie », « en dépit qu'il en ait ». Nous voilà bien dépités !

La proposition subordonnée d'opposition peut également être introduite par l'une des formes composées du pronom relatif indéfini :

- Qui que…
- Quel (s)/quelle(s) que…
- Qui que ce soit qui… que… dont
- Quelque (s)… que
- Quoi que…
- Quoi que ce soit qui… que… dont

C'est vrai, ça fait beaucoup de qui, quel, quoi ! Avec des exemples, c'est plus clair :

Qui que vous soyez, vous êtes le bienvenu.

Quoi que vous disiez, on vous écoutera.

Quoique ou quoi… que ?

- **Quoique,** en un seul mot, est la conjonction de subordination exprimant l'opposition. Elle signifie « encore que » « bien que ».

  Elle est suivie d'un verbe au subjonctif : J'ai la passion de la liberté, quoiqu'elle me fasse bien souffrir souvent.

  ou d'un adjectif : Il est venu, quoique/(bien que) malade.

- **Quoi que,** en deux mots, désigne la forme composée du pronom interrogatif suivi du relatif « que ».

  Ils ne sont jamais contents quoi que vous fassiez.

  Quoi que vous disiez, elle n'est jamais d'accord.

  Ah ! Que ce quoi qu'on die est d'un goût admirable ! de l'aveu même des *Femmes savantes.*

TESTEZ-VOUS

… vous choisissiez, ce sera bien.

La façade du palais se laisse à peine voir, … elle soit gigantesque.

Réponses : quoi que / quoique.

Il est d'autres formulations plus sophistiquées, bien moins en usage de nos jours mais qu'il faut connaître. Elles s'appuient sur un système corrélatif : *si … que, tant … que, tout … que, quelque … que,* etc. Et ce, à l'appui d'un adjectif ou d'un nom. Nos grands auteurs ne se sont pas privés de les employer :

Tout Picard que j'étais, j'étais un bon apôtre.
Racine

Quelques vains lauriers que promette la guerre, on peut être héros sans ravager la terre. Boileau

ATTENTION !

Si difficile (que) soit ce travail, Marc le mènera à terme.

Entre *quel … que* ou *quelque … que*, ça se joue à très peu.

Quel que soit notre âge, nous aurons assez vécu !

Les mortels, quels qu'ils soient, sont égaux devant la loi.
Voltaire

Faites-moi part de vos remarques, quelles qu'elles fussent !

Dans cet exemple emprunté à la Rochefoucauld : *Quelque méchants que soient les hommes, ils n'oseraient paraître ennemis de la vertu,* le *quelque* agit comme adverbe et non comme adjectif : il veut dire « aussi ». Pour cette raison, il reste invariable.

Toutefois la langue commune préfère à ces tours, certes élégants, des constructions plus simples :

- **les prépositions :** *malgré, en dépit de, contre, loin de, à l'inverse de, au lieu de, loin de* suivies d'un nom ou d'un infinitif :

  Contre toute attente, il a gagné.

  Au lieu de rester, il a choisi de partir.

- **les adverbes de liaison :** *or, mais, cependant, pourtant, néanmoins, par contre, en revanche,* placés à la jonction de deux propositions :

  Je suis jeune, il est vrai, mais aux âmes bien nées,
  La valeur n'attend pas le nombre des années.
  Corneille

- **la juxtaposition** pure et simple :

  Tout vous est aquilon, tout me semble Zéphir.
  La Fontaine

- voire un **gérondif** :

  Il a perdu, tout en trichant.

L'expression « avoir beau » remplace parfois dans le langage littéraire une subordonnée concessive.

Le renard, tout rusé qu'il soit (aussi rusé soit-il), n'en a pas moins été trompé, veut dire : le renard a beau être rusé, il n'en a pas moins été trompé.

Voyez-vous la différence entre ces deux « tandis que » ?

- J'habitais un tout petit studio, tandis que mes deux amis logeaient dans un superbe duplex.
- À trois heures du matin, tandis que les derniers tramways circulaient, mon père se levait.

Réponses : opposition / temps.

Les outils « sauf que », « hormis que », « si ce n'est que », « encore que » toujours suivis du mode conditionnel marquent aussi bien l'opposition que la restriction.

Nous avions pensé à tout, sauf que le carburant viendrait à manquer.

Quand bien même vous auriez raison, il vous faut abandonner la partie.

Un « même si » marquera à la fois une opposition et une supposition :

Même si tu revenais, je crois bien que rien n'y ferait…

L'expression de la condition

« Avec des si, on mettrait Paris dans une bouteille ! »

Comment mieux définir ce qu'est une proposition subordonnée de condition : elle permet de formuler une supposition, une hypothèse de travail, plus ou moins susceptible de se réaliser.

Elle est introduite par les conjonctions suivantes : **si, à condition que, pourvu que, pour peu que, soit que, à supposer que…**

Qu'ils me haïssent pourvu qu'ils me craignent.

Voilà bien le propos d'un tyran, Tibère, en l'occurrence.

Les systèmes subordonnés introduits par si

Il existe plusieurs systèmes introduits par la conjonction *si* :

- **« Si » au sens de « s'il est vrai que… »**

  S'il existe des dieux, ils sont bons.

- **« Si » hypothétique**, celui qu'on rencontre dans le système éventuel :

  Si tu viens, je serai content.

  Si tu achètes le superflu, bientôt tu vendras le nécessaire.
  Franklin

- **Le système conditionnel et ses 3 variations :**
  - **le potentiel :** Si tu venais, je serais content.
  - **l'irréel du présent :** Si tu venais, je serais content mais… (je sais que tu ne pourras pas venir)
  - **l'irréel du passé :** Si tu étais venu, j'aurais été content.

Reconnaissez-vous les systèmes dans les exemples suivants ?

Si *Peau d'âne m'était conté,*
J'y prendrais un plaisir extrême.
La Fontaine

Oh ! Oh ! ***S****'il vous fait du bien, il m'en fera donc.*
Voltaire

Si *je le rencontrais seulement, je serais un homme perdu.*
P.-L. Courier

Réponses : potentiel / éventuel / irréel du présent.

La proposition subordonnée participiale...

La proposition subordonnée participiale est une proposition formée d'un verbe au participe accompagnant un nom (qui lui servira de sujet) et formant avec lui un groupe totalement indépendant du reste de la phrase, à laquelle il apporte un complément d'information et de repère.

Cette proposition, tout comme la proposition infinitive et contrairement aux autres propositions subordonnées, n'est introduite par aucun terme de subordination.

> Cela dit, passons à autre chose.
>
> Dieu aidant, vous pouvez réussir.

Cette construction remonte à l'usage d'un groupe appelé « *génitif absolu* » en grec ou « *ablatif absolu* » en latin. Il s'agit d'une construction autonome, formée d'un nom ou pronom qu'accompagne un participe, quels qu'en soient le temps et la voix, qui forment un groupe à part, ne reprenant aucun autre mot de la proposition où il s'insère. Chaque génitif ou ablatif absolu a une fonction circonstancielle à déduire du contexte.

Il nous reste d'ailleurs de cet usage ancien quelques expressions figées comme :

- *le cas échéant* pour dire « si le cas se présente » « d'aventure » ;
- *séance tenante* pour dire « pendant que la séance se tient » « immédiatement » ;
- *toutes choses (étant) égales par ailleurs* pour dire tout simplement « sans faire de différence ».

On voit que le participe s'accorde avec le nom auquel il se rapporte : masculin pour le premier exemple, féminin, pour le second. Toutes affaires cessantes donc, examinons les quatre nuances essentielles de la proposition participiale.

Elle joue dans la phrase le rôle d'un complément circonstanciel et présente quatre nuances :

Les deux plus fréquentes sont le temps et la cause, souvent du reste en légère concurrence, comme dans cet exemple :

> *Le chat parti, les souris dansent.*

Les souris dansent, après le départ et à cause du départ du chat. Tout le monde connaît cela !

- le **temps** :

  À l'arrivée du loup, les brebis prennent la fuite.

Quand le loup arrive… c'est un peu aussi à cause… nous direz-vous !

- la **cause** :

  À l'arrivée du loup, les brebis prennent la fuite.

  Parce que le loup arrive…

  Plus rarement, on trouve aussi

- la **concession** :

  Rome (ayant été) prise, les Romains gardèrent espoir.

  Malgré la prise de Rome…

- la **condition** :

  L'amitié supprimée, la vie n'aurait plus aucun goût.

  Si l'amitié disparaissait…

Le jeu des différences

De nombreux outils de la langue française remplissent diverses missions lexicales en fonction de leur identité. Ainsi en est-il des outils suivants que nous allons évoquer : **comme, que** et **si**.

Comme

Conjonction de subordination

- **Cause** (comme équivaut à « parce que ») :

  Comme il se fait tard, nous allons regagner nos pénates.

  Comme il était épuisé, il s'étendit à terre.

- **Temps** (comme équivaut à « quand », « au moment où ») :

  Comme l'agneau se désaltérait, un loup survint.

  Comme le soir tombait, le maître arriva.

- **Comparaison** (comme équivaut à de même que) :

  Elle se comporte comme se comporterait une furie.

  Comme une furie (en vraie furie) (avec ellipse du verbe).

  Comme il sonna la charge, il sonne la victoire.

RÉFÉRENCES

Comme on voit au mois de mai sur la branche la rose… Ainsi… Cette structure comparative servira de modèle à bien des sonnets de Ronsard au xvie siècle. Le poète se complaît à mettre en rapport l'existence éphémère d'une fleur avec celle de l'amour et de la vie humaine. Le parallélisme de destin est ainsi assuré par la structure comparative.

Adverbe exclamatif (de qualité et de quantité)

Comme elle est belle ce soir !
Comme cette tarte est appétissante !

Que

La conjonction de subordination par excellence est sans aucun doute *que*. Elle s'emploie dans des sens très variés. Elle peut introduire une proposition subordonnée relative ou conjonctive. Mais elle sert aussi à composer des locutions conjonctives circonstancielles comme *avant que, après que, dès que, parce que, tant que, jusqu'à ce que…*

Elle peut même, à elle toute seule, remplacer d'autres conjonctions, pour en éviter la répétition devant une seconde proposition subordonnée : Si tu me dis que tu viens et qu'ensuite tu changes d'avis…

Que, pronom relatif

> *Le roi fit un madrigal que lui-même ne trouva pas trop joli.*
> Sévigné

Un vendredi *que* le roi était à Compiègne

La cruelle *qu'*elle est se bouche les oreilles.

Que, pronom interrogatif

Que demandez-vous ?

*Qu'*est-il devenu ?

Que vous en semble ?

Que, conjonction de subordination

Il est à souhaiter *que* la situation s'améliore.

*Qu'*on dise quelque chose ou *qu'*on ne dise rien, je n'en veux faire qu'à ma tête.

Si tu viens et *que* je ne suis pas là…

Quand on est jeune et *qu'*on se porte bien…

Que = si (d'aventure), à supposer que...

Qu'une abeille butine près d'elle les fleurs de basilic, elle se hérisse, et qu'un chat s'avance en rampant dans l'ombre des sureaux voisins, elle pousse un cri rauque : son bec se relève prêt à frapper.
Ch. Silvestre, pour parler d'une poule couveuse.

Que, adverbe exclamatif ou interrogatif

Que vous êtes joli ! Que vous me semblez beau ! (comme)

Que ne le disiez-vous plus tôt ? (Pourquoi ?)

Que, particule

Un honnête homme n'a *qu*'une parole (particule restrictive).

Que, un outil mystérieux !

Dans certains cas, la conjonction *que* s'emploie souvent en lieu et place d'une autre conjonction de subordination. Les valeurs peuvent alors être :

- la cause : J'irai, non que cela m'amuse, mais par devoir (non parce que cela m'amuse).
- le but : Viens là, que je t'embrasse (pour que je t'embrasse).
- la condition : On ne peut parler, qu'il ne vous coupe la parole (sans qu'il ne vous coupe la parole).

Si

Si conjonction de subordination

Si venant du latin *sei* : « dans ces conditions » :

Si vous le pouvez, venez nous rejoindre.

Si adverbe

Si venant de l'adverbe latin : *sic* (sei-ce) :

- **interrogatif indirect :** Va voir si la tarte est cuite.
- **exclamatif :** *Vous pensez s'ils étaient fiers !* J. Romains
- **affirmatif :** Il s'emploie pour donner une réponse positive à une question. Il équivaut à un « oui » : Tu n'étais pas là ? – Si.

  ou à « ainsi » : *Si fait, mon cher hôte, si fait !*
  Proust

- **quantitatif ou d'intensité :** On le rencontre essentiellement devant un adjectif ou un adverbe. Il veut dire « tant », « tellement », « aussi ».

  Elle a couru si vite qu'elle est tombée et s'est cassé la jambe.

  Nous sommes si peu de chose ! et le temps passe si vite !

Des si... trompeurs !

Si, outil de permutation, exprime des nuances toutes particulières :

- le temps : **si = quand**

  Et s'il n'en reste qu'un, je serai celui-là !

- la cause : **si = puisque**

  Comment l'aurais-je su, si je n'étais pas né ?

- la concession : **si = bien que**

  Si je me suis souvent trompé, je n'ai jamais menti.

- la comparaison : **si = comme**

  Si vous fûtes vaillant, je le suis aujourd'hui.
  Corneille

- une conjonctive objet : **si = que**

  Ne va pas t'étonner si...

- **si = sinon** = si ce n'est

La proposition en incise, un cas isolé, au sens propre !

Des propositions indépendantes intercalées viennent parfois interrompre momentanément le cours de la phrase, où elles s'intercalent et se placent alors en *incises*. Elles constituent une sorte de *parenthèse* et s'emploient sans lien de subordination ni de coordination, indiquant la plupart du temps, que le locuteur rapporte les paroles de quelqu'un : *dit-il, répondit-il, pense-t-il*, etc.

À l'écrit, cette proposition se marque par des pauses virgules, parfois même des tirets ou des parenthèses, qui détachent ainsi le mini-groupe du reste de la phrase ; à l'oral, le ton suffit à marquer l'écart, entre ce petit bout de phrase et le reste de l'énoncé.

Toute proposition en incise comprend en effet une structure minimale, soit un sujet et un verbe. Il peut s'agir d'un nom, voire d'un pronom, cas le plus usuel, qu'accompagne ledit verbe, employé au mode indicatif, voire au mode conditionnel.

Par convention, le sujet de l'incise se place après le verbe et le nom ou pronom lui est alors rattaché par un trait d'union :

> *Dit-il, répondit-elle, me direz-vous, disions-nous, me direz-vous, pourrait-il ajouter...*

Dans certains cas, lorsque le pronom sujet, *il, elle* ou *on* vient suivre un verbe qui ne se termine pas par un *-t* ou un *-d,* on trouve une liaison en *-t* comme pour assurer le rôle d'un tampon euphonique : demanda-*t*-il/elle.

Dans la langue familière, la proposition en incise se présente même sans inversion du sujet.

> Il est venu quelqu'un, je crois, dans la matinée.

Elle est parfois introduite par un *que* complétif :

> C'est lui, qu'elle nous dit, qui a volé l'orange du marchand.

La proposition en incise ressemble aussi souvent à une formule d'insistance pour rapporter une réflexion ou un appel à l'interlocuteur, voire une formule de politesse, comme dans les exemples suivants :

> J'ai raté mon examen, il est vrai.
>
> Donnez-moi quelque aumône, s'il vous plaît.

Chez la Bruyère, la proposition en incise peut même devenir pour ainsi dire un membre de phrase assez conséquent :

> *Si je compare ensemble les deux conditions des hommes les plus opposés, – je veux dire les grands avec le peuple – ce dernier me paraît content du nécessaire...*

Exemple limite de cette extension de l'incise dans une phrase !

De nos jours, par souci de varier les tournures, on emploie dans les propositions en incise d'autres verbes que les verbes déclaratifs (dire, raconter, affirmer, déclarer, etc.). Les puristes estiment qu'il y a là une perversion de la formule qui ouvre la voie à bien des écarts. D'autres admettent cette nouvelle construction au titre d'une « trouvaille langagière ». À vous d'en juger :

> J'exige de vous voir demain dès 8 heures, menaça Pierre.

Il faut veiller à bien respecter le code d'écriture de ces propositions en incise et ne pas confondre la graphie *-t-* avec une simple élision *t'.* On doit écrire <u>précise-t-il</u> et non *précise t'il.

La raison est simple : l'apostrophe est une marque d'élision : ici un *te* qui deviendrait *t'.* Or, nous n'avons nul besoin de ce *te devant le il.

Chapitre 11

Faisons le point… sur la ponctuation, les liaisons et la place des mots

Dans ce chapitre :

- Le panier de la ménagère
- Des liaisons en tout genre…
- Chaque mot à sa place !

La ponctuation est l'art de placer, dans les textes écrits, des signes qui matérialisent graphiquement le rythme à donner à une phrase. Ils en infléchissent aussi le ton à l'oral et lui donnent ce que F. Greh appelle alors *la respiration,* le souffle. Ces pauses, d'une importance plus ou moins grande, permettent de regrouper les mots et groupes de mots d'une façon ou d'une autre, pour produire tel ou tel effet et faire sens. La ponctuation se laisse en effet voir à des signes graphiques, mais plus encore se donne à entendre.

La voix en effet suit par diverses inflexions ou pauses les différents signes qui marquent, outre les rapports entre les mots, des rapports de sens. Et chacun sait qu'à la ponctuation près, un énoncé peut parfois se prêter à des sens différents.

Punctum, le signe de ponctuation

Du latin *punctum,* le point vient du verbe *pungere* « piquer » « poindre ». Il désigne la piqûre que fait dans une étoffe une aiguille enfilée de soie ou de laine. Cette métaphore de la couture (révisons nos classiques : point de croix, point de crochet, point de chaînette, etc.) nous amènera insensiblement à l'univers de la musique où le point d'orgue comme le point d'arrêt expriment chacun à leur manière une longue pause, une suspension pour ainsi dire définitive.

Les phrases sont des routes où la ponctuation joue le rôle de la signalisation, dit André Billy qui nous rappelle par là le rôle normatif et conventionnel de notre ponctuation des temps modernes.

La ponctuation, depuis quand ?

La ponctuation n'existait pas dans l'Antiquité. Pas même chez les Grecs du Ve siècle av. J.-C. Aristophane de Byzance, le premier, met bon ordre dans cette jungle de mots non séparés les uns des autres, en proposant, au IIe siècle av. J.-C., les 3 premiers signes :

- le point parfait, placé en haut, l'ancêtre de notre point
- le point moyen, au milieu (l'équivalent de notre point-virgule)
- le sous-point, en bas, correspondant à nos deux-points.

Dans certains textes latins, le point servait encore à séparer chaque mot du suivant. On attendra l'apparition des langues dites « vulgaires » pour mettre réellement en place une ponctuation digne de ce nom. L'usage établi de la ponctuation est surtout redevable à l'invention de l'imprimerie par Gutenberg au XVe siècle.

Aux signes majeurs : point, virgule, deux-points et point d'interrogation, s'ajouteront guillemets et trait d'union (lequel n'en prend pas !). On doit au XVIIIe l'alinéa, le point-virgule, au XIXe, les points de suspension, tirets et crochets. Quelle heureuse trouvaille nous attend encore ?

Faut-il ponctuer ou non ? Au fil du temps, on a déjà tout essayé : une ponctuation rigoureuse et excessive, une ponctuation bien moins orthodoxe et réglementée, pas de ponctuation du tout. C'est souvent le fait des poètes qui cherchent par tous les moyens stylistiques, et la ponctuation en fait partie, à bouleverser la phrase pour en tirer des effets tout ce qu'il y a de plus expressifs, quitte à supprimer toute ponctuation.

Qu'avons-nous comme points en rayon ?

Mais non, mais non, ne vous attendez pas à un cours de couture. Les points de croix, de riz et autres spécimens n'ont pas droit de cité ici. Ils y sont juste classiques, parfois recouverts d'une crosse ou d'un bâton tout droit, quand ils ne se trouvent pas recopiés trois fois à la suite…

Le point classique…

Le point, cette petite marque ronde que l'on pose également sur un i, un j, ou à côté d'une note de musique indique toujours l'arrêt définitif d'un énoncé, dès lors qu'il forme un sens complet. À la lecture à voix haute, la voix (re) tombe et on sent bien que quelque chose s'achève.

> *Un octogénaire plantait.*
> *Passe encore de bâtir, mais planter à cet âge !*
> La Fontaine

Il sert encore à noter l'abréviation d'un mot. Ainsi est-il de coutume d'écrire M. pour Monsieur. Pour Madame ou de Mademoiselle, les abréviations sont un peu plus explicites : Mme et Melle. En anglais, M. s'écrit Mr, Mme, Mrs, et Melle, Miss.

Et ses variantes… les points d'exclamation ! et d'interrogation ?

Le point d'exclamation, ce bâton de forme verticale qui repose sur un point ! se veut la traduction graphique d'un sentiment : indignation, joie, révolte, admiration, etc., toutes les touches de la palette émotion.

> Ouille ! Je me suis fait mal !

On le retrouve après toutes les interjections et Dieu sait si la bande dessinée en use et abuse.

Le point d'interrogation pour sa part vient mettre un terme à une question, qu'elle soit introduite par un pronom, un adjectif ou un adverbe interrogatif. Et des points d'interrogation, on en mettra autant qu'il y aura de questions. Pas question de lésiner en la matière.

Les points de suspension, tu parles d'un suspens…

Ces trois points, tels les trois petits cochons, sont indissociables. C'est la touche de l'arrêt dans le temps, comme dans les contes pour enfants. Un arrêt sur image, comme on dirait dans le langage cinématographique. La phrase est en principe inachevée et pourrait se prolonger selon le bon vouloir de l'auteur.

Dans cet exemple d'Alphonse Daudet : *De l'herbe foulée, une mare de sang, et, au milieu de la mare, couché sur le flanc avec une large plaie, à la tête, un… Devinez quoi!* Le suspens est à son comble. Avez-vous trouvé? Cette ponctuation subtile permet ici d'entretenir le mystère.

On ne sera donc pas surpris de l'usage qu'en fait Nicolas de Chamfort dans ce jeu du portrait en vogue au XVIIe siècle : *Madame de… disait de M. … qu'il était aux petits soins pour lui déplaire.* Nous voilà bien avancés!

On les retrouve aussi parfois accompagnant les points d'exclamation ou d'interrogation qu'ils prolongent d'un supplément d'âme… Ils servent aussi à noter à dessein une réticence ou une interruption à l'intérieur même d'une phrase.

La locution latine *et cætera/et cetera*, qui veut dire « et les autres choses », « et le reste », ne doit jamais être suivie de points de suspension. Un simple point efficace met un terme à l'abréviation : etc.

La virgule, quelque chose de primesautier !

Cette « petite verge », « petite branche » d'après l'étymologie, se présente comme un petit trait courbé vers la gauche que l'on rencontre à l'intérieur d'une phrase. Elle évite tout arrêt définitif et surtout un total étouffement de la voix. Elle nous permet de rester en apnée, légers, tant elle reste en l'air et nous avec. C'est un joli instrument de clarté et de précision.

Dans une même phrase, elle sépare des mots de même nature, qui, se retrouvant juxtaposés, mettent en scène une énumération croissante :

> *Un souffle, une ombre, un rien, tout lui donnait la fièvre.*
> La Fontaine

ou un mouvement filmé au ralenti :

> *Il crie, il s'agite, il se roule à terre, il se relève, il tonne, il éclate.*
> La Bruyère

Ainsi, la virgule met les mots en valeur : sa respiration est parfois même nécessaire au sens comme dans cet exemple de Flaubert :

> *Elle était assise, au milieu du banc, toute seule.*

Mme Arnoux se trouve isolée linguistiquement, dans l'espace de la phrase, comme psychologiquement, dans le champ de vision du jeune Frédéric Moreau qui la découvre.

La virgule accompagne encore fréquemment des modes d'écriture comme l'interpellation et l'apposition.

Savez-vous comment Victor Hugo, qui pestait contre les innombrables virgules que ses imprimeurs belges croyaient bon de rajouter à ses vers, appelait ces pausettes, ces points à queue? Des « *insectes belgicaines* ».

Le point-virgule ; et les deux-points : deux bâtards !

Le point-virgule : à lui tout seul, il cherche à tirer parti des avantages (sans les inconvénients) du point et de la virgule qui le constituent : il a du point pour le haut, de la virgule pour le bas. Cette créature hybride sert à fractionner la phrase sans jamais vraiment ou totalement l'interrompre. C'est donc une pause de moyenne durée, assurant une certaine continuité au cœur d'une apparente discontinuité, qui vous met dans l'expectative :

> Vous n'avez pas encore tout vu ; on ne vous dit pas tout ; attendez la suite...

Les deux-points : Le dicton dit : il vaut mieux être seul que mal accompagné. Pourtant ces deux points-là semblent bien s'entendre : ils se placent l'un au-dessus ou au-dessous de l'autre. Ils annoncent une explication ou une suite à venir.

Cette ponctuation est loin d'être innocente : deux-points équivalent parfois à une liaison plus franche comme une conséquence, une cause, une opposition :

Dans l'ordre :

> *Martin-bâton accourt : l'âne change de ton.*
> La Fontaine

> *Le roi des animaux se mit un jour en tête*
> *De giboyer : il célébrait sa fête.*
> La Fontaine

> J'aimerais vous attendre : je ne le peux.

Guillemet, tiret, parenthèse et crochet, tous dans le même sac !

Viennent ensuite quatre signes : le guillemet, le tiret, la parenthèse et le crochet. À leur manière, ils permettent de faire des digressions, de s'écarter du chemin. Mais, rassurez-vous, pas du droit chemin.

Les deux font la paire ou les guillemets

Les guillemets, dont le nom diminutif provient de la forme contractée du nom propre d'un certain Guillaume le Bret, auteur du célèbre *Roman de la Rose* en 1538, font leur apparition à la marge des textes du XVIe siècle. Ces petits crochets ronds, qui marchent par deux, se placent au commencement puis à la fin d'une citation, et ce, pour rendre à chaque auteur son bien propre.

Chaque citation commence alors par une majuscule. *« Le bon sens est la chose du monde la mieux partagée »* disait Descartes.

Ils servent encore à encadrer un mot ou une expression pour le ou la mettre en valeur. Ils attirent l'attention sur eux. Ici point n'est besoin d'utiliser la majuscule.

Le tiret tire un trait (non définitif)

Ce petit trait horizontal sert à isoler, plus qu'une simple virgule, certains éléments d'une phrase.

Dans un échange verbal, il sert à annoncer un changement d'énonciateur. Au théâtre par exemple, il apparaît dès qu'on passe d'un interlocuteur à un autre, en début de ligne :

> *Joue donc, Cosette, dit l'étranger.*
> *— Oh ! Je joue, répondit l'enfant.*
> Victor Hugo

Quand il ne sert pas à laisser entendre un message ou commentaire en voix off au beau milieu d'un texte :

> *On voit passer une file de canetons tout jeunes – presque encore des œufs à pattes – et…*
> Henri Barbusse

On peut même le rencontrer en renfort d'un autre signe de ponctuation, point, point d'interrogation ou d'exclamation, pour marquer une pause plus importante encore. Mais il faut bien le reconnaître, le tiret joue souvent le même rôle qu'une parenthèse.

La parenthèse sait se mettre à part, en retrait

La parenthèse ( ), en accord avec son étymologie grecque, *para-en-tithenai* « placer auprès de » est un signe d'intercalation intervenant au cœur d'une phrase. On baisse alors le ton. Voilà qui est donc tout à fait propice aux confidences d'un aparté théâtral. Loin d'être superflue, la parenthèse sait donc se rendre nécessaire, même si c'est incidemment. Comme entre parenthèses…

Elle sert à insérer dans le corps d'une phrase une idée par mot(s) interposé(s) :

> *La peste (puisqu'il faut l'appeler par son nom)*
> *Capable d'enrichir en un jour l'Achéron,*
> *Faisait aux animaux la guerre.*
> La Fontaine

Tel est l'usage des didascalies ou indications scéniques rajoutées par l'auteur dans le corpus de son texte. Enchâssés de la sorte, les renseignements apportés permettent de se lancer dans une digression qu'on referme aussitôt après l'avoir ouverte. Quoi ? La parenthèse, bien sûr !

On dit bien ouvrir et fermer la parenthèse… avec ou sans crochets !

Les crochets, dangereux, non ?

Ces petits crocs [ ], fers recourbés pour ouvrir une serrure sont une matérialisation graphique pour délimiter un espace. Les crochets ont une valeur d'encadrement, dans tous les sens du terme. Proches de la parenthèse, ils servent à noter un écart bref, ou à insérer une parenthèse dans une autre, à la manière des poupées gigognes russes.

Pour en finir avec ces accessoires de toilette visuelle, il reste à présenter

Les trois A : astérisque, alinéa, apostrophe

L'astérisque

Du grec *asterikos*, « petite étoile », ce signe topographique *, dont il reproduit la forme, sert à indiquer un renvoi, une lacune ou une précision.

On le retrouve encore dans certains ouvrages techniques, tels ceux de linguistique, pour faire référence à des formes arbitrairement reconstituées « conjecturalement ».

L'alinéa

Il marque le passage à la ligne, un bond, un saut. Du latin *a/ab* (préposition) et de *linea*, il signifie « en s'écartant/à partir de la ligne ».

L'apostrophe

Signe matériel d'une élision, se présente comme une virgule placée en hauteur, sur la droite, mise entre les mots pour marquer la suppression de voyelles comme a, e et même i à la fin d'un mot.

L'eau (la-eau)

J'ai (je-ai)

Si/s'il vient = si il

Dans ce dernier cas, l'élision du *i* s'explique du fait qu'autrefois la conjonction se prononçait *se*.

Pour ce qui est de l'emploi de l'apostrophe quand le préfixe *entre* est en composition, le Dictionnaire de l'Académie de 1935 a déjà tranché. Plus d'apostrophe aucune. Pour ce qui est du trait d'union, c'est autre chose !

Apostrophes, apostrophes, est-ce que j'ai une gueule d'apostrophe !

Bernard Pivot en a fait le titre de l'une de ses émissions littéraires qui a longtemps occupé les soirées du vendredi soir. Le mot « apostrophe », qui vient du grec *apo* et *strophè,* correspond dans les langues anciennes à une interpellation, le cas *vocatif,* fait pour susciter un échange – et échanges il y eut sur le plateau !

Cette fable de La Fontaine, *Le coche et la mouche,* est à ponctuer :

Dans un chemin montant sablonneux malaisé
Et de tous les côtés au soleil exposé
Six forts chevaux tiraient un coche
Femmes moine vieillards tout était descendu
L'attelage suait soufflait était rendu
Une Mouche survient et des chevaux s'approche
Prétend les animer par son bourdonnement
Pique l'un pique l'autre et pense à tout moment
Qu'elle fait aller la machine
S'assied sur le timon sur le nez du cocher…

Réponse : chez le fabuliste lui-même !

Prononciation et liaison, tout un art !

La prononciation est un domaine réservé et même délicat de la grammaire. Elle touche bien sûr l'oral mais aussi l'écrit par ricochet, quand on pense aux problèmes d'orthographe qu'elle induit. On pense ici à toutes ces lettres écrites mais qu'on n'entend pas toujours.

Pourquoi prononce-t-on par exemple le *p* final de mots comme cap, hanap, mais pas celui de siro(p), tro(p) ? Pourquoi fait-on sonner la dentale d'une dot, ou de l'onomatopée chut (qui sous-entend pourtant le contraire), et pas celle de mots comme un renéga(t), un acha(t) ? Pourquoi le *x* du célèbre guerrier Ajax ou du félin qu'est le lynx, mais pas celui d'un peureu(x) ou du hou(x) ? Pourquoi le *s* du mérinos de jadis, mais pas celui d'un tapi(s) ou d'un compa(s) ? Pourquoi le *c* d'un bouc mais pas celui du caoutchouc ? Pourquoi le *g* d'un joug mais pas celui d'un coin(g) ? Le *l* d'un bémol et pas celui d'un sourci(l) ?

Bien des mots de la langue moderne ont perdu la prononciation de leurs consonnes finales. Ainsi en est-il de notre article défini pluriel *les* : on ne dit pas *less mais *lè.

Z'avez pas vu Mirza ? ou le s qui peut devenir z…

En phonétique, un *s* placé entre deux voyelles dans le corps d'un mot ou au moment de lier deux mots dans une phrase se prononce généralement comme un *z* :

> une maison = une *maizon
>
> les enfants = les *zenfants

En fait, quand on lit des mots à la suite, on a pour habitude de les lier quand il s'agit de joindre le son final d'un mot à celui de la voyelle initiale du mot suivant. Normal, vous vous voyez ou plutôt vous vous entendez dire « vou avé dé enfants ? » sans faire les deux liaisons en *z* ? L'emploi correct des liaisons rend l'expression orale plus intelligible et surtout souvent plus harmonieuse.

Exceptions

Mais dans les mots composés, il en sera autrement. Quand par exemple, le second terme a un radical qui commence par un *s*, on gardera le son *s* comme pour le protéger. Ainsi parmi d'autres exemples : monosyllabe, parasol, tournesol, vraisemblable, antisocial, cosinus, etc.

Il arrivera aussi que le son *s* se transforme en *z* même après une consonne : qui n'a jamais eu de problème de transit intestinal ? On dit bien *tranzit, *Alzace et *Alzaciens, *tranzaction, etc.

Il y a même des consonnes qui se prêtent tout particulièrement à ces cas de liaison ; il s'agit du *s* et du *t* : les oranges se prononceront les *zoranges.

Mais toutes les consonnes ne réagissent pas de semblable façon : certaines, mises en liaison, changent de sonorité :

- un *f* devient-il un *v* : neuf ans se dira *neuv ans ;
- un *d* devient-il un *t* : un profond ennui se dira *profont ennui ;
- un *g* devient-il *k* : suer sang et eau se dira *suer sank et eau.

Si la consonne finale est une consonne nasale, il faudra la faire sonner d'une manière particulière, en la féminisant presque (on prononce en effet : le *divine enfant) :

> *Il est né le divin enfant,*
> *Jouez hautbois, résonnez musettes…*

Ce sera le cas pour tous les adjectifs en *-in, -on, -en, -ain, -ein*, quand on dit :

- un certain homme, on entend un *certaine homme ;
- un plein arrosoir, on entend un *pleine arrosoir ;
- un bon ami, on entend un *bon(n)e ami. Ce serait pareil pour une bonne amie !

Pour certains adjectifs en *-in* ou en *-er,* on aura toujours le choix : Homère sera tour à tour appelé le divin Homère ou le *divine Homère !

En fait, les liaisons se font si le mot a une finale inaccentuée. Autrement, si le mot porte lui-même un accent tonique, il n'y a pas de raison de le relier au mot suivant. Il reste autonome :

Pour une même finale en *-on* par exemple (adjectif ou nom dans le cas présent), entre un bon élève et une liaison étrange, le traitement n'est pas le même :

- un *bon(n)e élève ;
- une liaison étrange (coupure totale entre les deux mots).

Quand les liaisons sont de bon aloi...

Généralement les liaisons se font surtout après des mots outils tels

- les articles : les *zoiseaux ;
- les prépositions : dans les *zairs ;
- les adverbes quand ils précèdent le mot qu'ils complètent : trop *palerte ;
- dans les groupes de mots composés : les États-*zUnis ;
- après le verbe être pour présenter l'attribut : j'étais *zému.

La lettre *c* se prononce *g* dans second (segond) et reine-claude (glaude). Étonnant, non ?

La consonne *ch* garde le plus souvent un doux son en « che » sauf pour tous les mots issus du grec où elle résulte d'un *khi*, c'est-à-dire un ch aspiré, qui se prononce k : pour preuve, archaïsme, archange, bacchanales (fêtes en l'honneur de Bacchus), catachrèse (une figure de style dont on a parlé dans la rubrique sens propre ou figuré d'un mot), chaos, Charybde, chiromancie, chronomètre, chrysanthème, écho (du nom d'une nymphe à la triste histoire), lichen, monochrome, pyrotechnie, etc.

Bizarrement, comme peut-être pour en adoucir l'abord, le mot qui désigne le fleuve des Enfers, se dira Achéron : on prononcera encore un archevêque alors qu'on dit un archétype (*arkétype), un archipel (d'îles), un pachyderme, et bien d'autres encore.

Jacques Chirac, champion des liaisons !

En fait la liaison des mots entre eux ou en phrase n'est jamais obligatoire, mais certains ont pris l'habitude d'en faire systématiquement. Ils font volontairement sonner les lettres. C'en devient presque un tic de langage.

Un président de la République française s'est vu souvent chahuter par les Guignols de l'info à ce sujet. Ils l'imitaient en marquant, souvent de manière abusive, des liaisons qu'on n'entendait plus. Car il faut lui rendre ce qui lui revient : il n'en ratait pas (z)une…

Attention, liaisons malencontreuses…

Vous l'aurez donc compris, trop de liaisons peut tuer la liaison. Et sans avoir même attendu certaine diction présidentielle, il arrive qu'on supprime des liaisons si d'aventure elles donnent lieu à des effets de prononciation ou malheureux ou ridicules : c'est le cas des doubles liaisons.

À la prononciation de l'expression « les uns aux autres » qui pourrait *stricto sensu* donner les *zuns zaux zautres, on préférera « les *zuns aux zautres ». Un peu moins marquée tout de même et surtout moins zozotante !

Il vaut mieux éviter une liaison si elle doit produire un résultat trop dur et surtout désagréable à l'oreille :

- orang-outang *oran-goutangue
- contrat à vie *contra tavie
- allez aux eaux *alle zau zeaux

Le *h* du nom héros est aspiré mais muet dans la même série : héroïne, héroïque, héroïsme, héroïquement. Vous savez pourquoi ? Pouvait-on dire au pluriel des *z(h)éros pour parler de nos/héros ?

La prononciation actuelle du mot *euro* est un bel exemple de l'abandon de plus en plus répandu des liaisons dans la langue parlée. On peut penser à un effet de paresse, d'autant que de la sorte on n'a plus besoin de savoir comment s'écrit la fin d'un mot. C'est tout de même un peu gênant, si un beau jour on veut l'écrire. Ah, que n'en est-on resté aux francs ! Rien de tout cela ne serait sans doute arrivé…

Le h, aspiré ou non ?

Le « h aspiré » reste un problème constant dans la langue parlée. Comment savoir si un *h* est muet ou aspiré, *that is the question…* dont pourtant tout dépend, car

- un h non aspiré fonctionne comme une voyelle : l'homme, un bel homme
- un h aspiré fonctionne comme une consonne : le héros, un beau héros

Par exemple, la plupart des mots d'origine grecque (hydro, hyper, hypo, hétéro, homo, hémérocalle, hépatite, hymen) gardent un h muet, ce qui est étonnant quand on sait que le *h* matérialisait chez les Grecs une aspiration. Comme quoi !

Des mots d'origine francique, proches du germanique, gardent un h aspiré : on devra donc dire sans faire la liaison des/homards, des/hérons. Il en ira de même pour le mot arabe hasard, transmis par l'espagnol : des/hasards.

Il faudra en revanche écrire les guerres de Hitler et pas d'Hitler parce que le *h* ici est aspiré alors que des mots provenant de l'espagnol, avec leur h muet autoriseront la liaison : un (n)hidalgo. La Havane résiste dans son genre !

POUR LES PROS

Cas spécial, le verbe hurler, dont le *h* est aspiré. On ne doit pas plus le prononcer au singulier qu'au pluriel, quel que soit le temps ou le mode. Baudelaire, dans « À une passante », plante un décor criard et hostile :

> *La rue assourdissante autour de moi hurlait.*

avant d'y faire apparaître la beauté féminine rêvée, subtil mélange de volupté et de tristesse :

> *Longue, mince, en grand deuil, douleur majestueuse,*
> *Une femme passa, d'une main furieuse*
> *Soulevant, balançant le feston et l'ourlet;*

L'ordre des mots, tout autant que le hiatus provoqué par le *h* aspiré du verbe, sans oublier l'allitération en (s), contribuent à rendre mystérieux ce décor citadin.

Pour quand les *zaricots ?

Tous les dictionnaires s'accordent à dire que la lettre h est tantôt muette, tantôt aspirée. Mais les emplois se répartissent en fait sans réel critère apparent.

On a beau savoir que l'on ne doit pas dire des « (z)haricots » et que les héros ne sont pas des « zéros » (autrement, ça se saurait), on est toujours embarrassés pour la prononciation de mots comme handicap (on entend souvent, même à la télévision, les *[z]handicapés), ou harponner (ils ont *[t]harponné les malfaiteurs).

Le H du prénom Henri comme celui de l'ouvrage de Ronsard, *La Henriade*, consacré au roi Henri IV, est aspiré lui aussi, alors que le prénom au féminin, Henriette, est muet. C'est une convention : le Dictionnaire de l'Académie stipule ainsi : *Ventre-saint-gris était le juron de Henri IV.* Pourtant, dans la langue familière, on entend dire plutôt deux fois qu'une, mon *nHenri, mon petit*t Henri, en faisant bien sonner le n et le t. Viv' Henri IV !

À toutes fins utiles, dressons un court inventaire de tous ces mots ayant un *h* aspiré, officiellement recensés : **hache, haie, haillon, haine, haïr, halte, hanche, handball, handicap, hangar, hanter, harangue, harasser, harceler, hareng, haricot, harnais, hasard, hâte, haut, hauteur, hérisser, hernie, héros, hibou, hideux, hisser, hobby, hockey, holding, hold-up, homard, honte, hoquet, houille, huer, huguenot, humer, hurler.**

Peut-être parviendrez-vous à les retenir par mémoire visuelle. Sans le faire à la hâte.

Tu parles d'un pataquès ! ou quand les liaisons se font dangereuses…

Il est même des liaisons franchement vicieuses, qu'on appelle des *pataquès*. L'origine du mot ? Une histoire de liaison dangereuse, si l'on en croit cette histoire dont le décor est une loge de théâtre ; un jeune homme y demande à l'une de ses voisines :

— *Madame, cet éventail est-il à vous ?*
— *Il n'est point-z-à moi.*
— *Est-il à vous ?*
— *Il n'est pas-t-à moi.*
— *Il n'est point-z-à vous, il n'est pas-t-à vous, mais alors, je ne sais pat-à-qu'est-ce ?*

Faire un pataquès, c'est commettre une erreur de liaison, en faisant entendre une consonne qui n'existe pas ou qui ne doit pas être entendue. Comme on dirait « faire une liaison mal-t-à propos ! »

Les dramaturges autant que les romanciers, des plus connus aux moins connus, en usent. Le sérieux Paul Claudel parle d'*un roi qui va-t-à Reims,* quand Boris Vian écrit : *J'y ai zété.* Un chansonnier avec son *Malbrough s'en va-t-en guerre,* le dispute au grand interprète-compositeur Georges Brassens :

Alors sa veuve en gémissant, au gué, au gué,

Couche-z-avec son remplaçant, au gué, au gué…

*C'est-t-honteux, vous ne trouvez pas ?

Souvent on entend des lettres sorties d'on ne sait *toù, ici en l'occurrence un *s* :

Grâces à ta bonté qui pleut dans le désert.
Verlaine

Raisons métriques ? Euphoniques ? Historiques, semble-t-il, comme dans l'emploi de la préposition avec et de sa variante *avecque* :

Quatre mots seulement;
Après, ne me réponds qu'avecque cette épée.
Corneille

Il s'agit d'une paragoge, si vous tenez à le savoir.

Le mot d'auteur qui vient spontanément à l'esprit est la célèbre apostrophe de Cicéron au jeune comploteur : *Jusques à quand, enfin, Catilina, vas-tu encore abuser de notre patience ?*

On entend dire par ailleurs : jusqu'à Paris, jusqu'alors. Il semblerait qu'en poésie, on choisisse assez fréquemment, pour raison de consonance, de rajouter un *-s* :

Sion, jusques au ciel autrefois élevée…
Racine

De la liaison à l'élision… à un iota près !

Lorsqu'on parle ou qu'on lit, il faut assurer le phrasé syntactique, bien grand mot pour dire qu'il faut lier les mots les uns aux autres. Pour ce faire, vous l'avez vu, plusieurs cas s'offrent à nous.

Tu lies ou tu ne lies pas ?

Si c'était le verbe lire, tu lis ou tu ne lis pas, je ne poserais même pas la question !

La liaison est obligatoire :

- entre l'article et le nom : un homme, des hommes (*un nhomme, des *zhommes) ;
- entre l'adjectif et le nom : un bon usage (un bon *nusage) ;
- entre le pronom et le verbe : elles arrivent (elles *zarrivent) ;
- entre le verbe être et le mot qui le suit : il est aimable (il est *taimable) ;
- entre un adverbe et le mot suivant : vous êtes bien arrogant (bien *narogant) ;
- entre la préposition et son régime (le mot qui la suit) : dans un jardin (dans *zun jardin) ;
- dans la plupart des mots composés : un pot-au-feu (un pot*tau feu).

Ou facultative :

- entre le nom et l'adjectif : des poutres apparentes (apparentes/*zapparentes) ;
- entre le nom et un complément : des hommes en colère (ou non) (*zen colère) ;
- entre le nom et le verbe : les enfants ont ri (*zont ri) ;
- entre le verbe et un complément : songez à vos amis (songez *za vos *zamis).

Vous l'entendez, c'est plutôt discordant.

Elle est inexistante :

- après la conjonction et : un homme et une femme ;
- quand un mot se termine par une consonne dite muette : un drap ancien ;
- devant le mot Onze : les Onze.

Certains mots voient même le son de leur dernière lettre transformé :

- gran**d** homme (*gran**t**homme) ;
- neu**f** heures (*neu**v**heures) ;
- pa**s** à pas (*pa**z**àpas) ;
- cor**ps** à corps (*cor**à**cor).

Mais on dira : il a disparu, cor**ps** et biens (*cor**z**etbien)

Comme, de nos jours, on fait de moins en moins les liaisons, notre oreille est-elle d'autant plus sensible à ceux qui les font.

L'élision, une roue de secours !

Mais alors, quand on ne fait pas la liaison, on peut recourir à l'élision qui reste un trait de prononciation populaire. Rappelons quelles sont les conditions les plus fréquentes de l'élision. Quand faut-il en faire et quand ne le faut-il pas ?

L'élision s'impose lorsque la voyelle finale d'un mot se retrouve devant la voyelle liminaire du mot suivant. Quels sont les mots concernés ?

- L'article *le, la* : l'arbre, l'aiguille…
- La conjonction *que* et le pronom relatif *que* : il faut qu'elle me réponde / la robe qu'elle m'a prêtée.
- Les conjonctions *lorsque, puisque* et *quoique* mais seulement devant les pronoms *il, elle, on, ils, elles,* ou les articles indéfinis : *un, une* :

  Lorsqu'il arriva… Quoiqu'on ait intérêt à le faire, puisqu'un sou vaut un sou…

  Mais on écrira : Lorsque Alexandre, Quoique Antigone…, Puisque aucun d'eux ne l'a voulu.
- La préposition *entre* bénéficie d'un double traitement : en tant qu'élément de composition, elle est susceptible de s'élider : s'entr'aider, mais un entracte. Partout ailleurs elle s'écrit sans élision : entre eux, entre autres.
- L'adverbe *presque* ne s'élide que pour le mot « presqu'île ».
- Le pronom *quelque* ne s'élide que devant l'article indéfini : « quelqu'un » ou « quelqu'une. »
- Dans certains cas, l'adjectif *grande* s'élidera : grand' mère, grand' tante, grand' salle, grand' chose, grand' messe, grand' voile, grand' peine, etc.

  On peut toujours dire aussi : une grande peine, une grande chose…
- Le subordonnant *si* seulement devant les pronoms *il* et *ils* : s'il vient / s'ils venaient…
- La préposition *contre* ne s'élide jamais, même quand elle entre en composition : on écrira une contre-attaque, mais un contrordre.

Devant certains mots, allez savoir pourquoi, on ne pratiquera pas l'élision. On dira *le onze* du mois, *le oui* l'a emporté, *la yole* (la barque), etc.

De nos jours, l'écriture du mot *aujourd'hui* ne fait plus débat. Même si l'Académie ne s'est pas prononcée clairement, certains s'autorisent à écrire l'expression avec apostrophe ou sans. Nous admettrons donc le doublet : aujourd'hui et aujourdhui. Le correcteur pourtant ici n'est pas content.

En tout cas, cela a au moins le mérite d'ôter toute hésitation sur la place de l'apostrophe. Tout vaut mieux qu'*aujour'dhui ou qu'*au'jourdhui. Il en va de même pour les Prud'hommes ou Prudhommes (hommes preux, étymologiquement).

La langue : un jeu de pâte à modeler !

À l'acte II scène 4 du *Bourgeois Gentilhomme* de Molière, Monsieur Jourdain s'initie, avec son maître de philosophie, à une leçon de mots. Découvrant qu'il fait sans le vouloir ni le savoir de la prose – ce dont il s'extasie – il cherche à placer un billet doux à l'élue de son cœur et à trouver la meilleure formulation qui soit. Comme vous l'allez voir, nombreuses sont les possibilités qu'apporte la langue française, comme si la phrase était une matière modelable.

MONSIEUR JOURDAIN
Belle Marquise, vos beaux yeux me font mourir d'amour; mais je voudrais que cela fût mis d'une manière galante, que cela fût tourné gentiment.

MAÎTRE DE PHILOSOPHIE
Mettre que les feux de ses yeux réduisent votre cœur en cendres; que vous souffrez nuit et jour pour elle les violences d'un…

MONSIEUR JOURDAIN
Non, non, non, je ne veux point tout cela; je ne veux que ce que je vous ai dit : Belle Marquise, vos beaux yeux me font mourir d'amour.

MAÎTRE DE PHILOSOPHIE
Il faut bien étendre un peu la chose.

MONSIEUR JOURDAIN
Non, vous dis-je, je ne veux que ces seules paroles-là dans le billet; mais tournées à la mode; bien arrangées comme il faut. Je vous prie de me dire un peu, pour voir, les diverses manières dont on les peut mettre.

MAÎTRE DE PHILOSOPHIE
On les peut mettre premièrement comme vous avez dit : Belle Marquise, vos beaux yeux me font mourir d'amour.

Ou bien :
D'amour mourir me font, belle Marquise, vos beaux yeux.

Ou bien :
Vos yeux beaux d'amour me font, belle Marquise, mourir.

Ou bien :
Mourir vos beaux yeux, belle Marquise, d'amour me font.

Ou bien :
Me font vos yeux beaux mourir, belle Marquise, d'amour.

MONSIEUR JOURDAIN
Mais de toutes ces façons-là, laquelle est la meilleure ?

MAÎTRE DE PHILOSOPHIE
Celle que vous avez dite : Belle Marquise, vos beaux yeux me font mourir d'amour.

MONSIEUR JOURDAIN
Cependant je n'ai point étudié, et j'ai fait cela tout du premier coup! Je vous remercie de tout mon cœur, et vous prie de venir demain de bonne heure.

Comme quoi, à quoi bon s'escrimer à trouver des tournures alambiquées, les mots les plus simples, agencés en toute simplicité, iront droit au cœur sans prendre un chemin détourné.

Il y aurait comme un ordre naturel correspondant à la fonction des mots dans la phrase en fonction de la place qu'ils occupent : ainsi dans une phrase lambda, le sujet précède généralement le verbe, tandis que le ou les compléments sont placés après celui-ci :

- Le chien joue. Sujet + Verbe
- Le chien est fidèle. Sujet + Verbe + Attribut
- Le chien poursuit le chat. Sujet + Verbe + COD
- Le chien court dans la forêt. Sujet + Verbe + C circonstanciel

Exception oblige! Chacun le sait : si l'on emploie un pronom dit atone ou les adverbes *en* et *y*, on les placera en avant du verbe :

je te parle / je les vois / il y va / j'en reviens.

On parlera d'inversion quand l'ordre habituel ne sera pas respecté et se trouvera perturbé. En règle générale, l'inversion répond à un besoin de mettre un mot plus en valeur qu'un autre ou tout simplement de varier l'expression.

En très ancien français, comme en latin, l'ordre des mots était libre; c'était pour des raisons de style et non pour des raisons de grammaire, que l'on commençait la phrase par l'une ou l'autre des éléments de la proposition. En français moderne, l'ordre sujet, verbe, complément est rigoureusement fixé, et il a une valeur logique, c'est-à-dire qu'il détermine le sens. C'est l'un des traits qui contribuent le plus à séparer la vieille langue et la langue d'aujourd'hui.

Ferdinand Brunot et Charles Bruneau.

Malherbe, en son temps déjà, avait tout dit, tout compris : *D'un mot mis en sa place enseigne le pouvoir* (ou non!).

L'inversion : une mise en lumière

Au regard de pareille contrainte, changer la place d'un mot dans la phrase, c'est vouloir mettre ce mot en lumière. C'est ainsi que certains mots d'une phrase, par inversion, se retrouvent soit en début de phrase, soit rejetés en fin de phrase.

Veut-on mettre en valeur **un verbe** :

> *Restait cette redoutable infanterie de l'armée d'Espagne.*
> Bossuet

> *Un contrevent sur la terrasse grince.*
> François Mauriac

Un **nom sujet** :

> *Le long d'un clair ruisseau buvait une colombe.*
> La Fontaine

Un **adjectif attribut** :

> *Heureux qui comme Ulysse a fait un beau voyage.*
> Du Bellay

Un **nom, complément d'objet direct** :

> L'affaire dont vous vous occupez, nous ne la connaissons que trop.

> *Les faux bambous retiennent, à la pointe de chaque lance bleue, une perle.*
> Colette

Un **complément circonstanciel de lieu** :

> Très haut dans le ciel voguaient des nuages légers.

> Chaque mot peut, on le voit bien, y trouver son compte.

Outre les inversions interrogatives, ou les cas particuliers de certains archaïsmes, les cas les plus fréquents d'inversion restent, bien sûr, les inversions poétiques. Volontairement ou involontairement, les poètes adoptent souvent un ordre contraire à l'ordre usuel et ce pour obéir aux nécessités du rythme et plus encore de la métrique.

RÉFÉRENCES

Victor Hugo, par les effets d'inversions, fait ici attendre de manière saisissante le COD de la phrase !

> *Ô stupeur, il finit par distinguer au fond*
> *De ce gouffre, où le jour avec la nuit se fond,*
> *À travers l'épaisseur d'une brume éternelle,*
> *Dans on ne sait quelle ombre énorme, une prunelle !*

La prose, qui n'est pas en reste, produit elle aussi parfois des constructions pour le moins insolites. Mais c'est la langue parlée qui sans nul doute s'affranchit le plus de l'ordre canonique de la phrase. Les constructions y deviennent si souples même que l'ordre logique de la syntaxe cède le pas devant son aspect affectif.

Dans la langue familière, les inversions du sujet comme du COD sont monnaie courante. En présentant par anticipation l'un de ces mots, on est sûr d'assurer : au lieu de dire : J'ai de nombreux livres. On préférera dire : Des livres, j'en ai plein.

C'est ce qui explique l'usage des nombreux présentatifs pour permettre une expression plus forte des sentiments, au désespoir de certains grammairiens.

La présentation, ça compte !

Mettre un mot en vedette, c'est la spécialité de la tournure présentative : *c'est qui*, ou *c'est que*… déjà étudiée plus haut. Il en est d'autres, comme **voici, voilà.**

Ces deux présentatifs proviennent, à l'origine, des expressions : *vous voyez ici, *vous voyez là, d'où *veci, *vela, puis voici, voilà. Ils servent à mettre en avant et en valeur un mot, une idée, pour reprendre ou annoncer quelque chose.

Voici s'emploie :

- pour présenter une chose ou une personne relativement proche :

  Ecce homo dira Pilate (pour parler du Christ).

- pour désigner ce qui arrive :

  Tu réclamais le soir; il descend; le voici.
  Baudelaire

  Voici la prochaine mission que je vais vous présenter.

Voilà s'emploie pour annoncer quelque chose à venir :

Nous partons en Croatie : voilà nos projets.

L'opposition d'antan entre *voici* et *voilà* n'est plus guère respectée de nos jours. *Voilà* s'est imposé et souvent même sous sa forme syncopée : vlà! ou encore *voilà-t-il pas, voilà-ti-pas, vlà-ti-pas*!

Quant à

Cette locution prépositive, issue du latin *quantum* « autant que cela intéresse », signifie « pour ce qui est de », « relativement à », « eu égard à » « selon ».

Elle correspond à un cas ancien du grec, l'*accusatif de relation*, chasse gardée des seuls hellénistes. Tout le monde pourtant connaît la célèbre épithète homérique, qui présente l'impétueux guerrier *Achille aux pieds agiles.* Au mot à mot, l'expression grecque dit : Achille rapide quant à ses pieds (sous le rapport des pieds, pour ce qui est des pieds). Elle se transforme chez nous en un complément de qualité.

Rester sur son « quant à soi » à la manière de Michel de Montaigne, c'est rester tranquille à s'occuper de soi et rien que de soi, à se mettre à distance des autres. L'expression « quant à moi » veut dire « pour ma part », « en ce qui me concerne », « de mon côté ».

On a beau vouloir faire des effets, il y a des phrases où si les divers éléments ne sont pas à leur place, elles ne veulent plus rien dire, ou pas grand-chose. Que faut-il réellement penser de ce passage de Colette ?

> *Sur le balcon de bois, parmi la glycine défaite et les fleurs aplaties d'une sauge rouge, emportés par la bourrasque de cette nuit, ils gisaient ce matin, comme les pétales d'un pavot effeuillé, les deux papillons morts.*

L'adjectif, à sa place !

Un changement de place peut induire un sens différent pour l'adjectif. Selon en effet qu'il précède ou suit le nom dont il est épithète, il prend des visages et des sens divers :

- un brave homme est un homme bon et honnête / un homme brave sera courageux.
- un grand homme est un homme qui a du génie alors qu'un homme grand se signale par sa haute stature.
- du nouveau vin, c'est un vin que l'on vient d'acheter, quand le vin nouveau vient juste lui d'être récolté.
- un pauvre homme est un homme privé de capacités ; l'homme pauvre est un homme sans fortune.
- des pierres rares (ont de la valeur) ; de rares pierres (il y en a bien peu).

Voici les deux vers d'une épigramme du comte de Choiseul :

> *Cléon, lorsque vous nous bravez,*
> *En démontant votre figure,*
> *Vous n'avez pas l'air mauvais, je vous jure ;*
> *C'est mauvais air que vous avez.*

Quand ça disjoncte, c'est du plus bel effet…

Ainsi un pronom relatif, placé trop loin de son antécédent, peut faire douter du sens de la phrase :

Car son joug est plaisant, gracieux et léger, qui le dos nous soulage.

Ronsard

On songe encore à une incise mal placée :

Et quand, dit le marchand, vous aurai-je…

Rabelais

En revanche, l'ordre de ce vers de Du Bellay permet au poète un effet de raccourci saisissant :

Et osent les vaincus les vainqueurs dédaigner.

De l'ellipse et du pléonasme : en dire moins ou en dire trop ?

Du moins…

Comment est-ce possible ? On pourrait donc supprimer un ou plusieurs mots dans une phrase sans porter atteinte à sa clarté, sans nuire à son harmonie ? Cela a un nom : l'*ellipse.* À condition de pouvoir rétablir bien évidemment la partie sous-entendue.

L'ellipse du verbe est sans nul doute la plus facile à réaliser :

(J'ai) Compris ! (Je suis) Enfin libre !

Ce peut être aussi le sujet : (Cela) soit dit entre nous. Et très souvent un nom sous-entendu : une niçoise (salade), une savoyarde (fondue), un bourguignon (bœuf) et tant d'autres…

Cette omission syntaxique, malgré son degré d'incomplétude, gagne tous les domaines de la communication. Certains en ont fait une figure de style, plus ou moins spontanée : Racine nous en livre même une double avec son vers tiré d'*Andromaque* :

Je t'aimais inconstant, qu'aurais-je fait fidèle ?

Cet exemple de Boby Lapointe :

Françoise – Mais on l'appelait Framboise !
— Une idée de l'adjudant
Qui en avait très peu, pourtant. (d'idées…)

… au plus !

Inversement, il arrive de rajouter des mots à l'énoncé d'une phrase, pour donner plus de force à l'expression. On parle alors de *pléonasme,* du grec, « être en plus/en trop ».

Sujet, COD et COI sont tour à tour concernés dans les exemples syntaxiques suivants :

> Vos amis, ils sont venus hier ?
>
> Je le tiens ce journal.
>
> *Eh ! que m'a fait, à moi, cette Troie où je cours ?*

POUR LES PROS

Certaines conjonctions telles *et* ou *ni* sont souvent employées de manière redondante : elles ne remplissent plus aucune fonction précise, sauf celle de renforcer une expression. La tournure vient des langues anciennes :

> Il tua du même coup et l'homme et le cheval.
>
> Ni l'or ni les honneurs ne nous rendent heureux.
>
> Ou ton sang ou le mien lavera cet affront.

La figure stylistique a gagné du terrain : cela va des exemples les plus lexicalisés comme : descendre en bas/monter en haut ; prévoir d'avance : dépêchez-vous vite… aux formules d'auteurs :

> *Paradis artificiels. C'est un pléonasme.*
>
> Aragon.

On le voit, la langue française se prête à toutes les contorsions et subtilités, du moins au plus…

Chapitre 12

Modes, temps et aspect : comment donner des couleurs à la phrase…

Dans ce chapitre :

- Attention aux aspects changeants
- Des modes indémodables…
- Place aux Temps !

Aspects, modes et temps sont les trois manières de donner à une phrase des intentions, des expressions, des tournures différentes, ce que nous préférons appeler ici des couleurs. Eu égard au moment où l'on s'exprime, à celui dont on parle, à celui qui parle aussi, ainsi qu'à la durée qu'on choisit ou non d'imprimer à tel ou tel énoncé. Bref, le petit coup de *blush* de la phrase…

L'aspect

Outre les modes et les temps, il existe dans certaines langues, et le français n'y échappe pas, une autre façon d'appréhender le caractère d'un verbe, d'une action. Cela consiste à envisager l'action selon son épaisseur, sa densité, qu'elle se passe au passé, au présent ou au futur.

On s'en doute, certains verbes, de par leur sens propre, sont tout prédisposés à cette fonction. Ainsi le verbe « dormir » induit-il plus qu'un verbe comme « piquer » une action *a priori* longue.

POUR LES PROS

Certaines langues ont même été jusqu'à marquer dans leur conjugaison ces dits aspects : ainsi en grec ancien, sur un même verbe, trouvera-t-on trois radicaux bien distincts selon le temps choisi : présent, aoriste, parfait. La conjugaison russe, elle aussi, a choisi de mettre l'accent sur deux aspects :

l'aspect imperfectif pour une action encore en train de se produire et l'aspect perfectif pour tout acte achevé. Cette distinction reprend les deux catégories de la langue latine qui différenciait les temps de l'*infectum* (ce qui est encore en train de se faire) et les temps du *perfectum* (ce qui est déjà fait).

On pourrait dire, pour simplifier, que le français a choisi de répartir les verbes en temps simples (1) et en temps composés (2) pour signifier à sa manière l'aspect :

(1) Il aime, il aimait, il aima, il aimera.

(2) Il a aimé, il avait aimé, il eut aimé, il aura aimé.

Les principaux aspects sont :

- l'aspect *imperfectif* pour signifier qu'une action est en cours d'accomplissement.

  La pluie tombait encore…

- l'aspect *perfectif* correspond quant à lui à une action totalement achevée.

  Il est bel et bien mort.

- l'aspect *aoristique* s'applique à exprimer une action limitée, circonscrite à un instant.

  Elle disparut de notre vue.

- l'aspect *duratif* met l'accent sur la durée, la lenteur ou le prolongement d'une action.

  La terre tourne.

  Il se meurt.

- l'aspect *itératif* marque des actions qui se répètent régulièrement et par habitude.

  Tous les jours, je me rends, je me rendais à l'usine.

- l'aspect *inchoatif* (du latin *inchoare* = commencer) marque le début d'une action ou ses éventuels progrès.

- La partie commence, commençait…

- On pourra également, grâce à l'aspect, insister sur le degré d'*avancée vers un futur proche* :

  Il arrive de Bordeaux dans un instant.

- Ou au contraire d'un *passé tout récent* :

  Il s'en vient tout juste de sa Bretagne.

Les auxiliaires de l'aspect

Nombreux seront les auxiliaires permettant de mettre en valeur ces différents aspects :

- pour l'**aspect duratif**, on rencontre l'expression : *être en train de + infinitif*

  Cela correspond à la forme progressive de la langue anglaise : toute la différence entre *I sing* (fait ponctuel) et *I am singing* (fait duratif)

  C'est à cet emploi que se rattachent les expressions du genre : aller croissant, aller...

  Je me vais désaltérant.
  La Fontaine

- pour l'**aspect répétitif**, des formules du genre *ne pas cesser de, ne pas finir de* sont utilisées :

  Il n'avait de cesse de relire son courrier.

- pour l'**aspect inchoatif**, les verbes *commencer à, se mettre à, se prendre à...*

  Elle se mit à pleurer.

- pour l'**aspect perfectif** : *venir de* suivi d'un infinitif

  Nous venons juste de partir.

- pour l'**aspect intentionnel**, à venir, la périphrase, *être sur le point de* ou les verbes *aller* et *devoir* :

  Nous allons partir, nous sommes sur le point de partir, nous devons partir sur-le-champ.

POUR LES PROS

Pour plus de clarté, la langue préférera dire : « Je vais partir » à « Je pars », « Je viens d'arriver » à « J'arrive »

Ces auxiliaires d'aspect donnent sans doute un peu de lourdeur parfois à la phrase mais sont beaucoup plus explicites.

Les modes

Autant de modes, autant de regards portés sur la phrase.

L'indicatif, un indic pour certains !

Le mode indicatif et son système de formes verbales ont pour fonction première de « représenter un procès comme simplement énoncé, (...) sans la moindre interprétation » d'après Jules Marouzeau, l'éminent spécialiste en stylistique.

De fait, le mode indicatif se veut le mode de la réalité, même s'il lui arrive d'être employé pour exprimer une volonté ou une éventualité. Il est là pour montrer le réel qu'il est le seul à présenter à trois époques données : passé, présent, futur. Il dispose pour ce faire d'une panoplie de temps, six temps simples et six temps composés.

On connaît bien d'autres emplois bien plus prosaïques à ce mot : l'indicatif téléphonique pour faire des appels, ou le fragment musical annonçant une émission radio (phonique) ou télé (visée) !

Indicatif et subjonctif : tout les oppose !

La principale différence entre le mode indicatif et le mode subjonctif peut se résumer ainsi :

- On met à l'indicatif toute proposition qui exprime un fait certain.
- On choisit le mode subjonctif si la proposition exprime un fait possible.

Dans cet extrait de lettre de Madame de Sévigné :

*Les soldats criaient qu'on les menât au combat; qu'ils **voulaient** venger la mort de leur père, de leur général, de leur protecteur, de leur défenseur; qu'avec lui ils ne **craignaient** rien; mais qu'ils vengeraient bien sa mort; qu'on les laissât faire; qu'ils **étaient** furieux et qu'on les menât au combat.*

Vous pouvez aisément retrouver cette double valeur :

- Les subordonnées à l'indicatif (en gras) insistent sur le caractère avéré des faits pour les soldats.
- Celle au subjonctif (soulignée) exprime les faits qui paraissent possibles aux soldats.

Quant à la forme soulignée, « vengeraient », qui est au mode conditionnel, elle n'a ici qu'une valeur de futur. C'est la concordance des temps qui a prévalu. Nous y reviendrons plus loin.

Quand la syntaxe se mêle de faire du sentiment !

Certains verbes admettent une double construction : selon le degré ou intensité de certitude du propos, ils seront suivis du mode indicatif ou subjonctif :

- Je me doute qu'il est malade, s'emploiera pour signifier qu'on y croit.
- Je doute qu'il puisse venir, présume de la réalisation possible de la chose.
- Je suppose qu'il est malade, envisage la réalité.
- Supposons qu'il vienne, est une pure vue de l'esprit.

L'impératif, pas si impérieux, en fait...

Même si vous entendez dire : Travaillez, prenez de la peine!

Outre ses deux emplois, précédemment vus en deuxième partie, à savoir :

- ordre pour le présent : Sors vite, que je ne t'assomme.
- ordre pour le futur : Faites votre devoir et laissez faire aux dieux.

On emploiera l'impératif passé pour exprimer une action faite avant une autre :

Soyez revenus, avant que je parte.

L'impératif, sous son aspect arbitraire, est un mode plus souple qu'il n'y paraît; il sait moduler en tout cas sa palette d'injonctions, allant d'un :

- *ordre formel* : sortez vite!
- à un *ordre atténué* : retirez-vous, je vous en conjure!
- une *prière* : de grâce, ne la laissez pas toute seule!
- une *invitation* : arrivez le plus tôt possible avant la tombée de la nuit!
- une *exhortation :* allez! Un dernier effort!
- ou un simple *conseil* : méfiez-vous des démarcheurs!

On le rencontre même dans d'autres nuances plus subtiles encore comme :

- la *supposition :* Essaie et tu verras = (Si tu essaies, tu verras...)
- la *concession* : Faites tout ce que vous pouvez, il n'est jamais content : ce qui revient à dire : même si vous le comblez, ça ne lui va jamais!
- l'*antiphrase ironique* : Ne vous gênez pas! Continuez!

Les variantes de l'impératif

L'impératif ne prétend pas tout régler à lui seul. On peut lui trouver bien des équivalents temporels ou modaux...

Par exemple, un futur de détermination, tel qu'on le trouve dans le ton des (10) commandements : tu ne tueras point, équivaut à un « ne tue point ».

un infinitif : un panneau comme *École, ralentir !* en est un bon exemple.

une tournure interrogative, plus douce à l'oreille, d'un effet plus modalisateur mais tout aussi efficace dans le propos, par exemple : Voulez-vous vous taire ?

ou tout simplement l'emploi d'un verbe au sémantisme d'ordre : Je vous ordonne de vous taire / Il est interdit d'interdire... Comble des ordres, non !

Tu parles d'une recette d'écriture !

Prenez un mot prenez-en deux
Faites-les cuir' comme des œufs
Prenez un petit bout de sens
Puis un grand morceau d'innocence
Faites chauffer au petit feu de la technique
Versez la sauce énigmatique
Saupoudrez de quelques étoiles
Poivrez et puis mettez les voiles
Où voulez-vous donc en venir
À écrire
Vraiment, à écrire.

Raymond Queneau, *Le Chien à la Mandoline*

Cet extrait de Raymond Queneau se veut un mode d'emploi pour apprendre à écrire. En quelque sorte un B.A.BA nécessaire à tout néophyte en la matière. La formulation de cette recette d'écriture au mode impératif lui confère ici crédit et sérieux. Si vous appliquez à la lettre les consignes, vous ne raterez pas la recette.

L'affirmation qu'apporte l'usage du mode impératif laisse accroire que tout est ainsi possible. De fait, cet impératif-là est optimiste : il donne confiance bien plus qu'il ne terrorise celui qui s'y risquerait. Y aurait-il un autre mode pour présenter les ingrédients de cette originale leçon de cuisine ? Bien sûr : le mode infinitif.

Le subjonctif, pas toujours si subjectif, en somme !

Le mode subjonctif possède en lui-même tout un potentiel, selon qu'on l'emploie en proposition principale (voire indépendante) ou subordonnée.

En phrase indépendante, on lui connaît deux fonctions :

Le subjonctif jussif

De son étymologie même « joindre dessous », il induit quelque chose qui ressemble à un ordre. On parle alors d'un **subjonctif jussif.** Dans les phrases indépendantes ou principales, on rencontre souvent : qu'il vienne ! Qu'elle fasse cela avant mon retour ! On l'emploie aux personnes qui n'existent pas à l'impératif. Mais pas uniquement…

Qui m'aime me suive.

Le véritable génie du subjonctif est d'indiquer une action ou une chose comme terme d'une volonté. Bescherelle

Le subjonctif délibératif

Que dire ? Que faire ?

Sans doute un vieux souvenir de la valeur du subjonctif dans les langues anciennes. Il sert à marquer dans une interrogation

- soit une possibilité : Que puis-je dire ? Que puis-je faire ?
- soit une obligation : Que dois-je dire ? Que dois-je faire ?

On le dit délibératif. De nos jours, l'infinitif l'a relayé dans cette fonction.

Racine comme Corneille, les deux dramaturges du XVIIe siècle, en ont fait grand usage, dans les tirades délibératives du premier et les cris de douleur du second. Le dilemme cornélien autant que les hélas ! ou les las ! raciniens les ont consacrés. La plupart du temps, au terme de longs monologues, leurs protagonistes doivent prendre une décision. Ils le font d'ailleurs le plus souvent à la première personne du discours, parfois à la deuxième. Plus rares sont les emplois aux autres personnes, pour la simple et bonne raison que le sens s'y prête moins. Vous entendrez tout de même des « Que deviez-vous dire ? » ou « Que pouvait-il faire ? » (surtout si vous vous exprimez à l'instar d'Alain Delon...).

Le subjonctif d'atténuation

Surtout s'il est employé au présent :

> Je ne sache pas qu'on ait demandé cela.

Le subjonctif de supposition

Précédé ou non d'outils comme « supposons que », « admettons que », on emploie le subjonctif avec une valeur de supposition :

> Qu'il vende sa maison, et le tour est joué.

Le *que* signifie « à supposer que », « Imaginons que... »

> *Qu'on dise quelque chose ou qu'on ne dise rien, j'en veux faire à ma tête.*
>
> La Fontaine

Le subjonctif de souhait

Les subjonctifs présent et imparfait servent à noter un souhait réalisable dans l'avenir

> Plaise aux Dieux que je devienne riche (un jour) !
>
> Puissé-je devenir riche !

ou un souhait irréalisable qui sent le regret, comme on dit :

> Plût au ciel que...

Vieux souvenir d'un mode grec disparu déjà en latin, l'optatif !

Le subjonctif de concordance

En proposition subordonnée, on appelle subjonctif **de concordance,** le subjonctif qui sert à marquer une corrélation de temps avec l'action exprimée dans la proposition principale. En fonction des outils subordonnants utilisés et du sens qu'on veut donner à la proposition, le subjonctif devient obligatoire. Ce subjonctif presque indissolublement lié à la conjonction *que,* qu'on dira grammatical et d'usage, est assurément très vivant dans la langue française. Une bonne raison donc, pour bien connaître sa morphologie.

On le rencontre même dans des propositions subordonnées relatives à valeur circonstancielle : ici le *but* :

> Je cherche quelqu'un qui me dise où se trouve l'Opéra.
> (pour me dire)
>
> Il sert encore à marquer une exclusivité : c'est le seul livre qui me convienne (susceptible de me plaire).

quand ce n'est pas une restriction : le peu qu'il ait suffira à combler ses dépenses.

Le subjonctif se substitue également aisément à l'emploi d'un conditionnel, même si de nos jours, cet emploi-là aussi tend à disparaître. Qui d'autre que Montaigne pourrait encore dire :

> *Je ne suis pas homme qui y reculasse.*

L'infinitif : il n'a pas de limites !

Le mode infinitif, qui signifie étymologiquement en latin *in-finitivus* : « sans limites », « sans fin », se comporte bien comme tel. Placé comme hors du temps et du genre et de la personne, il se situe bien au-delà des autres modes, dont il récupère toutefois certains emplois qu'il partage avec eux. Il permet *stricto sensu* de considérer l'action comme une idée générale et abstraite. Il lui arrive toutefois, selon qu'il est employé au temps présent ou passé, d'avoir une pure valeur temporelle :

> On ne peut être et avoir été.

Alors que l'infinitif présent flirte plus avec les différents autres temps :

- Il demande à partir (présent : maintenant)
- Il s'apprête à revenir (futur : plus tard)
- Il voulut répondre (imparfait : alors)

L'infinitif de narration

Cette utilisation n'appartient qu'à ce mode. Le poète La Fontaine en était très amateur.

Et flatteurs d'applaudir.

Il donne en effet de la vivacité au récit et reste d'un emploi hautement littéraire.

Grenouilles aussitôt de sauter dans les ondes.

L'infinitif jussif (c'est-à-dire d'ordre)

Il concurrence ici le mode subjonctif, au même titre que l'impératif :

- Entrer sans frapper.
- Sonner fort et entrer.
- Agiter le flacon avant de s'en servir.
- Ne pas se pencher au dehors.

Ainsi, ordre, conseil, défense semblent être donnés, on ne sait par qui, à on ne sait qui. L'infinitif permet de garder une totale indétermination, contrairement par exemple à l'impératif.

L'infinitif exclamatif ou interrogatif

Paradoxalement ce mode dit impersonnel s'occupe beaucoup plus qu'on ne croit des états d'âme de l'être humain. Les nuances de sens, pour être diverses, auront toujours une tonalité affective.

Il peut s'agir de :

- **l'indignation :** en arriver là !

  Moi, le faire empereur ! Ingrat, l'avez-vous cru ?

  Souffrir un tel affront, moi jamais !
- **la délibération :** Que faire ? Que dire ? Que penser ?
- **le doute :** Savoir s'il viendra !
- **le conditionnel :** Pourquoi pleurer ? Pourquoi se plaindre ?
- **l'émotion pure et simple :** Dire que nous les reverrons demain !

L'emploi du mode infinitif permet souvent d'alléger la phrase, quand il remplace toute une proposition conjonctive objet et remplit alors le rôle nominal d'un COD :

Je crois que je réussirai. = Je crois réussir.

Il permet aussi d'éviter d'utiliser un mode souvent mal maîtrisé, le subjonctif :

> Nous l'avons élu pour qu'il dirigeât notre expédition : pour diriger notre expédition.

Retrouvez les fonctions des infinitifs soulignés :

> *Es-tu si las de vivre ? – As-tu peur de mourir ?*
> Corneille

> *Prendre des provinces injustement s'appelle faire des conquêtes.*
> La Rochefoucauld

Réponses : Ct de l'adjectif / Ct du nom / sujet / attribut du sujet.

et les valeurs de sens des infinitifs suivants :

> *Manger l'herbe d'autrui ! Quel crime abominable !*
> La Fontaine

> *J'écoute les enfants jaser.*
> V. Hugo

> *Et mon chat de crier et mon rat d'accourir.*
> La Fontaine

Réponses : infinitif exclamatif / proposition subordonnée infinitive / infinitif de narration.

Le conditionnel, tu parles d'un potentiel !

Avec lui, rien n'est sûr, tout peut arriver, mais tout dépend des conditions, dixit encore Orsenna. On aurait donc bien tort de vouloir se priver de ce mode du rêve et du *si*…

Le conditionnel s'emploie tantôt comme mode, tantôt comme temps. Employé comme mode, il présente une action qu'on suppose réalisable mais qui dépend alors d'une condition exprimée ou sous-entendue.

Il a surtout alors l'esprit de système !

Différents cas de figure s'offrent, de fait, à l'usager :

- Si le fait est envisagé dans un futur possible et imaginable dans l'avenir, on parlera d'un « potentiel » (du latin *potis* : qui peut [se faire]), le « *Yes We Can* » que vous savez !
- Si le fait est envisagé dans le présent ou dans le passé, on parle d'un « irréel du présent » ou d'un « irréel du passé ».

La plupart du temps, l'action au conditionnel est exprimée dans la seule proposition principale et la condition dans la proposition subordonnée, avec le mode indicatif, au temps imparfait ou plus-que-parfait.

- Si j'avais plus de temps, je vous écrirais volontiers. = potentiel
- Si j'avais plus de temps, je vous écrirais, mais avec toutes les tâches qui m'attendent, il ne faut pas y compter. = irréel du présent
- Si j'avais eu plus de temps, je vous aurais écrit. = irréel du passé
- Si j'avais eu plus de temps, je vous eusse écrit (variante plus châtiée).

Le conditionnel mode au temps présent exprime une action présente ou future selon que la supposition se rapporte au présent ou à l'avenir.

- S'il faisait plus beau (maintenant), je sortirais (maintenant).
- S'il faisait plus beau (demain), je sortirais (demain).

Le conditionnel mode au temps passé exprime une action qui aurait pu se produire (pure supposition) et qui dépend d'une condition non réalisée.

Si la Garonne avait voulu, elle aurait inondé l'Espagne !

Il peut, à cause de cela, exprimer en plus une idée de reproche, de regret :

Si vous aviez suivi mon conseil, vous auriez mieux réussi.

Il peut même se la jouer en solo…

Le conditionnel se rencontre aussi seul dans une proposition isolée de tout système conditionnel, pour peu que la condition soit toujours sous-entendue :

Je vous écrirais bien volontiers ! (si cela m'était possible)

Il sert encore, qu'il soit employé au temps présent ou passé, à adoucir une affirmation. On dira de ce conditionnel qu'il est *modalisateur.* Cela allant :

- du **gentil conseil** : Vous feriez mieux de vous retirer.
- à une **affirmation atténuée** : Je vous serais bien obligée de me répondre au plus tôt.
- à l'**ordre atténué** : Voudriez-vous vous taire ?
- à la **simple demande** : Pourriez-vous me servir un peu d'eau ?
- au **reproche**, à peine déguisé : Vous auriez pu nous prévenir, tout de même !
- voire même à l'**expression d'un souhait ou son contraire** : J'aimerais vraiment vous revoir demain.

  Ah ! qu'un homme comme cela mériterait bien ce qu'il craint !
  Molière

- ou une **exclamation** : *J'ouvrirais pour si peu le bec!*
  La Fontaine

Dans certains cas, on trouvera un conditionnel employé à la place d'un simple indicatif dans une proposition subordonnée relative : il permet alors de préciser le caractère possible ou improbable de l'action :

> Nous cherchons un site où nous pourrions (puissions) avoir des informations sur une bonne grammaire.

Le faux conditionnel ou le conditionnel occasionnel !

Le conditionnel de concordance reste l'autre grande fonction d'emploi que recouvre le mode subjonctif. C'est un faux conditionnel, un conditionnel occasionnel! Il arrive qu'on emploie le conditionnel en remplacement d'un futur : c'est un conditionnel qui a perdu sa propre valeur et qui sert juste à marquer la concordance avec un verbe principal au passé :

	Je pense qu'il aimera le spectacle.
devient	Je pensais qu'il aimerait le spectacle.
	Je crois qu'il viendra.
devient	Je croyais/j'ai cru qu'il viendrait.

Le conditionnel de la seconde formulation marque en fait une action future dans le passé.

Dans le discours indirect, un conditionnel peut avoir une valeur de simple futur :

> *Elle* (la peau de l'ours) *garantirait des froids les plus cuisants.*
> La Fontaine

Le participe et ses emplois partagés...

Le participe présent, employé avec une valeur temporelle, désigne une action en train de s'accomplir en même temps qu'une autre. Il marque à la fois une certaine durée mais surtout la simultanéité dans l'action. On le rencontre le plus souvent en fonction d'apposition; il reste toujours invariable.

Le participe, rappelons-le, existe à deux temps : le présent et le passé (voix active et voix passive). La valeur temporelle du participe en phrase dépend en grande partie du terme qu'il vient compléter : ainsi en est-il du participe présent des exemples suivants; il s'accommode aussi bien du présent que du passé :

- L'homme, vivant dans la société, est à toute heure soumis à sa pression.

  Vivant = qui vit

> - C'était un chat vivant comme un dévot.
>
>   Vivant = qui vivait

Le participe passé passif, le **PPP** pour les intimes, exprime pour sa part une action faite, sans valeur de temps propre : des copies corrigées... des devoirs écrits...

Le participe passé actif, au contraire, garde toujours une valeur très nette de temps passé :

> *La cigale, ayant chanté tout l'été,*
> *Se trouva fort dépourvue quand la bise fut venue.*
> La Fontaine

Les langues anciennes connaissaient même un participe futur. Pour le rendre en français, on doit faire appel à une tournure périphrastique : disposé à..., ayant l'intention de..., enclin à...

Place aux temps, à présent !

Lisez ces quelques lignes de Valère Novarina :

> *Seize temps sont quand il est encore temps : le présent lointain, le futur avancé, l'inactif présent, le désactif passé, le plus-que-présent, son projectif passé, le passé postérieur, le pire-que-passé, le jamais possible, le futur achevé, le passé terminé, le possible antérieur, le futur postérieur, le plus-que-perdu, l'achevatif, l'attentatif.*

Vous vous dites : je n'ai rien compris. C'est trop compliqué!

Pour faire plus simple, nous vous proposons d'imaginer une ligne horizontale qui formerait l'axe du temps. C'est du reste la représentation la plus courante qu'on en donne.

Sur cette ligne, tout ce qui est à gauche représente le passé : le royaume de ce qui est fini et ne reviendra plus, le présent se matérialisant par un point mouvant à tout instant (le curseur x) et l'avenir, sans fin marquée, occupant tout le pan de droite jusqu'à l'infini.

________________________x________________________

Le présent ou le temps en ligne...

On emploie le présent pour donner une impression de direct, qu'il s'agisse d'une description qui se fait en temps et en heure réels ou d'un dialogue « *en live* ».

Il sert donc à indiquer un présent en cours, un présent habituel, voire un présent d'effort.

Il y a même des présents qui sont le résultat d'un passé : je suis vainqueur, présuppose qu'on a bel et bien remporté une victoire. Somme toute, le *Veni, vidi, vici* de César.

Le présent sténonome (de l'instant)

Le présent est le temps de l'action ou du fait actuel pour la personne (les personnes) qui s'exprime(nt). On le dit « présent de l'instant », comme dans l'exemple suivant :

Je vous remercie de votre visite.

Il est très difficile de donner des limites au présent, qui reste un point sans cesse mouvant qui bascule, aussitôt dit aussitôt fait, dans le royaume du passé comme dans celui du futur.

L'institutrice demande à l'enfant : Quand je dis « Je suis belle », quel temps est-ce ? Le passé, Madame, lui répond-il. Triste constat du temps qui passe inexorablement sur nos jeunes années, faisant dire à Ronsard : *Cueillez, cueillez dès aujourd'hui, les roses de la vie…*

Pour preuve encore de cet aspect instantané : la voiture démarre. Il est vrai que le sens même du verbe contribue ici en grande partie à cet aspect ponctuel. Autrement, ce serait mauvais signe !

Le présent de narration

On l'emploie pour donner plus de relief à l'expression en présentant des faits passés comme un tableau encore vivant et présent sous nos yeux. Ainsi l'écrivain fait de son lecteur le témoin de l'événement :

Turenne meurt : tout se confond, la fortune chancelle.

Dans ce même registre, il sert aussi à noter un changement de perspective dans le récit :

Un agneau se désaltérait
Dans le courant d'une onde pure.
Un loup survient à jeun, qui cherchait aventure.
La Fontaine

Le présent duratif

Paradoxalement, le présent peut aussi indiquer une action ou un fait en cours d'accomplissement, soit un aspect imperfectif. On le dit alors duratif, ou même conatif, s'il marque un effort.

On l'emploie pour marquer une action qui se prolonge, que sa durée soit déterminée ou non :

La séance dure deux heures.

La terre tourne.

La preuve, on le retrouve dans quelques locutions figées du discours : est-ce que, qui est-ce qui, c'est-à-dire, c'est pourquoi, c'est à peine si, c'est tout juste si...

Le présent d'habitude

Ce présent-là marque une action qui se répète tant qu'elle en devient habituelle. On parle d'un aspect itératif.

Je me lève tous les jours à 7 heures du matin.

Je plie et ne romps point. La Fontaine

Le présent gnomique

Le présent de la langue française correspond parfois aux temps de l'aoriste grec et du parfait latin. Il sert alors à exprimer des vérités d'expérience : on l'appelle encore **présent de vérité générale.** Car le message qu'il délivre est vrai dans le passé, comme au présent et même dans l'avenir.

La terre est ronde.

L'argent ne fait pas le bonheur.

On le retrouve donc, et ce n'est pas une surprise, dans tous les proverbes et dictons de France et de Navarre, où il traduit le caractère permanent d'un jugement ou d'un fait.

Rien ne sert de courir, il faut partir à point.

Le présent a aussi un rôle à jouer dans la mise en place de l'action, Il peut en exprimer le début comme la progression. On parle alors de valeur inchoative et progressive :

Tu prends de l'âge (de jour en jour).

Le présent, toujours dans un entre-deux...

Le présent est capable de se projeter dans le futur comme de reprendre un passé proche. Ces deux formulations en sont la preuve :

- **Passé récent :** Il arrive de Paris à l'instant.
- **Futur proche :** Il arrive de Paris dans un instant.

Il sort d'ici il y a cinq minutes.

Demain, au Capitole, il fait un sacrifice.
Corneille.

L'imparfait, un proche (parent) du présent

L'imparfait est un temps simple du passé, qu'on peut qualifier de « présent en cours dans le passé ».

Il était une fois…

Cette expression introduit toujours dans la tradition populaire un conte. Elle renvoie à un passé ancien non défini et surtout à l'univers du merveilleux. Et cela depuis que Charles Perrault, après l'avoir utilisée pour la première fois dans *Les Souhaits ridicules*, en 1694, la reprit pour ouvrir son premier conte, *Peau d'Âne*. Il l'utilisera encore dans sept des huit autres récits en prose des *Contes de ma mère l'Oye*.

La formule est depuis devenue une clef « magique », un sésame liminaire pour entrer dans l'univers des contes de fées. Tout comme une autre, exprimée à un autre temps, est consacrée à la conclusion de ces mêmes contes : « Ils se marièrent et eurent beaucoup d'enfants » ou « Ils se marièrent et vécurent heureux ». Mais cette dernière est absente de l'œuvre de Perrault.

Il en existe bien d'autres variantes, comme « *En ce temps-là* », « *Il y a de cela, fort longtemps* », etc. Les auteurs de contes l'ont donc soit reprise à l'identique, soit adaptée en fonction de leurs œuvres.

Outre l'usage magique de cette formule, le temps imparfait, comme son nom l'indique, n'a pas de chance. Étymologiquement, il « n'est pas parfait ». Suffisamment toutefois pour exprimer bien des choses.

L'imparfait est un temps qui prend son temps, s'étire dans la durée. Orsenna a bien raison de dire de lui que *c'est du passé bien sûr, mais un passé qui a duré longtemps, un passé qui se répétait.*

Grâce à lui, le passé est en effet envisagé dans son déroulement interne : il peut présenter une action dans sa répétition comme marquer une tentative.

L'imparfait est somme toute **assez proche du temps présent,** avec lequel il présente bien des similitudes d'emploi qui font même dire qu'il n'est qu'un sous-produit de présent, mais appliqué au temps passé.

Pour preuve, ces quelques emplois, où il se montre tour à tour :

- **imperfectif :** le train arrivait (l'action est en train de se faire)
- **duratif :** les Romains parlaient le latin
- **itératif :** je me levais tous les matins à… (l'action se répétait)
- **inchoatif et progressif :** il commençait à y croire (l'action est à son début)

Heureusement, on retrouve pour lui en effet d'autres valeurs comme celle d'un **passé récent :** Nous arrivions tout juste quand vous êtes venus (pour dire « nous venions d'arriver ») ou d'un **futur proche :** Nous arrivions quand nous avons eu une panne d'essence (pour dire « nous allions arriver »).

Il s'emploie pour exprimer des actions passées qui se sont prolongées :

> Hier, il pleuvait.

Ou qui sont devenues habituelles :

> Autrefois, on voyageait à pied, à cheval ou en calèche.

Voire à préciser qu'une action se passe en même temps qu'une autre :

> J'arrivais quand vous sortiez.

Ou que la première action est encore inachevée au moment où l'autre se produit :

> Il lisait quand vous êtes entré.

L'imparfait peut avoir deux sens particuliers :

Dans une **proposition principale**, il peut correspondre à un conditionnel passé, s'il y a une condition exprimée :

> *Si j'avais dit un mot, on vous donnait la mort.*
> Voltaire

Dans une **subordonnée**, il exprime toujours une action présente par rapport à une autre, il correspond alors à un présent dans le passé :

> *Le seul Picard vint me dire... que ce n'était pas son métier.*
> Madame de Sévigné

Pour être imparfait, il n'en est pas moins court ! Il reste le meilleur dans sa catégorie pour traduire un aspect non accompli, à défaut d'im-parfait. Nous l'avons jugé trop vite ! Le latiniste Jules Marouzeau a été jusqu'à parler d'un « usage artiste », dans son *Précis de stylistique française,* à propos de certains passages de l'une des plus belles plumes du siècle dernier, Marcel Proust.

Le passé simple... pas si simple !

Comme le temps grec, l'aoriste, dont il procède pour le sens, ce temps « hors limite », « indéterminé » étymologiquement, marque le passé sans la moindre considération de durée, le point de départ d'une situation nouvelle, ou le point d'aboutissement d'un effort. *Le passé simple, c'est un passé qui n'a duré qu'un instant*, nous dit Eric Orsenna.

Le temps de la narration

Le passé simple a pour vocation de raconter des événements en les organisant en « une colonne vertébrale » de la trame narrative : les événements surgissent et se donnent dans leur totalité, comme d'une seule expression. Deux passés simples successifs sont *a priori* marqués comme la succession de deux événements.

Rien de surprenant, donc, à ce qu'on le retrouve comme temps du **récit historique** par excellence.

Pour Émile Benveniste (*Problèmes de linguistique générale*), le récit est ce qui est détaché par rapport au moment de l'énonciation (cf. manuel d'histoire). Les événements sont indépendants, et ils se racontent d'eux-mêmes.

Le passé simple présente une suite éclatée d'événements réalisés, qui se présentent comme un fait passé, psychologiquement très distants, en tout cas sans rapport avec le présent :

> La porte tout à coup s'ouvrit, bruyante et claire.

Où ? Quand ? Comment ? C'est l'action pure et simple qui est ici donnée, le fait à l'état brut.

On dit que le passé simple de la langue française, issu du parfait latin, s'emploie pour marquer **une action passée**. Il correspond surtout à un moment particulier et bien précis dans le temps : une date qu'elle soit historique – *Le peuple de Paris prit la Bastille le 14 juillet 1789* –, ou non : À sept heures les cloches sonnèrent.

Un concurrent de poids : le passé composé

Le passé simple, après avoir longtemps concurrencé le passé composé, avec lequel il faisait double emploi jusqu'au XVIIe siècle, a dû baisser pavillon devant ce dernier. La règle des 24 heures du théâtre classique lui fut sans doute fatidique.

Pour une raison toute simple, l'usage du passé simple a peu à peu disparu. Et plutôt que d'entendre ou de lire des formes plus barbares les unes que les autres, on a choisi la solution de facilité, consistant à leur substituer le passé composé.

Mettons en parallèle deux descriptions de « passantes » de la littérature. Faites-vous une réelle différence entre le passé simple qu'utilise Baudelaire : *Une femme passa*...

et le passé composé du poème de Gérard de Nerval :

> *Elle a passé, la jeune fille,*
> *Vive et preste comme un oiseau :*
> *À la main une fleur qui brille,*
> *À la bouche un refrain nouveau.*

Le caractère éphémère de ladite apparition ne se conjugue-t-il pas aussi bien à un temps qu'à l'autre ?

Un Temps d'action, aussi !

Longtemps aussi, au sein d'une narration, le passé simple a servi, à côté d'un imparfait, à marquer le *début d'une action*, voire le *passage à l'action*.

On a tous en mémoire la fameuse fable de La Fontaine, reprenant l'histoire de la guerre de Troie qu'elle inscrit à l'échelle d'un poulailler de basse-cour : *Deux coqs vivaient en paix. Survint une Poule.* Peut-être que tout le monde ne connaissait pas le passé simple du verbe « survenir », mais, pour ce qui est de l'histoire, on connaît la suite...

Après avoir planté un décor et des protagonistes typés, on entre par cet extrait de L'*Heptaméron*, de Marguerite de Navarre, dans le vif du sujet, par le passage au passé simple : *Au port de Coullon, près de Nyort, y avait une basteliere qui jour et nuit ne faisait que passer un chacun. <u>Advint</u> que deux Cordeliers du dit Nyort passèrent la rivière tous seuls avec elle.* La tournure impersonnelle confère ici de surcroît un aspect d'étrangeté. Mais que va-t-il se passer ? Les paris sont ouverts...

Ce temps de la narration permet surtout aussi de mettre l'accent sur la *succession*, plus ou moins rapide d'ailleurs, *des actions*. Victor Hugo en offre un exemple significatif :

> *Il marcha trente jours, il marcha trente nuits.*

À mort le PS ? Que nenni !
Le passé simple, ou PS (ne pas confondre : toute ressemblance avec des faits ayant réellement existé ne serait que fortuite !), tend de nos jours à disparaître. Même si Jean-Joseph Julaud le défend, le PS va plutôt à vau-l'eau. Il se désorganise, perd pied, supplanté qu'il est à l'oral par le présent (temps passe-partout) et par le passé composé dans d'autres circonstances. Si on a le choix, on lui préfère toujours le présent, qui fait référence à l'instant donné, gage de crédibilité.

Il est même entré en littérature
Nous connaissons au passé simple des emplois hautement littéraires.

Un temps racinien : *Je le vis, je rougis, je pâlis à sa vue.*
Avez-vous jamais pensé à réécrire ce vers de Racine décrivant l'émoi amoureux de Phèdre face à Hippolyte ?

Au présent : Je le vois, je rougis, je pâlis à sa vue : c'est plat et banal, trop dans l'instant. Mais pourquoi ? Quelle valeur de sens y perd-on ?

À l'imparfait : Je le voyais, je rougissais, je palissais à sa vue : ça dure trop longtemps, non ?

Au plus-que-parfait : Je l'avais vu, j'avais rougi, j'avais pâli à sa vue : c'est déjà terminé, sans intérêt donc !

Au futur : Je le verrai, je rougirai, je pâlirai à sa vue. On peut toujours attendre…

Qu'a donc le passé simple de si particulier ? Réponse : la brièveté, l'intensité, le télescopage des sensations contraires. Sans nul doute, l'assonance en *i* de tout ce vers n'est pas étrangère à cette impression : par sa sonorité stridente comme les flèches de la passion naissante et sa répétition lancinante, presque en rime ou écho interne, elle fige l'héroïne, bien malgré elle, dans un processus qui l'entraîne à suivre les épanchements de son cœur ; le lien de cause à effet n'en paraît que plus simultané et inévitable encore.

Faut-il dire pour autant que le passé simple est le temps le plus propice à l'expression de l'amour ? À en croire l'auteur antique Achille Tatius, oui : *Dès que je la vis, je fus perdu.*

Mais, en cherchant bien, on peut trouver des contre-exemples : *Je vous ai destiné ma vie aussitôt que je vous ai vu.* Le passé composé employé par Diderot dans ce passage de *La Religieuse portugaise* apporte un démenti criant à ce premier jugement.

Un PS « tyrannique »

Dans l'une des tirades de son drame romantique, *Angelo, Tyran de Padoue,* Victor Hugo offre une occasion en or de réviser ses classiques en matière de passé simple. À la scène IV, le personnage d'Homodei invente au héros Rodolpho une autre vie :

Il y a sept ans, à Venise même, vous aviez vingt ans alors, vous vîtes un jour dans une église une jeune fille très belle. Vous ne la suivîtes pas ; à Venise, suivre une femme, c'est chercher un coup de stylet ; mais vous revîntes souvent dans l'église. La jeune fille y revint aussi. Vous fûtes pris d'amour pour elle, elle pour vous. Sans savoir son nom (…), vous trouvâtes moyen de lui écrire, elle de vous répondre. Vous obtîntes d'elle des rendez-vous chez une femme nommée la béate Cécilia. Ce fut entre elle et vous un amour éperdu ; mais elle resta pure. (…). Un jour, elle manqua au rendez-vous. La béate Cécilia vous apprit qu'on l'avait mariée. D'ailleurs, vous ne pûtes pas plus savoir le nom du mari que vous n'aviez su le nom du père. Vous quittâtes Venise.

Qui de nos jours saurait encore écrire de la sorte ? Un tel usage systématique du passé simple n'a aujourd'hui plus cours. Pourtant Victor Hugo fait mouche avec ce temps qui lui permet d'exprimer au mieux l'intensité et la vivacité de cette rencontre amoureuse.

Après le passé simple, le déluge ! La suite de ce monologue, comme de cette histoire d'amour naissante, exigeait une rédaction menée au passé composé :

Depuis ce jour… vous vous êtes enfui par toute l'Italie, mais l'amour vous a suivi. Vous avez jeté votre vie aux plaisirs, aux distractions, aux folies, aux vices. Inutile. Vous avez tâché d'aimer d'autres femmes, vous avez cru même en aimer d'autres, (…) Inutile encore. L'ancien amour a toujours reparu sous les nouveaux.

Ce dernier temps marque le résultat encore présent, mais non constructif, de cette première passion avec laquelle aucune ne saurait rivaliser.

Un PS « affectif »

C'est à Flaubert que nous sommes redevables d'un usage *affectif,* fort symptomatique, du passé simple. Ce dernier a su en faire un usage tout particulier, en donnant à ce temps de l'instant, une valeur de durée. Lors de la rencontre de Frédéric Moreau et de Mme Arnoux, dans *L'Éducation sentimentale*, Flaubert écrit : *Il la regarda.* Le passé simple, ponctuel d'ordinaire, s'étale ici un certain temps…

Un PS « gnomique »

On retrouve également le passé simple dans bon nombre de proverbes, sans doute sous l'influence des adages antiques.

On parle alors d'un **passé simple** à valeur **gnomique**, car il sert à formuler des vérités générales, à la manière des sentences d'autrefois, au sens étymologique du mot *gnomè,* qui signifie en grec ancien un jugement reconnu de tous.

Boileau atteste encore au XVIIe siècle cette valeur d'emploi quand il écrit : *Un dîner réchauffé ne valut jamais rien.* Sur ce seul point, il est d'ailleurs en totale concurrence avec le présent des morales des fables de La Fontaine, qui ont eu l'heur de s'imposer, après celles d'Esope : *La raison du plus fort est toujours la meilleure* !

Quand le PS se fait comique !

Conjuguer les verbes au passé simple est tout sauf… simple : on s'emmêle souvent les pinceaux, et pour parler d'amour, on ne peut pas dire que la formulation soit toujours heureuse :

> *Lorsque nous nous vîmes, nous nous plûmes,*
>
> *Mais quand vous me parlâtes, vous m'épatâtes…*

Nul n'a jamais mieux fait qu'Alphonse Allais, grand farceur devant l'Éternel, lors de sa composition d'une *Complainte amoureuse.* Nous vous en rapportons les derniers vers, que vous devrez compléter :

> *Oui, dès l'instant où je vous* (voir),
>
> *Beauté féroce, vous me* (plaire)*;*
>
> *De l'amour qu'en vos yeux je* (prendre)
>
> *Sur-le-champ vous vous* (apercevoir).

Mais de quel air froid vous (recevoir)

Tous les soins que pour vous je (prendre)*!*

Combien de soupirs je (rendre)*!*

De quelle cruauté vous (être)*!*

Réponses : vis / plûtes / pris / aperçûtes / reçûtes / pris / rendis / fûtes.

Imparfait et passé simple s'entendent comme larrons en foire…

La répartition des rôles entre ces deux temps dans un récit est très simple. On exploitera l'imparfait pour marquer la trame de l'action (enchaînement et prolongation…) et le passé simple pour les points décisifs (de rupture ou de changement d'action) :

D'abord, il pleura longtemps, immobile; ceux-ci, en le voyant, étaient dans l'étonnement et gardaient le silence. Puis il prit la parole… Xénophon

Retrouvez dans ces quelques phrases la place de l'un et de l'autre de ces temps.

Par une fraîche matinée d'automne, les chasseurs s'avanç… en ligne. Les chiens cour… le nez au vent. Bientôt une perdrix puis quatre s'envol… au bout du champ. Avec précipitation, les chasseurs épaul…, vis…, tir… L'un des oiseaux fut atteint par les plombs et tomb… Les chiens le poursuiv… dans la luzerne où il tent… de se cacher. Vite, le chasseur cour… jusqu'à l'endroit où l'attend… Miraut et ramass… la perdrix qui se débatt… encore.

Réponses : s'avançaient / couraient / s'envolèrent / épaulèrent / visèrent / tirèrent / tomba / poursuivirent / tentait / courut / l'attendait / ramassa / débattait.

Le futur, il a de beaux jours devant lui !

Quel est le futur du verbe « je bâille » ? demande le professeur. – « Je dors » pourrait répondre un élève observateur. Et le futur du verbe « je dors » ? – « Je ronfle », se hâtera-t-il de rajouter, à juste titre.

Cette petite plaisanterie mise à part, revenons sur les valeurs temporelles du futur. C'est simple : le futur simple de l'indicatif sert à exprimer une action à venir, de manière plus ou moins proche : *Tel qui rit vendredi dimanche pleurera.* Racine

Il est souvent remplacé par des formules périphrastiques :

- **aller + infinitif :** je vais me rendre là-bas.
- **devoir + infinitif :** nous devons partir là-bas.

Ces formulations permettent de relier, mieux que ne le ferait un simple futur, l'action à venir au moment même où elle est programmée. En quelque sorte, un pont se crée entre le présent et l'avenir.

Des valeurs modales...

Plutôt que de parler de valeur temporelle, mieux vaut parler pour le futur de **valeur modale.** Ce temps en effet, qui possède en latin des points morphologiques de ressemblance avec le mode subjonctif, recouvre bel et bien certains de ses emplois.

Ainsi rien d'étonnant à le retrouver dans les ordres comme les défenses :

> Tu ne tueras point / Tes père et mère tu honoreras.

L'invitation pressante se transforme très souvent même en une menace plus qu'impérative :

> On se reverra ! C'est moi qui vous le dis !

La protestation toute simple face à une situation jugée inadmissible incombe encore aux emplois de ce temps : Quoi ! Je me laisserai faire sans rien dire !

Il sait pourtant rendre aussi des nuances bien plus « modalisantes », si on veut présenter les faits en douceur : un futur de politesse en quelque sorte.

> Je me permettrai de vous faire quelques remarques.

Enfin, il s'apparente parfois à un présent atténué :

> Je vous serai obligé de me rendre réponse (pour dire « Je vous suis obligé »).

Le passé composé ou un passé qui se prolonge encore dans le présent...

Le passé composé de l'indicatif exprime tout d'abord une action passée, et bel et bien achevée, sans la moindre précision de date (contrairement au passé simple sur ce point précis, apte à indiquer des bornes précises).

Tout comme le présent, il peut exprimer des vérités générales :

> *De tout temps, les petits ont pâti des sottises des grands.*
> La Fontaine

Aujourd'hui maman est morte. Ou peut-être, hier, je ne sais plus.

L'incipit qui ouvre le roman *L'Étranger* par cette attaque in medias res a fait date. Son auteur, Albert Camus, plonge froidement son lecteur dans un moment antérieur à l'histoire, sur lequel il reste volontairement évasif et qu'il situe dans un passé flou, sans avant. Nous sommes dans le constat : on ne dit pas la cause de cette mort, l'avenir ne semble guère à venir. Tout est dans un passé plus ou moins proche dont le personnage semble ne pas même avoir conscience.

Ce brouillage du temps passé, mais déjà limité, permet de mettre en rapport la narration et l'action. Il conférera au personnage de l'histoire, Meursault, une anti-psychologie. En effet, il semble vivre tout après coup, avec du retard sur les faits ou leur prise en charge.

Quelquefois, pourtant, surtout dans la langue usuelle, il permet de noter une action précise, qu'on pourrait dater :

> La prise de la Bastille a marqué le début de la Révolution française.

Il exprime surtout aussi une action passée dont l'intérêt dure encore au moment où on en parle. C'est l'influence du parfait grec qui se fait ici sentir.

> *Je l'ai vu de mes propres yeux (et j'en garde encore le souvenir présent).*
> *J'ai cru que des présents calmeraient son courroux.*
> Racine

En grec ancien, il équivalait même à un présent : un « il est parti » devait se traduire par « il n'est plus là », un « j'ai fini d'acquérir » par un « je possède », un « j'ai fini de chercher à connaître », en latin, par « je sais ».

L'expression du passé

La langue française dispose donc de deux temps pour exprimer le passé :

- **le passé simple,** temps du récit historique, exprimant des faits d'un passé lointain, pouvant être déconnectés du sujet qui les prononce.
- **le passé composé,** gardant toujours plus de rapport avec la pensée de celui qui parle : moins narratif en soi, il a une valeur d'actualisation.

Le plus-que-parfait, alias l'imparfait du parfait...

Cette forme composée sert à exprimer un aspect accompli. Sa formation avec l'emploi d'un verbe à l'imparfait fait de lui un « antérieur de l'imparfait ».

L'aspect perfectif

Le plus-que-parfait marque une action résolument accomplie, achevée, par rapport à un autre événement passé. C'est en cela qu'il se distingue précisément de l'imparfait, qui reste toujours lui, sur une note d'imperfection totale.

> *Booz s'était couché, de fatigue accablé ;*
> *Il avait tout le jour travaillé dans son aire,*
> *Puis avait fait son lit à sa place ordinaire ;*
> *Booz dormait auprès des boisseaux pleins de blé.*
> Victor Hugo

Le plus-que-parfait exprime une action qui s'est bel et bien accomplie avant une autre, elle-même déjà passée :

> *Le cheval reconnut qu'il avait fait folie*
> La Fontaine

L'aspect itératif

Le plus-que-parfait joint à cet aspect imperfectif une touche d'itération, c'est-à-dire de répétition : il marque un fait ou une action qui s'est répétée avant l'autre événement passé : Quand le soir était arrivé, nous nous en retournions chez nous.

Outre ces valeurs temporelles, le plus-que-parfait offre également des valeurs modales : on le retrouve à marquer :

- **l'irréel du passé :** Si tu m'avais donné de l'argent, j'aurais été heureux.
- **le regret :** Ah ! si seulement je l'avais su !
- ou à apporter parfois **une touche de courtoisie** dans le discours ; comment mieux en effet nuancer une déclaration, que par l'usage d'un plus-que-parfait ?

  J'étais venu pour vous prévenir que…

Le passé antérieur (le passé du passé, c'est dire !)

Ce temps, très lié au passé simple auquel il emprunte son auxiliaire au même temps – il lui arrivera même parfois d'être son substitut – est de nos jours peu utilisé. Il reste un pur objet littéraire, essentiellement cantonné dans des emplois subalternes mais nécessaires dès lors qu'on le retrouve à l'intérieur d'une proposition subordonnée de temps, où il exprime une action qui s'est produite immédiatement avant une autre :

Après qu'il eut brouté, trotté, fait tous ses tours,
Jeannot lapin retourne aux souterrains séjours.
La Fontaine

Parfois, on le trouvera en proposition indépendante ou principale, pour marquer alors la rapidité de l'action : *Et le drôle eut lapé le tout en un moment.*

À chaque fois, il est alors accompagné par un complément de temps qui vient renforcer cette valeur d'aspect perfectif :

À peine fut-il arrivé que je le reconnus.
La Fontaine

Si d'aventure le verbe de la principale est déjà au passé composé, le passé antérieur permettra alors dans la subordonnée de traduire une forme surcomposée de passé :

Quand il a eu fini son travail, il a dormi.

Si vous aviez le choix entre plus-que-parfait et passé antérieur, que feriez-vous ?

Quand nous (terminer) nos affaires, nous nous rendîmes avec Pierre vers la maison qui (abriter) les siens.

Réponses : eut mangé / avait touché / eûmes terminé, avait abrité.

TRUC

Repérez-vous par rapport au temps de la principale : si elle est au passé simple, vous utiliserez le passé antérieur. Si elle est à l'imparfait, le plus-que-parfait. C'est simple, non ?

Le futur antérieur ou le futur du parfait

Le futur antérieur exprime une action qui devra être faite avant une autre, et ce, dans l'avenir :

> *Remuez votre champ dès qu'on aura fait l'août.*
> La Fontaine

Il marque aussi une action qui se serait accomplie tout récemment :

> Nos deux lettres se seront croisées.

On retrouve aussi pour ce temps qui marque une antériorité, des valeurs de sens modales, proches de celles du futur. Ainsi en est-il de

- **l'indignation :** J'aurai donc fait tout cela pour rien !
- **la probabilité :** Ma revue sera restée dans le salon.
- **une action qu'on suppose devoir être accomplie prochainement :** Il aura bientôt débrouillé l'affaire.
- **la politesse :** Ma foi, j'aurai fait erreur.

La symphonie des temps

Une utilisation savante des temps permet en quelque sorte d'étager les niveaux du récit.

RÉFÉRENCES

Il n'est pas conteuse plus charmeuse que Madame de Sévigné. Cette aristocrate avait l'art et la manière de raconter la moindre anecdote et de lui prêter vie. L'une d'entre elles montre l'usage habile qu'elle fait des trois temps du récit en totale concomitance : le présent, l'imparfait et le passé simple :

> *Vatel attend quelque temps : les autres pourvoyeurs ne vinrent point. Sa tête s'échauffait, il crut qu'il n'y aurait point d'autre marée. Il trouva Gourville : il lui dit : Monsieur, je ne survivrai point à cet affront-ci. Gourville se moqua de lui. Valet monte à sa chambre, met son épée contre la porte, et se la passe au travers du cœur; mais ce ne fut qu'au troisième coup (car il s'en donna deux qui n'étaient pas mortels) qu'il tomba mort. Cependant la marée arrive de tous côtés; on cherche Vatel pour la distribuer; on va à sa chambre; on heurte, on enfonce la porte, on le trouve noyé dans son sang.*

Petit modèle du genre, cette narration alerte tire toutes les ficelles de la langue : le présent pour qu'on suive en direct le déroulement de l'action qui se passe sous nos yeux; l'imparfait pour rendre les impressions intérieures des protagonistes; le passé simple pour mettre en relief les éléments majeurs de l'action.

SOS auxiliaires !

Vous n'aurez pas de peine à sentir la nuance qu'apportent les quelques auxiliaires de temps que voici :

- **être en train de,** un présent qui s'accomplit : Il est en train d'apprendre.
- **devoir,** un futur : Je ne crois pas qu'il doive rentrer ce soir.
- **aller,** un futur proche : Nous allons partir.
- **être sur le point de,** un futur très proche : Nous sommes sur le point de partir.
- **venir de,** un passé proche : Il vient de rentrer.

sans oublier aussi les auxiliaires de mode suivants :

- **aller** pour faire une recommandation à quelqu'un : N'allez surtout pas lui dire cela.
- **devoir** pour exprimer l'intention ou la probabilité : Je dois partir demain. Vous devez être épuisés.
- **faire** + infinitif pour « être cause de » : Elle m'a fait pleurer.
- **pouvoir** pour exprimer la probabilité ou le souhait (avec un subjonctif) :

  Il peut bien avoir cinquante ans.

  Puisse-t-il se rétablir promptement.
- **venir** après « si » permet de marquer une hypothèse : S'il venait à manquer…

POUR RIRE

Êtes-vous capable de corriger l'erreur de formulation (volontaire) dans les paroles de cette chanson de Gérard Darmon ?

J'ai conjugué le verbe aimer
À tous les modes de l'imparfait…

Réponses : « à tous les temps dont l'imparfait ».

Évaluation

Saurez-vous identifier les différentes propositions subordonnées dans les exemples suivants ?

Je ne crois pas pour moi que le coup soit pendable.
Molière

Il est si bon qu'il ne ferait pas de mal à une mouche.

Si tu achètes le superflu, bientôt tu vendras le nécessaire.
Franklin

Avant que vous entrepreniez une tâche, voyez si vous êtes capable de l'assumer.

Je demeure stupide ; non que votre colère ou la mort m'intimide.
Corneille

J'aime la campagne au printemps parce qu'elle est verdoyante.

Je dis que je veux qu'elle exécute la parole que j'ai donnée.
Molière

Je me demande ce qu'il ferait sans vous.

Donnez, riches… pour que votre foyer soit calme et fraternel.
V. Hugo

Pour grands que soient les rois, ils sont ce que nous sommes. Ils peuvent se tromper comme les autres hommes.
Corneille

Il existe autant d'avis que d'hommes.

J'ai été émerveillé par ce que j'ai vu à l'exposition.

Quoi que vous choisissiez, ce sera bien.

Il me sembla que le vent était encore plus violent… Il faisait un bruit que je n'avais jamais entendu.
M. Audoux

Réponses : conjonctive objet / subordonnée de conséquence / subordonnée de condition / subordonnée de temps / subordonnée de cause / subordonnée de cause / conjonctive objet, conjonctive objet, subordonnée relative / subordonnée interrogative indirecte / subordonnée de but / subordonnée de concession / subordonnée de comparaison / subordonnée relative / subordonnée de concession / subordonnée conjonctive objet, subordonnée relative.

Quatrième partie

Accord(s) parfait(s)…

Dans cette partie...

Il en est de la grammaire comme de la musique : il faut que tout s'accorde pour atteindre l'harmonie la plus parfaite. À cet égard, la grammaire est à la langue ce que le solfège est à la musique. Une « chanson douce », rappelez-vous !

Il y a en effet, dans les mots mêmes et entre eux, des accords majeurs et d'autres plus mineurs, des consonants et d'autres plus dissonants. Cette partie se propose d'établir des systèmes de concordances, avec par-ci par-là, quelques dièses ou quelques bémols, mais qui ne mettront jamais en porte-à-faux le concert général.

Vous observerez comment les outils grammaticaux se mettent en rapport les uns avec les autres et, à ce titre, quelles fonctions ils occupent, autour du verbe, noyau central de la phrase.

Il est des fonctions sans nul doute plus importantes que d'autres, comme de savoir qui fait l'action (qui y participe ou qui subit), qui en est le cœur, le COD, sans oublier les compléments circonstanciels, jamais indispensables en l'état, mais qui sauront se faire apprécier pour tous les compléments d'information qu'ils apportent.

Pour aligner ainsi des mots « fonctionnels » il faudra prendre en compte deux autres éléments majeurs de la vie des mots en phrase : le *genre* (distinction entre masculin et féminin) et le *nombre :* singulier (si le mot est seul) et pluriel (s'ils sont plus de deux).

Car du respect des accords passés avec le partenaire du sexe opposé dépendra l'harmonie grammaticale de la phrase, et de son couple moteur.

On s'intéressera enfin à ce qu'on appelle la « concordance des temps », qui donne à l'expression de la pensée ses nuances et permet d'imbriquer logiquement les pièces du grand puzzle qu'est une phrase.

Chapitre 13

Fonctions en phrase ou Qui fait quoi ?

Dans ce chapitre :

- Un trio de choc : S, V, COD
- La clique des autres compléments…
- L'adjectif et ses 3 fonctions clés

On appelle ***fonction*** d'un mot le rapport de sens que ce mot entretient avec les autres mots de la phrase avec lesquels il entre en contact. Sont concernés pratiquement tous les outils que nous avons déjà étudiés, mais surtout tous ceux qui forment l'entourage du verbe central, noyau de la phrase, c'est-à-dire le nom, l'adjectif, les pronoms. Ce peut même être un verbe, un autre nom, un adjectif ou d'autres mots encore.

Dans la phrase : un voleur a volé des pommes, où est le sujet? interroge le professeur. – Et l'élève de répondre, en prison.

Réponse fausse au regard de la grammaire, car la réponse attendue était le mot qui occupe la fonction sujet dans la phrase, à savoir celui qui fait l'action, mais juste, en ce qu'elle dénote un grand sens moral chez son interlocuteur. On ne saurait blâmer l'élève pour cela. Sauf que…

Les langues anciennes étaient des langues flexionnelles, marquant les fameuses fonctions qui régissent les rapports entre les mots par des désinences ou terminaisons. Ainsi, en regardant la finale d'un mot, on pouvait aisément connaître le rôle qu'il jouait. Ce travail de déclinaison était contraignant en ce qu'il exigeait attention et rigueur. À voir les difficultés que rencontrent nos élèves d'aujourd'hui, confrontés à ces déclinaisons, on mesure mieux la difficulté de cet exercice mental, on ne peut plus formateur.

Pour nous autres hommes et femmes des temps modernes, c'est à notre seule intelligence qu'il faut faire appel : aucun artifice visible ne saurait nous y aider. Envisageons tout d'abord la structure essentielle de la phrase en ses trois composantes majeures.

Le tiercé gagnant : Sujet/Verbe/COD

Sujet, vous avez dit sujet ?

On appelle **sujet** d'une phrase (et donc de son verbe), le mot représentant la personne, l'animal ou la chose dont le verbe exprime l'état ou l'action.

Le sujet répond alors à cette question toute simple : *qui est-ce qui* (pour les personnes et les animaux) ou *qu'est-ce qui* (pour les choses) :

> Le chien aboie... la caravane passe!
>
> Le chien est aimable.

Dans ces deux exemples, le mot chien est sujet d'un verbe d'action « aboyer » et du verbe d'état « être ».

Bien des mots peuvent être sujets d'une phrase. Le plus souvent, on pense à des noms propres ou des noms communs, parce qu'ils désignent des êtres humains, mais ce peut être aussi par exemple :

- **un pronom :** *Nous* étudions.
- **un verbe à l'infinitif traité comme un nom :** *Mentir* est honteux.
- **des adjectifs numéraux, en fonction substantive :** *Deux et deux* font quatre.

Mais alors vrais ou faux sujets ?

Dans les tournures impersonnelles du genre : *il tombe des cordes,* qu'est-ce qui tombe réellement ? Des cordes : la pluie.

On dira que le nom « cordes » est le *sujet réel* de cette affirmation et que le pronom personnel *il,* de sens ici neutre, n'est que *sujet apparent.*

Dans l'expression, *il est honteux de mentir,* l'infinitif mentir est sujet réel de la phrase. Le pronom *il* ne désigne pas ici une personne réelle vivante mais introduit une formule dite impersonnelle.

ATTENTION !

Il ne faut pas oublier que l'expression *il y a* équivaut au verbe être. Dire « il y a de l'eau dans la cruche » signifie « de l'eau est dans la cruche ».

Sujet : une place toujours attitrée ?

Comment s'y reconnaître ? La place des mots serait-elle un indice supplémentaire ? Le plus souvent le sujet d'une phrase se trouve au début de la phrase, en tout cas, il précède le verbe. Mais il peut arriver qu'on le trouve après :

- dans le cas des phrases interrogatives : Que fait Benjamin ?
- des phrases dites en incises : dit-il, répondit-il, etc.
- ou tout simplement pour « faire style », dans le cadre d'une inversion d'ordre stylistique. On se rappelle le vers de La Fontaine : *Le long d'un clair ruisseau buvait une colombe.*

Le complément d'agent

Il n'est en fait qu'une variante de la fonction sujet, quand la phrase se retourne à la voix passive :

Pierrot aime Charlotte.

S V COD

Charlotte est aimée de/par Pierre.

S V CA

Le même Pierrot, sujet de la première phrase, se retrouve « complément d'agent » dans la seconde. D'ailleurs, « agent » vient du latin *agens* qui veut dire « qui fait », « qui agit ».

Le complément d'agent est ordinairement introduit par deux prépositions, *par* et *de :*

Benjamin est acclamé *par* ses camarades.

Elle a été blessée *d'*une balle.

Certains compléments introduits par *de* ou *par* peuvent ne pas être des compléments d'agent. Il faut savoir les distinguer. Dans les deux exemples suivants : Un appel pressant est envoyé de toute urgence par radio aux habitants de Paris. De la clinique jusqu'à son domicile, le malade fut accompagné par précaution de deux infirmiers, les deux compléments introduits par la préposition *par* ne répondent pas à la même fonction : *par radio* est un complément d'agent, *par précaution* un complément de manière.

L'attribut

Un attribut, comme son nom l'indique à demi-mot, ajoute à un mot une qualité, une manière d'être. Le plus souvent, il s'applique au sujet de la phrase et vient suivre le verbe « être ».

Certains verbes permettent de relier pareil attribut (ou complément attributif), à son sujet. Il s'agit le plus souvent de verbes d'état tels *être, paraître, sembler, devenir, demeurer, passer pour, être considéré comme*, *être nommé, mourir, naître* etc., ou de tous les verbes, dès lors qu'ils sont à la voix passive :

> Tu deviendras un homme, mon fils.
>
> Les hommes naissent libres et égaux en droits...

ou dans un registre plus littéraire :

> Tout vous est aquilon, tout me semble zéphyr. La Fontaine

Bien des mots, ici encore, peuvent remplir cette fonction :

- **un adjectif,** cas le plus fréquent : Le renard est <u>rusé.</u>
- **un nom :** L'or est un <u>métal</u> précieux.
- **un pronom démonstratif :** Ce chien est <u>celui</u> de mon voisin.
- **un participe (passé) :** Cet enfant est souvent <u>battu.</u>
- **un verbe à l'infinitif :** Souvent, vouloir est <u>pouvoir</u>.

Les mots en fonction apostrophe...

Adresser la parole à quelqu'un, voire à quelque chose, c'est l'interpeller, l'apostropher, le plus souvent pour attirer son attention. Cela correspond au nom d'un cas de la déclinaison latine, le « vocatif » (du verbe *vocare* : appeler par la voix).

> *Objets inanimés, avez-vous donc une âme ?*
> Lamartine
>
> *Eh ! bonjour, Monsieur du Corbeau.*
> La Fontaine

Toute apostrophe contient implicitement une intention, plus ou moins favorable, de la part de celui qui parle :

> Cher ami, comment allez-vous ?
>
> Recule-toi, mauvais garnement.

Généralement, le mot en apostrophe se présente seul : il est d'usage de le faire suivre d'un point d'exclamation. En revanche, s'il se rencontre au début, dans le cours ou à la fin d'une phrase, il sera simplement détaché du corps de la phrase par une ou plusieurs virgules, ici deux :

> Écoutez bien, chers élèves, les conseils de vos professeurs.

L'apposition, un relationnel...

Si d'aventure un mot vient se placer à côté d'un autre afin d'en préciser la nature ou la qualité, on dira qu'il est en fonction d'*apposition*.

RÉFÉRENCES

> *Cette fonction exprime la relation entre le mot (ou groupe de mots) apposé et le mot auquel il est mis en apposition, relation identique, pour le sens, à celle qui lie l'attribut et le terme auquel il renvoie, mais différente du point de vue syntaxique, car elle n'est pas établie par le verbe.*
>
> Erik Orsenna

Pour le sens, cette fonction se rapproche de celle d'attribut : sauf qu'ici ce n'est pas la présence d'un verbe d'état, mais une simple virgule qui matérialise la construction :

> Le lion, roi de la forêt, …

ATTENTION !

Entre une construction directe et indirecte, le sens n'est pas exactement le même, cela va de soi. Rome, pour ne citer qu'elle, est tour à tour :

- **fonction d'apposition** si on dit :

  la ville de Rome : la ville = Rome
  (il y a là identité commune entre Rome et la ville)

- **complément du nom** si on écrit :

  la renommée de Rome.

Dans cette dernière construction, le complément du nom introduit une autre relation, de possession cette fois : la renommée, celle de Rome.

Il en va de même pour les noms de mois : le mois de juillet, le mois de décembre (juillet et décembre sont des noms mis ici en apposition au mot mois).

COD, nom de code pour complément d'objet direct

Toute action faite par un sujet et exprimée par un verbe, vise nécessairement quelqu'un ou quelque chose. Elle appelle la question *qui* ou *quoi*. Par exemple, si on dit « les soldats attaquent », on trouve la phrase inachevée et on attend nécessairement *qui ?* pour un nom de personne, *quoi ?* pour un nom de chose.

Le chat mange (quoi) la souris.

J'appelle (qui) le docteur.

En fait, le COD est un *complément obligé* de la phrase. On ne saurait le supprimer sans faire perdre son sens à la phrase, à la différence d'autres types de compléments qui pourront rester beaucoup plus accessoires.

Pièges méchants !

Piège 1.
La question *quoi ?* peut correspondre à une interrogation sur *qui ?*, s'il s'agit de personnes : Amandine aime Guillaume.

On ne dira pas : Amandine aime quoi ? mais plus volontiers qui ? Pourtant Guillaume est bien l'objet de l'amour d'Amandine.

Piège 2.
Si on s'écoutait, on analyserait la phrase « Benjamin est charmant » en « Benjamin est quoi ? » alors qu'en présence du verbe être, on doit immédiatement penser : attribut du sujet, d'autant plus que le mot charmant n'est pas un nom, mais un adjectif. Or l'adjectif ne connaît que trois fonctions : épithète, attribut ou apposé. Point à revoir plus loin...

L'attribut du COD

Tout mot peut se retrouver non pas attribut du sujet, mais d'un COD, pour peu qu'il se rapporte à l'objet du verbe :

Les soldats proclamèrent Napoléon empereur.
S V COD Att du COD

Très souvent, le mot attribut du COD est introduit par des verbes comme *tenir pour, considérer comme, regarder comme, prendre pour* etc.

Il faut savoir faire la différence entre les deux emplois suivants du même adjectif :

Je trouve ce médecin excellent.

J'ai trouvé un médecin excellent.

Dans le premier cas, l'adjectif excellent est attribut du nom médecin. La phrase veut dire : je considère ce médecin comme excellent.

Dans le second cas, il est en fonction épithète. On pourrait du reste tout aussi bien dire : j'ai trouvé un excellent médecin.

Entre COD et COI, c'est juste une question de transitivité !

Les constructions de verbes font que certains sont dits **transitifs** et d'autres **intransitifs**. Dans le premier cas, le verbe est suivi d'un complément d'objet direct, dans le second cas, d'un complément d'objet indirect.

Ce dernier répond alors à la question *de qui, de quoi,* ou *à qui, à quoi.*

> Le laboureur songe à sa prochaine récolte.
>
> Il nous parle de ses ancêtres.

Le complément indirect peut même exister sans préposition apparente :

> *Il lui prit le sac dans sa main* (il prit à lui le sac).

Le complément d'attribution, renommé COS ou complément d'objet second

Pour indiquer à qui profite ou nuit une action faite par un sujet, on emploie le complément d'attribution. On pose alors la question : *à qui, à quoi, pour qui, pour quoi.*

Dans les deux exemples suivants : Martin donne (quoi) son manteau (à qui) au pauvre.

> Le renard dérobe (quoi) une poule (à qui) au fermier.

L'idée est tantôt positive, tantôt négative (tout dépend pour qui) : l'attaque porta un rude coup aux ennemis.

Dans une formulation telle que : il adressa une lettre à son employeur, on ne peut connaître l'intention sous-jacente.

Le complément dit d'attribution (marqué en latin par le cas du *datif* : celui à qui on donne) a été renommé COS ou complément d'objet second. Ce complément accompagne toujours un complément de construction directe, le fameux COD.

Voici donc une liste, non exhaustive, cela va de soi, de quelques verbes qui appellent un complément d'attribution : donner à, rendre à, présenter à, envoyer à, fournir à, attribuer à, accorder à, promettre à, dire à, écrire à, répondre à, annoncer à, etc.

Très souvent le complément d'attribution s'apparente dans l'intention à un complément d'intérêt : Les parents travaillent pour leurs enfants. Dans ce cas précis, vous l'aurez vu, le COD a disparu.

COI et complément d'attribution

Dans les deux cas, le complément est précédé d'une préposition : *à, pour.* Comment ne pas (plus) les confondre ?

Le complément d'objet indirect peut devenir un complément d'objet direct si on remplace le verbe employé par un verbe de sens analogue :

> Il consent à un échange = Il admet un échange.
>
> Il recourt à un stratagème = Il emploie un stratagème.

tandis que le complément d'attribution reste autonome et représente toujours le destinataire à qui sont adressés l'action et son objet.

Vous voulez vraiment « vous la péter » ?

Il faut qu'on vous parle d'un cas ancien : **le datif éthique.** Dans les langues anciennes, le cas du datif correspondait, étymologiquement, au cas du complément d'attribution : « celui à qui l'on donne ». Il indiquait surtout à qui profite l'action du verbe, ou tout simplement qu'on priait l'interlocuteur ou le lecteur de s'intéresser à l'action en cours.

N'allez pas me faire de tapage, disait dans l'Antiquité Platon, pour prévenir les débordements de ses disciples enthousiastes. Dans l'exemple de la Fontaine : *Regardez-moi ce grand escogriffe !*, c'est une façon de parler qui interpelle l'auditeur/spectateur, en le prenant à témoin. Il ne faut pas s'y tromper, le pronom personnel *moi* n'est pas ici le COD du verbe regarder, même s'il est placé juste après le verbe.

Prends-moi ce livre ! Apprenez-moi cette leçon ! veulent dire « Prends ce livre », « Apprenez cette leçon » et faites-le pour me faire plaisir. L'inénarrable *Il se la pète* restera longtemps, sans nul doute, un petit bijou d'invention.

Le complément du nom

Le complément du nom est sans aucun doute l'un des éléments essentiels de la souplesse et de la variété de la langue.

Tout nom peut être accompagné, outre ses satellites proches les plus habituels, de compléments qui se rattachent à lui et ainsi le définissent. La préposition la plus utilisée pour pareil emploi est la préposition *de,* mais elle n'a pas le monopole exclusif de la fonction.

Il semblerait que la langue française ait eu tendance à multiplier les compléments du nom commençant par les prépositions les plus diverses. Pensons aux « tailleurs pour dames », aux « vestons à deux boutons », et dans les titres de tableaux, aux « Vierges à l'Enfant », aux livres comme *Romances sans paroles*...

Pour cette fonction, on peut rencontrer :

- **un autre nom :** du papier de Hollande / du papier à lettres / le domaine de nos amis
- **un pronom :** une lettre de lui / des lectures pour tous
- **un infinitif :** le temps de lire / le mois à venir / une propriété à vendre
- **un adverbe :** le temps d'aujourd'hui

Comme variante, on rencontre la préposition *à :* on entend dire un « fils à papa », une « bête à bon Dieu ». Pareille construction a du reste proliféré dans le registre familier. Dire « la voiture à mon frère » au lieu de « la voiture de mon frère » est proche d'une incorrection. « La maison à nous », idem.

On peut aussi employer la préposition *en* : un jardin en friche…

On reconnaît au complément de nom une forte valeur expressive. Les modalités en peuvent même être très variées, pouvant aller de l'objet de l'action : un désir fou de gagner, à des compléments circonstanciels comme :

- **la cause :** des pleurs de joie
- **le lieu :** la bataille de Sedan
- **le temps :** les hommes d'aujourd'hui
- **la matière :** un vase d'or étincelait
- **la qualité :** un employé à casquette

Dans ce cas précis, il est courant de l'employer avec un adjectif :

> Des robes aux mille reflets voltigeaient au vent.

En cela, le complément du nom rivalise très souvent avec l'adjectif qualificatif déterminatif. En effet, une « idée à moi » veut bien dire une « idée personnelle », un teint de rose, un teint rosé (frais comme la rose), un voyage par avion, un voyage aérien, etc.

POUR LES PROS

On pourra également rencontrer des compléments du nom directement rattachés à celui-ci, sans préposition – il s'agit d'une construction directe – dans des expressions comme du papier pelure, le temps jadis, etc.
C'est surtout le cas quand le complément du nom s'apparente à un vrai complément d'appartenance et que c'est un nom de personne. Dans les textes en ancien français, on rencontre le cor Roland (en lieu et place de : le cor de Roland), la fête Saint-Jean (pour la fête de Saint-Jean), etc.

C'est ce qui explique bien la formation des noms de lieu comme l'Hôtel-Dieu (Hôtel de Dieu), Bourg-la-Reine (pour Bourg de la Reine). Cette construction a même investi le terrain des noms communs. La tarte maison et le costume sport côtoient dans cet ordre d'idées l'avenue Victor-Hugo et la tour Eiffel. Côté sport, on dira que l'affiche du match Espagne-Portugal est plus alléchante que celle du match France-Afrique du Sud...

Le complément partitif

Comme son nom l'indique, le mot *partitif* a rapport à la partie :

> Celui d'entre vous qui... (quiconque d'entre vous)
>
> Le premier des chefs (d'entre les chefs, parmi les chefs)

L'expression des circonstances

Plus ou moins accessoires, tous les compléments circonstanciels jouent pourtant un rôle important dans la phrase, permettant d'affiner des enjeux divers et de donner des précisions d'ordre locatif, temporel ou autre.

LE CCL ou complément circonstanciel de lieu

Il répond à quatre questions :

- **le lieu où l'on est :** Je suis à Bordeaux.
- **le lieu où l'on va :** Je me dirige vers le jardin.
- **le lieu d'où l'on revient :** Je rentre du marché.
- **le lieu par où on est passé :** Je suis passé par Caen.

Le CCT ou complément circonstanciel de temps

Les questions essentielles à se poser sont les suivantes :

- À quel moment se passe une action? Je suis arrivé à dix heures.
- Pendant combien de temps dure une action? Le roi régna trois ans.
- Depuis quand une action a commencé et jusqu'à quand va-t-elle se prolonger? Je suis parti de Paris il y a deux jours. Je serai absent pendant quinze jours.

Le CCM ou complément circonstanciel de moyen

Il correspond en fait à un ancien cas indo-européen, l'instrumental. Il indique au moyen de quoi se fait telle ou telle action.

La préposition la plus couramment utilisée est *avec,* signifiant *au moyen de, à l'aide de, grâce à* :

> Je travaille la terre avec une bêche.
>
> J'ai pêché avec un petit filet.

Il est également introduit par une autre préposition, *à* :

Ce moteur marche à l'essence.

Le CCm ou complément circonstanciel de manière

Il répond à la question : *Comment ? De quelle manière ?*

Souvent construit sans préposition, il permet de préciser l'attitude d'un personnage en cours d'action :

Se promener nu-tête.

Mais le plus fréquemment, il est introduit par la préposition *avec* ou son antonyme *sans* :

Les élèves écoutent le maître avec la plus grande attention.

Ils boivent sans soif.

et avec d'autres prépositions comme *de, à* :

Il marchait d'un pas grave et mesuré.

Parler à voix haute.

Attention : manière ou attribut ?

Il arrive fréquemment qu'on confonde le complément de manière avec la fonction d'attribut. Ainsi, si on interroge un élève sur la fonction de l'adjectif *boiteux,* dans la phrase : « Depuis son accident, l'enfant est resté boiteux », ce dernier croira bon de se poser comme question « comment » et confondra cet attribut du sujet avec le complément de manière, sans même voir que boiteux est par nature un adjectif et non un nom. Il ne peut donc prétendre qu'à trois fonctions : épithète, attribut ou apposé. Le CC de manière, qu'on se le dise, est une fonction qui ne peut s'appliquer qu'à un nom.

Identifiez dans les phrases suivantes les CCM et les CCm :

Il effleura du doigt un longeron d'acier.
Saint-Exupéry

Amédée marchait à petits pas pressés.
Gide

Réponses : CCM, CCm.

Le CCC ou complément circonstanciel de cause

Répondant aux questions : pourquoi ? À cause de quoi ?, il est le plus souvent introduit par les prépositions *de, par* et aussi *pour* :

Je meurs de faim / Je hurle de rage.

Je me suis blessé par maladresse.

On l'a condamné pour meurtre.

Le CCB ou droit au but !

Il répond à une question bien précise : pourquoi ? En vue de quoi ? Dans quelle intention ?

Le plus souvent, il est introduit par la préposition *pour,* qui peut d'ailleurs être sous-entendue :

Il faut manger pour vivre et non vivre pour manger.

Je sors (pour) faire les courses.

Pour ?

Il faudra prendre garde à bien identifier certains emplois de *pour* :

Je pars pour la province : CC de lieu

J'ai été puni pour bavardage : CC de cause

Je ramasse des fruits pour mon père : complément d'attribution

Il est petit pour son âge : complément de qualité

J'ai pour confident un chat : Attribut du COD

Je pars pour un mois en Croatie : CC de Temps

TESTEZ-VOUS

Je ne me tenais pas pour vaincu.
Anatole France

Ma tante Anna n'avait point pour grand-mère l'affectueuse et respectueuse indulgence de maman.
André Gide

On ne trouvait pas les mots pour cet ennemi vaincu.
Roland Dorgelès

Pour finir, il a bien fallu se séparer.
Vercors

Réponses : attribut du sujet, Ct d'attribution, COS, CCB.

Le complément d'accompagnement (ou Cac) (mais pas 40)

Il désigne la personne avec laquelle se fait une action. Il s'agit ici d'un être animé.

Entre les trois compléments suivants, introduits par la préposition *avec*, vous n'aurez aucune peine à distinguer :

- **un CCM :** Je bêche avec une pelle
- **un CCm :** Je travaille avec zèle.
- **un Cac :** Je sors avec mon cousin mélomane.

Soulignez le seul vrai complément d'accompagnement dans les exemples suivants :

La tempête soufflait avec rage.

Ma mère nous accueillit avec joie.

J'aimais jouer au poker avec des camarades.

Papa coupait le pain avec son couteau.

Réponse : avec des camarades.

Le complément de qualité

Il permet d'apporter une qualification à un terme. Parler d'une personne en disant d'elle qu'elle a un caractère hors du commun, ou l'inverse d'ailleurs, c'est l'affecter d'un complément de qualité.

Bien des épithètes dites homériques correspondent à cet emploi : Nausicaa aux bras blancs, Hector au casque étincelant, Aurore aux doigts de rose, Athéna aux yeux pers, Ulysse aux mille tours, sans oublier Achille aux pieds agiles…

Dans la langue grecque, il s'agit d'adjectifs composés qui servent d'attributs aux personnes. On les appelle des « épithètes de convention », des « épithètes homériques » car l'œuvre d'Homère en regorge. Ces expressions formulaires étaient faciles à utiliser pour les aèdes et surtout faciles à retenir pour les spectateurs.

Les épithètes de nature

Raymond Queneau, dans ses *Exercices de style*, ne manque pas de consacrer, parmi ses 99 versions, un volet à l'écriture dire *épithétique :*

À l'heure où commencent à se gercer les doigts roses de l'aurore, je montai tel un dard rapide dans un autobus à la puissante stature et aux yeux de vache de la ligne S au trajet sinueux. Je remarquai, avec la précision et l'acuité de l'Indien sur le sentier de la guerre, la présence d'un jeune homme dont le col était plus long que celui d'une girafe au pied rapide, et dont le chapeau de feutre mou fendu s'ornait d'une tresse, tel le héros d'un exercice de style...

Chez Giraudoux, l'usage est tout aussi parodique, dans cette scène d'altercation où chaque intervenant rivalise d'ingéniosité dans l'insulte :

Abnéos : Dis-donc, moule à tarte !

Démokos : Tu vas voir ce que c'est, l'épithète improvisée ! Compte dix pas... J'y suis... Commence...

Pâris : Vieux parasite ! Poète aux pieds sales !

Démokos : Une seconde... si tu faisais précéder les épithètes du nom, pour éviter les méprises...

Pâris : En effet, tu as raison... Démokos ! Œil de veau ! Arbre à pellicules !

Le complément de l'antécédent

Cette fonction concerne essentiellement les pronoms relatifs qui viennent apporter une détermination au mot qu'ils complètent. L'antécédent, « celui qui marche devant » en latin, peut d'ailleurs être :

- **un nom :** Soyez béni, mon Dieu, **qui** donnez la souffrance.
- **un pronom :** Celui **qui** met un frein à la fureur des flots.
- **un adjectif :** *Insensé **qui** crois que je ne suis pas toi.*
- **un adverbe :** J'irai là **où** tu voudras.
- **toute une proposition :** Allez la voir, **ce qui** lui fera plaisir.

ATTENTION !

Le pronom relatif a beau coller à son antécédent, il garde toujours un rôle grammatical dans la subordonnée relative qu'il sert à introduire.

Ainsi peut-il avoir plusieurs fonctions distinctes dans sa propre proposition, telles que :

- **sujet :** Je ne reconnais pas l'homme **qui** est venu hier.
- **COI :** C'est une personne sérieuse **à qui** vous pouvez faire entière confiance.
- **complément d'accompagnement :** J'ai un chien **avec qui** je fais souvent des promenades.

Une fonction nominalisante, c'est quoi ?

Très souvent le pronom relatif contient pour ainsi dire en lui-même son antécédent : un *qui* veut dire « *celui qui* », quelqu'un, quiconque :

Qui vivra verra

Qui m'aime me suive

Comme qui dirait…

Et dans la locution *celui qui*, placée au commencement d'une phrase, on compte deux sujets :

celui et *qui* :

Celui qui aime les chiens ne peut qu'aimer les hommes.

Celui est sujet du verbe pouvoir et *qui* est sujet du verbe aimer.

L'emploi du pronom *quiconque* aurait permis de dire en un mot la même chose et de renfermer en lui-même les deux sujets.

Le pronom relatif **que** a pour fonction essentielle d'être COD. Son antécédent peut être aussi bien masculin que féminin, voire même neutre, et désigner des êtres ou des choses.

Il peut aussi s'employer en fonction sujet :

Folle que tu es !

Insensé que je suis !

Voire en complément circonstanciel, ici de temps :

Du temps que j'étais militaire… (pour dire : du temps où)

Et rose elle a vécu ce que vivent les roses !

Le complément de l'adjectif

Tout mot qui vient compléter le sens d'un adjectif au moyen d'une préposition telle que *de* ou *à*, simple ou contractée, est dit complément d'adjectif :

Les vacances sont nécessaires aux enfants.

Plusieurs mots de notre langue peuvent être compléments d'un adjectif :

- **un nom :** il est digne de louange.
- **un infinitif :** c'était un livre agréable à lire.

Elles n'étaient pas moins gourmandes de fraises que n'était le renard de poules, de gélines et de coqs. Marcel Aymé.

ATTENTION !

Ne pas confondre un complément d'adjectif avec un complément d'agent d'un participe passé passif : Les sapins étaient tout poudrés de givre. Ici il s'agit d'un complément d'agent.

De semblable manière, on rencontrera des compléments de participes, présents ou passés :

Les soldats foulaient au pied une terre fumant du sang des ennemis.

La fermeté unie à la douceur est une barre de fer entourée de velours.

POUR LES PROS

Deux adjectifs ne peuvent avoir un complément commun que s'ils se construisent avec la même préposition :

La mère était heureuse et fière du succès de son fils.

- Le **complément du comparatif :**

  Paul est plus savant que Pierre.

- Le **complément du superlatif relatif :**

  C'est le plus grand des voleurs, oui mais c'est un gentleman...

  Tout le monde aura reconnu Arsène Lupin !

Le complément de comparaison

Il est le plus souvent introduit par la conjonction *comme* :

Être fort comme un Turc.

Boire comme un trou.

Il utilise encore d'autres mots ou locutions : *en, à la façon de, selon*, etc.

Vivre en ermite.

Vivre à la manière d'un sauvage.

Vivre selon ses désirs.

Le complément de l'adverbe

Certains adverbes appellent un complément, c'est le cas des adverbes de quantité :

Faire beaucoup de bruit pour rien.

Trop d'info tue l'info.

Que d'eau !

Il s'agit, en fait, d'un complément partitif de l'adverbe.

Le complément de pronom

Tout pronom, démonstratif, indéfini ou numéral peut être accompagné d'un complément indiquant soit la possession, soit l'origine, ou partitif :

Tous, ceux de France et ceux de Navarre...

Aucun de nous n'y est indifférent.

La ronde des prépositions en action…

Il existe un petit nombre de prépositions pour une gamme bien plus large de fonctions. Aussi, une même préposition peut-elle introduire plusieurs compléments différents. Retrouverez-vous les différentes fonctions des compléments suivants ?

Avec la préposition à :

Aller à Paris ; nuire à autrui ; attribuer à quelqu'un un prix ; chanter à tue-tête ; résider à Paris ; horrible à voir ; aimer à mourir

Réponses : CCL, COI, Ct d'attribution, CCM, CCL, Ct d'adjectif, CCB

Avec la préposition de :

Une table de bois ; un enfant de grande intelligence ; un morceau de viande ; la ville de Londres ; manger du poisson ; frapper d'un coup de poing ; la robe d'Amandine ; revenir de Croatie ; être apprécié de ses collègues ; un chien de garde ; mourir de froid ; dans le jardin d'Alice.

Réponses : CCN, Ct de qualité, C Partitif, App. COI, CCM, CDN, CA, CDN, CCC, CDN.

Avec la préposition pour :

Partir pour combattre ; mourir pour la patrie ; acheter des bonbons pour 1 euro ; fait pour le bien-être ; s'en aller pour une semaine ; partir pour Venise

Réponses : CCB, Ct d'attribution, Ct de prix, Ct d'adjectif, CCT, CCL / CCB

Avec la préposition avec :

Rire avec plaisir ; se promener avec ses amis ; frapper avec un fouet ; avec ce sens du travail, il ne peut que réussir.

Réponses : CCm, Cac, CCM, CCC

L'Adjectif : 3 fonctions bien précises

L'adjectif, sous prétexte qu'il jouxte le nom, occupe trois fonctions principales qui lui collent à la peau, selon qu'il est plus ou moins agglutiné au nom qu'il sert à qualifier et déterminer :

- ***épithète***, s'il est au plus près, d'ailleurs présenté en avant du nom (il est alors dit antéposé) ou après le nom (postposé)
- ***attribut***, s'il en est juste séparé par un verbe d'état ou une périphrase verbale
- ***apposé***, s'il est séparé du nom par une simple virgule.

Trois exemples feront ici l'affaire :

La jolie Marie se promène.

Marie est jolie comme un cœur.

Marie rêve, heureuse.

Évaluation

À vous de retrouver la fonction des mots (ou groupe de mots) soulignés.

Tout est muet, l'oiseau ne jette plus ses cris. Maupassant

Les grand' routes, dès le matin, s'en vont d'accord

Sous les rameaux et les ombrages,

Vers les prés et les eaux, les bourgs et les villages ;

Et, sans fatigue et sans repos,

Elles longent le mur ou le fossé des clos. Émile Verhaeren

Les jugements de cour vous rendront blanc ou noir. La Fontaine

Des clairières se panachent d'élégantes et hautes fougères. Chateaubriand

Je m'étais endormi la nuit près de la grève. Victor Hugo

Le deuil de la nature convient à ma douleur

Et plaît à mes regards. Lamartine

Aux pauvres gens, tout est peine et misère. Théodore de Banville

À son air calculateur et réfléchi, je devinai qu'elle allait faire des emplettes pour l'hiver et méditait un emploi avantageux de son argent qui lui était cher non par lui-même, mais pour la peine qu'il coûtait à son mari. Anatole France

Réponses : attribut du COD / CCT, CCL, CCm / COD, Att. COD / CCM / CCT, CCL / COI, COI / attribut du sujet / CCm, CCB, Ct du nom, attribut du sujet, CCB, COI.

Chapitre 14

Accords en tout genre ou apprenons à accorder nos violons

Dans ce chapitre :

- Affaires de sexe…
- Accords en nombre, nombreux!
- Les séries « culte » du pluriel

Les deux facteurs de cohésion de la phrase sont le *genre* (c'est-à-dire la distinction entre masculin, féminin ou neutre) et *le nombre* (c'est-à-dire la distinction entre singulier et pluriel). C'est ainsi et à ce prix que les éléments de la phrase peuvent s'harmoniser entre eux.

Les accords en genre

En grammaire moderne, le **genre** désigne la forme que reçoivent les mots pour indiquer le sexe : masculin, féminin ou neutre (*neuter* en latin, ni l'un ni l'autre). Erik Orsenna n'hésite pas à parler de *noms-hommes*, pour les masculins, et de *noms-femmes*, pour les féminins.

Les genres masculin et féminin s'appliquent à des êtres animés, humains ou non, réels ou imaginaires, alors que le genre neutre serait plus volontiers attribué aux non-animés. Pour simplifier, on aime à dire que les noms d'hommes et d'animaux mâles sont de genre masculin, quand ceux de femmes et d'animaux femelles sont de genre féminin. Pour ce qui est des choses, aucune règle ne prévaut. Seul l'usage nous l'apprendra.

En effet pourquoi dit-on *la chaise* quand on dit *le fauteuil* pour désigner ces deux objets quasiment équivalents pour ce qui est de leur usage, à défaut d'être identiques pour la forme ?

Le neutre, pour sa part, n'existe plus dans la langue française qu'à l'état de survivance : en effet, des expressions telles que « le beau », « l'utile » ressemblent fort à des concepts « ce qui est beau », « ce qui est utile ». Et s'il est vrai que le genre a eu un rôle structurel dans la langue en marquant nettement les syntagmes (groupes de mots faisant sens), c'est plus encore sa fonction sémantique (animé/inanimé ; masculin/féminin) qui a prévalu au fil du temps. En ce domaine, la catégorie grammaticale du genre a eu tendance à disparaître au fil du temps et c'est le neutre qui en a le plus souvent fait les frais.

Objets inanimés, avez-vous donc une âme ?

Il n'y a pas toujours de raison logique pour le genre des mots. Pourquoi dans les langues anciennes où le genre est primordial, le mot grec pour désigner le feu est-il neutre, *to pur* (cf. pyromane) alors qu'il est masculin en latin, *ignis* (cf. ignifuge) ? Pourquoi l'eau est-elle féminine en latin, *unda* (cf. onde), quand elle reste neutre en grec, *to udor* (cf. hydro-) ?

L'explication la plus souvent avancée est de reconnaître à ces forces de la nature une dimension mythologique. Si le ciel est masculin en grec, *ouranos*, on comprend dès lors mieux que le terme qui désigne la lumière en latin, *dies,* le feu qui féconde la terre, *dy-auh,* d'où provient le dieu de lumière, Zeus, soit également de genre masculin. Mais alors pourquoi rencontre-t-on le terme neutre grec, *to dendron*, pour l'arbre, quand le latin a choisi le féminin pour *arbor* (l'arbre) sous toutes ses espèces ? On prétend que la valeur symbolique de fécondité prévaut en la matière : soit ! Mais alors pourquoi dans la même langue rencontre-t-on le féminin *aqua* (aquarium) et le neutre *mare* (maritime) ?

D'éminents chercheurs, tels Georges Dumézil ou Lévy-Bruhl se sont penchés sur ces questions grammaticales. Comment expliquer la distribution des genres pour les termes s'appliquant à des êtres humains ? L'enfant sera tour à tour de genre neutre ou masculin en grec et la femme, neutre ou féminin. D'ailleurs comment peut-on même concevoir que des termes neutres se rapportent à ces deux créatures ? Est-ce par valeur affective qu'on retient le masculin ou le féminin, et péjorative qu'on opte pour le neutre ? Les réponses qu'ils avancèrent sont d'ordre sociologique. Dis-moi quel genre tu donnes à un mot et je te dirai qui tu es. La grammaire, à leur éclairage, devient une vraie réflexion sur la langue.

Quoi qu'il en soit, on ne peut faire l'économie de se renseigner sur le genre d'un mot, que Damourette et Pichon appellent son « *sexe fictif* », pour expliquer sa morphologie et surtout sa syntaxe, c'est-à-dire les règles d'accord qui vont en découler.

Tout est affaire de sexe, ici encore !

Ou comment masculin et féminin cohabitent... dans notre langue !

Historiquement, le féminin comme le neutre semblent avoir surgi sur le dos du masculin. Le même morphème de formation, *-a,* marquant l'opposition, rapproche les mots féminins des mots neutres, en grec ancien par exemple. Ajouté au singulier, il permet de former le pluriel des mots neutres, ajouté au masculin, de former le féminin. Ève n'est-elle pas née de la côte d'Adam ? Saviez-vous que *la volaille,* qui désigne l'ensemble des animaux de basse-cour avant de s'appliquer à chacun d'entre eux, est la transcription du mot latin *volatilia*, neutre pluriel, pour qualifier « tout ce qui vole » ?

Le genre en tout cas permet de différencier les homophones, ces mots qui sonnent pareil tout en ayant des sens différents. *Le tour*, cet instrument de menuisier, n'a rien à voir avec *une tour*, ce bâtiment qui prend garde ou non, à en croire la chanson ; le poisson, *le bar*, est différent d'*une barre* (de chocolat ou de fer) ; *le livre* (du latin *liber*, ouvrage écrit) ne pèse pas toujours *une livre* (*libra* : poids). Enfin, il est facile de faire *une satire* d'*un satyre* ; *le vase* où l'on dispose des fleurs ne ressemble en rien à *la vase* boueuse où l'on s'enfonce ; *le somme* réparateur n'a que peu à voir avec *la somme* à payer, etc.

Des Hermaphrodites, vous dis-je !

Certains mots encore acceptent invariablement deux genres : on les dit *épicènes* « communs aux deux genres ». Pour notre part, nous les appellerons hermaphrodites : un/une élève ; un/une propriétaire ; un/une partenaire. En voici quelques-uns qui donnent à réfléchir :

- Le mot **amour** est de genre masculin au singulier, et féminin au pluriel.
- L'**aigle** est masculin quand il désigne le fier oiseau de proie que l'on sait et féminin pour l'enseigne militaire des Romains.
- Une **chose** du mot latin *res* désigne un objet, un être qui existe, de genre féminin, alors qu'il est presque neutre employé en locution : un chose au sens de un truc, un bidule.
- Un **foudre** de guerre a-t-il toujours à sa disposition la foudre enflammée de Zeus ?
- Un **mode** verbal est loin d'être un usage passager qui dépend du goût et du caprice du moment de chacun, changeant en fonction de la mode ?

On parlera même d'**un réglisse** pour un bonbon **à la réglisse**, cette plante du genre des légumineuses papilionacées qui lui donne ce goût si caractéristique.

Des rapports... souvent difficiles !

La preuve : il n'est pas toujours aisé de savoir si un pronom, qu'il soit personnel ou relatif, est de genre masculin ou féminin ; tout dépend du genre du nom qu'il représente.

Ainsi un même *il* ou *le* peut reprendre un masculin, un féminin ou même un neutre :

Il tombe de la neige : neutre

Il me *le* payera : cela (neutre) ou l'objet en question (masculin)

Êtes-vous contente ? Je *le* suis (attribut d'un féminin).

L'attaquer, le mettre en morceaux, Sire Loup l'eût fait volontiers.
La Fontaine

L'　　le = le chien　　l' = cela

Deux pronoms d'un genre indéfinissable, en et y...

Les deux adverbes de lieu, *en* et *y*, équivalent aussi aux pronoms personnels de la 3e personne, surtout d'ailleurs s'ils sont précédés des prépositions *de* ou *à*.

Aimez-vous la muscade ? On en a mis partout.
Boileau

En est ici féminin.

Vous êtes guéri : je vous en félicite.
En est ici neutre.

Si vous voulez de l'argent, il faut en gagner.
En est ici masculin.

Le savetier avait cent écus dans sa cave : il y pensait toujours.
Les escroquer était une très bonne affaire :
Nos galants y voyaient double profit à faire.
La Fontaine

L'usage veut qu'on retrouve le pronom *en* surtout pour les noms de personnes, de choses ou d'idées, alors que le pronom *y* est juste employé pour les noms de choses ou d'idées. À preuve, les nombreuses locutions de sens indéfini : *il y a longtemps, n'en plus pouvoir, mais vous n'y pensez pas ! Ah ! je comprends ! J'y suis enfin...*

La leçon de grammaire de Voltaire à Madame du Deffand...

J'ai pu vous dire, madame : j'ai été très mal, je le suis encore :

1. *parce que la chose est vraie.*
2. *parce que l'expression est très conforme, autant qu'il m'en souvient, à nos décisions académiques. Ce le signifie évidemment : je suis très mal encore. Ce le signifie toujours la chose dont on vient de parler C'est comme quand on dit : « Êtes-vous enrhumées, mesdames ? » Elles doivent répondre : « Nous le sommes, ou nous ne le sommes pas. » Il serait ridicule qu'elles répondissent : « Nous les sommes, ou nous ne les sommes pas. »*

Ce le est neutre en cette occasion, comme disent les doctes. Il n'en est pas de même quand on vous demande : « Êtes-vous les personnes que je vis hier à la comédie du Barbier de Séville, dans la première loge ? » Vous devez répondre alors : « Nous le sommes » parce que vous devez indiquer ces personnes dont on vous parle.

Pour ce qui est de *qui* et de *que* :

- *qui* est masculin dans Qui aime bien châtie bien.
- *qui* est féminin dans *Elle qui n'était pas grosse en tout comme un œuf.* La Fontaine
- *qui* est neutre dans *Qui fait l'oiseau ? C'est le plumage.* (La Fontaine) ou dans des expressions du genre : *Qui plus est...*

Après tout, masculin, féminin, neutre, qu'importe ! Il faut juste apprendre à former les féminins sur les masculins et à se rappeler qu'ici le masculin l'emporte sur le féminin. Je reviendrai en dernière partie sur cette règle de grammaire...

Les accords en nombre

Le **nombre** est la propriété qu'ont les mots de représenter par des formes graphiques différentes, l'idée du *singulier* (c'est-à-dire de l'unité) et l'idée du *pluriel* (c'est-à-dire d'un ensemble).

On emploie le singulier si l'on parle de quelqu'un ou de quelque chose que l'on veut considérer séparément ; le pluriel s'il s'agit de plusieurs personnes ou objets, regroupés ou pris collectivement.

Petit retour sur l'historique du nombre

Pour la petite histoire, on peut rappeler que c'est du cas complément de la déclinaison des mots latins que viennent les formes de singulier et de pluriel des mots français.

Par exemple, les formes d'accusatif (COD) *murum* et *muros* ont donné « mur » et « murs ». Si on avait gardé le cas nominatif (Sujet), *murus* et *muri*, paradoxalement, on se retrouverait avec un singulier au pluriel et un pluriel au singulier : *le murs/*les mur.

À quoi tient l'orthographe, tout de même!

Primitivement, on écrivait le pluriel du mot cheval, des *chevaus* (le *l* étant devenu *u* devant la consonne *s*). Puis le groupe *-us* noté par un seul signe fut pris pour un *x*. Et on écrivit *chevax*, tout en continuant de prononcer *chevaus*. Tout naturellement, en rétablissant le *u* devant le *x*, on arrive à la forme des temps modernes : chevaux.

La morphologie du pluriel : des règles élémentaires, mon cher Watson !

La règle qui prévaut en matière de passage du singulier au pluriel est très simple, il n'y a qu'à rajouter un *-s* ou un *-x* au mot simple, nom ou adjectif, pour que le tour soit joué : un livre/des livres

> *Ils se moquaient d'une marchande qui leur proposait des « s ». – Mes « s » sont adhésifs. Vous n'aurez qu'à vous les coller au cul pour devenir des pluriels. Un pluriel a quand même plus de classe qu'un singulier.*
>
> Orsenna

Et l'auteur de plaisanter sur les « *x* » qu'il dit préférer, en songeant aux films érotiques interdits aux moins de dix-huit ans.

La marque authentique du pluriel serait plutôt le *s*. Ce serait à la suite d'une confusion de signes qu'on aurait écrit en *x* le pluriel de certains noms. Au XVIIe siècle par exemple, Montesquieu écrit à tour de rôle les lois ou les loix. Pure question d'allographie…

Les noms récents semblent avoir préféré le *s* du pluriel, quand ceux en *x* sont toujours le fait d'un pluriel plus ancien.

C'est sans compter, bien évidemment, sur les mots qui se terminent déjà au singulier par un *s* ou un x. Ces intouchables resteront identiques à eux-mêmes. C'est le cas des mots suivants : canevas, poids, puits, souris, entremets, gris, pour en citer quelques-uns ou encore index, jaloux, gaz, riz, nez (dont la liste est tout de même plus courte!).

Des séries « culte »

Elles ne manquent pas à l'appel…

Les mots en -al

Savez-vous quand on dit des chevaux ? Quand il y a plusieurs chevals… Oubliez vite cette boutade qui pourtant pointe du doigt le mécanisme de transformation d'un nom en *-al*, passant du singulier au pluriel.

Les mots en **-al** font leur pluriel en **-aux :** un cheval/des chevaux

un timbre fiscal/des timbres fiscaux

SAUF aval, bal, cal, carnaval, cérémonial, chacal, festival, pal, récital, régal, bancal, fatal, final, natal, naval qui font leur pluriel en **-als.**

TESTEZ-VOUS

Des combats (naval)

Des adjectifs (numéral) et (ordinal)

Des sorts (fatal)

Réponses : navals / numéraux, ordinaux / fatals.

Les mots en -eu et -œu

Les mots en **-eu** et en **-œu** font leur pluriel en **-eux/-œux :**

un jeu/des jeux

un vœu/des vœux

SAUF émeu, enjeu, lieu (il s'agit ici du poisson), **pneu, richelieu** (pour désigner une chaussure basse lacée telle que portée par un Richelieu), **enfeu** (terme archéologique pour désigner une niche funéraire).

Il en va de même des adjectifs : hébreu/hébreux

Les adjectifs bleu et feu, en prenant un -s au pluriel, font exception eux aussi.

Les mots en -au et -eau

Les mots en **-au** et en **-eau** font leur pluriel en **-aux et en -eaux :**

un tuyau/des tuyaux

un linteau/des linteaux

un beau livre/des beaux livres

SAUF sarrau, grau, landau.

Des mots du reste qui ne sont plus guère employés, mis à part la poussette à quatre roues avec capote qu'on voit toujours dans les parcs…

Vous intéresse-t-il de savoir qu'un « sarrau » est une blouse de travail qu'on porte sur un vêtement, et un « grau », un chenal qui fait déboucher un cours d'eau dans la mer ? Plaisir de lexicographes... C'est aussi cela la grammaire !

Les mots en -ou

Les mots en -ou font leur pluriel en -ous :

un clou/des clous

un prix fou/des prix fous

SAUF genou, caillou, bijou, chou, pou, hibou, joujou, et ripou, le dernier-né de cette liste familière, qui ont choisi le **x.** Il ne faut donc pas désespérer ! Les règles de grammaire font encore des bébés !

En guise de moyen mnémotechnique, laissez-vous conter cette jolie histoire :

Viens, mon bijou, mon chou, avec les joujoux, sur mes genoux et chassons à coups de cailloux ce méchant hibou plein de poux et ces ripoux...

À moins que vous ne préfériez cette version plus poétique de Robert Desnos ?

Ce sont les mères des hiboux
Qui désiraient chercher les poux
De leurs enfants, leurs petits choux,
En les tenant sur les genoux...

Les mots en -ail

Les mots en **-ail** forment leur pluriel en **-ails :**

un détail/des détails

SAUF aspirail, bail, corail, émail, fermail, gemmail, soupirail, travail, vantail, vitrail qui font **-aux** en finale.

Que de doublets à l'horizon... Doit-on écrire des ails ou des aux ?

Pour rappel, le nom **ail** offre curieusement les deux pluriels : des ails/des aux.

La botanique s'est emparée du premier terme quand la cuisine a choisi le second. La Fontaine ne s'y trompe pas, lui qui ne mélange pas torchons et serviettes :

Tu peux choisir, ou de manger trente aulx
(J'entends sans boire et sans prendre repos)
Ou de souffrir trente bons coups de gaule.

... des travails ou des travaux ?

De semblable façon, le mot travail, du latin *tripalium* (trois pieux), offre deux pluriels selon le sens. S'il désigne les ouvrages, on dira des **travaux,** même s'ils ne sont pas forcés ! S'il se rapporte à ces appareils servant à assujettir des animaux domestiques de forte corpulence pour les (con) tenir dans une cage quadrangulaire, le temps de les soigner, on écrira des **travails**. Que faut-il penser alors du titre de l'œuvre du poète Hésiode : *Les Travaux et les Jours* ?

... des corails ou des coraux ?

Les deux sont acceptés. À condition de ne pas parler du train Corail, qui pour sa part, montage de co(nfort) et de rail n'admet jamais de pluriel. Les trains seront corail ou ils ne seront pas, dussent-ils mettre plus de 12 heures pour aller de Strasbourg à Perpignan (!)

... des e-mails ou des *e-maux ?

Quant au nouveau terme *e-mail* (apocope de e.mail(ing) (electronic mailing)), il ne saurait, en aucune manière, se confondre avec le simple « émail » ni se transformer en « émaux », comme chez un certain Théophile Gautier, où ils font compagnie aux Camées ! Pourtant que de maux sont commis au nom de l'informatique !

... des idéals ou des idéaux,

tous les idéals étant admis !

Singulier ou pluriel : choisis ton camp, camarade !

Faut-il dire des fauteurs de troubles ou des fauteurs de trouble ? Il est des mots qui ne connaissent que le **pluriel,** lequel s'impose presque en toute logique. C'est vrai des agrès, des annales, des armoiries, des arrhes, des bésicles, des catacombes, des entrailles, des fonts, des frais, des honoraires, des mânes, des matines, des pourparlers, des prémices…

> *Apprenez que tout flatteur vit aux dépens de celui qui l'écoute.*
>
> La Fontaine

Et d'autres, que le **singulier** ! C'est le cas des infinitifs substantivés ou des termes conceptuels comme le boire et le manger, le bien ou mal vivre, le devoir, le soleil, la lune, voire Dieu… Pourtant on verra sans aucun doute briller des soleils, pâlir bien des lunes, avant qu'il n'y ait plus de dieux et qu'on vienne à manquer de vivres faute d'avoir fait ses devoirs…

D'autres encore ont un **sens différent,** selon qu'on les emploie au **singulier** ou au **pluriel...**

tomber sans connaissance / vivre sans connaissances

accepter sans réserve / faire des réserves pour l'hiver

faire sa rentrée sans faute / faire une dictée sans fautes

Les ciseaux du menuisier n'ont rien à voir avec les ciseaux de la couturière, pas plus que la lunette de l'astronome avec les lunettes du grand-père ! Question d'échelle ou de métier, sans doute ! Les assises seront à la fois les fondations d'un bâtiment et le tribunal de justice, le fondement des choses, là où s'assoit la Justice, n'est-il pas vrai ?

Alphonse Allais, passant à la caisse du journal qui l'employait, s'exprimait ainsi : *Bonjour, je viens toucher mon appointement.* Le caissier, un beau jour, crut bon de lui signifier qu'il devait dire « mes appointements ». *Oui, c'est vrai, répondit-il, mais je ne vais tout de même pas déranger le pluriel pour si peu de chose* !

Les « aïeuls » désignent nos grand-père et grand-mère, quand les « aïeux » nous parlent de nos ancêtres ; des « yeux » est bien le pluriel d'un œil, des « œils » s'emploient pour toutes les expressions techniques : œils-de-perdrix, œils-de-bœuf, œils-de-chat, etc. Quant à l'œil du cyclone, n'en doutez pas, nous le dévorerons des yeux si d'aventure nous le croisons. Sous des « cieux » lointains, à moins qu'un peintre, passé par là, ne les ait déjà transformés en « ciels » !

Pluriels à gogo...

Le pluriel des noms composés

On appelle mots composés des expressions formées de plusieurs mots répondant à un objet unique dans la pensée.

Ils se présentent sous trois formes :

- en un seul mot,
- en plusieurs mots liés par un trait d'union,
- en plusieurs mots sans trait d'union.

Comment faut-il s'y prendre pour mettre au pluriel les mots composés de notre langue française ? Y aurait-il une recette technique qu'on pourrait nous donner, pour nous repérer ?

Le saviez-vous ? Le *vinaigre* n'est que le résultat d'un vin aigre, un *vaurien* un homme qui ne vaut pas grand-chose, autant dire rien, le *bonheur*, un bon heur (un bon moment) à l'inverse du malheur, un *gendarme*, un gens d'arme, un *pourboire*, ce qu'on donne pour boire, etc.

Ces noms composés-là, écrits en un seul mot, formeront leur pluriel comme les noms simples : avec un -s à la fin du deuxième mot : un passeport, des passeports ; un portefeuille, des portefeuilles.

Sauf des **bonshommes**, des **gentilshommes**, des **messieurs** ! Issus d'un adjectif et d'un nom, ils peuvent prendre tous les deux la marque du pluriel.

Quel est le pluriel du mot pique-nique ?

Des piques-niques ? Des pique-niques ? Des pique-nique ?

Tout est arrivé à ce mot. On peut le rencontrer en un seul mot : piquenique, voire sous une forme raccourcie : picnic. Et la famille a même eu le temps de s'agrandir en pique-niquer et pique-niqueur !

D'ailleurs ce mot est-il anglais ou français ? Ce mot composé, apparu en 1694, viendrait du verbe *piquer*, qui veut dire « picorer » et du nom *nique* désignant « : (un petit) quelque chose, sans valeur ». On connaît encore le terme nic dans l'expression *dire nic*, c'est-à-dire « ne pas se soucier de ». Émile Littré a même proposé une autre étymologie : *pick* « saisir » et *nick* « point », « instant ». Au XVIIIe siècle, on disait une « pique-nique » (féminin) ou un « picnic » (masculin). Le mot serait passé en Angleterre sous cette dernière forme avant de revenir en France au milieu du XVIIIe siècle.

Cela ne change pas grand-chose à l'affaire. Il s'agit toujours d'un petit repas de fortune (mais pas forcément sur l'herbe) où chacun apporte son écot, sa quote-part (de *quota pars,* la partie calculée. D'où des quotes-parts ! Et des quotas !).

POUR LES PROS

Bien des adverbes eux-mêmes sont issus de ce principe de formation ancienne : *pourtant* et *cependant* s'écrivaient autrefois en deux mots. *Aujourd'hui* repose sur une redondance : au jour d'hui : **hodie hoc die.*

Comment faut-il donc faire ? Les deux termes qui entrent en composition prendront-ils le pluriel ? Ou seulement l'un des deux ? Et si oui, lequel ? Voici une présentation taxinomique pour tâcher d'y voir un peu plus clair dans la nébuleuse des mots composés.

Les noms composés

Nom + nom (deux mots en apposition) : double pluriel

un wagon-restaurant/des wagons restaurants

un chef-lieu/des chefs-lieux

Vous trouverez toujours quelques exceptions, cela va de soi, mais elles s'expliquent ainsi :

un timbre-poste/des timbres-poste (pour dire des timbres de la poste) un hôtel-Dieu/des hôtels-Dieu (pour parler des hôtels de Dieu)

Nom + adjectif (précédant ou suivant le nom) : double pluriel

un rond-point/des ronds-points

un rouge-gorge/des rouges-gorges

À votre avis, quel est le pluriel d'un terre-plein ? Des terre-pleins pour dire des lieux pleins de terre !

Nom + complément : seul le premier nom varie

un chef-d'œuvre/des chefs-d'œuvre

un arc-en-ciel/des arcs-en-ciel

L'expression des « coq-à-l'âne » reste invariable : en fait, on saute du coq à l'âne !

Adjectif + adjectif : double pluriel

un sourd-muet/des sourds-muets

un clair-obscur/des clairs-obscurs

SAUF si l'un des adjectifs fonctionne de manière adverbiale (le plus souvent c'est le premier des deux) :

un nouveau-né/des nouveau-nés (nouveau = nouvellement)

un enfant mort-né/des enfants mort-nés (mort dès la naissance)

Les adjectifs déjà composés ne prendront le signe du pluriel qu'à la fin :

clairsemé/clairsemés // clairvoyant/clairvoyants

Laissons là la silhouette légère et court-vêtue de Perrette portant le lait...

Verbe + complément : verbe invariable et complément variable

un compte-gouttes/des compte-gouttes

un pare-chocs/des pare-chocs

Mais un garde-malade, des gardes-malades (des gardes pour (des) malades : ici le mot garde est considéré plus comme un nom que comme un verbe). Oui, mais pourquoi un cure-dent et un cure-dents ? Pour curer les dents, mais chacune à son tour !

Verbe + verbe : toujours invariable

un pousse-pousse/des pousse-pousse

un va-et-vient/des va-et-vient

Mot invariable + nom : seul le nom est variable

une arrière-boutique/des arrière-boutiques

avant-dernier/avant-derniers

Attention : un pur-sang/des pur-sang (pour désigner un cheval dont le sang reste toujours pur).

L'expression de sang-froid restera toujours invariable, de marbre par rapport à l'accord.

Verbe ou nom + nom

un garde-voie (personne chargée de la gare)/des gardes-voie

un garde-boue (pour se protéger, garder de la boue)/des garde-boue

À cet éclairage, quels pluriels faut-il donner aux formes suivantes : un bébé-éprouvette, un qu'en dira-t-on ?, un boute-en-train, un lave-vaisselle, un aide-mémoire, un coup de pied ?

des bébés-éprouvette (chaque bébé est dans sa propre éprouvette)

des qu'en dira-t-on (invariable par nature puisque c'est une forme conjuguée)

des boute-en-train (au sens propre « des personnes qui vous mettent dans le train »)

des lave-vaisselle (pour laver la vaisselle prise comme un tout)

des aide-mémoire (pour aider la mémoire)

des coups de pied (un pied à chaque fois est utilisé)

Que se passe-t-il pour les mots composés formés d'un premier terme apocopé (c'est-à-dire écourté) ? Il devient en quelque sorte un mot racine et reste donc invariable. D'où :

un électrochoc/des électrochocs

une tragi-comédie/des tragi-comédies

un ou des accords franco-anglais

Pour les adjectifs, le traitement usuel est le suivant : le premier des deux adjectifs reste, par convention, invariable :

un navire long-courrier/des navires long-courriers

une théorie libre-échangiste/des théories libre-échangistes

Si en revanche l'adjectif est précédé d'un adverbe ou d'un préfixe savant, d'origine latine ou grecque, il y aura un traitement spécial pour chacun des deux termes. Pour preuve :

des personnes haut placées

des haricots extra-fins

les relations franco-anglaises

En souvenir d'un usage ancien, on tolère encore l'accord dans certains adjectifs composés comme des portes grandes ouvertes, des personnes nouvelles venues…

Le pluriel des noms propres

On nous a toujours dit que le nom propre que l'on donne pour décliner notre identité était immuable, qu'il n'était qu'à nous. Pourtant des Dupont et des Durand, il y en a autant que de Durant et de Dupond.

Est-ce la raison pour laquelle on dit qu'il n'y a donc pas de pluriel envisageable pour lui ?

En fait, ce n'est pas tout à fait exact. Jusqu'au XVIIe siècle, les noms propres employés au pluriel prenaient la forme du pluriel comme en latin. Racine le dit :

Corneille, comparable aux Eschyles, aux Sophocles, aux Euripides…

L'usage s'établit de laisser le nom propre au singulier pour désigner une seule personne ou plusieurs d'une même famille. C'est la règle d'or : les noms propres restent invariables pour les noms de familles courants.

En revanche, dès lors qu'il s'agit de familles ou de dynasties célèbres, on admet le pluriel : les Montaigus et les Capulets / les Horaces et les Curiaces / les Bonapartes / les Bourbons / et les non moins célèbres Césars… Et Dieu seul sait si beaucoup s'en sont, même impudemment, prévalu ! Sauf s'ils sont pris dans un sens emphatique et s'ils sont précédés de l'article : les Molière et Racine sont l'image de leur temps.

Les noms étrangers, eux, resteront toujours invariables : les Kennedy, les Romanov, les Habsbourg…

Ce qui n'est pas le cas des types humains universels comme des Pasteurs, symbole de la recherche scientifique, des peuples comme les Anglais, des œuvres d'art comme des Monets, des lieux géographiques comme les Andes.

Mais les noms de journaux comme de magazines restent invariables, tout comme les noms de marques commerciales : Touche pas à mon logo ! Trois Sud-Ouest ! Quatre Peugeot roulaient devant moi, etc.

POUR LES PROS

ns propres composés avec l'article : la, le, du resteront toujours invariables : on dira les Du Guesclin, les la Pérouse, les Le Breton.

L'antonomase ou comment des noms « propres » deviennent communs et non pas sales !

Pour peu que des noms propres soient pris comme symboles d'une qualité ou d'un caractère, ils peuvent alors devenir communs, au sens le plus noble du terme, s'entend :

Mécène a nourri bien des *mécènes* actuels, qu'on appelle plus volontiers des sponsors.

Du nom de leurs deux inventeurs, voici des armes à feu qui admettent bien volontiers le pluriel : *Les lebels tiraient sans relâche; les shrapnels éclataient en l'air.*

Des *voltaires* désignent des fauteuils au siège bas et au dosseret élevé. Voltaire y aurait médité, etc.

À ce petit jeu, ils perdent juste leur majuscule !

Le pluriel des noms étrangers

Nombreux sont les emprunts faits par le français à des langues étrangères. Très souvent la particularité de ces noms « étrangers » est de présenter un double pluriel : celui de leur langue d'origine et celui qui est le fruit de leur *francisation.*

Prenons quelques exemples à diverses langues et voyons ce que la langue française en a fait :

- Sur un exemple latin, un *erratum,* on trouvera en même temps des errata ou des erratums, ce dernier mot étant pourtant en soi une aberration. On songe encore à l'ancien adverbe latin *interim* (signifiant entre-temps ou pendant ce temps) qui présente à côté du singulier un *intérim,* le pluriel des *intérims.* On connaît la fortune, ou plutôt l'infortune du mot : « intérimaire », mot auquel on ne souhaite pas de pluriel!
- À partir d'un mot italien comme *scenario*, on trouve des *scenarii* et plus fréquemment des *scénarios,* avec l'accent en supplément! Sur un *tempo,* des *tempos* musicaux et non des *tempi, alors que sur un *spaghetto*, nous avons admis des *spaghetti* (même s'ils ne sont pas de la marque Panzani!).
- Pour le pluriel du mot anglais *superman*, là où l'on attendrait en toute légitimité des *supermen*, on rencontre des *supermans,* véritable offense au génie de la grammaire anglaise. De même le pluriel régulier d'un *match* devrait être des **matches* : il n'en est rien, on dira des matchs.

- Sur un mot allemand comme *Land* (le pays), là où la flexion nominale donne *Länder* au pluriel, le français osera dire des *Lands*. Nouvelle hérésie ! Dans le domaine de la musique de chambre, un *lied* donnera des *lieds* (en lieu et place des *lieder* attendus). L'exemple le plus courant reste sans doute le mot *leitmotiv* dont on trouvera les deux formes de pluriel : des *leitmotives* et des *leitmotivs*.

Quel est donc le pluriel du mot latin *infarctus* ? Si on se réfère à la déclinaison latine, on pourrait proposer des *infarcti ou des *infarctus. Pourtant avec sa malice légendaire, Francis Blanche observe : *Le mot infarctus est le seul mot irrégulier de la langue française, dit-il. On dit : un infarctus, des obsèques.* Raccourci saisissant, non ?

Saurez-vous retrouver quel sort la langue française a réservé au pluriel des mots suivants d'origine étrangère (accueillis sans leurs papiers) ?

desideratum ; referendum ; alleluia ; cow-boy ; yacht.

Pour la rémission de vos fautes, si faute il y a, vous direz deux (pater) et trois (ave).

Réponses : desiderata ; référendums ; alléluias ; cow-boys ; yachts ; pater ; ave.

Les accords signés entre l'adjectif et le nom

L'accord le plus simple sans conteste est celui du nom avec ses différents satellites, article et adjectif. Une relation de proximité, d'entente plus que cordiale, qu'Erik Orsenna n'est pas loin d'assimiler à un engagement de fidélité : alors mariage ou pas ?

> *- Attends, l'interrompit l'adjectif, tu vas trop vite en besogne. Nous ne sommes pas encore accordés.*
> *- Accordés ? Que veux-tu dire ?*
> *- Allons à la mairie. Tu verras bien.*
> *- À la mairie ! Tu ne veux pas te marier avec moi, quand même ?*
> *- Il faut bien, puisque tu m'as choisi.*
> *- Je me demande si j'ai eu raison. Tu ne serais pas un adjectif un peu collant ?*
> *- Tous les adjectifs sont collants. Ça fait partie de leur nature.*
>
> Erik Orsenna

À défaut d'un vrai mariage, on se contentera des quelques règles suivantes pour établir entre le nom et l'adjectif les règles d'un PACS raisonnable.

Comment passe-t-on au féminin, quand on est adjectif ?

Eh oui, le transexualisme, en grammaire, ça peut exister !

Les adjectifs suivent la même formation que les noms : ils formeront leur féminin en ajoutant un **-e** à leur forme masculine : amical/amicale ; dur/dure ; égal/égale.

Ainsi les adjectifs en **-eur**, (pour la plupart d'anciens comparatifs latins) feront-ils leur féminin en **-eure** : majeur, mineur, meilleur, supérieur, inférieur, antérieur, postérieur… feront bien majeure, mineure, meilleure, etc.

Quand d'autres, à l'instar des noms, présenteront deux féminins possibles :

- en **-euse** : c'est surtout vrai pour les anciens participes présents (en -ant) devenus adjectifs : flatteur/flatteuse ; trompeur/trompeuse ; menteur/menteuse, etc.
- en **-trice** pour d'autres : protecteur/protectrice, etc.

Si l'adjectif en revanche se termine déjà par un *-e* au masculin, comme pour honnête, habile, sobre… alors il ne changera pas.

Les adjectifs en -ile, issus d'anciens adjectifs latins en *-ilis*, présenteront une forme identique pour le masculin et le féminin : fébrile, agile, etc.

Un peu de clarté, si faire se peut !

Pour les autres, petit récapitulatif simple :

- les adjectifs en **-f** au masculin font leur féminin en **-ve** : vif/vive, neuf/neuve.

  En fait c'est le -v qui s'est durci en f au masculin : vif, sauf, bref, donnent au féminin : vive, sauve, brève (provenant en droite ligne des formes latines *vivum, salvum, brevem*).
- les adjectifs en **-x** se transforment en **-se** : heureux/heureuse.

  SAUF doux/douce ; faux/fausse ; roux/rousse : vieux/vieille (résultat phonétique de *vielse)
- les adjectifs en **-er** font **-ère** : léger/légère ; entier/entière.
- les adjectifs en **-el, -eil, -en, -on, -et** doublent la consonne finale et y ajoutent un e muet : solennel/solennelle ; vermeil/vermeille ; ancien/ancienne ; bon/bonne ; cadet/cadette.

  SAUF complet/complète ; complet/complète ; concret/concrète ; (in)discret/(in)discrète ; replet/replète ; secret/secrète ; désuet/désuète, etc.

Certains autres adjectifs prennent deux marques plutôt qu'une : un redoublement de consonne finale et le rajout de la désinence en **-e** : **nul**le, **épais**se, **gros**se, **genti**lle, **las**se, **vieillot**te, **pâlot**te, **paysan**ne…

Même si on trouvera quelques exceptions pour contredire une fois encore la règle : **ras** fait **rase**, **idiot** fait **idiote**, **persan** fait **persane**…

Comme quoi, tout se mélange ! On en revient ici à une formation tout à fait classique du féminin, qui rajoute juste un *e* au masculin !

Quelques variations s'imposeront parfois : en effet, pour raison d'euphonie, les cinq adjectifs suivants : beau, nouveau, fou, mou, vieux, se changent en bel, fol, mol, vieil s'ils précèdent un mot commençant par une voyelle ou un h muet.

On écrira : le bel enfant, le nouvel ordre, un fol espoir, un mol édredon, un vieil habit, le nouvel an.

Des indécis, les adjectifs asexués !

Certains adjectifs resteront invariables. Sont-ce pour autant les pires ?

Ainsi en est-il de bougon, grognon, témoin, rosat (se dit d'une pommade pour les lèvres), capot (être capot au jeu) – la capote, c'est tout à fait autre chose ! –, fat, exprès (issu du participe passé du verbe latin *exprimere*) pour dire explicite, formel, « à dessein », « délibérément », etc.

Allez savoir aussi pourquoi certains adjectifs ne s'emploient et donc ne s'accordent qu'avec des noms masculins : *aquilin* pour un nez, *bot* pour un pied (sans doute pour éviter la confusion avec le nom la botte qui habille elle aussi pied et mollet), *châtain* pour une chevelure, *dispos* (associé à frais), *vélin* pour du papier, etc. ; et d'autres qu'avec des féminins : *asine, bovine, canine, crasse* (pour parler d'une ignorance... épaisse et lourde), etc.

Vous imaginez-vous un seul instant ces termes au féminin : *aquiline, *châtaine *véline et ces autres au masculin : *asin, *cras ?

Les règles essentielles d'accord à retenir pour les adjectifs

Règle n° 1 :

L'adjectif, quelle que soit sa fonction, s'accorde en genre et en nombre avec le nom (ou le pronom) auquel il se rapporte, même s'il en est très loin : un beau tablier / une belle table / de beaux arbres / de belles dentelles.

Règle n° 2 :

Le masculin l'emportera toujours sur le féminin en toutes circonstances (hélas, trois fois hélas !), quand bien même il n'y aurait qu'un seul nom masculin pour plusieurs noms féminins :

> Est-ce que Papa et Maman sont arrivés ?

Il a montré un humour et une pudeur touchants.

Dominique, Claire, Édith et Pierre étaient tapis dans l'ombre.

Autant pour différencier les noms d'animaux comme serpent, rossignol, souris, girafe, etc., il suffit d'ajouter les adjectifs mâle ou femelle, autant pour les diminutifs, c'est toujours le masculin, ici encore, qui l'emporte ; le petit du lion et de la lionne restera le lionceau, quel que soit son sexe ; le petit de l'âne et de l'ânesse, l'ânon !

Règle n° 3 :

L'adjectif reste au singulier, même s'il se rapporte à un substantif pluriel, quand il s'applique à désigner une fraction d'un ensemble :

Les grammaires grecque et latine.

C'est également vrai si nous employons les pronoms pluriels, nous et vous, s'ils désignent une seule personne :

Vous me paraissez bien triste, mon ami !

Règle n° 4 :

Il peut arriver d'hésiter pour l'accord en raison du sens : on écrira « un tas de feuilles mortes » car ce n'est pas le tas qui est mort mais les feuilles, alors qu'on écrira « un tas de feuilles aplati » (c'est le tas qui est raplapla... plus encore que les feuilles !). La règle est donc de réfléchir au sens réel de l'expression.

Un livre des plus beaux ou un livre des plus beau ?

À quoi se rattache l'adjectif « beau » sinon au nom « livre » ? L'adverbe *des plus* pourrait dès lors être considéré comme un adverbe de quantité n'ayant aucune influence sur le nombre de l'adjectif qui le suit. Pourtant, sous l'influence de ce pluriel, l'adjectif « beau » se mettra plus volontiers au pluriel dans l'usage courant. Il est vrai que l'expression signifie : un livre à compter parmi les plus beaux !

La coexistence de la marque plurielle à côté du singulier choque quelque peu l'oreille.

Un *de*, placé devant un adjectif qualificatif, signifie *des*. Il faudra donc penser à mettre l'adjectif au pluriel ainsi que le nom auquel il se rapporte.

De magnifiques guirlandes ; de superbes trains électriques.

Retrouvez le féminin de : blanc, frais, sec, grec, caduc, beau, sain, efficace, curieux, malin, mortel, bas, mitoyen, aigu, bénin.

Réponses : blanche, fraîche, sèche, grecque, caduque, belle, saine, efficace, curieuse, maligne, mortelle, basse, mitoyenne, aiguë, bénigne.

Pour accorder les adjectifs démonstratifs, *ce, cet, cette, ces*, il faudra prêter attention à la nature de l'initiale du mot suivant : voyelle, h muet, consonne, h aspiré :

> Ce Pygmée ; cet enthousiasme ; cette accalmie ; ce hangar ; cette charretée ; ces villes.

Le pluriel des adjectifs numéraux, ou il n'y a pas de quoi en faire en faire des 100 et des 1000 !

0 : la honte !

Rien à voir avec ce que Roland Barthes appellera *Le degré zéro de l'écriture*... qui lui, est plutôt flatteur !

Zéro est un nom commun qui représente un ensemble vide, inexistant : ce mot est donc variable en soi. On peut obtenir six zéros à la suite quand on ne fait pas assez de progrès. Son emploi restera singulier dans des expressions à portée diététique, pourrait-on dire, comme : un yaourt à zéro pour cent. C'est là qu'il fait son plus faible score, mais obtient son meilleur résultat, diront d'aucuns ou d'aucunes.

1 : Tous pour un et un pour tous !

Cet adjectif est de nature variable : il admet aussi bien le genre masculin que féminin. La *une* d'un journal en est la première page, alors qu'on dira la page *un*.

On le retrouve volontiers au pluriel dans le balancement : les uns... les autres, ou dans l'expression indéfinie : quelques-uns, quelques-unes.

En composition, il gardera le genre mais perdra le nombre : on écrira trente et une roses.

2. 3. 4. 5. 6. 7. 8. 9. 10. 11. 12. 13...

Les adjectifs numéraux cardinaux sont invariables :

> **Deux** comme *Les deux font la paire*.
>
> **Trois** comme Trois petits tours et puis s'en vont...
>
> **Quatre** comme *Les Quatre filles du Docteur March*.

Cinq comme *Le Club des Cinq* d'Enid Blyton.

Six comme *Six personnages en quête d'auteur* chez Pirandello.

Sept comme *Blanche-Neige et les sept nains.*

Huit comme le film de François Ozon : *Huit femmes.*

Neuf comme une certaine preuve par 9 !

Dix comme *Dix petits nègres* d'Agatha Christie.

Onze comme le dernier récit de Pierre Michon.

Douze comme *Douze hommes en colère.*

Treize comme dans l'expression *Treize huîtres à la douzaine…*

20 et 100

Tous les suivants sont invariables, n'en doutez plus, à part deux : **vingt** et **cent.** Quoique…

Ces deux-là restent toujours invariables quand ils sont employés seuls :

J'ai acheté vingt livres de cent pages.

Cent fois sur le métier remettez votre ouvrage.
Boileau

Partout ailleurs, ils se mettront au pluriel : pour 80, on écrira quatre-vingts personnes. Pour 180, on écrira cent quatre-vingts.

Mais si on veut dire 84, on devra écrire quatre-vingt-quatre : vingt est ici suivi d'un autre chiffre. Pour parler du nombre idéal d'élèves par classe, le chiffre 25 s'écrira : vingt-cinq.

S'il indique un ordre chronologique ou numérique. Ouvrez votre livre à la page 93, quatre-vingt-treize, il conservera ici encore le singulier car il est employé dans le sens d'un adjectif ordinal plus que cardinal. Ce 93 là, veut dire quatre-vingt-treizième. Rien à voir avec le 9.3 plus facile à décoder, qui se dit même 9 cube ! Notons que, s'agissant de son roman qui a pour toile de fond les années noires de la Révolution française, Victor Hugo tenait à en orthographier ainsi le titre : *Quatrevingt-treize.*

POUR LES PROS

Et le trait d'union, il le faut ou non ?

On l'emploie entre les dizaines et les unités, quand il s'agit de nombres ou de fractions de nombres inférieurs au chiffre cent.

Mais pour un chiffre tel 2 220, qui fait exploser la machine, il s'écrira sans aucun trait d'union : deux mille deux cent vingt.

Ailleurs, on lui substituera parfois la particule copule *et* : on dit bien *se mettre sur son trente et un…*

100 ou cent

Comme les mêmes causes produisent généralement les mêmes effets, on retrouve, peu ou prou, les mêmes règles pour cet adjectif.

Cent sera variable s'il est multiplié et non suivi d'un autre adjectif numéral :

> 400 : quatre cents.
>
> 408 : quatre cent huit.

Mais pour 400 millions, que ne ferait-on pas ? On écrirait, s'il le fallait, quatre cents millions...

Dans l'expression *des mille et des cents,* on remarque que *cent* prend le pluriel : c'est parce qu'il est dans un emploi nominal.

Cent peut aussi rester au singulier s'il fonctionne comme un ordinal : dans l'expression quantitative « dix pour cent », ou dans les datations qui nous ramènent aux calendes grecques : en l'an neuf cent avant notre ère, pour tenter de dater l'œuvre du grand poète épique Homère.

1 000 ou mille

Cet adjectif numéral cardinal est toujours invariable. Mille, deux mille, trois mille... jusqu'aux *Cent mille milliards de poèmes* de Raymond Queneau !

Son singulier est **mil** : dès lors, mille sonne déjà un peu comme un pluriel.

Saint-Exupéry nous offre sur un mode poétique un superbe exemple de grammaire, par la bouche même du Petit Prince :

> *Je me suis endormi sur le sable à mille milles de toute terre habitée.*

Le premier *mille* est bel et bien l'adjectif numéral cardinal, le second une mesure de longueur. Vous voulez plus de précisions ? Un mille marin équivaut à peu près à 1 852 mètres. Rien à voir avec le mile anglais (avec un seul l) qui équivaut à 1 609 mètres.

Amusez-vous à écrire ces chiffres en toutes lettres :

- 1852 : ....
- 1609 : ....

1 000 et plus...

Lorsque *mille* est employé pour donner une date, il s'écrit parfois sous la forme *mil,* surtout s'il s'agit d'une date de l'ère chrétienne : découverte de l'Amérique par Christophe Colomb en l'an 1492 : mil quatre cent quatre-vingt-douze.

Quant à la retraite des 10 000 (dix mille) mercenaires grecs sous la conduite de Xénophon, elle remonterait en 400 av. J.-C. Quant à l'exploit de Léonidas et de ses 300 spartiates (trois cents) elle eut bien lieu aux Thermopyles (mot à mot Les Portes Chaudes…) !

Qui n'a pas lu *Vingt mille lieues sous les mers…*

Ce couplet chanté par Jacques Dutronc est une manière de retrouver l'emploi de cent devant le mot million :

> *Sept cents millions de Chinois, et moi et moi et moi*

Ici tout se met le plus naturellement du monde au pluriel. Normal, pour le mot million le plus souvent employé comme substantif. Il en serait de même pour milliers. Le contraire eût été étonnant, tout de même !

À l'heure de l'euro, demandons-nous si cette mesure monétaire appelle elle aussi le pluriel ? Oui même si un euro représente bien moins que les six francs et cinquante-neuf centimes d'autrefois !

500, 3 000, voir 36 chandelles, 24 heures chrono, 1 001 tours de magie

Au 8… cuirassiers, sur 600 hommes, 170 seulement survécurent.

Réponses : cinq cents / trois mille / trente-six / vingt-quatre / mille et un / huitième, six cents, cent soixante-dix.

Quelle est la couleur du cheval blanc d'Henri IV ?

Comment former le pluriel des adjectifs de couleur ?

Le saviez-vous ? Le mot couleur est un mot caméléon. Bien que de genre féminin, le plus souvent, il lui arrive de s'employer au masculin. Ce n'est pas tant le mot même qui change que lorsqu'il entre en composition. Ainsi parlera-t-on d'un bleu couleur de feu, d'un beau feuille-morte, d'un couleur de rose d'eau, de chair, de citron, par exemple.

On s'estimera donc heureux de pouvoir énoncer ici quelques règles simples d'emploi pour dire que les adjectifs de couleur s'accordent en genre et en nombre avec le nom qu'ils accompagnent. On connaissait *Le Rouge et le Noir* d'un certain Stendhal, repris par Catherine Nay en *Le Noir et le Rouge*. Ces exemples ne sont en fait que des nominalisations d'adjectifs. Leur emploi reste masculin et singulier.

Prenons maintenant d'autres titres tout aussi littéraires pour voir à l'œuvre l'emploi des adjectifs, avec changement de genre et de nombre, quand l'occasion s'y prête : *La Jument verte* de Marcel Aymé pour attester un emploi féminin ou *Les Fleurs bleues* de Raymond Queneau pour l'emploi du féminin pluriel. Pour le masculin pluriel, on se rappelle encore le titre du film de John Wayne, *Les Bérets verts*.

Les règles de base

1. Si l'adjectif de couleur s'emploie seul avec le nom, il s'accorde en genre et en nombre : un jean bleu, des jeans bleus.
2. Si d'aventure on veut préciser une teinte plus particulière, comme un bleu foncé ou clair, là l'accord ne se fera plus : on écrira au pluriel des jeans bleu foncé ou bleu clair.
3. En revanche, quand on associe deux adjectifs de deux couleurs différentes à un même substantif, ils resteront tous deux invariables et seront reliés par un trait d'union : des foulards orange-rouge.
4. Mais si le second terme n'est pas à proprement parler un adjectif de couleur, le trait d'union n'est pas nécessaire : des yeux vert huître.

Et les inévitables exceptions...

Si, en guise d'adjectif de couleur, on emploie un nom, il restera invariable : des chemises bronze; des glaces pistache; des polos kaki (d'autant que ce mot est d'origine étrangère).

Cela s'explique aisément : une robe azur ne veut pas dire une robe + un azur mais une robe (qui a la) couleur de l'azur.

Exception oblige : s'accorderont les adjectifs écarlate, fauve, incarnat, mauve, pourpre et rose, que J.-J. Julaud propose même de retenir à l'aide du moyen mnémotechnique suivant : « empifr ». À chacun ses trucs!

En revanche, il faudra savoir faire la différence entre les deux formulations suivantes :

- des drapeaux bleus et rouges, pour dire qu'il y a des drapeaux bleus et des drapeaux rouges.
- des drapeaux bleu et rouge, pour dire que chaque drapeau arbore et du bleu et du rouge.

Très subtil!

Des yeux (gris ardoise)

Des chemises (crème)

Des cheveux (châtain clair)

Réponses : gris ardoise / crème / châtain clair.
Aucun accord. C'était donc un piège! Pas drôle, en tout cas!

Quittons cette planète colorée pour revenir à un sujet plus classique.

Les accords sujet-verbe/verbe-sujet

Quel que soit le bout par lequel on prend le problème, le verbe s'accorde en nombre et en personne avec son sujet, qu'il y en ait un seul ou plusieurs. C'est très simple. Peut-être même trop simple.

Comme on est en droit de s'y attendre, à sujet singulier, verbe singulier.

> Benjamin aime le théâtre.

À sujet pluriel, verbe pluriel.

> Benjamin et Amandine s'entendent comme larrons en foire.

Plusieurs sujets singuliers côte à côte appellent un verbe pluriel.

> Charles, Gilda, Marie-Do et Marc se retrouvent pour les vacances d'été.

Le sujet peut être constitué de plusieurs groupes cordonnés. Le verbe alors se met le plus souvent au pluriel.

Mais si les personnes diffèrent, que fait-on ?

> Toi et moi font « nous ».
>
> Lui et moi font « nous ».
>
> Lui et toi font « vous ».

Résultat des courses : la grande gagnante de toutes ces associations de personnes est la 1re personne du pluriel.

Et si le verbe a pour sujet le pronom relatif qui ?

L'accord se fait alors avec l'antécédent, quel qu'il soit :

> C'est moi qui suis…
>
> C'est toi qui veux…
>
> C'est elle/lui qui est là…
>
> C'est nous qui demandons…
>
> C'est vous qui souhaitez…
>
> C'est eux qui décident…

« Omar m'a tuer » ou les accords du participe passé

C'est l'un des points d'achoppement les plus courants de la langue française. Comment orthographier les participes passés amenés à se retrouver dans bien des postures, pour ne pas dire des infortunes, à voir le mauvais sort qu'on leur réserve ?

Ils ont fourré des participes, tendu des embûches de pluriels équivoques, dans cette dictée qui arrive à n'avoir plus aucun sens, tant ils ont tortillé et hérissé ainsi les phrases. C'est enfantin !

Colette et Willy, *Claudine à l'école*, 1900

Pour présenter les choses avec le plus de clarté possible, disons que les deux critères d'accord des participes passés sont : le genre (masculin/féminin) et le nombre (singulier/pluriel).

Sans auxiliaire

Tout participe passé s'accorde avec le nom ou le pronom auquel il se rapporte. En quel cas, il se confond avec un adjectif :

Des livres vendus et des robes étrennées pour Noël.

Un trésor caché et une loi édictée.

Avec les auxiliaires

À ces mots, j'ai frémi, mon âme s'est troublée.

Corneille

Dans cet exemple, on est en présence de deux emplois de participe passé : le premier avec l'auxiliaire *avoir*, le second avec l'auxiliaire *être*.

Être

Le participe passé employé avec l'auxiliaire être s'accorde toujours en genre et en nombre avec le sujet du verbe. Ce « gentil roi », comme le nomment Anne-Marie Gaignard et François Saint-Rémy, tient compte de ses sujets et respecte leurs propriétés caractéristiques, le genre et le nombre.

Il finit d'ailleurs par ressembler à un simple adjectif venant déterminer le sujet auquel il renvoie : les personnes (qui sont) appelées à la barre doivent prêter serment.

Il en sera de même avec les verbes d'état : les personnes appelées à la barre semblent surprises par les questions du Procureur.

Avoir

Omar m'a tuer... Tout le monde a encore en mémoire ce fait divers qui fit la une des journaux. Cette faute d'orthographe aurait permis d'accuser le jardinier illettré d'une riche veuve. Voilà comment l'orthographe entre dans l'histoire de la criminologie !

Qui ne connaît pas la fameuse règle d'accord du participe passé avec l'auxiliaire avoir ? Faut-il la rappeler ? Conjugué avec l'auxiliaire avoir, le participe passé ne s'accorde jamais ni en genre ni en nombre avec le sujet : J'ai écrit.

Mais si en revanche, le même verbe auxiliaire est précédé d'un complément d'objet, on fera l'accord. C'est toute la différence entre les deux exemples suivants :

> J'ai écrit une nouvelle. (COD placé après)
>
> La nouvelle que j'ai écrite intéresse mon éditeur. (COD placé avant)

Pour l'accord du participe passé de cet exemple, le genre du sujet n'a aucune importance :

> La tâche qu'il s'est fixée/la tâche qu'elle s'est fixée

C'est la faute à... Marot ! le poète seul responsable de cette règle qu'il faut une fois pour toutes se mettre dans la tête. Elle existait vraisemblablement bien avant lui déjà sous la forme suivante : *Le terme qui va devant, volontiers régit le suivant.*

Pour compléter les points de suspension dans les exemples suivants :

> Avez-vous récupér... les livres qu'elle avait emprunt... ?
>
> Je vous rapporte les robes que vous m'avez prêt...

voici les bonnes questions à se poser :

> Vous avez récupéré quoi, emprunté quoi, prêté quoi ?

Donc : Avez-vous récupéré les livres qu'elle avait empruntés ?

Et : Je vous rapporte les robes que vous m'avez prêtées.

La règle paraît simple et pourtant c'est actuellement l'une des plus malmenées, surtout à l'oral. Pourquoi ? En parlant, il paraît plus difficile de garder en mémoire la construction avec inversion. C'est tellement plus aisé de ne pas se retourner en arrière !

L'accord du participe passé avec l'auxiliaire *avoir* réserve toutefois aux locuteurs que nous sommes des pièges bien plus subtils encore.

Vous n'aurez pas de peine à écrire

> Les volailles que la fermière a pes... (ées) sur sa balance.
>
> Les efforts que ce roman m'a coût... (és) au sens de « m'a occasionnés ».

En revanche, il faudra se méfier de ces autres exemples où ces mêmes verbes, pris dans un sens différent, auront une construction différente :

> Les soixante-dix kilos que j'ai pesé l'an dernier.

Dans cette phrase, les kilos ne répondent pas à la question « quoi », mais « combien ». Ils ne sont pas COD du verbe peser, mais complément de poids.

Quand on dit : Les cent vingt francs que ce livre m'a coûté hier, on a affaire à un complément de prix et non un COD.

Accords en poésie

Les poètes habiles déjà en leur temps ont trouvé des subterfuges pour contourner cette règle de l'accord ou du non-accord du participe passé, préférant souvent, pour les besoins de la rime ou de la mesure, déplacer le participe.

Il a par sa valeur vingt provinces conquises.
Boileau

Le seul amour de Rome a sa main animée.
Corneille

Cet usage n'a plus cours. Au reste, pour respecter la règle, on aurait dû trouver sous leur plume : Il a par sa valeur conquis vingt provinces.

Le seul amour de Rome a animé sa main.

À chaque fois en effet, le COD vient après l'auxiliaire avoir.

Avec verbes pronominaux

Vous vous rappelez tous ce qu'est un verbe pronominal ? Le verbe qui s'emploie avec un pronom réfléchi qui est son COD (pour les intimes !). Bernard Pivot n'a pas manqué de consacrer à la difficulté de leurs accords une dictée intitulée *Les devoirs de vacances* :

> *Comment enseigner les règles des participes passés des verbes pronominaux à de jeunes aoûtiens, heureux et joueurs, qui se sont baign..., bronz..., égaill... sous les pins parasols ? Quand une voix s'est manifestée*

pour leur rappeler leurs devoirs de vacances, ils se sont sour…, puis récri… Après ils se sont plu… à traîner les pieds. Les garçons se sont récri…, les filles se sont maquill… les joues. Enfin, en râlant, ils se sont succéd… ; à la queue leu leu devant la tante Marguerite, qui s'était muni… d'une grammaire et qui s'était jur…, ce jour-là, de mettre leurs têtes insoumises à la forme grammaticale.

TRUC

Une règle en or : pour savoir s'il faut accorder ou non le participe passé avec les verbes pronominaux, il faut substituer à l'auxiliaire *être* l'auxiliaire *avoir.*

Ainsi donc, reprenant l'une des phrases cultes du film *Les Choristes*, action réaction, passons à l'application :

Baignés, bronzés, égaillés : ils ont baigné, bronzé, égaillé eux (COD)

Manifestée : une voix a manifesté elle (COD)

Souri : ils ont souri à eux (COI)

Récriés : ils ont récrié eux (COD)

Plu : ils ont plu à eux (COI)

Recoiffés : ils ont recoiffé eux (COD)

Maquillé : elles ont maquillé les joues à elles (COS)

Succédé : ils ont succédé à eux (COI)

Munie : avait muni elle (COD)

Juré : avait juré à elle (COI)

Chaque fois donc que vous aurez donc à choisir les terminaisons des participes passés, sachez prêter l'œil ou l'oreille pour savoir où se trouve le COD et transformer mentalement la phrase avec l'auxiliaire *être* par l'auxiliaire *avoir.* C'est la seule façon de lutter contre le verbe *avoir,* qui contrefait les performances du verbe *être.*

ATTENTION !

Le verbe *se rendre compte de* reste toujours invariable :

Vous vous êtes rendu compte de la difficulté de cet exercice.

TESTEZ-VOUS

Les exemples suivants ne devraient plus maintenant vous poser problème.

Ils se sont (serrer) la main.

Ils se sont (serrer) pour faire une place à la vieille dame.

Nous nous sommes (écrire) des lettres durant tout l'été.

Les lettres que nous nous sommes (écrire) se sont perdues.

Réponses : serré / serrés / écrit / écrites.

Cas particuliers : verbes et tournures impersonnels

De nombreuses expressions employées de manière impersonnelle ou comportant un verbe impersonnel sont devenues comme figées. Le participe passé s'y écrit toujours au masculin singulier :

Il est arrivé de grands malheurs.

Il s'est glissé de nombreuses erreurs dans cette copie.

Cela s'explique : le *il* sujet n'est qu'apparent : de sens neutre, il englobe le sujet réel (malheurs/erreurs) et veut dire « cela ».

Nous l'avons échappé belle est l'une d'entre elles. Elle signifie : nous avons échappé de belle manière à cela (à cette situation).

Voici deux expressions qui se laisseront orthographier différemment :

- Le peu d'attention que vous lui avez accordée a suffi à résoudre le problème.
- Le peu d'attention que vous avez porté au cours ne vous a pas permis de tout retenir.

Comme on le voit, il n'y a d'accord que si le résultat est susceptible d'être positif, de pouvoir se réaliser.

L'emploi du pronom personnel collectif « en »

Précédé du pronom personnel collectif *en,* le participe passé restera toujours invariable. Des filles, j'en ai tant connu! pourrait dire un don Juan. Des pommes, il y en a : j'en ai vu.

Mais qu'un adverbe quantitatif vienne se mêler de la partie, et voilà la construction changée :

Il a fait à lui seul plus d'exploits que les autres n'en ont lus, trouve-t-on sous la plume de Boileau.

Suivi d'un infinitif

Dans ce cas, il suffit de voir si le COD est sujet du verbe auxiliaire ou du verbe à l'infinitif. Pour ce faire il ne faut pas avoir peur de parler « zoulou ». Ainsi dans l'exemple que voici :

Je les ai vus quitter le bureau. = *J'ai vu eux quitter le bureau.

On est d'accord, le pronom *les* (eux) est bel et bien sujet du verbe quitter, donc on fait l'accord.

Mais dans cet autre exemple : « Je les ai vu submerger par d'énormes difficultés », le pronom *les* est objet du verbe submerger : *J'ai vu eux être submergés par… donc on ne fait pas l'accord.

Donc, pour les verbes **faire** et **laisser**, jamais d'accord quel que soit le genre ou le nombre du COD qui les accompagne. Dans les exemples que voici, les pronoms sont COD du groupe verbal tout entier :

> Elles se sont fait photographier dans la rue.
>
> Nous nous sommes fait inscrire sur Internet.

Précédé d'une préposition ?

Il y aura deux possibilités :

> Des obstacles imprévus nous ont empêchés de sortir.
>
> = Des obstacles imprévus ont empêché nous de sortir.
>
> Il a quitté la route qu'il avait résolu de suivre.
>
> = Il a quitté la route : il avait résolu de suivre la route.

Évaluation

Ils se sont (rendre) à l'ennemi.

Elle s'est (couper) au doigt.

Elle s'est (laver) au miroir.

Ils se sont (apercevoir) de leur erreur.

Elle s'est (laver) les mains.

Les quelques générations qui se sont (succéder)

Ils se sont (procurer) des skis.

Elle s'est (plaire) à nous porter tort.

Elle s'est (couper) le doigt.

Quelle réponse lui avez-vous (faire) ?

Elles se sont (imaginer) des choses fausses.

Les choses fausses qu'elles se sont (imaginer)…

Cette dame s'est (convaincre) qu'on la trompait.

Ils se sont (rappeler) vos noms.

Le peu d'eau que vous avez (boire) vous a désaltéré.

Le peu d'eau que vous avez (boire) n'a su vous désaltérer.

Je les ai vu… accabler cet homme d'injures.

Je les ai vu… accabler d'injures.

Réponses : rendus / coupée / lavée / aperçu / succédé / procuré / plu / coupé / faite / imaginé / imaginées / convaincue / rappelé / bue / bu / vus (actif), vu (passif).

Chapitre 15

Accords non respectés… à corps et à cri !

Dans ce chapitre :

- *Et vous, tu m'aimes…* (titre du dernier album de Brigitte)
- Quelques irréductibles…

Il en est de la grammaire comme de la société. On aime qu'elle soit organisée autour de règles qui permettent de mieux s'y retrouver. Et pourtant, la langue française se plaît bien souvent à y déroger. Dans de nombreux cas, on s'interroge. À commencer par celui de cette rupture inattendue qu'on appelle pompeusement :

La syllepse grammaticale

Deux termes au singulier coordonnés appellent toujours un verbe au pluriel : 1 singulier +1 singulier font 1 pluriel, à la manière du 1 + 1 = 2. Oui mais…

POUR LES PROS

Le terme de syllepse venant du grec, *sun* et *lepsis* du verbe *lambanein* : prendre ensemble, réunir, devrait signifier « compréhension ». Pourtant, semble-t-il, il lui arrive d'y déroger.

En voir trente-six chandelles !

Comment expliquer que l'on commence ainsi une phrase, s'appelle-t-on Victor Hugo : *D'abord la vibration de chaque cloche monte droite, pure et pour ainsi dire isolée des autres, dans le ciel splendide du matin*... et qu'on la poursuive par ces mots : *oui, peu à peu, en grossissant, elles se fondent, elles se mêlent, elles s'effacent l'une dans l'autre*...

D'un coup de baguette magique, voilà que la cloche s'est démultipliée au cours de l'énoncé de la phrase. Cette règle nouvelle de grammaire a un nom de nature à effrayer les néophytes.

Des syllepses, il en est de plusieurs sortes, et parfois de très spectaculaires :

- la **syllepse de sens** : Minuit sonnèrent (c'est pour les 12 coups bien sûr !).
- la **syllepse de personne** : Votre altesse veut-elle... (mélange de la deuxième et de la troisième personne).
- la **syllepse de genre** : C'est la sentinelle qui le premier s'inquiète... (antécédent féminin et reprise au masculin).

Et en ce domaine, tous les coups sont permis.

À sujet pluriel, verbe singulier

Il arrive, lorsque deux sujets sont synonymes, que le verbe reste au singulier :

> Son courage, sa bravoure intimidait les plus audacieux.

comme si les deux termes qui se rapportent à un sujet unique le qualifiaient chacun à sa manière :

> C'est ici que vécut ma marraine et (ma) tutrice.

Dans l'exemple de la fable « Le Coche et la Mouche » de Jean de La Fontaine, *Femmes, moine, vieillards, tout était descendu,* l'accord du verbe avec le sujet le plus rapproché, lui-même pronom de reprise, sert à globaliser le groupe sujet.

En dépit des apparences, dans la phrase suivante :

> *L'irritation, le courroux, la rage avait envahi son cœur.*

les différents sujets expriment en vérité des variantes d'un même et unique sentiment. Le verbe reste au singulier car l'idée de gradation l'emporte sur celle de l'addition.

Si on veut coordonner des sujets autrement que par la particule *et* ou une virgule, on choisira un terme de comparaison ou la préposition *avec*. Le traitement sera alors variable :

> Certains aiment répéter que le latin comme le grec sont des langues mortes.
>
> Le latin, comme le grec, a un système de déclinaison.

Nous dirons que dans le premier cas, l'effet est cumulatif, dans le second, disjonctif.

À sujet singulier, verbe pluriel

Inversement, dans certaines autres expressions, une formulation au singulier sert à désigner un groupe de personnes : on parle d'un *sens collectif*. Cela s'explique aisément : on met l'accent sur la notion de groupe, d'ensemble.

La règle d'accord en la matière est plus que variable. Tout va dépendre si on envisage le groupe dans sa totalité (on parle d'un collectif général) ou seulement en partie (il s'agit d'un collectif partitif).

Il est vrai que certains mots, présupposant un groupe d'êtres ou de choses, possèdent en eux-mêmes un sens collectif. C'est toute la différence par exemple entre « une feuille » et « un feuillage ». Un même mot peut aussi avoir les deux acceptions possibles : un corps (d'être vivant) lui assure sa particularité quand un corps de ballet désigne à lui seul tous les membres qui le constituent.

Quand on dit *une foule (de), une multitude (de),* on aura le choix entre le singulier et le pluriel :

> Une foule s'agglutinait devant le cinéma.
>
> Une foule de badauds s'agglutinaient aux caisses.

En fait, employé seul, le terme collectif forme une entité. Il se suffit à lui-même. Accompagné d'un terme partitif, il appelle plus volontiers le pluriel qui sert à individualiser les participants.

Singulier, pluriel ou les deux ?

Tout le monde + singulier
Tout le monde apprécie les vacances.

La plupart + pluriel
La plupart pensent...

Avec un complément, on aura le choix entre pluriel et singulier...

La plupart des hommes croient.

La plupart de l'assemblée est d'avis de...

Beaucoup + pluriel
Beaucoup sont appelés, mais bien peu élus !

Beaucoup (de travail s'entend) reste encore à faire pour comprendre toutes ces subtilités.

Peu + singulier/pluriel
Peu de monde était présent.

Peu savent agir à bon escient (pour dire peu d'hommes)

Le peu de (au sens de « trop peu ») appelle autant le singulier que le pluriel sous la plume du même auteur, Marmontel :

Le peu d'instruction qu'il a eu le fait tomber dans mille erreurs.

Le peu de troupes qu'il a rassemblées ont tenu ferme.

Plus d'un, moins de deux + singulier/pluriel
Plus d'un le veut.

Moins de deux mois de maladie ont eu raison de lui.

À Paris, on voit plus d'un fripon qui se dupent l'un l'autre. Marmontel

Un des...
Il y aura double possibilité d'accord :

C'est un des rares romans qui aient paru ce mois-ci.

C'est un des sportifs espagnols qui a raflé tous les prix.

La différence d'orthographie entre les deux formulations : Combien de livres avez-vous lus ? et Combien avez-vous lu de livres ? s'explique par la seule place du nom partitif « livres » !

Encore quelques bizarreries du français !

Que certaines expressions s'emploient de préférence avec le singulier ou le pluriel se laisse aisément comprendre. Ainsi écrira-t-on plus volontiers au singulier :

- être en prison (une seule suffit à chaque fois)
- pas grand-chose (la négation minimise le propos)
- rien d'autre (la valeur exclusive limite le propos)

alors qu'on choisira le pluriel pour :

- à pieds joints (*a priori* on en a deux)
- en morceaux (à cause de la multitude des éclats)

Toutefois on s'étonnera toujours de devoir écrire au singulier *en tout cas* et au pluriel *sans aucuns frais* ! On pourrait penser que le singulier sied mieux à cette préposition privative. On dira sans foi ni loi, sans feu ni lieu, sans retour, mais sans ambages, tout de go !

Est-il besoin de rappeler que certains mots changent de sens en changeant de nombre ?

- Une *assise* au singulier désigne une rangée de pierres servant de support à un mur quand les *assises* sont des assemblées où siègent magistrats et jurés.
- Le *ciseau*, outil plat de sculpteur se transforme en *ciseaux* de la couturière, aux deux lames tranchantes.
- Pour observer les astres, une *lunette* astronomique suffira. Rien ne nous dit que le savant ne porte pas des *lunettes,* ou besicles, ou binocles (pour ses deux yeux) !

Faut-il dire « Vivent les vacances » ou « Vive les vacances » ?

Stricto sensu, pour respecter la règle de l'accord, avec un sujet pluriel, le verbe se devrait d'être au pluriel : *Vivent les rats !* écrit La Fontaine.

Pourtant, l'accord est devenu facultatif de nos jours. La raison en est la suivante : le verbe n'est plus considéré comme tel, il fonctionne comme adverbe et, à ce titre, reste invariable, indépendamment de son sujet.

L'expression « Vive les gens d'esprit » est tout aussi correcte que la formule de Piron « Vivent les grands esprits pour former les grands cœurs ! »

TESTEZ-VOUS

La totalité des hommes (être) méfiante.

La moitié de mes esclaves (mériter) la mort.

La moitié des participants (quitter) le stade.

Réponses : est / méritent / quitta, quittèrent.

Et/ou

Et, conjonction de coordination, permet de relier entre eux plusieurs mots, plusieurs propositions, plusieurs parties du discours : Un plus un égalent deux.

Ou, particule disjonctive résultant phonétiquement de la particule latine *aut*, sert à marquer une alternative, un choix : La paix ou la guerre !

Et nous, aurons-nous le choix du nombre ? Il est d'ailleurs fréquent d'utiliser concomitamment (en même temps) ces deux outils formant une combinaison redoutable : de fait, le **et** marque une possibilité d'addition (qui devrait générer un pluriel) et le **ou**, de choix (plutôt génératrice du singulier à chaque fois).

Comment croyez-vous alors qu'on accordera le verbe qui devrait être au pluriel avec **et**, et singulier avec **ou** ? De différentes façons.

L'emploi du **ou** déjà à lui seul est flexible :

> *Sa perte ou son salut dépend de sa réponse.*
> Racine

> Les menaces ou la douceur en viendront à bout.

Si l'un des deux termes de l'alternative est déjà lui-même au pluriel, l'accord se fera au pluriel, tout naturellement.

Un procès pour une conjonction ?

Voici l'affaire qui passe devant le tribunal du comte Almaviva : Figaro, sur le point de se marier avec Suzanne, tant convoitée par le Comte en personne, doit affronter en justice une certaine Marceline. Et là chaque mot compte. Un *et* n'a rien à voir avec un *ou*... D'un côté, le mariage, de l'autre, un acquittement de dette !

Brid'oison à Figaro : Qu'oppo... qu'opposez-vous à cette lecture ?

Figaro : Qu'il y a, messieurs, malice, erreur ou distraction dans ma manière dont on a lu la pièce : car il n'est pas dit dans l'écrit : « laquelle somme je lui rendrai, ET je l'épouserai » mais « laquelle somme je lui rendrai, OU je l'épouserai », ce qui est bien différent.

Le Comte : Y a-t-il ET dans l'acte, ou bien OU ?

Bartholo : Il y a ET.

Figaro : Il y a OU.

Brid'oison : Dou-ouble-Main, lisez vous-même.

Double-Main, prenant le papier : Et, c'est le plus sûr ; car souvent les parties déguisent en lisant. (Illit). « E.e.e. Damoiselle e.e.e. de Verte – Allure, e.e.e. Ha ! laquelle somme je lui rendrai à sa réquisition, dans ce château... ET... OU... ET... OU... » Le mot est si mal écrit... il y a un pâté.

Brid'oison : Un pâté ? je sais ce que c'est.

Bartholo, plaidant : Je soutiens, moi, que c'est la conjonction copulative ET qui lie les membres corrélatifs de la phrase ; je paierai la demoiselle, ET je l'épouserai.

Figaro, plaidant : Je soutiens, moi, que c'est la conjonction alternative OU qui sépare lesdits membres : je paierai la donzelle, OU je l'épouserai. À pédant, pédant et demi. Qu'il s'avise de parler latin, j'y suis grec, je l'extermine.

Qu'en est-il des expressions : **l'un(e) ou l'autre**, plutôt disjonctive, et **l'un(e) et l'autre**, plutôt cumulative ? Double traitement ici encore :

> *L'un et l'autre approcha, ne craignant nulle chose.*
> La Fontaine

> L'un et l'autre ont remporté la palme.

En fait, **l'un et l'autre se dit, comme se disent...**

Mais si d'aventure, il y a exclusion ou alternative, un seul sujet sera pris en compte à chaque fois :

> Ni l'un ni l'autre n'emportera le contrat.

> Ni le lézard ni le savant ne m'avaient vu approcher.

Tout ce que vous avez toujours voulu savoir sur l'anacoluthe sans oser le demander !

Les non-accords syntaxiques se présentent sous forme de ruptures syntaxiques, appelées en stylistique, *anacoluthes.*

Du grec *an* (préfixe privatif) et du nom *akolouthos* (acolythe) « celui qui fait route avec », l'anacoluthe désigne « ce qui ne va pas bien avec », « ce qui n'est pas conséquent avec ». L'expression originelle veut dire « absence de suite (logique) ».

Cette anti-figure de style, s'il en est, est une rupture de construction et, par là, de continuité dans la suite logique d'une phrase. Elle fait toujours violence à la logique formelle du discours en se présentant le plus souvent comme un décrochage syntaxique par rapport à la syntaxe courante. Ainsi y change-t-on très souvent de sujet en cours de route :

> *Le nez de Cléopâtre, s'il eût été plus court, toute la face de la terre aurait changé.*
> Pascal

Cette mise en avant, au propre comme au figuré, du nez de la reine d'Égypte, qui ne passa pas inaperçue, s'apparente à une *prolepse* du sujet « il » de la subordonnée conditionnelle sans le moindre rapport avec le restant de la phrase. Voilà bien un nez qui se détache du contexte !

Bien des écrivains, de manière consciente ou non, ont pratiqué l'anacoluthe. On peut y trouver des motifs hautement littéraires. Ainsi quand Baudelaire, dans son poème L'Albatros, présente le poète paria seul, repris par ses ailes plurielles :

Exilé sur le sol au milieu des huées,

Ses ailes de géant l'empêchent de marcher.

On admire le poète-oiseau, ainsi tiraillé jusque dans la syntaxe de la phrase, entre la réalité et l'idéal.

Pascal dans ses *Pensées* offre un autre exemple éloquent – par le changement de sujet en cours de phrase – du grand écart de l'homme, pris entre deux espaces, dans le vide du précipice : *Le plus grand philosophe du monde, sur une planche plus large qu'il ne faut, s'il y a au-dessous un précipice, quoique sa raison le convainque de sa sûreté, son imagination prévaudra.*

Nul mieux que Marcel Proust pour qualifier ces défaillances syntaxiques, ces sautes d'humeur, ces ruades de la phrase, que sont les anacoluthes :

> *Elle usait, non par raffinement de style, mais pour réparer ses imprudences, de ces brusques sautes de syntaxe ressemblant un peu à ce que les grammairiens appellent anacoluthe ou je ne sais comment. S'étant laissé aller en parlant femmes, à dire : « Je me rappelle que dernièrement je » brusquement, après un quart de soupir, « je » devenait « elle » (...) Ce n'était pas elle qui était le sujet de l'action. J'aurais voulu me rappeler exactement le commencement de la phrase pour conclure moi-même, puisqu'elle lâchait pied, à ce qu'en eût été la fin.*
>
> La Recherche du temps perdu

Le gérondif, un autre rebelle en son genre

Le mode gérondif se prête plus qu'aucun autre à ce type de non-accord. Autrefois, il pouvait se rapporter à n'importe quel terme de la proposition, aussi bien un complément d'attribution, comme dans cet exemple de La Fontaine : *Vous m'êtes, en dormant, un peu triste apparu,* qu'un COD dans cet autre de Commines : *L'artillerie vint tuer un trompette en apportant un plat de viande.*

Quittons ces hautes sphères pour un rappel à l'ordre : la langue actuelle veut que le gérondif ait partie liée avec le seul sujet de la proposition où il se trouve et ce, pour apporter plus de clarté à l'énoncé.

Pourtant, force est de constater que dans bon nombre d'expressions, le gérondif joue les *fauteurs de troubles* : le dicton *l'appétit vient en mangeant* veut dire « l'appétit vient à ceux qui mangent ». Est-ce que la fortune vient en dormant ?

Très souvent, on peut observer encore des incorrections de formulation dans les conclusions de lettres. En effet, écrire En attendant de vos nouvelles, agréez, Monsieur/Madame, l'expression... est une tournure fautive. Il convient d'écrire : Dans l'attente de vos nouvelles, je vous adresse, Monsieur/Madame, l'expression...

L'adjectif-participe : un cas très à part

Qu'appelle-t-on adjectif-participe ? Cette créature hybride, pouvant s'employer à la fois, ou tour à tour, comme adjectif ou participe ?

Sur ce point au moins, la règle sera simple :

- Placé devant le nom, il fonctionne comme un adverbe et reste, à ce titre, invariable.
- Placé après le nom, il retrouve un statut d'adjectif et redevient donc variable.

Regardons ces exemples et leurs contre-exemples, en simultané :

Passé huit heures. / Huit heures *passées.*

Vu et *approuvé* l'écriture. / Ces données *lues* et *approuvées.*

Ci-joint votre lettre. / Les pièces *ci-jointes.*

Ci-inclus la photocopie. / Vous trouverez la copie de mon CV *ci-incluse.*

Y *compris* la nourriture. / Prix du loyer, charges *comprises.*

Fini les secrets entre nous. / Mes devoirs de vacances *finis*, je sortirai.

Nulle part, *excepté* en Angleterre. / Femmes, enfants et vieillards *exceptés.*

Pour *étant donné* et *mis à part* : on fait ce qu'on veut !

Soi-disant, soit dit en passant !

L'expression soi-disant, employée pour définir une personne, ne connaît ni le genre ni le nombre. Quel que soit le nom auquel elle se rapporte, elle reste invariable : elle signifie mot à mot « se disant tel » : cette soi-disant avocate, ces soi-disant acrobates. Toutefois, aux soi-disant avantages, on préférera dire : les prétendus avantages.

Elle peut même s'employer comme locution adverbiale : *Il est parti, soi-disant pour mieux revenir.*

Participe présent ou adjectif verbal ?

On peine souvent à distinguer les participes présents en *-ant* des adjectifs verbaux, se présentant également en *-ant* ou en *-ent.*

D'autant qu'autrefois certains anciens participes présents pouvaient s'employer à l'occasion comme adjectifs verbaux et que l'Académie dut tolérer longtemps ces survivances, essentiellement dans le domaine du vocabulaire administratif et juridique.

Comment les reconnaître ? Faites-vous une différence entre :

> *On aime les enfants obéissant aux volontés de leurs parents* et : *On aime les enfants obéissants.*

Dans le premier cas, le participe présent équivaut à une proposition subordonnée relative : « qui obéissent ». Dans le second, l'adjectif signifie « dociles », « appliqués ».

Le premier restera toujours invariable alors que le second pourra s'accorder.

Le premier dénote une action en cours, dans l'instant, alors que le second, en véritable adjectif, peut prendre une valeur universelle et intemporelle.

Les frères Goncourt dressent, dans leur roman *La Fille Élisa,* le portrait d'une prostituée. Pour montrer que l'activité de cette dernière ne s'inscrit pas dans le seul moment présent, ils ont choisi de figer l'attitude de cette pauvre créature dans une gestuelle qui va se répétant :

Et dans cette promenade toujours allante et revenante, Élisa revoyait toujours les mêmes maisons, les mêmes devantures, les mêmes pierres.

Le participe présent « allant et revenant », invariable, a cédé ici la place à un adjectif variable de valeur intemporelle.

On repère souvent le participe présent à ce qu'il peut être suivi d'un complément (d'objet direct ou indirect), ce qui ne saurait être le cas de l'adjectif verbal, plus proche de la sphère nominale :

> *Cette question embarrassant notre homme :*
> *On ne dort point, dit-il, quand on a tant d'esprit.*
> La Fontaine

> Il y a des personnes brillantes, mais brillant d'un faux éclat.

À vous d'essayer : Les enfants aima… l'étude feront des progrès surpren…

Réponses : aimant/surprenants

Si vous hésitez encore, mettez la forme au féminin, pour mieux distinguer le participe présent de l'adjectif verbal, plus souple :

> Des ouvrages intéressant les enfants sont présentés au Salon du Livre.
>
> Vous trouverez des ouvrages intéressants en rayon.

Vous pourrez dire des revues intéressantes sont en rayon. Mais vous ne direz pas : *des revues intéressantes les enfants…

Qui vit en résidence : un résident ou un résidant ?

Un résidant, participe présent, est celui qui réside à un endroit particulier et à un moment donné, quand un résident, adjectif verbal, s'applique à quelqu'un qui ne vit pas dans son pays d'origine. Tous deux, issus du même verbe latin *residere* (cf. résidence), désignent donc des habitants de deux sortes.

Pour simplifier, on dira que le participe présent est un « mot action », alors que l'adjectif verbal est un « mot état ».

Voici quelques-unes des modalités du changement d'orthographe entre un participe présent et un adjectif verbal :

- perte de la voyelle du radical : fatiguant/fatigant;
- changement du radical *-qu* en *-c* : convainquant/convaincant;
- changement de la désinence *-ant* en *-ent* : négligeant/négligent.

TESTEZ-VOUS

À vous de faire le bon choix :

Cette réponse équival… à un refus, je n'ai qu'à me retirer.

La Loire, avec ses rivières afflu…, est l'un des plus beaux fleuves de France.

Les élèves néglig… leurs devoirs seront punis.

Réponses : équivalant / affluentes / négligeant.

Des adjectifs vraiment atypiques, il y en a !

On le sait, tout adjectif en rapport avec un nom, placé à côté du nom, en tant qu'épithète, placé après virgule, apposé au nom, ou après un verbe d'état, en fonction attribut, doit s'accorder avec le nom **en genre et en nombre.**

Seulement bien des adjectifs se soustraient à la règle : on les dit **atypiques.** Voici les plus récalcitrants d'entre eux aux accords :

Demi

Demi, adjectif issu du latin *di-medius* « la moitié de », peut également être pris comme adverbe, quand on ne le retrouve pas dans un emploi substantivé, au genre masculin : un demi de mêlée, un demi d'ouverture, ou pluriel :

Au pluriel, deux demis font un entier, ou au genre féminin : la demie a sonné.

Je boirais bien un autre demi mais pas panaché, un vrai demi de vraie bière.
R. Queneau

TRUC

Si demi est placé devant le nom, il reste invariable, sinon, il s'accorde :

une demi-heure mais une heure et demie / une galette et demie mais à demi-mot

Les adjectifs **mi,** comme **semi** d'ailleurs, qui en sont des variantes, restent toujours invariables, comme insensibles au genre et au nombre : la mi-carême, les yeux mi-clos, à mi-route, une mi-temps, etc.

Rappelons l'expression être mi-figue, mi-raisin pour marquer le manque d'enthousiasme ou de sérieux de quelqu'un.

Feu

L'adjectif « feu » au sens de « défunt » varie quand, et seulement quand, il précède immédiatement le nom :

Feu la reine ! Mais la feue reine...

Feu ma tante ! Mais ma feue tante...

Fort

Qu'on donne pour sujet à l'expression « se faire fort de » au sens de « prendre tous les moyens pour », les pronoms *il, elle, ils,* **ou** *elles,* elle se fait fort de rester toujours invariable. *Fort-midable !

Grand

Cet adjectif venant du latin *grandis* a longtemps présenté la même forme au masculin et au féminin. Rien d'étonnant à ce qu'il soit donc resté invariable dans plus d'une expression composée !

On écrit la grand-rue, une grand-mère, la grand-messe, une grand-place...

C'est grand-pitié, j'ai eu grand peur.
Gide

Mais, exception oblige, on écrira des grands-pères ! Et le pluriel d'une grande-duchesse, sera bien des grandes-duchesses !

POUR LES PROS

On peut rappeler que cet adjectif s'est longtemps, à tort, orthographié avec une apostrophe sans raison apparente. Il devrait s'accorder avec l'adjectif ou le participe qui le suit. Mais les auteurs, et non des moindres, en ont décidé autrement :

Tous les yeux sont grand ouverts.
J.-P. Sartre

La porte du midi était grand ouverte.
H. Bosco

Nous aussi, nous restons les yeux grands ouverts sur les solutions retenues pour chaque énigme ! D'autant qu'il faut se résoudre à écrire au pluriel l'expression de Charles Perrault « mère-grand », des mères-grand !

Nu

C'est juste une question de place :

Un va-nu-pieds marchera pieds nus.

Aller nu-tête mais marcher tête nue.

On parlera pourtant de nue-propriété. À quel saint se vouer ?

Possible

Faut-il écrire ? « Tout est pour le mieux dans le meilleur des mondes possibles », ou « Tout est pour le mieux dans le meilleur des mondes possible » ?

- Après « **des** », l'adjectif est toujours accordé : Voltaire le savait bien !

  Tout est pour le mieux dans le meilleur des mondes possibles.

- Après « **le moins** », « **le plus** », « **le meilleur** », cet adjectif forme une locution adverbiale et reste invariable :

  Prenez le plus de forces possible (qu'il est [humainement] possible), si vous voulez l'emporter.

- Mais on pourra trouver aussi :

  Prenez toutes les forces possibles (au sens de disponibles) pour vous assurer la victoire.

Proche

Les bâtiments sont tout proches/proche de l'école.

Selon que l'on admet un emploi adjectival ou adverbial, on tolérera les deux orthographes.

Les mots invariables par nature...

Ah ! Ces adverbes ! De vrais invariables, ceux-là ! Pas moyen de les accorder. Les femmes auront beau faire avec eux, elles n'arriveront à rien.

Voila comment Erik Orsenna voit les choses, et à juste titre. Tous les mots invariables, adverbes, prépositions, conjonctions de coordination comme de subordination, sans oublier les interjections sont des rocs, faut-il dire incorruptibles ou Inrockuptibles ? Pas moyen de les faire changer d'un iota. Aucun charme féminin ne les ébranle...

Heureux les mots invariables, dirait un misogyne, car ils ne connaîtront ni le genre ni le nombre ! C'est encore à voir !

À quoi cela tient-il ? Au statut du mot. Par exemple, à côté de l'adverbe « demain », issu du latin de mane « à partir du matin », qui s'emploie comme adverbe ou comme nom et qui restera invariable, le composé « lendemain », qui veut dire « de demain », a fait sa fortune comme nom et a eu des lendemains qui chantent bien davantage !

Chapitre 16

La Concordance des temps

Dans ce chapitre :

- Un mal aimé, le subjonctif imparfait !
- Prêts pour une analyse grammaticale et syntaxique ?

Il est d'usage d'accorder les temps dans une phrase entre la proposition principale et la ou les propositions subordonnées, pour peu qu'elles soient au mode subjonctif. D'autant que ce sont le mode et le temps de la principale qui déterminent toujours, en fonction de la signification à donner au texte, le mode et le temps des verbes subordonnés.

En effet un temps a une valeur absolue en lui-même, mais une valeur (toute) relative par rapport aux verbes de son voisinage.

Deux cas se présentent, selon que le verbe de la subordonnée est à l'indicatif ou au subjonctif.

Ainsi :

- si la proposition principale est à un temps du présent, on pourra mettre la proposition subordonnée soit au subjonctif présent soit au subjonctif passé :

  Je regrette que tu partes/que tu sois parti.

- si elle est à un temps du passé, on emploiera le subjonctif imparfait ou plus-que-parfait :

  Je regrettais que tu partisses/que tu fusses (déjà) parti.

Mais il s'avère que, de nos jours, la langue a perdu l'usage de cet imparfait du subjonctif ainsi que du plus-que-parfait d'ailleurs. Et plutôt que d'avoir à les utiliser et de risquer se tromper, on préfère les oublier et employer le seul subjonctif présent. Alors comment faire ?

Le subjonctif imparfait, le mal-aimé !

Qui dit passé simple, dit subjonctif imparfait, ce mal-aimé ! Faut-il le regretter ou s'en accommoder ? Car si le subjonctif imparfait s'est comme volatilisé du langage actuel, c'est parce qu'il se rapproche pour sa formation du passé simple, lui-même moins bien maîtrisé par nous tous.

Pour le former, en effet, il s'agit de retrouver le radical du passé simple de chaque verbe et de le faire suivre des désinences suivantes :

> *-sse / -sses / -t / -ssions / -ssiez / -ssent.*

Ainsi sur le verbe savoir, dont le passé simple, pour rappel, est *je sus, tu sus, il sut, nous sûmes, vous sûtes, ils surent,* certains diront peut-être : Encore eût-il fallu que je le susse, etc.

Faites entrer l'accusé !

Pareil emploi, comme vous vous en doutez, en raison de l'homonymie de ce verbe avec le verbe du 1er groupe « sucer », a dû faire beaucoup de tort à ce mode, soupçonné d'être graveleux, pour peu qu'on l'employât à ce temps, susceptible surtout de choquer autant les oreilles que la pudeur des cœurs...

Il faut reconnaître que les formes en *-assions, -assiez, -issions, -issiez,* etc. sont souvent dures à l'oreille. De plus, elles sont assimilées à des formules pédantes que seule la langue écrite soignée a conservées.

Oserez-vous dire : il eût fallu que vous sussiez cette date ? Vous préférerez dire – et on vous comprend : vous auriez dû savoir cette date. Le mode infinitif, en lieu et place du subjonctif, passe ici bien mieux.

Dans le film de Laurent Cantet, *Entre les Murs,* d'après le roman de François Bégaudeau, l'instituteur demande à ses jeunes élèves de transformer la phrase « Il faut que je sois en forme » au passé en « Il fallait que je fusse en forme ». Et ces derniers de répondre : « Ça ne sert à rien le subjonctif imparfait ! », « Ce n'est pas de notre âge ! », « Ça ne se dit pas dans la vraie vie ! », « Même ma grand-mère, elle ne parlait pas comme ça ! ».

Autant de rodomontades allant à l'encontre de l'emploi de ce mode à l'imparfait, perçu comme renvoyant à une langue bourgeoise, et de surcroît démodée.

Il est vrai que, même si le ridicule ne tue pas, on entend trop souvent dire :

> *Dusse ma modestie en souffrir !

Vous aviez bien entendu rectifié :

> Ma modestie dût-elle en souffrir !

La parole est à la défense !

Pourtant, le subjonctif imparfait, n'en déplaise aux oreilles des puristes ou des plus (trop) pudiques, mériterait de retenir notre attention et de retrouver sa place dans la langue.

D'ailleurs, la 3e personne du singulier de ce même mode tend à résister à pareille désaffection. Cette forme plus douce, qui n'a rien de choquant ni de ridicule, peut être encore employée dans le langage courant :

J'aurais aimé que mon fils fît du théâtre.

Les écrivains eux-mêmes s'avèrent soit des adeptes de son usage – ils le défendent alors bec et ongles – soit de farouches détracteurs. Molière ne fait-il pas dire à Oronte présentant son sonnet dans *le Misanthrope* :

Je voudrais bien, pour voir, que de votre manière,
Vous en composassiez sur la même matière.

Pédantisme mais pas que...

La rareté de son emploi lui apporte outre sa part de pédanterie, admettons-le, un gage de préciosité. Mais aussi des nuances assez subtiles, car il possède des valeurs propres de nature à justifier son emploi :

Entre les deux acceptions *Il faudrait que tu ranges ta chambre* et *Il faudrait que tu rangeasses ta chambre* l'interlocuteur ne semble pas dire exactement la même chose.

Dans la première formulation, vous entendez la tonalité impérative d'une mère excédée qui n'attend pas (ou plus), alors que dans la seconde, le subjonctif imparfait, avec le petit côté vague du « rangeasses », laisse un semblant de liberté avant le passage éventuel à l'acte.

Autre scène de vie quotidienne : l'histoire d'un poulet...

Si vous dites : Il m'avait donné de l'argent pour que j'achète un poulet, on a l'impression que l'achat n'est pas encore fait.

Inversement, si vous choisissez de dire : Il m'avait donné de l'argent pour que j'achetasse un poulet, on sait d'emblée que le poulet a déjà été acheté puisque toute la formulation est renvoyée dans la sphère du passé.

Il est des cas où, même si le verbe principal est au passé, on peut comprendre que la subordonnée reste au présent, car la pensée se situe au présent au moment où on prononce la subordonnée : Il m'a fait trop de bien pour que j'en dise (maintenant) du mal.

Inversement, après une principale au passé, on peut aussi concevoir une subordonnée au présent, pour peu qu'on raisonne sur un fait passé comme dans cet exemple emprunté à George Sand : *Il est fort étrange que je fisse ces rêves tout éveillée.*

POINT DE VUE

En réalité, ce n'est pas le temps de la principale qui amène le temps de la subordonnée, c'est le sens, comme le rappelle Ferdinand Brunot.

La concordance littéraire

Outre la concordance grammaticale, existe une autre concordance, obéissant plus aux règles de l'écrivain qu'à la seule interdépendance entre principales et subordonnées : la « concordance littéraire », comme l'appelle Bescherelle.

Dans cet exemple de Racine : *On craint qu'il n'essuyât les larmes de sa mère,* l'emploi du subjonctif imparfait s'explique essentiellement par une valeur ancienne de conditionnel. Raison modale donc et non temporelle.

Dans cet autre, du même auteur : *De vos ordres, Seigneur, j'ai dit qu'on l'avertisse,* le subjonctif présent « qu'on l'avertisse », en lieu et place du subjonctif imparfait attendu, se justifie par sa valeur temporelle de futur.

Ce vœu, bien que présenté au passé : *J'ai voulu que tu vives d'abord* reste toujours valable dans le présent et explique l'emploi du subjonctif présent.

Dans cette phrase de Marcel Proust : *Ce n'est pas que je me plusse chez la princesse de Guermantes,* l'action subordonnée est en fait antérieure à l'action principale. Il fallait donc la matérialiser par ce subjonctif imparfait, qui reste une marque du passé.

L'imparfait du subjonctif, plus drôle tu meurs !

La *Complainte amoureuse* d'Alphonse Allais, déjà rencontrée plus haut dans l'étude du passé simple, s'achève de la sorte :

Fallait-il que je vous aimasse
Que vous me désespérassiez
Et qu'en vain je m'opiniâtrasse
Et que je vous idolâtrasse
Pour que vous m'assassinassiez !

Faut-il en rire ou en pleurer ?

Dans les quelques exemples suivants, puisés dans la mine du livre de Claude Gagnière, *Tout l'or des mots,* il n'y a pas la moindre hésitation : plus drôle tu meurs !

Il serait dommage qu'à trop manger de gâteaux, un jour vous en pâtissiez.

Docteur, ma femme est clouée au lit, je souhaiterais que vous la vissiez.

Nos propres jugements, il ferait beau voir, Monsieur le Président, que nous les cassassions !

Au fait, connaissez-vous les auteurs de ces phrases au subjonctif imparfait ?

Moi, Monsieur, si j'avais un tel nez

Il faudrait sur le champ que je me l'amputasse !

Monsieur, je désirerais que vous me guillotinassiez !

J'eusse été fâché que vous m'imputassiez cette connerie !

Et que fallait-il donc, Zaïre, que je fisse ?

Rodrigue, qui l'eût cru ?

Chimène, qui l'eût dit ?

Réponses : Edmond Rostand dans *Cyrano de Bergerac*, Gérard de Nerval, Jacques de Lacretelle, Racine, Corneille, dans *Le Cid*.

Le subjonctif imparfait, qui selon Raymond Queneau dans *Bâtons, chiffres et lettres,* est à la fois un cadavre et un survivant, a ses supporters :

> *Les que je susse, que je visse, n'ont pas résisté aux plaisanteries les plus élémentaires et l'enseignement officiel a même éliminé ce malheureux temps… Il s'impose encore non seulement pour les livres, mais pour les journaux. Comme le passé simple, il n'a qu'une existence littéraire. Mais il ne faudrait pas en conclure que sa disparition y est prochaine…*

Il résiste d'autant mieux qu'il sait se rendre irremplaçable. Moins pour cause de correction de la langue que par intérêt : il offre des formulations souvent brèves et qui peuvent dépanner : les *dussè-je, fût-ce, fût-il…*

Il n'est pas plus ridicule de se servir de l'imparfait du subjonctif que de dire « je fus ». Parole de journaliste ! Et pas n'importe lequel ! Jules Renard.

Pourtant la tolérance actuelle est grande qui permet d'utiliser presque en toute situation le subjonctif présent, même après une principale au conditionnel :

> Il faudrait qu'il vienne/qu'il vînt.

Vous n'entendrez plus souvent dire en revanche : Je l'aurais attrapé si je l'eusse su !

Vous hésitez encore entre indicatif et subjonctif ?

À la lecture des exemples suivants, pouvez-vous déduire la règle ?

Je crois que vous avez raison.

Je ne crois pas que vous ayez raison.

Je doute que vous ayez raison.

Croyez-vous que vous ayez raison ?

Je souhaite que vous ayez raison.

Je crains que vous n'ayez raison.

- Après les verbes ou locutions verbales exprimant une affirmation, le verbe de la proposition subordonnée se met à l'indicatif.
- Après ceux qui expriment une négation, une interrogation ou un doute, un désir, une crainte, une volonté… il se met au subjonctif.

Pour ce qui est des propositions subordonnées circonstancielles, tout dépend des outils conjonctifs utilisés : pour rappel

- l'indicatif s'emploie après **quand, lorsque, tandis que, comme, après que, dès que, depuis que, aussitôt que, parce que, vu que, attendu que, si.**
- le subjonctif après ou avec **avant que, pour que, afin que, de manière que, en sorte que, soit que, à condition que, à moins que, pour peu que, quoique, bien que, de peur que, sans que.**

Dans les propositions subordonnées relatives, on optera

- pour le mode indicatif, si l'antécédent du relatif présente un sens précis :

  Tu as acheté un livre qui me plaît.

- pour le mode subjonctif, s'il offre un sens vague :

  Donnez-moi, de grâce, un livre qui me plaise (un livre quelconque, susceptible de me plaire).

À vous de retrouver, selon les cas, le verbe de la principale ou celui de la subordonnée :

Je crains qu'il ne … (comprendre) pas bien.

J' … (espérer) qu'il viendrait.

On dit qu'il … (venir) le mois dernier.

Je m'étonne qu'il ne … (arriver) pas encore.

Je craignais qu'il ne… (se fâcher).

Je voudrais qu'il … (venir).

Réponses : comprenne / j'espérais / est venu, était venu / soit arrivé / se fâchât / vînt, vienne.

Prêts pour une analyse...

À votre stade d'apprentissage, deux thérapies sont en usage : l'analyse grammaticale et l'analyse logique. N'ayez crainte. Il ne s'agit pas d'une analyse au sens médical du terme…

Faut-il rappeler que le mot « analyse » venant du grec *analusis* signifie « décomposition du tout en ses parties » ce qui n'a rien de réjouissant, ou encore « résolution du message », objectif bien plus plaisant ?

L'analyse grammaticale est la décomposition d'une phrase en ses éléments grammaticaux (les dix sortes de mots, leurs caractéristiques particulières). Elle se double d'une analyse fonctionnelle : les fonctions des mots les uns par rapport aux autres.

Jadis, on faisait cela en couleur :

- le bleu pour la fonction sujet et ses apparentés (attribut, épithète, apposé) ;
- le rouge (sanguin) pour le verbe ;
- le vert pour le COD (ainsi que l'attribut du COD) ;
- le marron pour toutes les autres fonctions (COI, COS, CCM, CCm, etc.).

L'analyse logique est la décomposition d'une phrase en propositions. Une, deux ou plus…

Le « Lego® » de l'écriture

Tout le monde connaît le jeu de construction Lego®, pour l'avoir pratiqué dans son jeune âge, qu'on soit fille ou garçon.

La société créée par le Danois Ole Kirk Christiansen en 1932 a pour nom Lego®, mot caméléon, montage de *leg godt*, signifiant « joue bien ». La coïncidence est trop heureuse : savait-il, cet inventeur, qu'en latin, le verbe *lego* signifie « lire » ?

Le Lego® est un jeu et travail de montage, de réflexion ; on y imbrique les unes dans les autres les différentes briques, pièces d'un puzzle à deux dimensions, aux fins de créer ou reproduire un objet, une figure. Il en va de même des phrases.

L'analyse logique consiste en ce travail de décorticage des outils grammaticaux, tous montés ensemble, tous mis en relation les uns avec les autres, pour produire l'énoncé de notre pensée.

Pour la faire courte, comment faut-il analyser un mot ?

- **Pour un verbe**

  On doit donner son infinitif, son groupe, sa forme, son mode, son temps, sa personne et son nombre.

- **Pour un nom**

  On doit préciser s'il est commun ou propre, son genre, son nombre, et sa fonction dans la phrase.

- **Pour les déterminants**

  S'il s'agit de l'article : sa nature (définie ou indéfinie), son genre, son nombre, et sa fonction.

  S'il s'agit d'un adjectif : sa nature (qualificatif, possessif, démonstratif, indéfini), son genre, son nombre et sa fonction, sachant qu'un adjectif ne pourra être qu'épithète, apposé ou attribut.

- **Pour les pronoms**

  On donnera leur nature (personnel, possessif, démonstratif, indéfini, relatif, interrogatif), leur genre, leur nombre, leur fonction.

Comment faut-il analyser les mots ?

On attend vos réponses et dans le bon ordre, comme au tiercé. C'est juste une question d'habitude et de rigueur intellectuelle. Voici, pour vous exercer, un extrait du *Grand Meaulnes* d'Alain Fournier :

> *On a distribué les cahiers de compositions. Et, (pendant que Monsieur Seurel écrit au tableau l'énoncé des problèmes,) un silence imparfait s'établit, mêlé de conversations à voix basse, coupé de petits cris étouffés et de phrases (dont on ne dit que quelques mots pour effrayer son voisin)... Monsieur Seurel se retourne de temps en temps, en regardant tout le monde d'un air à la fois sévère et absent. Et ce remue-ménage cesse complètement une seconde, pour reprendre ensuite, tout doucement d'abord, comme un ronronnement.*

- **On** : pronom personnel indéfini, 3e personne, sujet du v. distribuer.
- **A distribué** : v. distribuer, 1er groupe, voix active, indicatif, p. composé, 3e p. sg.
- **Les** : article défini, déterminatif, m. pl., épithète du nom cahier.
- **Cahiers** : n. commun, m. pl., COD du v. distribuer.

- **Compositions** : n commun, f. pl., CDN cahiers.
- **Et** : particule de coordination.
- **Pendant que** : locution conjonctive, à valeur de temps.
- **Monsieur Seurel** : n. propre, sujet du v. écrire.
- **Écrit** : v. écrire, 3e groupe, voix active, indicatif, présent, 3e p. sg.
- **Au** : article contracté, venant de « à le ».
- **Tableau** : n. commun, m. sg, CCL du verbe écrire.
- **L'énoncé** : n. commun, m. sg, COD du verbe écrire.
- **Problèmes** : n. commun, m. pl. l, CDN énoncé.
- **Un** : article indéfini, sg., épithète du n. silence.
- **Silence** : n. commun, m. sg., sujet du v. s'établir.
- **Imparfait** : adjectif qualificatif, m. sg., épithète du nom silence.
- **S'établit** : v. s'établir, 2e groupe, voix pronominale, indicatif, présent, 3e p. sg.
- **Mêlé** : p. passé du v. mêler, m. sg., mis en apposition au nom silence.
- **Conversations** : n. commun, f. pl, complément de l'adjectif mêlé.
- **À voix basse** : CCm.
- **Coupé** : p. passé du v. couper, mis en apposition au nom silence.
- **De petits cris étouffés et de phrases** : CA du participe du v. couper.
- **Dont** : pronom relatif, ayant pour antécédent les noms cris et phrases, CDN mots.
- **Ne... que** : tournure restrictive.
- **Quelques** : adjectif indéfini, m. pl., épithètes du nom mots.
- **Mots** : n. commun, m. pl., COD du v. dire.
- **Effrayer** : v. du 1er groupe, voix active, infinitif, présent, CCB du v. dire.
- **Son** : adjectif possessif, m. sg., épithète du nom voisin.
- **Voisin** : n. commun, m. sg., COD du v. effrayer.

Analysez à présent la nature et la fonction des deux propositions présentées entre parenthèses :

- Proposition subordonnée de temps, introduite par l'outil subordonnant *pendant que.*
- Proposition subordonnée relative introduite par le pronom relatif *dont,* ayant pour antécédent le nom phrases.

Ensuite, comment faut-il analyser une phrase ?

Selon un protocole très simple mais toujours rigoureux :

- On apprend à souligner les verbes, pour savoir à combien de propositions on a affaire et connaître leur nature.
- On encadre ensuite les outils subordonnants pour analyser la ou les nuances qu'offre la phrase, qu'elle soit simple ou plus complexe.
- On fait mieux ainsi ressortir la phrase principale et les subordonnées plus accessoires.
- On étudie alors les relations entre les mots, les fonctions des uns par rapport aux autres.

Cette analyse permet de retrouver le ciment qui fait que tous ces mots, mis à la suite les uns des autres, font sens, pour garder la métaphore de la construction, ou plutôt la mayonnaise qui fait que le tout se tient et a un goût…

Voyons cela sur un exemple. Quoi de mieux qu'une bonne période oratoire ! Nous emprunterons à Cicéron, passé ès maître dans cet art, un passage de son Discours du *Pro Archia* – rassurez-vous en traduction française :

> *[De peur qu'il ne paraisse étonnant à l'un d'entre vous][que moi dans une action régulière, [quand l'affaire est traitée devant le préteur du peuple romain], j'emploie un genre d'éloquence] [qui s'écarte non seulement de l'usage des tribunaux, mais encore du style du forum], je réclame de vous [que dans pareille conjoncture vous m'accordiez cette faveur, appropriée à cet accusé, et pour vous, [à ce que j'espère], non importune, [à savoir que moi, plaidant pour un poète éminent, vous me laissiez, à propos d'un personnage d'une espèce [telle qu'elle n'a guère été mise en question dans les tribunaux], employer un genre d'éloquence quelque peu neuf et inusité].*

Avez-vous pensé à mettre des petits crochets, pour mieux suivre de près la composition ?

Vous avez repéré :

- une subordonnée conjonctive de but (finale), introduite par « *de peur que* »
- une subordonnée conjonctive objet, introduite par *que*
- une subordonnée conjonctive de temps introduite par *quand*
- une subordonnée relative « *qui* s'écarte… forum »

- une subordonnée conjonctive objet introduite par *que*
- une proposition subordonnée de comparaison « à ce que j'espère »
- une proposition conjonctive explicative introduite par *à savoir que*
- une proposition subordonnée de conséquence introduite par *telle que*…
- une proposition subordonnée infinitive « moi employer un genre… ».

Au milieu de cette composition savante, avez-vous aperçu la proposition principale ? Un indice : elle est centrale, au sens propre comme au sens figuré : *je réclame de vous.*

Après avoir passé cet extrait au crible de votre perspicacité, vous comprendrez mieux que ce type de phrase, multipliant les effets d'annonce et d'attente, joue par la même occasion sur nos nerfs. C'est un exemple complexe d'analyse de phrase. On n'en fait guère plus des comme cela, si cela peut vous tranquilliser.

Cinquième partie

La partie des Dix

Dans cette partie…

Comment faire place en cette fin de manuel à d'autres nouveautés ? Sur qui ou quoi encore se pencher pour vous entretenir de cette grammaire, matière inépuisable ?

Il paraît utile de consacrer un chapitre aux grammairiens et linguistes qui ont marqué les deux derniers siècles, avant de vous faire passer sous les fourches caudines de quelques dictées qui devraient vous paraître aisées, à ce stade de votre initiation.

Je reviendrai pour la forme sur quelques verbes usuels, et pourtant toujours aussi difficiles à manier. Vous pourrez de votre côté ouvrir un cahier de doléances à l'égard de l'orthographe et de ses nombreux pièges. Et si on réformait tout cela ? Comme vous le savez, nous sommes bien plus conservateurs que nous ne sommes prêts à l'avouer. Et toucher aux acquis, même ceux que l'on n'a pas toujours, pourrait nous mener à une révolution « linguistique ». Y êtes-vous prêts ?

Je vous proposerai d'identifier, au milieu d'incorrections diverses, les formes correctes. Avant de se quitter, une dernière fiche s'impose, la carte d'identité de la grammaire, en quelques chiffres… et surtout en quelques lettres, pour que la boucle soit bouclée.

Et pour la fin, je vous ai réservé une surprise : les termes « définitionnels » de la grammaire vous sembleront, comme par enchantement, plus agréables et ludiques.

Chapitre 17

Dix grands noms de grammairiens, linguistes et amateurs de langue française

Dans ce chapitre :

- Des noms qui ont fait carrière, en la matière !

Sans vouloir porter atteinte à la réputation des plus anciens grammairiens déjà cités dans la première partie, tels un Varron, un Denys d'Halicarnasse, un Quintilien, nous avons pensé qu'il valait mieux rendre ici hommage à des grammairiens ou linguistes qui nous sont plus proches dans le temps. Bien sûr, il aurait fallu parler plus longuement de **Vaugelas,** Claude Favre pour les intimes, (1585-1650), l'un des grammairiens ayant eu le plus d'influence sur la langue au XVIIe siècle, avec ses *Remarques sur la langue française* (1647) – avec pour seul mot d'ordre le « bon usage » –, de **Donat** et même de **Boileau.**

En ce début de XXIe siècle, nous avons choisi dix personnalités et élu dix noms qui nous paraissent avoir compté pour la langue française, avant-hier et aujourd'hui même encore.

Ferdinand de Saussure, un monsieur qui se joue des Signes !

Ce linguiste suisse, né à Genève en 1857, se consacre très tôt à la philologie qu'il étudie en Allemagne, à Leipzig puis à Berlin. Parti de l'étude des langues indo-européennes, il élabore très vite, à l'occasion d'un cours de linguistique, une théorie d'ensemble sur le langage. Cet homme à qui on doit la véritable naissance de la science linguistique, n'a rien écrit ni publié. Deux de ses élèves, devenus professeurs, se chargèrent de rassembler leurs notes de cours et de faire paraître en 1922 sous le nom de *Cours de linguistique générale*, quelques années après la mort du maître, ce qui aurait pu s'appeler les « Écrits de Saussure ».

Saussure est d'abord le premier à se poser la bonne question : Qu'est-ce que le langage ? – en l'opposant dans un premier temps à la langue. Le langage est cette capacité générale qu'ont les hommes de pouvoir s'exprimer au moyen de signes, alors que la langue représente en soi un ensemble de signes donnés auxquels toute communauté peut recourir *hic et nunc*. Saussure a même été jusqu'à comparer la langue à une partie d'échecs. Tous les signes linguistiques n'ont qu'une valeur toute relative. Aucune pièce de jeu donc ne représente quelque chose en soi : elle n'a de valeur que dans son rapport aux autres pièces.

Plus subtile encore est la différence entre le langage et la parole. Alors que la parole est l'utilisation concrète de signes linguistiques dans un contexte donné (dimension individuelle), le langage reste un système de signes dont la signification dépend de la seule structure d'ensemble (dimension sociale).

C'est à Ferdinand de Saussure, que tous les jeunes élèves de collège doivent la dichotomie entre « signifié » et « signifiant. », le **signifié** étant la représentation mentale que l'on se fait d'une chose, le concept ou sens du mot, et le **signifiant**, la façon concrète de la traduire, son image graphique ou acoustique en quelque sorte. Dans un dialogue de Platon, au titre éponyme, Cratyle déjà s'interrogeait sur la conformité entre le mot et la chose.

Mais pour Ferdinand de Saussure, vous l'avez compris, le mot « chien » n'a jamais mordu personne. Pas encore, en tout cas.

Maurice Grevisse surnommé « le Vaugelas du XXe siècle »

Né en 1895, de nationalité belge, Maurice Grevisse, fils d'une couturière et d'un forgeron, était promis au grand avenir de repreneur de la forge paternelle de Rulles, si une gentille fée ne l'avait rendu doué en orthographe, ce qui le décida à embrasser une carrière d'instituteur.

Sur le tard, il se décide à apprendre par lui-même le latin et le grec dont il tombe éperdument amoureux. Comment pouvait-il en être autrement ? Inscrit aux cours de philologie classique à l'université de Liège, il obtient à l'âge de trente ans le grade de docteur en philosophie et lettres. Nommé à l'École royale des Cadets en 1927, il y enseigne le latin, le grec puis le français jusqu'à la fin de sa carrière.

Ce grammairien et pédagogue est surtout aussi l'auteur de nombreux manuels reconnus pour l'enseignement secondaire, qui font encore autorité dans tous les pays francophones en matière de grammaire et de philologie. Un titre, s'il n'en faut citer qu'un, *Le Bon usage*, volumineux ouvrage de 1 519 pages, dont la première édition remonte à 1936.

Les plus grands grammairiens et écrivains de l'époque, dont André Gide, Hervé Bazin et Henri Troyat saluèrent sur le mode de l'éloge ce travail minutieux. On fêtait encore en 2007 la douzième réédition de ce conséquent travail, qui propose un vaste programme grammatical.

Depuis sa mort, son gendre André Goosse tient les rênes de l'entreprise Grevisse. Pas d'inquiétude à avoir !

Jacques Damourette et Édouard Pichon, ou comment on fait de la grammaire une affaire de famille !

Jacques Damourette, l'oncle, et son jeune neveu Édouard Pichon avaient une passion commune pour le langage. Ils cosignèrent un monumental ouvrage de grammaire en 7 volumes, se faisant fort de décrire de manière exhaustive l'état de la langue française entre 1911 et 1940.

Le titre en était : *Des Mots à la pensée.* Leur ouvrage allait totalement à contre-courant de ce qui se faisait de mieux à l'époque, dans la mesure où pour eux, il faut partir du langage pour aller à l'idée et non l'inverse.

Ces deux hommes, aux destins contrariés – Damourette fut empêché par la maladie de devenir architecte, Pichon, contrarié par ses parents, étudia la médecine, alors qu'il ne rêvait que de mots et de grammaire – se retrouvèrent dans leur amour des mots.

Les tout récents séminaires qui viennent d'être consacrés à ces deux Bourguignons, en septembre et octobre 2010, témoignent de l'intérêt qu'on leur porte encore de nos jours. Il faut dire que ces deux sociolinguistes de haut vol forment un singulier exemple de monstre bicéphale.
Le psychanalyste Lacan rendit un vibrant hommage à cette grammaire géniale – entre autres à leur étude sur la négation. Attention, de la grammaire à l'inconscient… il n'y a parfois qu'un pas !

Édouard Bled et Colette Bled : les Pierre et Marie Curie de la grammaire

Édouard Bled, né en 1899, jeune instituteur en poste à Paris, rencontre en 1930 une jeune normalienne, Odette Berny. De leur union naîtra un manuel d'exercices orthographiques et grammaticaux qui fut utilisé dans les écoles françaises du début du siècle dernier, au point de devenir l'ouvrage de référence en la matière.

Forts de l'observation qu'ils avaient pu faire au cours de leur longue carrière des difficultés que rencontraient leurs élèves, ils trouvèrent la parade et rédigèrent un manuel simple et clair, proposant des exercices d'entraînement à trous.

La première édition en 1946, aux éditions Hachette, rencontre un succès immédiat qui ne se démentira pas : presque 20 millions d'exemplaires vendus et de constantes rééditions. Qui d'entre nous n'a pas un jour ou l'autre pris son *Bled* pour y faire quelques exercices du soir ? Aujourd'hui encore, le *Bled* est utilisé dans de nombreuses écoles et a acquis, avec le *Bescherelle*, le titre d'« incontournable » de la langue française.

Le couple à la retraite poursuivit sa mission pédagogique pour la défense de la langue française en affirmant ses positions contre la réforme de l'orthographe et en publiant un *Cours d'orthographe* et un *Dictionnaire orthographique*.

Ils ont beau nous avoir quittés, en 1991 et 1996, ils sont encore parmi nous, même si certains se sont empressés de critiquer leur méthode d'apprentissage, davantage fondée sur la simple répétition d'exercices, que sur une réelle réflexion d'ensemble.

La série O.R.T.H. de Jean Guion, aux éditions Nathan, a repris le flambeau. Il y manque juste l'odeur de l'encre et du bruit de la plume Sergent-Major dans les encriers de porcelaine…

Émile Benveniste : à chacun ses Problèmes…

Et les siens sont d'ordre linguistique ! Cet ancien élève d'Antoine Meillet est connu pour être à la fois un comparatiste des langues indo-européennes et un linguiste hors pair. Il a produit aux éditions Gallimard deux types d'ouvrages : une *Grammaire comparée des langues indo-européennes* et des *Problèmes de linguistique générale I*, en 1966, *et II*, 1974.

C'est tout d'abord à l'École pratique des hautes études qu'il prodigue son savoir puis au Collège de France de 1937 jusqu'en 1970. Heureux homme qui porte une double casquette et mérite à double titre de figurer ici : en tant que grammairien et en tant que linguiste.

> «*Le langage reproduit le monde, mais en le soumettant à son organisation propre.*»

Toute la théorie d'Émile Benveniste consiste à montrer comment l'homme s'inscrit dans la langue. Pat exemple, il fait une différence entre deux énoncés comme :

- Socrate est un humain.
- Je suis une femme.

Le premier énoncé est d'ordre cognitif quand le second est d'ordre énonciatif. Il dépend de la personne qui le produit. Ainsi veut-il distinguer ce qui dans la langue est de statut plein et permanent et ce qui dépend du seul individu. Il montrera ainsi l'importance du «je» et du «*hic et nunc*» (ici et maintenant) dans l'élaboration et la retranscription d'une pensée.

Dans la mouvance de Ferdinand de Saussure, Émile, aussi, assure, en reformulant la question du sens. D'un côté existe une linguistique de la langue, s'intéressant aux codes et aux unités de sens et de l'autre une linguistique de l'énonciation, avant tout soucieuse du discours et dont l'unité est la phrase. L'homme est ici au cœur de l'expression.

Roman Ossipovitch Jakobson, tout un schéma !

Ce penseur russe (1896-1982, naturalisé américain, s'est intéressé dans son ouvrage majeur *Essais de linguistique générale*, traduction française, 1963), à une analyse structurelle du langage, fondée non pas sur l'histoire des mots et de leur développement dans le temps mais sur la seule structure interne du langage comme outil de communication.

Son maître mot : «*Le langage doit être étudié dans toutes ses fonctions*».

Celles-ci seront au nombre de 6, d'après le schéma qu'il en donne :

1. le message : fonction expressive
2. le destinateur : fonction conative
3. le destinataire : fonction phatique
4. le contexte : fonction référentielle

5. le code commun aux deux partenaires : fonction métalinguistique
6. le contact physique ou psychologique : fonction poétique

Tout ceci est bien abstrait. Que faut-il en retenir ? Dans toute communication (échange de mots), il y a deux pôles : un destinateur 2 et un destinataire 3. Entre eux passe un message 1, toujours codé 5, nécessairement en rapport avec le contexte linguistique extérieur 4, qui s'appuie toujours sur une expression formelle (qu'elle soit orale ou écrite) 6, la seule qui importe.

C'est plus clair ainsi, non ? Un « sixté » dans le désordre, en somme…

Robert-Léon Wagner et Jacqueline Pinchon, des duettistes réédités

Robert-Léon Wagner (1905-1982), agrégé de grammaire et docteur ès lettres, se consacra, après plusieurs années d'enseignement dans le secondaire puis dans le supérieur, à la rédaction d'articles sur la langue, au sens large du terme.

Avec Jacqueline Pinchon, sa cadette, il publie en 1962 une *Grammaire du français classique et moderne,* qui fait date. Il s'agit d'un ouvrage de grammaire analytique et descriptive qui s'intéresse aux anciennes parties du discours et analyse les mécanismes de langue, mettant à chaque fois le mot étudié en rapport avec le contexte. Par exemple, une forme verbale n'existe pas en soi-même, mais au regard de toute sa catégorie. On voit là l'influence de son maître, Gustave Guillaume, dont l'ouvrage le plus connu reste *Temps et verbe.*

Il a toujours voulu associer la linguistique au sanctuaire normatif de la grammaire. Il s'appliquera encore à répertorier les structures du français pendant trois siècles de son histoire. Cette grammaire proche de nous est tout sauf dépassée : déjà révisée en 1992, elle vient même d'être rééditée en 2010 chez Hachette Université.

On connaît encore le vif intérêt que porta cet amoureux des mots à la langue : en 1980, il publie, à la demande de ses disciples et amis, des *Essais de linguistique générale,* sous la forme de 20 articles (écrits entre 1958 et 1975) couvrant un champ de recherche très diversifié : le langage, la grammaire, le vocabulaire et le ou les styles.

« *Chez lui, il n'y a mot, style, grammaire qui ne soit d'abord usage avant d'être modèle* » écrit Maurice Tournier. En ce sens, Robert-Léon Wagner est venu bouleverser la longue tradition des linguistes d'antan. Jacqueline Pinchon se consacre toujours à l'étude de la syntaxe. Les pronoms adverbiaux *en* et *y* n'ont plus de secrets pour elle. Et pour vous ?

Noam Chomsky, le père de la grammaire générativiste

Cet intellectuel de 83 ans, aux idées radicales, a récemment donné à Paris une série de conférences polémiques. Philosophe du langage, né à Philadelphie, il a enseigné toute sa vie au Massachusetts Institute of Technology.

On le considère comme l'un des pères de la révolution cognitive. Fondateur et animateur d'une approche dite générativiste de la langue, Noam Chomsky est à l'initiative d'une des tentatives les plus marquantes du XXe siècle pour approcher de manière globale le langage humain : avec lui, grammaire, phonologie et sémantique ont partie liée.

Le langage est une compétence innée, spécifique aux humains, qui permet le fonctionnement de la pensée. En 1957, dans son essai *Syntactic structures*, il cherche à mettre en place les règles universelles de la syntaxe. La fonction première du langage n'est pas tant la communication que le maniement de la pensée. Pour lui donc le langage est un phénomène mental, un savoir-faire mis en œuvre spontanément par tout locuteur pour produire des phrases.

Il postule encore qu'existe une grammaire universelle, un système préétabli de principes, de conditions et de règles qui sont des propriétés de toutes les langues humaines. À ce titre, la grammaire devient bien « l'essence du genre humain ».

Claude Hagège, plus brillant linguiste, tu meurs !

À lui seul, le dernier ouvrage de Claude Hagège, paru aux éditions Plon, sous le titre de *Dictionnaire amoureux des langues*, suffirait à expliquer pourquoi nous ne pouvions manquer de faire figurer cet éminent linguiste parmi les figures de notre temps.

Né dans une famille à la double tradition, juive et chrétienne, Hagège a fait de brillantes études au lycée Carnot de Tunis qui l'ont conduit, après l'obtention de son bac, au lycée Louis-le-Grand en classes préparatoires littéraires puis à l'École normale supérieure.

À partir de là, Claude Hagège n'aura de cesse de se cultiver dans diverses langues : l'arabe, l'hébreu, le russe, le chinois, jusqu'aux dialectes les plus rares, dont il fera le socle de ses recherches avant de devenir directeur d'études en linguistique structurale à l'École pratique des hautes études en

1977, et professeur titulaire de la chaire de Théorie Linguistique au Collège de France en 1982.

À son actif, tant de publications qui ont toutes pour objet la structure de la langue, ou plutôt des langues… Car Claude Hagège, « L'homme de paroles », et ce n'est pas son seul mérite, est aussi un comparatiste hors pair, admirateur de la beauté des langues. Claude Hagège, homme-orchestre, ou quand la grammaire se démultiplie !

Un Pivot, ça vous dit ?

Bernard Pivot, fils d'épicier, né en 1935, a su intéresser la France entière à la langue française et à la littérature. Dès avril 1973, il propose une émission au titre précurseur « *Ouvrez les guillemets* ». Mais c'est surtout *Apostrophes* qui le fait connaître du grand public. Chaque vendredi soir, à 21 h 30 puis à 22 h 20 sur Antenne 2, il reçoit des écrivains, plus ou moins connus, de tous horizons, entre 1975 et 1990.

Mais Bernard Pivot est aussi Monsieur Dictée, comme d'autres sont Monsieur Cinéma. Il met la France entière au travail, suscitant un réel engouement, aussi bien auprès des anciens que des plus jeunes, pour cet exercice périlleux qu'est la dictée. Avec la complicité de Micheline Sommant, il concocte, comme d'autres des petits plats, de longues dictées, à deux vitesses, pour les *Dicos d'or.*

Peut-être avez-vous eu un jour l'occasion de vous prêter à ce sport, devenu grâce à lui un phénomène de société. Dès 1988, le monde entier participait à cette épreuve. Et les gagnants n'étaient pas toujours des Français. Fin 2001, son émission, *Bouillon de culture*, autre appétissante mixture culturelle, prenait fin. Consécration suprême, Bernard Pivot entrait, en 2004, à l'Académie… Goncourt !

J'aurais aimé pouvoir parler des deux éminents linguistes, à cheval sur deux siècles, que furent **Antoine Meillet** (1866-1936) et **Jules Marouzeau** (1878-1964). Partis tous deux de l'étude de l'indo-européen, ils ont orienté leurs recherches, le premier vers la langue grecque et le second vers la langue latine, l'un en grammairien dans l'âme, l'autre en stylicien. Puissent hellénistes et latinistes d'aujourd'hui se souvenir encore et toujours de leur contribution à l'édifice de notre langue !

Chapitre 18

Tous à vos stylos rouges, c'est l'heure de la dictée !

Dans ce chapitre :

- Et une, et deux, et dix dictées…
- … avec les corrigés.

Sommeille forcément en chacun de nous, risquons le néologisme, un « orthographer », « orthographeur », prêt à faire du zèle pour corriger les fautes, surtout si ce sont celles des autres. Ainsi réviserez-vous les classiques conventions d'orthographe, dont l'exception, chacun le sait, constitue toujours la règle.

POUR LES PROS

Au fait, le saviez-vous ? Le terme orthographe, qui vient des deux racines grecques *ortho* et *graphein,* désignait autrefois « celui qui écrit droit ». La vraie science de l'écriture se nomme l'*orthographie,* à l'instar de la géographie (qui s'occupe du tracé de la terre), de l'orographie (qui montre le tracé des montagnes), etc.

En imaginant la petite annonce lapidaire que voici : *Maison de correction, recherche fautes d'orthographe,* Pierre Dac, avec l'humour qu'on lui connaît, affiche la couleur et nous mène sur la piste des redresseurs de tort. À vous de prendre le stylo rouge et de jouer au Zorro justicier.

Dictée 1. La pelote basque

À leur poignée droit, les joueurs attachent avec des lanières une étrange chose d'osier qui semble un grand ongle courbe leur alongant de moitiée l'avant bras : c'est avec se gant qu'il va falloir saisir, lanser et relancer la pelotte, un petite balle de corde serré et recouverte en peau de moutons, qui est dure comme une boule de bois… Et la partie commence, ô mélancolique soir. La balle, lancée à tour de bras ce met à volé, frape le mur a grands cous secs, puis rebondi et traverse l'air avec la vitesse d'un boulé.

Dictée 2. Le jour des étrennes

J'entend dans la pièce voisine les rires étouffer et la voie argentine de mon bébé qui frémi d'impatiance et demande à entré. « — Mais, petit-père, s'écrie-t-t-il, s'est le bébé, c'est le petit ami qui vient pour la bone année. — Entres, mon bon chéri ; viens vite nous embrasser. »
La porte s'ouvre, et mon garcon, les bras en l'air, l'oeuil brillant, se précipitte vers le lit. Son bonnet de nuit, qui emprisone sa tête blonde, laisse échapé deux longues boucles, qui lui tombe sûr le front. Sa grande chemise flotante, qui embarasse ces petits pieds, augmente son impatience et le fait trébucher a chaque pas.

Dictée 3. Jeux de chat

L'ombre des pigeons tournoye, énorme, sur le mur tiéde de la maison et éveil, d'un coup d'évantail, Nonoche qui dormait dans sa corbeille. Son poêle a senti passé l'ombre d'un oiso ! Enne ne sait pas bien ce qui lui arrive…
Elle s'écarte, creuse le vantre avant de se levé pour que son fils ne s'éveille pas. Puis elle bombe un dos de dromadère, s'assied et baille, en montrant les stries fines d'un palais trois fois taché de noir… Assise, elle gonffle un jabot éclatant, coloré d'orange, de noir et de blanc, comme un plumage d'oiseau rare.

Dictée 4. Les vieux marins

On les voient qui se chauffe sur les bans de pierres. Ont les entend qui parlent de navigations passées. On les reconnaît à leurs mains et à leur visage, ridé, tanné, bruni, séché par les vents, les zembruns, les fatigues…
La mer, ils l'ont parcouru dans tous les sens, ils la connaisse sous tous ces aspects.

Dictée 5. Le banquier Gobenheim

Ce jeune homme a visage livide, un de ces blonds aux yeux noirs dont le regard immobile a je ne sais quoi de fassinant, aussi sobre dans sa parole que dans le vivre, vètu de noir, maigre comme un ftisique mais vigoureusement charpenté, cultivait la famille de son ancien patron, et la maison de son caissier, beaucoup moins par affection que par calcul ; on y jouait le wist à deux sous la fiche, une mise soigné n'été pas de rigueur ; il n'acceptait que des verres d'eaux sucrées, et n'avait nule politesse à rendre en échange.

Dictée 6. À l'auberge

Le billard retantissait d'éclat de rire ; trois meuniers dans la salle d'attente appelait pour qu'on apporta de l'eau-de-vie… Sur la longue table de la cuisine s'élevait des piles d'assiette qui tremblaient au secousses du billot ou l'on hachait les épinards. On entendaient dans la basse cour crier les volailles que la servante poursuivait pour leur couper le cou.

Dictée 7. Le chien

Le chien indépendemment de la beauté de la forme, de la vivassitée, de la force, de la légèreté, a par exellence toutes les qualités intérieures qui peuvent lui attirer les regards de l'homme. Un naturel ardant, colèreux, même féroce et sanginaire, rend le chien sauvage redoutable à tous les animaux, et s'aide dans le chien domestique au sentiment les plus doux, au plaisir de s'attacher et au désir de plaire… il est tout zèle, toute ardeur et toute obéissance.

Dictée 8. Les laboureurs

Le vieux laboureur travaillait lentement, en silence, sans effort inutil. Son docile atelage ne se pressait pas plus que lui ; mais grace à la continuité d'un labeur sans discrétion et d'une dépense de forces éprouvée et continue, son sillon était aussi vite cresé que celui de son fils qui mené, à quelques distance, quatres beux moins robustes dans une veine de terre plus forte et plus pierreuses.

Dictée 9. Au palais d'Eldorado

Candide et Cacambo montent en carosse ; et en moins de quatre heures on arrivat au palais du roi, situé à un bout de la capitale. Le portail était de deux cents vingt pieds de haut et de cent de large ; il est impossible d'esprimer qu'elle en était la matière. On voit assez qu'elle supériorité elle devez avoir sur ses cailloux et sur le sable que nous nommons ors et piereries.

Dictée 10. Les bons livres

Quant ils sont jeunes, les enfants n'attache pa beaucoup d'inportance a la possesion des livres qu'ils ont obtenu dans les distribution de pris ; ils ni voient guère que l'attestation de leur travaus trimestriels où de leur succès dans les compositions générales.

Un livre, sait plus que cela : c'est un instrument précieux pour qui s'est le mètre en œuvre. Dans un bon livre un home intelligeant est studieux trouve de salutaires directions pour sa conduite et des secours efficasses dans l'exercice de la profétion qu'il a choisi. Les livres sont des amis peu exigeants : si on les délaisse momentanemment, ils ne récriminent poing ; si on réclame leur assistence après un abandon prolongé, ils sont toujour près à répondre au premier appelle. Au moyen du livre, on n'est citoyen de tous les temps et de tout les pays : on vit avec les grecs et les romains d'autres fois, on s'assied sous la tante des Arabes, on se promène dans les forèts vierges de l'Amérique, on parcoure les plaines glacés de la Sibérie.

Aimer les bons livres, jeunes gens, vous n'orez jamais des amis plus fidèles et plus dézintéressés.

Voici le corrigé explicatif des fautes commises dans la dernière dictée.

- **Quant/quand** : ne pas confondre l'outil subordonnant temporel « quand », issu du latin *quando* avec le « quant » de l'expression adverbiale « *quant à* » du latin *quantum ad* qui signifie « autant que cela intéresse ».
- **Attachent** : ne pas oublier l'accord : à sujet pluriel, verbe pluriel.
- **Pas** : particule de négation.
- **Importance** : faut-il le rappeler : on met toujours un « m » devant un « p » et un « b ».
- **À** : est ici préposition et non verbe auxiliaire, d'où l'accent.
- **Possession** : 2 fois deux s sinon on prononcerait *possezion.
- **Obtenus** : il faut faire l'accord du participe avec le COD placé devant l'auxiliaire « avoir »
- **Distributions** : ne pas rater l'accord du nom avec l'article pluriel.
- **Prix** : ne pas confondre l'orthographe du participe passé du verbe prendre (pris/prise) avec le nom commun « un prix ».
- **N'y** : ici il ne s'agissait pas de la particule négative « ni » mais de la particule négative « ne » élidée, suivie du pronom personnel y.
- **Leurs travaux** : attention, faute d'accord entre l'adjectif possessif et le groupe nominal. Revoir de plus le pluriel des mots en -ail.

- **Ou** : on attendait ici la particule marquant l'alternative et non le pronom relatif.
- **C'est** : il ne faut pas confondre le verbe savoir, « sait » à la 3e personne sg du présent de l'indicatif avec la tournure présentative de début de phrase. La ponctuation même empêchait de comprendre autrement que cela.
- **Sait** : ici au contraire le verbe savoir est de bon aloi et non une tournure réfléchie qui n'aurait pas de sujet.
- **Mettre** : ici il s'agissait du v. « mettre » et non du nom « mètre », l'organe de mesure.
- **Homme** : nous sommes en français. Rien à voir avec le mot anglais « home ».
- **Intelligent** : l'orthographe de cet adjectif remonte au participe présent d'un verbe latin : *intelligens/tis* (qui comprend).
- **Et** : il ne s'agissait pas du verbe « être » conjugué mais de la particule de coordination, reliant ici les deux adjectifs.
- **Profession** : il existe de nombreux mots homophones en (-sion) : leur orthographe est variée : ceux en -tion et ceux en -(s)sion. La raison en est simple : il s'agit d'un double traitement phonétique des supins en *-tum* du latin ou des noms en *-tio* : tion, ou (s)sion. Ici, le terme profession vient du latin *pro-fessum.*
- **Choisie** : encore une révision de la règle d'accord de l'accord du participe avec un COD placé devant l'auxiliaire avoir.
- **Momentanément** : en l'absence de cet accent, l'adverbe se prononcerait *momentaneument.
- **Point** : deuxième partie du morphème discontinu de la négation. Pas de coup de poing ici !
- **Toujours** : cet adverbe temporel provenant de l'amalgame de tous (les) jours, garde un *-s* final.
- **Prêts** : adjectif et non l'adverbe « près ».
- **Appel** : ne pas confondre le nom et le verbe appeler, à la 3e personne de l'indicatif présent.
- **Naît** : ne pas confondre la particule négative *ne,* élidée devant l'auxiliaire être, avec le verbe naître. Question de sens ici. On ne naît pas femme, on le devient…
- **Tous les pays** : revoir la règle d'emploi de l'adjectif indéfini au pluriel.
- **Grecs et Romains** : ne jamais oublier d'employer la majuscule pour les noms de peuples. Respect oblige, surtout pour ces vénérés ancêtres, à qui on doit tant et tant.

- **Autrefois** : en un mot, de *autre* et *fois*…
- **Tente** : Ne pas confondre, *in situ* dans le contexte, une tente (abri provisoire en toile) et une tante (membre de la famille).
- **Forêts** : la présence de l'accent circonflexe s'explique ici par la chute d'un *s* ancien, qu'on retrouve par exemple dans l'adjectif forestier ou le nom déforestation.
- **Parcourt** : revoir la conjugaison de ce verbe du 3e groupe, qui n'est autre qu'un composé du verbe courir (partout!).
- **Glacées** : pensez à l'accord nom et adjectif.
- **Aimez** : il est vrai que souvent l'infinitif s'emploie aussi pour signifier un ordre. Dans des recettes de cuisine par exemple…
- **N'aurez** : il s'agissait ici de ne pas se tromper grossièrement sur le verbe employé : avoir au futur de l'indicatif, 2e personne du pluriel.
- **D'**(amis) : préférez ici l'article élidé.
- **Désintéressés** : tout «*s*» placé entre deux voyelles se prononce «z».

Voici à présent les corrigés des autres dictées :

Dictée 1. La pelote basque

À leur poignet droit, les joueurs attachent avec des lanières une étrange chose d'osier qui semble un grand ongle courbe leur allongeant de moitié l'avant-bras : c'est avec ce gant qu'il va falloir saisir, lancer et relancer la pelote, une petite balle de corde serrée et recouverte en peau de mouton, qui est dure comme une boule de bois… Et la partie commence, au mélancolique soir. La balle, lancée à tour de bras, se met à voler, frappe le mur à grands coups secs, puis rebondit et traverse l'air avec la vitesse d'un boulet.

Pierre Loti, *Ramuntcho*

Dictée 2. Le jour des étrennes

J'entends dans la pièce voisine les rires étouffés et la voix argentine de mon bébé qui frémit d'impatience et demande à entrer. «— Mais, petit-père, s'écrie-t-il, c'est le bébé, c'est le petit ami qui vient pour la bonne année.
— Entre, mon bon chéri; viens vite nous embrasser.»
La porte s'ouvre, et mon garçon, les bras en l'air, l'œil brillant, se précipite vers le lit. Son bonnet de nuit, qui emprisonne sa tête blonde, laisse échapper deux longues boucles, qui lui tombent sur le front. Sa grande chemise flottante, qui embarrasse ses petits pieds, augmente son impatience et le fait trébucher à chaque pas.

G. Droz, *Monsieur, Madame et bébé*

Dictée 3. Jeux de chat

L'ombre des pigeons tournoie, énorme, sur le mur tiède de la maison et éveille, d'un coup d'éventail, Nonoche qui dormait dans sa corbeille. Son poil a senti passer l'ombre d'un oiseau ! Elle ne sait pas bien ce qui lui arrive… Elle s'écarte, creuse le ventre avant de se lever pour que son fils ne s'éveille pas. Puis elle bombe un dos de dromadaire, s'assied et bâille, en montrant les stries fines d'un palais trois fois taché de noir… Assise, elle gonfle un jabot éclatant, coloré d'orange, de noir et de blanc, comme un plumage d'oiseau rare.

Colette, *Les Vrilles de la vigne*

Dictée 4. Les vieux marins

On les voit qui se chauffent sur les bancs de pierre. On les entend qui parlent de navigations passées. On les reconnaît à leurs mains et à leur visage, ridé, tanné, bruni, séché par les vents, les embruns, les fatigues… La mer, ils l'ont parcourue dans tous les sens, ils la connaissent sous tous ses aspects.

Guy de Maupassant, *Sur l'Eau*

Dictée 5. Le banquier Gobenheim

Ce jeune homme à visage livide, un de ces blonds aux yeux noirs dont le regard immobile a je ne sais quoi de fascinant, aussi sobre dans sa parole que dans le vivre, vêtu de noir, maigre comme un phtisique mais vigoureusement charpenté cultivait la famille de son ancien patron, et la maison de son caissier, beaucoup moins par affection que par calcul ; on y jouait le whist à deux sous la fiche, une mise soignée n'était pas de rigueur ; il n'acceptait que des verres d'eau sucrée, et n'avait nulle politesse à rendre en échange.

Balzac, *Modeste Mignon*

Dictée 6. À l'auberge

Le billard retentissait d'éclats de rire ; trois meuniers dans la salle d'attente appelaient pour qu'on apportât de l'eau de vie… Sur la longue table de la cuisine s'élevaient des piles d'assiettes qui tremblaient aux secousses du billot où l'on hachait les épinards. On entendait dans la basse-cour crier les volailles que la servante poursuivait pour leur couper le cou.

Flaubert, *Madame Bovary*

Dictée 7. Le chien

Le chien indépendamment de la beauté de la forme, de la vivacité, de la force, de la légèreté, a par excellence toutes les qualités intérieures qui peuvent lui attirer les regards de l'homme. Un naturel ardent, même féroce et sanguinaire, rend le chien sauvage redoutable à tous les animaux, et cède dans le chien domestique aux sentiments les plus doux, au plaisir de s'attacher et au désir de plaire… il est tout zèle, toute ardeur et toute obéissance.

Buffon, *Histoires naturelles*

Dictée 8. Les laboureurs

Le vieux laboureur travaillait lentement, en silence, sans effort inutile. Son docile attelage ne se pressait pas plus que lui ; mais grâce à la continuité d'un labeur sans discrétion et d'une dépense de forces éprouvée et continue, son sillon était aussi vite creusé que celui de son fils qui menait, à quelque distance, quatre bœufs moins robustes dans une veine de terre plus forte et plus pierreuse.

George Sand, *La Mare au diable*

Dictée 9. Au palais d'Eldorado

Candide et Cacambo montent en carrosse et en moins de quatre heures on arriva au palais du roi, situé à un bout de la capitale. Le portail était de deux cent vingt pieds de haut et de cent de large ; il est impossible d'exprimer quelle en était la matière. On voit assez quelle supériorité elle devait avoir sur ces cailloux et sur le sable que nous nommons or et pierreries.

Voltaire, *Candide*

Si cela peut vous consoler, sachez qu' « *Un livre sans fautes est une chimère* », comme l'a écrit Chatelet !

Chapitre 19

Dix verbes irréguliers à réviser, façon puzzle…

Dans ce chapitre :

- Dix verbes à réviser, pour l'essentiel…

On appelle verbes réguliers tous les verbes qui gardent le même radical tout au long de leur conjugaison, et y ajoutent les désinences indiquées plus haut. Malheureusement, il existe aussi bien des verbes irréguliers : un verbe comme **recevoir** changera de radical : reç/recev. Et là ne sera pas le seul désagrément !

Voici les dix verbes que nous avons choisi de vous présenter sous forme d'exercices à trous :

Aller

Ce verbe est une véritable terreur pour les étrangers qui apprennent le français. Il présente 3 radicaux différents : je vais, j'irai, nous allons. La raison en est simple : il provient de 3 verbes latins différents : *vadere, ire* et *allare* (en bas latin).

Je vais, j'allais, j'allai, j'irai, je suis allé, j'étais allé, je serai allé

Que j'aille, que j'allasse, que je sois allé, que je fusse allé

J'irais, je serais allé

Aller, être allé

Allant

À vous de faire de même pour les suivants :

Acquérir

J'acquiers, … , j'acquerrai, j'acquis, j'ai acquis, j'avais acquis, j'aurai acquis

Que j'acquière, que … , que j'aie acquis, que j'eusse acquis

… , j'aurais acquis

Acquérir, avoir acquis

Acquérant

Bouillir

Je bous, je bouillais, … , je bouillis, j'ai bouilli, …, j'aurai bouilli

Que je … , que je bouillisse, que j'aie bouilli, que j'…

Je … , j'aurais bouilli

Bouillir, avoir bouilli

Bouillant

Devoir

Je dois, je devais, je … , je dus, j'… , j'avais dû, j'aurai dû

Que je … , que je dusse, que j'aie dû, que j'eusse dû

Je devrais, j'…

Devoir, avoir dû

… .

Dire

Je dis, je disais, je … , je… , j'ai dit, j'avais dit, j'aurai dit

Que je … , que je … , que j'aie dit, que j'eusse dit

Je dirais, j'aurais dit

Dire, …

Disant

Faire

Je fais, je… , je fis, je ferai, j'ai fait, j'avais fait, j'aurai fait

Que je … , que je … , que j'… , que j'eusse fait

Je … , j'aurais fait

Faire, …

Faisant

Pouvoir

Je peux, je pouvais, je pus, je … , j'ai pu, j'avais pu, j'…

Que je … , que je … , que j'aie pu, que j'…

Je pourrais, j'…

Pouvoir, avoir pu

Pouvant

Savoir

Je sais, je savais, je … , je … , j'…, j'avais su, j'aurai su

Que je… , que je susse, que j'aie su, que j'eusse su

Je… , j'aurais su

Savoir, avoir su

…

Tenir

Je tiens, je tenais, je… , je… , j'ai tenu, j'… , j'aurai tenu

Que je… , que je… , que j'… , que j'…

Je… , j'aurais tenu

Tenir, …

Tenant

Vouloir

Je … , je … , je voulus, je… , j'ai voulu, j'avais voulu, j'…

Que je …, que je … , que j'aie voulu, que j'eusse voulu

Je … , j'aurais voulu

Vouloir, …

Voulant

Chapitre 20

Le cahier des dix réclamations

Dans ce chapitre :

- La parole aux usagers…

Depuis quand les Nuls feraient-ils la loi ? Quelles réclamations peut-on encore faire en ce début de XXIe siècle, afin de retrouver le goût et l'amour de la langue française ? Est-ce un tréma de plus ou de moins, un trait d'union (sans trait d'union, j'insiste) ou un accent circonflexe qui changeront vraiment la face du monde ? Nul n'empêchera les étoiles de briller, voire de scintiller, qu'on écrive ce verbe sous la forme « scintiller » ou *cintiller ?

À bien y réfléchir, changer quelque chose à un signe graphique, est-ce toujours toucher à la chose signifiée ? Entre les deux graphies : XX et 20, il n'y a pas si grande différence de sens.

À en croire un récent sondage, voici les 10 propositions qui tiennent le plus au cœur des usagers de la langue :

Supprimer les lettres d'origine grecque. Oui mais…

Cela concerne d'abord le **h** : à ce titre, le rhume deviendrait *rume, la thèse, *tèse, un chœur, cœur… mais alors risque d'homophonie pour ce dernier exemple…

puis le **y** : à quand alors la *biciclette ?

et le **ph** : facile, pour satisfaire les **fantasmes** de 33 % de nos concitoyens !

Supprimer toutes les consonnes doubles. Oui mais…

Le verbe supprimer deviendrait par souci d'allégement *suprimer. On y perd la notion originelle du préfixe : *sub* qu'on retrouve ailleurs dans submersion, subjectif… L'avantage, on s'aligne sur les langues voisines. Mais, à ce compte, comment différencier les deux *ipo* de *ipoténuse et d'*ipodrome ? Comment oublier que l'hypoténuse de Thalès se rend sous (upo) les angles et que *ippos* est le nom racine du cheval ?

Reconsidérer tous les accents et les harmoniser. Oui mais…

On ne peut se fier aux intonations de l'oral : je céderai se prononce je *cèderai. La graphie du mot « événement » avec accent aigu résiste encore à celle autorisée avec accent grave : évènement. Quant aux accents circonflexes, l'orthographe en use de manière capricieuse. Celui de l'adjectif *sûr* s'explique à partir du latin se(c)ur(us). Pylône, symptôme, diplôme sont bien issus d'un o long en grec. Mais pourquoi zone ou idiome font-ils exception ? Pourquoi *côte* à côte de *coteau*, *polaire* à côté de *pôle, conique* mais cône ? Alors, on les supprime tous, ou on accepte des écarts… C'est joli aussi un petit accent circonflexe, non ?

Harmoniser les mots composés et dans la graphie (problèmes des traits d'union) et dans les accords. Oui mais…

On les soude ou non, les mots composés ? C'est à coup sûr la mort du trait d'union. Sommes-nous prêts à accepter d'écrire un *weekend* en un seul mot ? On parle du *bon sens*, on écrit un *faux-sens* et on fait des *contresens*. Alors ? Question accord, c'est plus complexe. Pour harmoniser, il faudrait admettre le pluriel pour les seconds termes et dire des *trompe les yeux, des *pull-overs, des *après-midis, des *porte-monnaies, des *pot-aux-feux. Vous le sentez bien, c'est limite…

Généraliser le s du pluriel pour les seuls noms et adjectifs.

Cela va de soi : on ne pourra jamais écrire *ils achètes des livrent…

Simplifier la règle d'accord du participe passé après tous les verbes. Oui mais…

On parle beaucoup de s'en prendre principalement aux accords des verbes pronominaux et à ceux des verbes laisser et faire. On y perdra juste la conscience de ce qu'est un COD, qu'il faut rétablir mentalement !

Choisir une règle unique pour franciser les noms étrangers. Oui mais…

Si on décide de franciser les mots étrangers, c'est tous ou aucun. Un média, des médias… sauf qu'en fait de simplification, on obtient ici deux marques de pluriel pour le prix d'une !

Une même orthographe pour les mots d'une même famille. Oui mais…

On demande des « alignements paradigmatiques » pour éviter des doublets comme chariot/charrette, imbécile/imbécillité, battre/bataille, buter/butte, folle/folie, etc. D'ailleurs, écrire *honeur avec un seul *n,* à côté de honorable, ne serait qu'un retour à la source latine *honor.* Oui mais, à ce titre, entre un homme et humanité, ne risque-t-on pas d'écrire : je rejoins mon home ce soir…

Harmoniser les accords entre masculin et féminin. C'est-à-dire ?

La grammaire est-elle sexiste, sans le vouloir ? Pourquoi effectivement, le masculin devrait-il toujours l'emporter sur le féminin dans les accords ? La grammaire nous inculque, il est vrai, un modèle presque idéologique. Il n'est pas tout à fait indifférent d'avoir martelé depuis plusieurs générations des exemples tels : papa lit le journal, maman fait la vaisselle. Le père Bouhours, à qui on doit en 1676 cette primauté accordée au « sexe » masculin, en matière d'accord, s'en expliquait ainsi : « *Lorsque les deux genres se rencontrent, il faut que le plus noble l'emporte* ».

Pourtant, la langue française à d'autres époques a joui d'une plus grande liberté, pratiquant l'accord avec le nom le plus rapproché, comme dans les langues anciennes. Pourquoi ne pas dire : *Que les hommes et les femmes sont belles ! à la place de : Que les hommes et les femmes sont beaux !, au vu la place du mot féminin, s'entend ? Voici la révolution (ou évolution) prochaine de la langue : déhiérarchiser le masculin et le féminin. Les féministes s'y attellent !

Vous trouverez bien votre propre requête à rajouter à ce cahier...

C'est cela aussi une Grammaire pour les Nuls, dernier cri. Chacun met la main à la pâte... Ainsi la grammaire deviendra-t-elle l'apanage de tous et de chacun, son objet, sa chose...

Chapitre 21

10^2 incorrections

Dans ce chapitre :

- Faut-il dire … ou … / … et …?

Il y a ce qui doit se dire (en gras dans les exemples) et tout le reste est à proscrire. Que les incorrections soient d'ordre lexical, orthographique ou syntaxique, elles se valent toutes, dans le mauvais sens du terme.

Faut-il dire :

Aller à / Aller chez?

Aller au coiffeur / **Aller chez le coiffeur**

Aller chez le cinéma / **Aller au cinéma**

Chez pour un nom de personne, à pour un nom de lieu.

Aller à / Aller en?

Aller en bicyclette / **Aller à bicyclette**

Aller au Japon / Aller en Italie

Aller à pour noms de lieux (ville, pays au masculin)

Aller en pour noms de lieu (pays féminin, pays masculin commençant par une voyelle, nom de province)

Après / À?

La clef est après la porte. / **La clef est sur/à la porte.**

Après est un adverbe de temps : il n'exprime jamais le lieu.

Depuis / De?

J'ai vu le défilé depuis mon balcon / **de mon balcon.**

Depuis est un adverbe de temps et non de lieu.

À / Pour?

Partir à Paris / Partir pour Paris

À pour le lieu et *pour,* le but.

De façon à ce que / **De façon que?**

De façon à ce que nous partions tôt / **De façon que nous partions tôt.**

De suite / Tout de suite?

J'ai écrit trois lettres de suite. / J'obéis tout de suite.

De suite = sans m'arrêter : *tout de suite* = sur-le-champ, immédiatement.

Des fois / **Parfois?**

Des fois on oublie. / **Parfois** on oublie.

Une fois n'est pas coutume. Alors, *des fois, vous n'y pensez pas!

En face / En face de?

En face la gare. / **En face de la gare.**

Elle se tenait en face.

En face de se justifie devant un complément (de lieu). *En face,* tout seul, aussi, à titre adverbial.

Près de / Prêt à?

Près (de), issu du bas latin *presse* « en serrant » est un adverbe marquant la proximité.

L'adjectif prêt à, dérivé du latin *praestus* « à portée de main » signifie « préparé pour », « disposé à ».

Trop / de trop?

Il parle de trop. / **Il parle trop.**

Le *de* est ici lui-même en trop.

Ce tantôt ou **tantôt**?

Il viendra ce tantôt. / **Il viendra tantôt ou cet après-midi.**

Dans le but de / Afin de

Les deux locutions prépositionnelles sont correctes. Dans le langage courant, on préfère employer « afin de », plus légère.

Excessivement / Extrêmement?

Il est excessivement honnête / Il est extrêmement honnête.

Extrêmement, adverbe de quantité et de manière, signifie « très ». Excessivement, plutôt « trop ».

Causer à / **Causer avec ?**

Le verbe causer peut s'employer de manière intransitive, comme dans ce titre de film de Georges Lautner : *Elle boit pas, elle fume pas, elle drague pas mais elle cause !* L'usage courant est plutôt transitif indirect : on cause de, on cause avec, mais on ne cause jamais à…

Disputer quelqu'un / **Se disputer avec quelqu'un**

La tournure transitive, *disputer quelqu'un*, pour dire réprimander, est vieillie. La forme pronominale *se disputer avec* est plus en usage. On dit aussi le *disputer à* quelqu'un.

En définitif / **En définitive**

Sur l'adjectif définitif, on a formé la locution adverbiale : en définitive.

Enduire quelqu'un d'erreur / **Induire quelqu'un en erreur**

Attention aux paronymes : on peut enduire (c'est-à-dire recouvrir) quelqu'un de colle, de boue.

Induire, du latin *inducere,* veut dire conduire dans, amener à.

Outre de cela, en outre de cela / **Outre cela, en outre**

La particule *de* est inutile.

Midi précise / **Midi précis**

Le nom *midi* est de genre masculin.

Se rappeler que / Se souvenir de…

Se rappeler est un verbe transitif. *Se souvenir de*, un verbe intransitif.

Allons promener. / **Allons nous promener.**

L'usage correct veut qu'on précise le pronom personnel, même inversé.

Cela n'a aucune espèce d'importance. / **Cela n'a aucune importance.**

Il faut mieux partir / **Il vaut mieux partir.**

Pure erreur « paronymique ».

Si je l'aurais su, je l'aurais fait. / **Si je l'avais su, je l'aurais fait**.

Dans un système conditionnel, on n'emploie le mode conditionnel dans la seule proposition principale, le mode indicatif dans la subordonnée.

Quoique avec indicatif ou **subjonctif?**

Quoiqu'il fait froid / **Quoiqu'il fasse froid**

Quoique et *bien que* s'emploient toujours avec le subjonctif.

Malgré que

Malgré qu'il fasse froid / malgré le froid.

Malgré que avec subjonctif est d'un emploi rare et critiqué.

Nous sortirons s'il fera chaud / **s'il fait chaud.**

Pour exprimer une éventualité, on emploie le futur dans la seule proposition principale.

Après que + indicatif ou subjonctif?

Nous partirons après que nous ayons fini. / Nous partirons **après que nous aurons fini.**

Après que se construit toujours avec l'indicatif (contrairement à *avant que*).

Convenir de / que

Convenir de ce que / **Convenir que…**

On convient de, que, mais pas de ce que…

Informer de ce que / **que**

Le verbe informer est transitif.

Je préfère rester que partir. / **Je préfère rester plutôt que partir.**

Moi et vous, nous viendrons. / **Vous et moi, nous viendrons.**

On ne met jamais la première personne en première position. Modestie oblige!

Bonsoir, Messieurs et Dames / **Bonsoir, Madame et Monsieur, Mesdames et Messieurs**

Politesse oblige, honneur aux femmes!

Au point de vue travail / **du travail**

Au sens de « pour ce qui est de »

La chose que / **dont j'ai besoin**.

Le verbe avoir besoin est intransitif.

Il a recouvert / **recouvré la vue.**

Ne pas confondre deux verbes : *recouvrir* = couvrir de nouveau et *recouvrer* = retrouver, récupérer.

Mon fils vient de rentrer à l'ENS / **d'entrer à l'ENS.**

On ne saurait rentrer que dans un lieu d'où l'on est déjà sorti. Or intégrer pareille école ne se fait qu'une fois, même s'il y a eu plusieurs tentatives…

Huis clos / Huit clos / Huit clôt ?

Jean Paul Sartre dans sa pièce *Huis clos* nous confirme la bonne orthographie de l'expression désignant « un lieu où toutes les portes sont fermées ». Bien que disqualifié dès le XVIIIe siècle, ce terme survit de nos jours par huissiers et huisseries interposés !

Tant qu'à lui / **Quant à lui**

Attention à l'homophonie responsable de l'erreur.

Je lave mes mains. / **Je me lave les mains**.

Pour tout verbe pronominal, ne pas oublier d'exprimer le pronom réfléchi qui convient à chaque personne.

J'ai fermé la porte à clef pour ne pas qu'il sorte. / **J'ai fermé la porte à clef pour qu'il ne sorte pas.**

Attention à la place de la négation.

Nous sortirons s'il ne fera pas trop froid / **s'il ne fait pas trop froid.**

Dans un système éventuel, le verbe de la proposition principale reste au présent.

Dites-moi qu'est-ce que vous savez / **ce que vous savez.**

Est-ce que ne s'emploie que dans une interrogation directe.

J'ai acheté ces disques dix euros chaque / **dix euros chacun.**

Ne pas confondre *chaque,* adjectif indéfini et *chacun*, pronom indéfini.

On a souvent besoin d'un plus petit que nous / **que soi.**

On ne peut être repris que par un pronom de 3e personne.

C'est à vous à qui je parle. / **C'est à vous que je parle**.

Le pronom relatif ne peut pas prendre la même fonction que le pronom personnel.

J'aime cette maison où j'y vais / **où je vais en vacances.**

On ne peut redoubler dans la proposition relative le pronom par un autre complément.

Ce sont nous, Ce sont vous / **C'est nous, C'est vous.**

C'est moi qui l'a fait / **C'est moi qui l'ai fait.**

Le pronom relatif se met toujours à la même personne que son antécédent.

Pallier à une difficulté / **Pallier une difficulté**

Le verbe *pallier* est transitif.

Vitupérer contre quelqu'un / **Vitupérer quelqu'un**

Le verbe *vitupérer* est transitif.

Du et de ?

Je n'ai pas du lait. / **Je n'ai pas de lait.**

Du est un article partitif.

Tendre à / Tenter de ?

Cette mode tente de se généraliser / **tend à se généraliser.**

Tendre à = avoir tendance à / Tenter de = essayer de

Il a répondu pareil. / **Il a répondu de la même façon/la même chose.**

Pareil est un adjectif. La forme « pareillement » serait ici acceptable.

Ce règlement est connu à vous / **de vous.**

On note traditionnellement le complément d'agent par les prépositions *de* ou *par.*

À ou **de** après un nom **?**

La voiture à ma sœur. / **La voiture de ma sœur**.

Pour marquer l'appartenance et la possession, on emploie la préposition *de* et non pas *à*.

Soit lundi ou mardi. / **Soit lundi soit mardi.**

Pour marquer l'alternative, on doit doubler le même outil.

Il m'a offert qu'un livre. / **Il ne m'a offert qu'un livre**.

Pour marquer la négation, les deux termes sont obligatoires : *ne… que.*

Il n'y a seulement qu'à lire. / **Il n'y a qu'à lire.**

L'expression restrictive *ne… que* (ici élidée devant voyelle) se suffit à elle-même.

Personne m'attend / **ne m'attend.**

On ne peut faire l'ellipse de la particule de négation *ne.*

À cause de ou **parce que?**

Parce que s'emploie avec un verbe, *à cause de* avec un nom.

En attendant qu'il fait beau / **qu'il fasse beau.**

En attendant que se construit toujours avec le subjonctif.

Avant que vous regagniez vos terres / **Avant que vous ne regagniez vos terres.**

À la forme affirmative, *avant que* (comme *à moins que*) est accompagné d'une négation explétive.

Rends-moi le. / **Rends-le-moi.**

Attention à la place du pronom personnel!

Un de ceux qui ont / qui a?

Le pronom relatif reprend le genre et le nombre de son antécédent.

Quand il sera parti ou quant il sera parti?

Quand ne s'écrit avec une finale en *t* que dans l'expression *quant à*...

Autant pour moi / au temps pour moi?

Issu des deux mots latins *alterum* et *tantum* qui ont fusionné, l'adverbe *autant* marque l'égalité et sert dans les systèmes de comparaison.

L'expression « au temps pour moi », d'origine militaire, pour signifier qu'on reconnaît une erreur, est généralement suivie d'une rectification.

D'avantage ou davantage?

Davantage, l'adverbe synonyme de « plus » « plus longtemps » s'écrivait, au Moyen Âge, en deux mots. L'emploi du nom « avantage » au singulier, au sens de « ce qu'on met en avant » « le profit » avec l'article *de*, est assez rare. Toutefois on pourra trouver : Je ne vois pas d'avantage à écrire ceci plutôt que cela.

***A contrario* ou** à contrario?

Comme pour toute locution latine, pas d'accent sur le *a* issu d'une préposition ancienne : *a/ab.*

Il en est de même pour ces autres expressions empruntées : *a priori* et *a posteriori.*

Vous faites ou vous faîtes?

Ne pas confondre le verbe faire sans accent à l'indicatif présent 2e personne du pluriel avec le pluriel du nom un faîte/ des faîtes (des cimes).

Agoniser / **agonir** d'injures

Agonir veut dire insulter. Agoniser, être en train de mourir.

Se trouver entre deux alternatives / **Se trouver dans l'alternative de… ou entre deux éventualités.**

Une alternative pose un choix entre deux possibilités ou éventualités.

Il m'a dit : à revoir / **au revoir.**

Au revoir = à le revoir.

Je préfère m'en aller que continuer la discussion/ Je préfère m'en aller **que de continuer la discussion.**

Les soi-disant avantages / les **prétendus** avantages

Soi-disant ne s'emploie que lorsqu'on peut le remplacer par *se disant tel.*

On demande après vous / **On vous demande.**

Demander est un verbe transitif direct.

Il va de mal en pire / **en pis.**

On emploie *pis* en lieu et place de *pire* en fonction adverbiale.

Voire même / **Voire**

Voire suffit. *Voire même* est une expression correcte mais pléonastique.

Exit les acteurs ! **Exeunt** les acteurs !

Exit est une forme verbale latine de 3e personne du singulier. C'est une aberration de l'employer avec un nom pluriel. Cette indication scénique s'est imposée au singulier. Mais on dira tout de même : un exit… des exits/exit !

Pareil que / **pareil à ?**

Ce n'est pas du pareil au même !

En avoir les oreilles rabattues / en avoir les oreilles **rebattues.**

Rabattre et rebattre n'ont pas le même sens. Elles peuvent bien être rabattues les oreilles, elles ne sont pas pour autant rebattues, c'est-à-dire « répétées ».

Avoir affaire à quelqu'un / avoir à faire quelque chose

Les deux expressions n'ont pas le même sens mais sont correctes.

À l'intention de / **À l'attention de**

Quand on s'adresse à quelqu'un, on écrit à son attention, même si on a quelque intention particulière derrière la tête…

Battre son plein / Battre leur plein

Il faut ici considérer *son* comme un adjectif possessif et plein comme un nom. L'expression veut dire : être en pleine activité.

De concert / De conserve

De *concert* s'emploie pour une entente entre plusieurs personnes ; de *conserve* pour dire conjointement, ensemble.

Agir aux dépends / **aux dépens de**

En faisant payer la facture à quelqu'un, à son détriment. Du verbe *dépenser* et non *dépendre*.

Prenez ce que / **ce dont vous avez besoin.**

Avoir besoin de est un verbe transitif *indirect*.

En son fort intérieur / **En son for intérieur**

Le mot *for* vient du latin *forum* (tribunal de la conscience intérieure) et non de l'adjectif *fortis*, qui justifierait le *t*.

La gente / **La gent féminine**

Ce nom, issu du latin *gens, gentis,* sert à désigne la race, la classe ou la catégorie. La Fontaine parle de « la gent trotte-menu » pour désigner les souris. Ce n'est qu'en fonction d'adjectif, que le mot « gente » s'emploiera au féminin : un « gent » damoiseau à côté d'une « gente » demoiselle.

Notre / Nôtre

Les deux sont corrects, mon général ! Juste se rappeler que le premier est l'adjectif possessif, le second le pronom possessif. Notre maison vous est ouverte / Il est des nôtres ! entend-on dans la chanson.

Par contre / En revanche

Les deux formes sont correctes, peut-être la seconde l'est-elle un peu plus !

Une maison de plein-pied / **de plain-pied**

De l'adjectif latin *planus,* uni, plat, l'adjectif *plain* s'applique pour quelque chose qui est au même niveau.

Ressortir / ressortir à

L'expression *ressortir à* signifie se rapporter à, dépendre de. Ne pas confondre avec le verbe *ressortir* qui veut dire sortir de nouveau.

Cette affaire **ressortit** à la mairie. / Pierre **est ressorti** ce soir.

Je vous suis gré. / **Je vous sais gré.**

Ce n'est pas le verbe « être gré » mais « savoir gré » qui veut dire « avoir de la reconnaissance à quelqu'un pour/de quelque chose ».

Sans dessus dessous / **Sens dessus dessous**

Cette expression, qui signifie un grand désordre, est formée de trois termes : le mot sens, place d'une chose par rapport à une autre et les deux adverbes : dessus dessous.

Prémice / Prémisse ?

Le mot *prémices* s'emploie pour les tout premiers éléments ; les *prémisses* servent à définir les deux propositions d'un syllogisme (raisonnement intellectuel).

À l'envi / À l'envie ?

L'envie désigne un désir. L'expression adverbiale « à l'envi » est invariable. Elle équivaut à « à qui mieux mieux ».

Sabrer / **sabler le champagne ?**

Depuis longtemps, vous savez bien qu'on dit sabler le champagne et non le sabrer – mieux vaut en effet boire une bouteille d'un trait pour fêter un événement que de décapiter le goulot !

J'ai demandé audience : elle m'a été accordée. / **J'ai demandé une audience : elle** m'a été accordée.

Un pronom personnel ne peut représenter qu'un nom déterminé, ici par un article.

La tentation était grande d'arrêter net nos *Exercices de Style* (grammatical) au nombre de 99, à la manière de Raymond Queneau. Pourtant, c'est sans faute que nous irons jusqu'à cent :

C'est de ta faute. / C'est ta faute.

Les deux formulations sont correctes mais comme l'aurait dit Coluche, la seconde un peu plus que la première.

Chapitre 22

Le lexique nouveau est arrivé ! en plus de dix mots…

Dans ce chapitre :

- De la rigueur… à la fantaisie
- Un nouveau lexique, en bien plus de 10 mots, pour se faire plaisir…

Au terme de ce parcours qui vous a promenés dans bien des contrées tout sauf imaginaires, par-delà les règles et exceptions rencontrées, et je l'espère, retenues, je veux croire que le ton parfois ludique adopté pour cet ouvrage vous aura permis d'envisager la grammaire sous un angle moins rébarbatif.

Contrairement à toute attente, alors que j'ai cherché à vous sensibiliser à la rigueur de la science grammaticale, il me plaît de conclure par une pirouette, histoire de vous rappeler que les usagers et adeptes de la grammaire ne sont pas que des gens ennuyeux, manquant de créativité ou d'humour. Autrefois les grammaires traditionnelles comportaient une partie incluant les figures de style que vous avez retrouvées disséminées dans l'ouvrage. Et parmi elles, il en est une, fort théâtrale, visant à surprendre le lecteur en apportant à un énoncé une conclusion inattendue « à côté de ce qu'on attendait » mot à mot. Elle s'appelle *paruponoian*. Pour parodier Groucho Marx, qui parlait lui d'un parapluie, nous osons (vous) dire :

Je vous offrirais bien une… grammaire, si j'étais sûr qu'elle ne s'ouvre pas !

Ouvrez-la, bien au contraire !

Et pour réviser la terminologie grammaticale avec le sourire, je vous invite à goûter le lexique grammatical nouveau qui est arrivé :

Accord : en musique comme en grammaire, il vise à l'harmonie des êtres et des choses. Ne dit-on pas « accordez vos flûtes » ou « vos violons » ? Accordez vos mots, dirons-nous à compter d'aujourd'hui.

Adjectif : adjoint, direct ou indirect, du nom. Non ancillaire, il a le droit de choisir sa place (devant ou derrière) ! Et ce n'est jamais indifférent… Il peut même être qualifiant. Pardon, on dit « qualificatif » en cette matière.

Adverbe : un proche du verbe, auquel il donne, invariablement, l'art et la manière…

Affirmatif : mon général !

Antonyme : mot en total désaccord avec un autre. Ce peut être grave !

Apostrophe : appel à la cantonade et à l'élision.

Apposé : tel un sceau, il se rajoute à un mot ou groupe de mots qui le précède.

Article : à défaut d'être de luxe, cet outil (défini, indéfini ou partitif), est chevillé au nom comme d'autres le sont au corps. Du reste, articulus, en latin, désigne aussi l'orteil !

Attribut : la propriété que chacun reçoit en partage dans la langue, après un verbe d'état.

Auxiliaire : verbe qu'on appelle « au secours » dans la conjugaison.

Comparatif : outil très tendance qui permet de mesurer avec précision à qui cela profite : plus, moins ou autant !

Complément circonstanciel : on peut s'en passer, mais c'est mieux avec, si on veut apporter des précisions, qu'elles soient atténuantes ou aggravantes.

Complément d'objet direct : alias le COD (à ne pas confondre avec un CDD). Ce complément obligé d'un verbe doit répondre aux questions « qui ? » pour une personne ou « quoi ? » pour une chose.

Complément d'objet indirect : le même que le précédent, mais sans le même degré de franchise.

Complément d'attribution, renommé **Complément d'objet second** : désigne, après un complément d'objet premier, celui qui en est l'heureux bénéficiaire.

Complément de l'adjectif : Il est beau « à mourir ».

Complément de l'adverbe : Il est loin « de nous ».

Conditionnel : un mode verbal sous conditions…

Conjonction de coordination : un copulatif, au sens grammatical s'entend !

Conjugaison : est à la grammaire ce que le devoir conjugal est au mariage.

Défectif : verbe « déserteur » de la conjugaison.

Déterminant : tout outil, article ou adjectif, qui donne de l'assurance à un mot.

Épithète : rien à voir avec quelque mèche rebelle sur la tête. Désigne tout qualifiant du nom, placé tendrement tout près de lui.

Féminin : l'avenir du masculin... non ?

Futur : on ne le connaît pas : il est devant nous, plus ou moins près et surtout plus ou moins assuré.

Gérondif : un vieux « nom verbal » toujours vaillant.

Grammaire : mon premier est le millième d'un kilo, mon second le plus planant des 4 éléments, mon tout, une matière à restaurer dans l'enseignement du français.

Homonymes : il faut s'en méfier : ils se ressemblent mais n'ont pas le même sens.

Imparfait : un temps tout sauf parfait (dommage !) ou le début d'une belle histoire...

Impératif : mode d'expression radical, à ne pas rater.

Incise : rien à voir avec une dent, mais expression qui tranche dans la phrase, souvent même en plein milieu.

Indicatif : mode verbal qui balance de vraies infos.

Interjection : petit mot explosif et affectif, explicite à lui tout seul.

Interrogation : être ou ne pas être, telle est la question.

Langue : il n'y a pas que celle de bois, de vipère ou celle qu'on donne au chat. Il y a aussi celle des hommes, plus souvent la meilleure que la pire des choses ! Il y en a même qui en parlent plusieurs.

Masculin : sexe fort du mot et de ses accords. Peut-être plus pour longtemps...

Mode : expression des dispositions ou humeurs particulières d'un verbe.

Morphologie : étude du look des mots.

Mot : aucun n'est plus haut que l'autre, mais tous aiment qu'on joue avec eux.

Négation : « c'est une poupée... qui fait non non non non... toute la journée ! »

Nom : mot qui donne de la substance aux choses.

Nombre : il n'est pas d'or, mais sert à rattacher les mots à la catégorie du singulier ou du pluriel.

Nul(le)s : inconnu(e)s.

Parole : on la prend, on la demande, on la coupe, on l'adresse…

Paronyme : mot qui peut créer la confusion, à un iota près.

Passé simple : temps du passé, nerveux et dense. En perte de vitesse, hélas !

Passé composé : ça a eu lieu et ça dure encore !

Passé antérieur : le passé du passé.

Personne : « Qu'est-ce qu'il fait, qu'est-ce qu'il a, qui c'est celui-là ? » Toi, moi, lui ? Nous, vous, eux, elles ?

Phrase : un vaste jeu de mots, un Lego.

Pluriel : nombre riche en éléments multiples, comme la majorité…

Plus-que-parfait : le plus optimiste des temps ! Dommage, c'est déjà terminé !

Préfixe : pas plus que Suffixe, il ne désigne un habitant du village gaulois d'Uderzo, mais ce qui précède le radical.

Présent : un cadeau du temps qu'on souhaiterait éternel ! comme le disait Lamartine : *Ô temps, suspends ton vol !*

Présentatif : outil pour mettre les mots en vitrine.

Pronom : se met pour un autre, sans usurpation pour autant, histoire de ne pas se répéter et de varier les effets.

Pronominal : construction narcissique d'un verbe.

Proposition : en grammaire, il n'y en a que d'honnêtes – qu'elles soient indépendantes, principales ou subordonnées…

Réfléchi : le plus sensé des pronoms !

Singulier : il se la joue toujours perso.

Subjonctif : mode verbal de la subjectivité dans tous ses états…

Subordination : forme écrite d'obéissance grammaticale.

Subordonnée : toute proposition soumise à l'autorité de la (proposition) principale, sa supérieure hiérarchique.

Sujet : celui qui a décroché le premier rôle dans la phrase.

Suffixe : le double de Préfixe, à l'arrière d'un mot.

Superlatif : l'Everest en matière de comparaison !

Synonyme : un mot pas du tout pareil dans l'apparence mais capable d'entretenir des relations de bon voisinage avec un autre de par le sens.

Syntaxe : c'est cher payé (5 tax) pour cette organisation de phrase où, paradoxalement, les mots se retrouvent *esclaves et libres, soumis à sa discipline*. Mme de Staël.

Temps : hors de toute appréciation climatique ou atmosphérique, il permet de situer les actions verbales sur un axe de coordonnées horizontales ou verticales.

Verbe : outil de langue caméléon par excellence. Il l'a même... haut !

Voix : pour en donner, il faut qu'il y ait un rapport implicite entre un verbe et son sujet : actif, passif, ou pronominal.

Sixième partie

Annexes

Dans cette partie...

Pour vous aider dans la voie de la perfection grammaticale, vous trouverez dans ces annexes de précieux alliés : un tableau des désinences verbales et les tables de conjugaison des verbes-auxiliaires avoir et être, pour conjuguer sans fautes tous les verbes (ou presque) de la langue française. La bibliographie vous permettra, quant à elle, d'aller plus loin dans votre quête de savoir grâce à de nombreux ouvrages de référence.

Annexes

Voici, comme promis, les tableaux récapitulatifs : certains sont complets, pour les autres, à vous de jouer...

TABLEAU DES DÉSINENCES VERBALES

Indicatif		
Présent	1er groupe	- e, es, e, ons, ez, ent
	2e groupe	- is, is, it, issons, issez, issent
	3e groupe	- s, s, t, ons, ez, ent
Imparfait	1er et 3e groupe	- ais, ais, ait, ions, iez, aient
	2e groupe	- issais, issais, issait, issions, issiez, issaient
Passé simple	1er groupe	- ai, as, a, âmes, âtes, èrent
	2e groupe	- is, is, it, îmes, îtes, irent
	3e groupe	- is, is, it, îmes, îtes, irent
Futur simple	1er groupe	- erai, eras, era, erons, erez, eront
	2e groupe	- irai, iras, ira, irons, irez, iront
	3e groupe	- rai, ras, ra, rons, rez, ront
Conditionnel	1er groupe	- erais, erais, erait, erions, eriez, eraient
Présent	2e groupe	- irais, irais, irait, irions, iriez, iraient
	3e groupe	- rais, rais, rait, rions, riez, raient
Impératif	1er groupe	- e, ons, ez
Présent	2e groupe	- is, issons, issez
	3e groupe	- s, ons, ez
Subjonctif	1er et 3e groupe	- e, es, e, ions, iez, ent
Présent	2e groupe	- isse, isses, isse, issions, issiez, issent
Imparfait	1er groupe	- asse, asses, ât, assions, assiez, assent
	2e groupe	- isse, isses, ît, issions, issiez, issent
	3e groupe	- isse, ... - usse, ...

TABLEAU DES DÉSINENCES VERBALES (*suite*)

Infinitif	1er groupe	- er
Présent	2e groupe	- ir
	3e groupe	- ir, oir, re
Participe	1er et 3e groupe	- ant
Présent	2e groupe	-
Gérondif	1er, 2e et 3e groupe	en –ant, issant, ant

AVOIR

INDICATIF		CONDITIONNEL	SUBJONCTIF
Présent	***Passé composé***	***Présent***	***Présent***
J'ai	J'ai eu	J'aurais	Que j'aie
Tu as	Tu as eu	Tu aurais	Que tu aies
Il a	Il a eu	Il aurait	Qu'il ait
Nous avons	Nous avons eu	Nous aurions	Que nous ayons
Vous avez	Vous avez eu	Vous auriez	Que vous ayez
Ils ont	Ils ont eu	Ils auraient	Qu'ils aient
Imparfait	***Plus-que-parfait***		***Imparfait***
J'avais	J'avais eu		Que j'eusse
Tu avais	Tu avais eu		Que tu eusses
Il avait	Il avait eu		Qu'il eût
Nous avions	Nous avions eu		Que nous eussions
Vous aviez	Vous aviez eu		Que vous eussiez
Ils avaient	Ils avaient eu		Qu'ils eussent
Futur	***Futur antérieur***	***Passé 1re forme***	***Passé***
J'aurai	J'aurai eu	J 'aurais eu	Que j'aie eu
Tu auras	Tu auras eu	Tu aurais eu	Que tu aies eu
Il aura	Il aura eu	Il aurait eu	Qu'il ait eu
Nous aurons	Nous aurons eu	Nous aurions eu	Que nous ayons eu
Vous aurez	Vous aurez eu	Vous auriez eu	Que vous ayez eu
Ils auront	Ils auront eu	Ils auraient eu	Qu'ils aient eu
Passé simple	***Passé antérieur***	***Passé 2e forme***	***Plus-que-parfait***
J'eus	J'eus	J'eusse eu	Que j'eusse eu
Tu eus	Tu eus eu	Tu eusses eu	Que tu eusses eu
Il eut	Il eut eu	Il eût eu	Qu'il eût eu
Nous eûmes	Nous eûmes eu	Nous eussions eu	Que nous eussions eu
Vous eûtes	Vous eûtes eu	Vous eussiez eu	Que vous eussiez eu
Ils eurent	Ils eurent eu	Ils eussent eu	Qu'ils eussent eu

IMPÉRATIF		INFINITIF		PARTICIPE	
Présent	***Passé***	***Présent***	***Passé***	***Présent***	***Passé***
Aie	Aie eu	Avoir	Avoir eu	Ayant	Ayant eu
Ayons, ayez	Ayons eu, ayez eu				

GÉRONDIF en ayant

ÊTRE

INDICATIF		CONDITIONNEL	SUBJONCTIF
Présent	***Passé composé***	***Présent***	***Présent***
Je suis	J'ai été	Je serais	Que je sois
Tu es	Tu as été	Tu serais	Que tu sois
Il est	Il a été	Il serait	Qu'il soit
Nous sommes	Nous avons été	Nous serions	Que nous soyons
Vous êtes	Vous avez été	Vous seriez	Que vous soyez
Ils sont	Ils ont été	Ils seraient	Qu'ils soient
Imparfait	***Plus-que-parfait***		***Imparfait***
J'étais	J'avais été		Que je fusse
Tu étais	Tu avais été		Que tu fusses
Il était	Il avait été		Qu'il fût
Nous étions	Nous avions été		Que nous fussions
Vous étiez	Vous aviez été		Que vous fussiez
Ils étaient	Ils avaient été		Qu'ils fussent
Futur	***Futur antérieur***	***Passé 1re forme***	***Passé***
Je serai	J'aurai été	J'aurais été	Que j'aie été
Tu seras	Tu auras été	Tu aurais été	Que tu aies été
Il sera	Il aura été	Il aurait été	Qu'il ait été
Nous serons	Nous aurons été	Nous aurions été	Que nous ayons été
Vous serez	Vous aurez été	Vous auriez été	Que vous ayez été
Ils seront	Ils auront été	Ils auraient été	Qu'ils aient été
Passé simple	***Passé antérieur***	***Passé 2e forme***	***Plus-que-parfait***
Je fus	J'eus été	J'eusse été	Que j'eusse été
Tu fus	Tu eus été	Tu eusses été	Que tu eusses été
Il fut	Il eut été	Il eût été	Qu'il eût été
Nous fûmes	Nous eûmes été	Nous eussions été	Que nous eussions été
Vous fûtes	Vous eûtes été	Vous eussiez été	Que vous eussiez été
Ils furent	Ils eurent été	Ils eussent été	Qu'ils eussent été

IMPÉRATIF		INFINITIF		PARTICIPE	
Présent	***Passé***	***Présent***	***Passé***	***Présent***	***Passé***
Sois	Aie été	Être	Avoir été	Étant	Ayant été
Soyons, soyez	Ayons, ayez été				

GÉRONDIF en étant

Bibliographie

Arrivé, Michel, *Réformer l'orthographe*, PUF, 1993

Baccus, Nathalie, *Orthographe française*, Librio, 2003

Bouffartigue, Jean et Delrieu, Anne-Marie, *Trésors des racines grecques,* Belin, 1981

Brighelli, Jean-Paul, *La Fabrique du crétin. La mort programmée de l'école*, Jean-Claude Gawsewitch, 2005

Burgel, Patrick, *Le Petit livre des pluriels*, First Éditions, 2006

Cellard , Jacques, *Les racines grecques du vocabulaire français*, éditions De Boeck-Duculot, 2007

Chédid, Andrée, *Grammaire en fête*, Folle Avoine, 2003

Chervel, André, *Histoire de l'enseignement du français du XVII*e *au XIX*e *siècle*, Retz, 2006

Chevalier, J.-C., Blanche-Benveniste, C., Arrivé, M., Peytard, J., *Grammaire Larousse du français contemporain,* Larousse, 1964

Closets, François de, *Zéro faute, L'orthographe, une passion française,* Mille et une nuits, 2009

Cogis, Danielle, *Pour enseigner et apprendre l'orthographe,* Delagrave, 2005

Conti, Paul-Marie, *L'enseignement du français d'aujourd'hui*, 2008

Damourette, Jacques, *Traité moderne de ponctuation*, Larousse, 1939

Damourette, Jacques et Pichon, Édouard, *Des mots à la pensée. Essai de grammaire de la langue française*, Éditions d'Artrey, 1931-1952

Fournier, Jean-Louis, *Grammaire française et impertinente,* Payot, 2009

Gaillard, Bénédicte et Colignon, Jean-Pierre, *Toute la grammaire, Toute l'orthographe, Toute la conjugaison,* Les dicos d'or de Bernard Pivot, Albin Michel-Magnard

Gaignard, Anne-Marie, Saint Rémy, François : *Hugo et les deux rois Être et Avoir ou comment accorder les participes passés sans se tromper,* Le Robert, 2003

Gaignard, Anne-Marie, *Hugo au pays des sujets dangereux,* Le Robert, 2004

Gotain, Daniel, Dreidemy, Joëlle, *Verbes, sujets et compagnie*, Le Robert, 2005

Grevisse, Maurice, *Le Bon usage*, Ed. Duculot, 9e édition, 1969

Hagège, Claude, *Dictionnaire amoureux des Langues*, Plon, 2009

Houdart, Olivier et Prioul, Sylvie, *La grammaire, c'est pas de la tarte*, Seuil, 2009

Houdart, Olivier et Prioul, Sylvie, *La Ponctuation ou l'Art d'accommoder les Textes*, Seuil, 2010

Jaskarzec, Pierre, *Le français est un jeu*, Librio, 2005

Julaud, Jean-Joseph, *Plus-que-parfait*, First Éditions, Coll. Au pied de la lettre, 2008

Julaud, Jean-Joseph, *Le petit livre du français correct pour les Nuls*, First Éditions, 2005

Julaud, Jean-Joseph, *Le petit livre de la grammaire facile* ? First Éditions, 2004

Julaud, Jean-Joseph, *La dictée pour les Nuls*, First Éditions, 2011

Koster, Serge, *Adieu grammaire* ! PUF, 2001

Laygues, Bernard, *500 fautes d'orthographe à ne plus commettre*, Albin Michel, 2004

Leeman-Bouix, Danielle, *La grammaire ou la galère*, B. Lacoste, 1993

Leeman-Bouix, Danielle, *Les fautes de français existent-elles ?* Seuil, 1994

Manesse, Danièle et Logis, Danièle, *Orthographe, à qui la faute* ? ESF, 2007

Morhange-Bégué, Claude, *Les Fautes de français les plus courantes*, Hatier, Profil pratique, 1995

Orsenna, Erik, *La grammaire est une chanson douce*, Stock, 2001

Orsenna, Erik, *Les chevaliers du subjonctif*, Stock, 2004

Orsenna, Erik, *La révolte des accents*, Stock, 2007

Pivot, Bernard, *Les Dictées de Bernard Pivot*, Les Dicos d'Or, Albin Michel, 2002

Porée-Rongier, Marie-Dominique, *Fauteur de troubles*, First Éditions, 2009

Rambaud, Patrick, *La grammaire en s'amusant*, Grasset, 2007

Rambaud, Patrick, *La Grammaire en s'amusant*, Grasset, 2007

Rat, Maurice, *Grammaire française pour tous*, Garnier Frères, 1965

Romilly, Jacqueline de, *Dans le jardin des mots*, Éditions de Fallois, 2007

Index

A

B

C

D

W

Y